Johann Caspar Mörikofer

Geschichte der evangelischen Flüchtlinge in der Schweiz

Johann Caspar Mörikofer

Geschichte der evangelischen Flüchtlinge in der Schweiz

ISBN/EAN: 9783743320901

Hergestellt in Europa, USA, Kanada, Australien, Japan

Cover: Foto ©ninafisch / pixelio.de

Manufactured and distributed by brebook publishing software
(www.brebook.com)

Johann Caspar Mörikofer

Geschichte der evangelischen Flüchtlinge in der Schweiz

Geschichte

der

evangelischen Flüchtlinge

in der

Schweiz.

Von

Dr. J. C. Mörikofer.

Leipzig

Verlag von S. Hirzel.

1876.

Der Hochschule und der Stadt

Zürich

für die beiden Ehrengeschenke

der philosophischen Doctorwürde und des Bürgerrechtes

in dankbarer Hochachtung

gewidmet.

Vorwort.

Eine der schönsten und dauerhaftesten Früchte, welche die Reformation der evangelischen Bevölkerung der Schweiz verlieh, war die aufopfernde und unermüdliche Hülfsbereitwilligkeit für die Glaubensgenossen. Diese Hülfsbereitwilligkeit wurde in der damals armen Schweiz von den evangelischen Flüchtlingen auf eine so außerordentliche Weise und so lange Zeit in Anspruch genommen, daß man die erbarmungsvolle Ausdauer mit großem Erstaunen betrachtet, namentlich bei einem so sparsamen und nüchternen Volke, dessen Liebe zum Geld sprichwörtlich war. Doch die durch das Meer und durch Länder getrennten Staaten England, Holland, Preußen rc. thaten noch viel mehr als die Schweizer, so daß die nächsten Nachbarn nicht zurückbleiben durften. Allein dort war neben der Glaubensgemeinschaft die Politik die hauptsächlichste Triebfeder zu außerordentlichen Anstrengungen für die evangelischen Flüchtlinge, so daß daselbst die Hülfsquellen in den Verwicklungen der Politik und den Bedrängnissen des Krieges oft ganz versiegten. Bei der evangelischen Schweiz aber war und blieb der alleinige Beweggrund die Treue und Standhaftigkeit des Glaubens, um sich vor Freund und Feind als wahrhafte Christen zu erweisen. Zum Dank für die bisher erfahrene Gnade und Hülfe, und namentlich zum Dank für den ungestörten Frieden, während die übrige europäische Welt unter dem Jammer unaufhörlicher Kriege seufzte, wurden die Schweizer nie müde in der Hülfe für die verfolgten Glaubensbrüder. Und als zur Last der Fremden Mangel und Hunger im eigenen Lande die Kraft und Geduld der Mitstände erschöpfen wollte, da erhoben sich Bern und Zürich, die oft zwiespältigen und auf einander eifersüchtigen, wiederholt in großartiger Uneigennützigkeit und frommer Pietät, um mit edelm Wetteifer in der Darbringung außergewöhnlicher Opfer auszuharren und die übrigen Orte zur Mithülfe aufzumuntern.

Dazwischen verletzen uns freilich beschämende Uebelstände im Verhältniß zum Ausland und armselige Beschränktheiten im Innern. Allein während unsere Zeit die höchsten Güter und das Lebensglück in der ausgedehntesten Durchführung der Grundsätze der Menschenrechte und im unbedingten Genuß der bürgerlichen Freiheit findet, und wir oft statt der Realität bescheidenen, aber dauernden Wohlseins im unruhigen Spiel mit Theorien uns gefallen, stellte jene Zeit die Behauptung der Glaubens- und Gewissensfreiheit obenan und fügte sich dann in Geduld in die Verhältnisse jener Tage: daher die damaligen Staatsbehörden auf der einen Seite den Zunftzwang und auf der andern die geduldige Unterthänigkeit gegen das Ausland durch die Servilität der Officiere der regierenden Städte als unvermeidliche Uebel sich gefallen ließen.

Bisher sind es fast ausschließlich Franzosen und die Nachkommen ehmaliger Flüchtlinge gewesen, welche uns von den Schicksalen dieser und ihren Verdiensten um die neuen Wohnstätten berichtet haben. Bei der damaligen Ueberlegenheit der Franzosen, namentlich in Gewerben und Künsten, in Vergleich mit den Völkern des protestantischen Bekenntnisses, ist es begreiflich, wenn die Verdienste der neuen Ankömmlinge sehr hoch

angeschlagen wurden, und weit höher als die Opfer ihrer neuen
Beschützer. Es ist dabei den Franzosen der leicht verzeihliche
Irrthum begegnet, daß sie gewöhnlich die Zustände der Länder,
in welchen sich ihre protestantischen Landsleute niedergelassen
hatten, in jeder Beziehung unentwickelter und roher sich vor-
stellten, als sie wirklich waren, und daß sie demnach den Aus-
wanderern die umfassendsten Verdienste um alle Gewerbszweige
und die gesammte Kultur beimaßen: daher eine gründlichere
Forschung sich theilweise zu beträchtlichen Ermäßigungen veranlaßt sah, wozu die Franzosen selbst, zum Theil aus konfessio-
neller Opposition gegen die Verdienste ihrer protestantischen
Landsleute, beigetragen haben. Auf die engen Verhältnisse und
die theilweise demokratischen Städteverfassungen der Schweiz fällt
freilich der größte Theil der Schuld, wenn die protestantischen
Flüchtlinge mit ihren ausgezeichneten Geistesgaben und ihren
gewerblichen Vorzügen den Städten und Ländern der evangelischen Schweiz nicht den Vortheil und den Segen brachten,
deren Genf und die romanische Schweiz neben den großen protestantischen Staaten theilhaft geworden sind.

Längst ist die Geschichte der evangelischen Flüchtlinge in
Betreff der Hauptländer, in denen sich dieselben niedergelassen
haben, abgefaßt; nur der Schweiz fehlt noch eine Arbeit, in
welcher sowohl die verschiedenen Perioden und Veranlassungen
der Auswanderung, als die besondere Theilnahme und der ge-
nauere Ausweis der Hülfsleistungen der Schweiz angegeben
wären. Und doch gehören diese so wenig bekannten Liebes-
thaten der Schweiz in einer Zeit, wo die Geschichte sonst nicht
viel Rühmliches aufzuzählen weiß, zu den preiswürdigsten und
erhebendsten Zügen der Schweizergeschichte. Auffallender Weise
haben sogar Genf und das Waadtland, denen der erste Preis

für die freundliche Aufnahme der Flüchtlinge gehört, noch keine
umfassende und zusammenhängende Geschichte ihrer verdienst-
vollen Einwanderer empfangen, so werthvoll die einzelnen Nachrichten sind, womit uns eine große Anzahl ausgezeichneter
Schriftsteller beschenkte, namentlich die Genfer Gaberel und die
beiden Galiffe, Senebier, Grenus und Sayous, Claparede und
Monastier, die Waadtländer Vuilliemin und Chavannes und
der Neuenburger Godet, nebst manchen Andern. Die Menge
der von diesen gegebenen, aber weit zerstreuten werthvollen
Nachrichten ist nach Möglichkeit sorgfältig benutzt worden: zugleich aber verbindet sich damit das Geständniß, daß zur gründlichen Geschichte der in das Welschland eingewanderten evangelischen Flüchtlingsfamilien nur ein Angehöriger der romanischen
Schweiz, ausgestattet mit genauer Kenntniß der örtlichen und
Familien-Verhältnisse, geeignet und befugt ist.

Doch bildet das Staatsarchiv des Vororts Zürich die
reichste Grundquelle für die gesammte Schweiz in Betreff der
evangelischen Flüchtlinge, indem die evangelischen Stände in
dieser Angelegenheit in einem sonst seltenen Einverständnisse
handelten und daher dem Vororte die Geschäftsleitung im
Ganzen und im Einzelnen überließen und von den von ihnen
ausgehenden Schritten genaue Kenntniß gaben. Demnach
wurden Zürich auch die an die einzelnen Orte gerichteten
Schreiben in Abschrift mitgetheilt, und zwar findet sich neben
dem in einer fremden Sprache abgefaßten Original zugleich
auch die deutsche Uebersetzung vor (welche in Ermangelung des
Originals häufig angeführt werden mußte). Daß das außerordentlich reiche Zürcherische Staatsarchiv bis vor Kurzem
wenig gesichtet und geordnet war, gereichte dem Verfasser zum
großen Vortheil, indem neben den officiellen Akten auch eine

Menge von Privatbriefen und kleinen Tagesnachrichten sich vorfand, welche werthvolle Thatsachen darboten: während die längst sorgfältiger geordneten Archive von Bern und Basel bei den in Bände vereinigten Urkunden jene Privatschriften gewöhnlich ausgeschieden hatten. Neben dem Zürcherischen Staatsarchiv bot die Stadtbibliothek von Zürich eine glückliche Ergänzung, indem einzelne Bürger in kirchlichem Interesse und namentlich in herzlicher Theilnahme für die verfolgten Glaubensgenossen sorgfältige Aufzeichnungen über die Geschichte der französischen Kirche hinterlassen haben. Zu dem in Zürich gebotenen Grundstock lieferten die Archive von Bern und Basel im Ganzen und für den Antheil dieser Stände die werthvollste Bereicherung und Vervollständigung. Demnach darf der Referent sagen, daß seine Arbeit zu drei Viertheilen aus handschriftlichen Quellen geschöpft ist, und daher größtentheils neue historische Nachrichten enthält. Wenn darunter manches Kleine und Kleinliche vorkommt, so mag auch dieses für das sociale Leben und den bürgerlichen Haushalt, sowie für die Kulturgeschichte unsers Vaterlandes nicht ohne Werth sein. Dabei wolle der geneigte Leser dem Verfasser verzeihen, wenn bisweilen der freie Fluß und die harmonische Einheit der Erzählung fehlt, da das Gegebene aus Tausenden von kleinen und zerstreuten Nachrichten zusammengefügt werden mußte; so daß manche einzelne Angabe fragmentarisch dasteht und sich nicht völlig mit dem Zusammenhang verschmilzt, aber doch nicht gerne fallen gelassen wurde, obgleich unter dem überaus reichen Material kleiner Daten stets mit sorgfältiger Auswahl zu Werke gegangen worden. Es werden Leser vorausgesetzt, welche der französischen Sprache hinlänglich kundig sind; denn sowohl die seelenvollen Klagen der Flüchtlinge und die mannigfaltigen Ausdrücke des Dankes, als die Briefe und Nachrichten in französischer Zunge aus alter und neuer Zeit würden durch Uebersetzung zu sehr an Eigenthümlichkeit und Werth verlieren.

Bei der freundlichen Theilnahme und Ermunterung von vielen Seiten sieht sich der Verfasser folgenden Beförderern seiner Arbeit zu besonderem Danke verpflichtet. Herr Staatsarchivar Dr. Strickler in Zürich war unermüdlich in Aufsuchung und Mittheilung des außerordentlich reichen Materials, so wie Herr Oberbibliothekar Dr. J. Horner in Darbietung der mannigfaltigen Handschriften und des für die vorliegende Aufgabe nahezu erschöpfenden Bücherschatzes der Stadtbibliothek. Herr Staatsschreiber Dr. M. von Stürler in Bern und Herr Staatsarchivar Dr. Göttisheim in Basel überließen mir den ganzen Umfang der betreffenden Akten wohlwollend und vertrauensvoll zur bequemsten Benutzung; und Herr Professor Dr. Le Fort in Genf war mir mit fördernden Mittheilungen und Belehrungen behülflich. — Jede weitere Belehrung und Berichtigung wird mich zu dankbarer Anerkennung verpflichten, da ich wohl weiß, daß dieser erste allgemeine Versuch einer Geschichte der evangelischen Flüchtlinge in der Schweiz mancherlei Lücken darbieten muß.

Zürich, am Ende des Jahres 1875.

Der Verfasser. .

Inhaltsverzeichniß.

Seite

Einleitung. 1

Die Schweiz von der Natur zur Zufluchtstätte der Verfolgten
bestimmt und von Anfang an von solchen aufgesucht, namentlich
aber von der Reformation an zunächst für Italiener und besonders
für Franzosen. Die Vorzüge der französischen Protestanten; der
Werth derselben für die Seemächte und für Deutschland. Schwierige Verhältnisse der Schweiz für Aufnahme der Flüchtlinge.

Erster Abschnitt.
Die Flüchtlinge vor der Bartholomäus-Nacht.

1. Die Vorläufer. 12

Lambert, Maigret, Farel, Calvin, Olivetan.

2. Verhältniß der Schweiz zu Frankreich. 22

Franz I. Bemühungen gegen den fremden Kriegsdienst. Heinrich II. Märtyrertod der fünf Lausanner Studenten. Verwendung
für die französischen Protestanten.

3. Die Locarner. 30

Einfluß der italienischen Flüchtlinge auf Locarno. Beccaria.
Ausweisung der Evangelischen aus den welschen Vogteien. Aufnahme in Zürich: die Muralti und Orelli ꝛc.

4. Die Engländer. 43

Bullinger zieht dieselben an. Hoper. Verfolgung unter
Maria. Zürich, der Mittelpunkt edler Flüchtlinge durch vorzüg-
liche Gelehrte. Anhängliche Dankbarkeit der Engländer. Junge
Zürcher in England.

5. Genf. 53

Calvin's Gehülfen fast ausschließend Franzosen. Beza. Um-
wandlung Genfs durch die französischen Flüchtlinge; gefördert durch
ausgezeichnete Italiener. Neue Gewerbszweige: die Buchdrucker,
Etienne ꝛc. Die Pest.

Seite

6. **Einfluß der evangelischen Schweiz auf Frankreich.** . . . 66

Klagen von Franz II. und Karl IX. Calvin's weise Mäßigung.
Beza und P. Martyr zu Poissy. Der französische Gesandte Coignet und dessen Sohn.

7. **Die französischen Protestanten in Waffen.** 75

Die Theilnahme der Schweiz in beiden Lagern. Bemühungen
der französischen Protestanten, Zürich und Bern für ein Bündniß
mit Frankreich zu gewinnen. Wichtigkeit Genfs. Werth der schweizerischen Söldner.

8. **Wachsende Noth der französischen Protestanten.** 84

Hülfe Genfs und der evangelischen Schweiz. Coligny in enger
Verbindung mit dieser.

Zweiter Abschnitt.

Die Flüchtlinge von der Bartholomäus-Nacht bis zur Aufhebung des Ediktes von Nantes.

9. **Die Bartholomäus-Nacht.** 91

Antheil der Schweizer. Zustände und Ursachen. Genf und
seine Hülfe für die Flüchtlinge: Hotman, die Familie Coligny,
Condé. Bemühungen für die Flüchtlinge in der deutschen Schweiz.
Verwendungen der evangelischen Stände bei Heinrich III. Heinrich
von Navarra sucht Verbindung mit den evangelischen Orten.
Die schweizerischen Städte helfen Frankreich durch Anleihen.

10. **Das Edikt von Nantes.** 115

Heinrich IV. Die Landschaft Gex. Des Königs Undankbarkeit
gegen Genf und die Schweiz.

11. **Zustände Frankreichs unter Heinrich IV.** 119

Agrippa d'Aubigné in Genf, Arbeiten im Alter. Heinr. von
Rohan in Genf, letzte Verrichtungen und Tod. Bedeutung der
Protestanten in Frankreich.

12. **Anfang neuer Verfolgungen unter Ludwig XIII.** . . . 129

Gex. Der General-Deputierte Ruvigny. Der Zerstörer
Bouchu. Die schweizerischen Gesandtschaften für Gex.

13. **Savoyen verfolgt die Waldenser.** 140

Verwendung der evangelischen Städte. Einmischung Frankreichs. Opfer der Schweiz. Johann Leger.

Dritter Abschnitt.

Die Aufhebung des Ediktes von Nantes.

Seite

14. Vor Aufhebung des Ediktes. 148

Maßregeln Ludwigs XIV. Beschränkungen in Kirchen und Schulen. Uebertritt durch Geld und Dragonaden.

15. Die allgemeine Flucht der Protestanten. 153

Gesinnung der Flüchtlinge. Aufnahme derselben in Genf und der Schweiz. Die Opferwilligkeit der Schweiz.

16. Die Ungarn. 162

Gewaltmaßregeln gegen die evangelischen Geistlichen Ungarns. Befreiung derselben von den Galeeren durch Ruyter. Beherbergung derselben in Zürich. Hülfe der evangelischen Schweiz.

17. Einzelne Flüchtlinge vor 1685. 167

Anna Preveral. Daniel Foncez. Stephan Faure. Peter Arthaud. Isabeau d'Arbaud. Gegen die Geistlichen. Genfs Bedrängniß.

18. Hülfsmaßregeln der Schweiz. 179

Jährliche Steuern von Bern, Zürich, Basel ꝛc. Die St. Galler in Marseille. Die Abgeordneten der französischen Gemeinde Saillans. Zeugnisse der Flüchtlinge. Pfarrer de la Croix.

19. Schaaren der Flüchtlinge in der französischen Schweiz. . 186

Zuerst aus Gex. Genf nächste Zuflucht: Einzelne Familien. Das Waadtland, Lausanne: Einzelne Familien.

20. Die Flüchtlinge in Bern. 197

Berns kräftige Verwendung bei den Mitständen. Aufnahme von Gewerbsleuten, Schwierigkeiten dagegen. Theilnahme in der Stadt. Anordnungen für die Landschaft. Allgemeine Maßregeln.

21. Die Flüchtlinge in Zürich. 205

Sorge für den Gottesdienst. Sorgfältige Anstalten. Die französischen Geistlichen. Die Ausgemeinden und die Municipalstädte.

22. Die Flüchtlinge in Basel. 216

Beträchtliche Zahl der bleibend Niedergelassenen. Gottesdienst. Schwierige Lage Basels. Muth der Universität.

23. Die Flüchtlinge in den übrigen evang. Städten und Ländern. 223

Große Last Schaffhausens: willige Hülfe. St. Gallen. Glarus und Appenzell A. R. Mülhausen. Chur. Neuenburg, dessen niedergelassene Familien.

24. **Großer Zudrang.** 228
  Opfer von Bern und Zürich. Zahl der angekommenen Flüchtlinge.

25. **Gewerbe der Flüchtlinge.** 233
  In Genf und der Waadt. In Zürich: Bruguier, Bourguet,
  Negret ꝛc. Handwerker. Basel. Unfreiwillige Entfernung der
  Gewerbsleute.

26. **Verfolgung der Waldenser.** 255
  Die Waldenser in Waffen. Verwendung Zürichs und Berns.
  Verwüstung der Thäler. Die Schweiz bewirkt die Erlaubniß
  zur Auswanderung. Die Hülfe der Schweiz für die Verbannten.
  Der Rachegeist der Waldenser: Henri Arnaud. Aussicht der
  Niederlassung in Würtemberg und Brandenburg.

27. **Heimkehr in die Waldenserthäler.** 266
  Geheime Vorbereitungen. Rückkehr der Waldenser aus der
  Fremde. Sammlung derselben im Waadtland. Einbruch in
  Savoyen. Mißlingen des zweiten Zuges: Bourgeois.

28. **Häupter und Helden der Flüchtlinge.** 277
  Brousson. Rudigny. Hervart. Mirmand.

Vierter Abschnitt.
Bemühungen der Schweizer für auswärtige Niederlassung der
Flüchtlinge.

29. **Die Noth der Schweiz.** 287
  Zahl und Kosten der Flüchtlinge. Aussichten auf Irland.
  Schwieriger Bezug der Lebensmittel. Escher und Dachselhofer in
  Paris. Klingler gegen den fremden Kriegsdienst. Erster Be-
  schluß zur auswärtigen Beförderung.

30. **Vertröstungen des Auslandes.** 297
  Mangel an Lebensmitteln in der Schweiz. Verabredungen
  zur Versendung der Flüchtlinge. Mancherlei Opfer der Schweiz.
  Hoffart der Französinnen. Anhänglichkeit der Flüchtlinge an die
  Schweiz.

31. **Neue Verfolgung der Waldenser.** 304
  Heldenmüthiger Kampf der Waldenser. Friede und Kriegshülfe der Waldenser für Savoyen. Dessen Undank und Aus-
  stoßung der Getreuen. Verbannung der französischen Waldenser
  aus Savoyen: deren Noth.

Seite

32. **Großmuth Berns und Zürichs.** 309

Berns christliches Erbarmen. Gleiche Stimmung in Zürich. Verlegenheit der übrigen Orte. Niederlassung der Waldenser in Würtemberg.

33. **Weitere Bemühungen für eine neue Heimat.** 316

Rocheguode. Absendung einzelner Züge nach Brandenburg, Pfalz, Würtemberg. Basel und Schaffhausen.

34. **Fortwährende Anstrengungen.** 323

Bourse française von Genf und Bern. Theilnahme im Waadtland. Hülfsquellen in Basel.

35. **Die Flüchtlinge aus Orange.** 330

Auswanderung in Folge französischer Besitznahme. Elend der Flüchtlinge. Genfs abermalige Großmuth. Theilnahme des preußischen Neuenburg. Aufnahme in Preußen. Frankreichs Forderungen zur Ausweisung.

36. **Flüchtlinge im 18. Jahrhundert.** 340

Unermüdliche Hülfe der evangelischen Städte. Die Niedergelassenen in Neuenburg. Vieljährige Bemühungen Rocheguode's an auswärtigen Höfen.

37. **Neue Grausamkeit des Herzogs von Savoyen.** 350

Die Pragelaner. Ausharrende Theilnahme der Schweiz: Genf und Waadt. Fernere Flüchtlinge der Waldenser: deren Weiterförderung. Hülfe für studierende Waldenser. Kosten für dieselben.

38. **Ruhigere Zeiten.** 356

Dankbarkeit der Flüchtlinge. Perrin. Elisabeth Charlotte, Herzogin von Orleans: Schreiben an die evangelischen Orte. Konstantinopel.

39. **Die Wüstenprediger.** 360

Corteis in der Schweiz. Einfluß des Anton Court. Das Prediger-Seminar in Lausanne. Rabaut, Quiros, Durand, Badou, Sirven.

40. **Letzte Zeit.** 366

Stellung der Flüchtlinge in der französischen Schweiz. Rückkehr einzelner Familien nach Frankreich. Pflege der Proselyten in der Schweiz.

Fünfter Abschnitt.
Die Galeriens.

Seite

41. **Die Galeeren.** 371

Bemühungen Frankreichs zur Hebung seiner Kriegsflotte.
Verträge Frankreichs mit einzelnen schweizerischen Kantonen zur
Uebernahme von deren Verbrechern auf die Ruderbänke der
Galeeren. Theilnahme der Schweiz. Calandrini. Die schwei-
zerischen Kaufleute. Blanche Gamond.

42. **Die Glaubenshelden auf den Galeeren.** 377

Lençonniere. Die Brüder Serre. Der Schweizer Paul
Ragatz. Verwendung der evangelischen Stände.

43. **Die Galeerenqualen.** 386

Einzelne Gemälde der Qualen auf den Galeeren: fromme
Standhaftigkeit. Freudigkeit im Leiden.

44. **Die Schweizer auf den Galeeren.** 392

Kriegsgefangene Schweizer und Deserteure auf den Galeeren,
namentlich Berner: wegen Glaubenstreue auf den Ruderbänken.
Der Zürcher Mathys.

45. **Allmählige Freilassung.** 399

Bemühungen Rochegude's. Die französischen Galeriens an
die evangelischen Orte. Erlaß Ludwigs XIV. Die französischen
Freigelassenen kommen nach der Schweiz: mitleidige Aufnahme
derselben.

46. **Letzte Schicksale der Galeriens.** 404

Die Galeriens aus den evangelischen Staaten werden entlassen, die Schweizer zurückbehalten. Schwache Bemühungen der
Regierungen für die Deserteure; aber große Opfer für die Befreiten. Die letzten Galeriens.

47. **Die Bourses françaises in der Schweiz.** 410

Härte gegen die Protestanten bis zur französischen Revolution, daher fortwährende Thätigkeit der Exulanten-Kammern in
der Schweiz. Beträchtliche Fondationen in Genf und Lausanne;
im übrigen Waadtland. Die Kolonie in Bern. Die französische
Kirche in Basel. Der Exulanten-Fond in Zürich.

Schluß. 414

Fortwährende Gemeinschaft der Schweiz mit den auswärtigen Glaubensgenossen.

Einleitung.

Die Schweiz ist von der Vorsehung zur Zufluchtstätte der Verfolgten bestimmt. Sie bildet den Knotenpunkt von Mitteleuropa und die Gränzmarke dreier großer Kultur-Völker. Sie ist durch natürliche Gränzen zu einer Friedensburg geschaffen, indem himmelhohe, schwer zugängliche Berge sie mit einem mehrfachen Walle umgeben, während zugleich die Schrecken der Elemente für sie eine wirksame Schutzwehr bilden. Daher haben von frühester Zeit her die an milbere Lüfte gewöhnten Söhne des Südens mit Grauen und Entsetzen zu den eisgepanzerten Bergriesen emporgeschaut, und nur besondere Gefahr und Noth hat sie bewegen können, in dieses geheimniß- und schreckenvolle Bergland vorzubringen. Darum eröffnet sich die älteste Geschichte Helvetiens damit, daß die damaligen Bewohner der rauhen Gebirgshöhen diese Wohnsitze verlassen und mit gewaffneter Hand schönere und fruchtbarere Gefilde aufsuchen wollten: ein augenscheinlicher Beweis, daß jene Ansiedler das Land nicht nach freiem Belieben sich auserwählt hatten, sondern durch irgend eine Gewalt dahin gedrängt worden waren. Wir wissen freilich, daß schon in vorgeschichtlicher Zeit die Bewohner der Pfahlbauten zahlreiche Stationen an den schönen Seen der Schweiz gegründet hatten; aber könnte man aus den, bei uns nicht selten gefundenen feinen Beilchen, mit der durchscheinenden Schneide, aus Nephrit, einem nur im fernen Morgenlande vorkommenden Gestein, nicht den Schluß ziehen, daß auch jene ersten Bewohner unsers Landes durch irgend eine Nöthigung in die Berge verschlagen worden wären? Näher bekannt ist

daß von Süden her die Rhätier, und von Norden her die
Burgunder aus einem größern und reichern Schauplatz in die
Berge gedrängt worden waren. Vorübergehend haben sogar
bedrängte Sarazenen in den Gebirgen von Graubünden und
Wallis eine Zufluchtstätte gesucht, und Spuren ihres Daseins
hinterlassen.

Auch die Einführung des Christenthums in der Schweiz
scheint weniger dem Antrieb verdankt worden zu sein, daß die
ersten Glaubensboten diesen Landstrich aus eigenem Willen als
Arbeitsfeld ausersehen hatten, als daß sie durch Verfolgung
aus einer erwählten und erkämpften Stätte vertrieben worden
waren. Denn wenn man den faßbaren historischen Kern aus
der Hülle der Legende von der thebaischen Legion herausschält,
so stehen Helden und Märtyrer vor uns, welche nach wechselvollen Schicksalen zum Schlusse den mit dem Evangelium be-
fruchteten Boden des Berglandes durch ihr Blut getränkt und
geweiht hatten. Und Kolumban und seine Jünger sind die
ersten Vorläufer der Flüchtlinge, welche, durch die tyrannische
Willkür der Frankenkönige ausgestoßen, in den Thälern der
Schweiz eine Bergungs- und Wirkungsstätte suchten.

Ein so charaktervolles Land und eine so schutzreiche Wohnstätte mußte dann aber für die seßhaften Ansiedler eine theure
Heimat werden, welche sie so lieb hatten, daß sie die Beschwerden und Entbehrungen, die der rauhe Himmelsstrich und
der karge Boden ihnen auferlegte, willig ertrugen. Geborgen
in ihren Bergen fühlten sich die Bewohner sicher und selbständig: das Bergland mußte auch ein Land der Freiheit werden,
wo der Muth und die Kraft der Bewohner die Beschaffenheit
des Landes aufs Beßte zu benutzen verstand. Allein die durch
lange heldenmüthige Kämpfe errungene Freiheit hätte für die
nationale Selbständigkeit der Schweiz nicht ausgereicht; vielmehr hätte gerade die Kriegstüchtigkeit der Schweizer, nachdem
dieselbe ein Handelsartikel für den Meistbietenden der Nachbarn
geworden, zum unvermeidlichen Verderben und zur Knechtschaft
geführt. Ein selbständiges, geistiges Volksleben ist in der

Schweiz erst durch die Reformation entstanden. Die Kenntniß
der h. Schrift, welche von nun an die Grundlage von Wissen,
Glauben und Leben bildete, verlangte durchweg einen gewissen
Grad von Nachdenken und geistiger Entwicklung, woran sich
alle Klassen des Volkes betheiligten. Der gereinigte Glaube
verlangte seine Bewährung in den verbesserten sittlichen Zuständen, für deren Förderung Kirche und Staat Hand in Hand
gingen. Die Nothwendigkeit der Zusammenstimmung und
gegenseitigen Unterstützung von Stadt und Land brachte letzterm
erst jetzt durch sichernde Verträge gewisse verfassungsmäßige Ga-
rantien. Namentlich aber führte die bedrohliche Lage der vereinzelten reformirten Kirchen, gegenüber den feindlichen Mächten,
sowohl der katholischen als der lutherischen Konfession, zum
Anschluß an die größtentheils weitentlegenen und ganz verschiedenartigen Schwesterkirchen des Auslandes, womit die Anbah-
nung einer mannigfaltigen geistigen Wechselwirkung und namentlich auch die Einleitung und Entwicklung eines ausgedehnten
gewerblichen Verkehrs verbunden war. Daher sehen wir denn
schon in den ersten Zeiten der Reformation die Häupter und
Leiter derselben nicht nur mit den gleichgesinnten deutschen
Reichsstädten und mit den Fürsten der Pfalz, Hessens und
Schlesiens in Verbindung, sondern auch in gesuchter lebhafter
Gemeinschaft mit Frankreich und Italien, Holland und England,
Ungarn und Polen.

Gegenüber den drei großen Nachbarländern erzeugte die
kleine Schweiz in ihren Landeshauptstädten einen solchen Wetteifer mit den Reichsstädten und Fürsten Deutschlands, daß sie
ihrerseits eben so viel gab, als sie hinwieder empfieng: daher
Deutschland und die Schweiz zusammen eine feste Burg zum
Schutze des Evangeliums wider alle Weltmächte bildeten, und
bei allem Zwiespalt der Glaubenssätze gleichwohl sich gegenseitig
immer wieder zu Gute kamen. Da demnach in Deutschland
überall wohlgesicherte Stationen des evangelischen Glaubens
gegründet waren, so kamen die dortigen Protestanten nur in
den wechselvollen Vorgängen des dreißigjährigen Krieges in den

Fall, in der Schweiz eine vorübergehende Zufluchtstätte zu suchen.

Zu größerm Heil aber sollte das schützende Bergland für Italien und Frankreich gereichen. In Italien freilich war die katholische Kirche so fest gegründet, ihr vielgestaltiger, durch die reichen Mittel der Kunst belebter Kultus entsprach der Eigenart eines phantasievollen, nach festlichem Prunk verlangenden Volkes, und der päbstliche Thron stand in einer solchen patriotischen Glorie, daß nur bei einer kleinern Zahl auserwählter Geister Vernunft und Gewissen mit dem Volksglauben in unversöhnlichen Zwiespalt gerieth, und zum Verlassen der unvergleichlichen Heimat drängte, um die höchsten Güter der Seele zu retten. Auch in Frankreich hatte Staat und Kirche eine festere Grundlage als in Deutschland, wo eine beträchtliche Anzahl souverainer Fürsten und Herren und ein zahlreicher Kranz wohlhabender und durch mannigfaltige Bildung ausgezeichneter Reichsstädte längst in allen Schichten der Bevölkerung das Streben nach bürgerlicher und religiöser Freiheit verstattet und angeregt hatten. Dagegen war das Königthum in Frankreich seit mehreren Generationen zu einem immer größern Absolutismus herangewachsen, hatte die verschiedenartigen Provinzen stets enger mit sich vereinigt, deren reiche Mittel in steigendem Erfolg dem Throne dienstbar gemacht, und so diesem einen Glanz und ein Ansehen verschafft, wodurch das ehrgeizige Volk bezaubert und um so leichter zu williger Ergebenheit gebracht wurde. Daneben war auch die französische Kirche so überaus reich, fest geschlossen, durch altes Ansehen sowohl als die große Zahl ausgezeichneter Männer aus den höchsten Ständen von so überwiegendem Einfluß, und zur Abwehr äußerer und innerer Anfechtungen mit dem Throne so enge verbunden, daß auch hier die Reformation gegen diese vereinten Mächte des Romanismus eine ungünstigere Stellung hatte, als in den Verhältnissen der germanischen Völkerschaften. Doch ein so geistesbegabtes und hochsinniges, strebsames und vielseitiges, lebhaftes und feurig entschlossenes Volk wie die Franzosen konnte sich nicht vom

Banne einer in Formen erstarrten, durch Mißbräuche verun-
stalteten und durch eine Menge roher und sittenloser Priester
entwürdigten Religion darniederhalten lassen: daher die Predigt
des Wortes Gottes, welche die höchste Gemeinschaft des Menschen
mit Gott durch die Gnade eröffnete und dem strengen Gehorsam gegen das göttliche Gebot die Seligkeit für Zeit und
Ewigkeit verhieß, die empfänglichen Gemüther in allen Ständen
mächtig ergriff und in allen französischen Provinzen eifrige Bekenner fand. Frankreichs ruhmbedeckter Adel, ausgezeichnet vor
jedem andern der Welt, eben so wohl begabt durch bedeutenden
Grundbesitz als durch glänzende Geistesvorzüge, suchte in der
entschlossenen Umfassung des evangelischen Bekenntnisses eine
Stütze gegen die Uebermacht der Könige und der Kirche. Die
gelehrte Klasse, voran eine große Zahl erleuchteter und ge-
wissenhafter Geistlicher, dann vornämlich der Stand der Richter
und der Aerzte, freute sich der evangelischen Freiheit, und
bildete den festen Kern zum Schutze evangelischen Bekenntnisses.
Namentlich zählte der hochentwickelte Gewerbsstand, welcher
schon damals mit seinen Erzeugnissen diejenigen anderer Völker
übertraf, eine ungewöhnliche Menge eifriger Bekenner des
Evangeliums. Vollends der höchsten Anerkennung werth und ein
Ehrenkranz für die französische Nation ist die Verbreitung der
Reformation in den Klassen der Handwerker und Bauern,
welche mit einer Geisteskraft, Treue und Standhaftigkeit für
ihren Glauben einstanden, wie es in solchem Umfang und in
solcher Ausdauer bei keinem andern Volke zum Vorschein kam.
Auch offenbarte sich die geistige Regsamkeit und die Selbständigkeit des französischen Volkes darin, daß sich das evangelische Bekenntniß über alle Theile des weiten Reiches verbreitete,
und während einer Jahrhunderte hindurch dauernden blutigen
Verfolgung nie ganz aus den Herzen gerissen werden konnte,
während in Italien und Spanien sowohl als in Oesterreich die
völlige Unterdrückung der Reformation gelang.

Für die Freiheit und Tiefe des Geistes, welche dem
Evangelium Bahn brach, war Frankreich besser vorbereitet als

die bezeichneten Länder: denn Frankreich hatte zur Zeit der Reformation in der allgemeinen Kultur einen Vorsprung vor den
übrigen europäischen Völkern. Seine Sprache war der Entwicklung nahe, durch welche dieselbe sich allmählig zur allgemeinen Umgangssprache erhob; und in den Künsten und Gewerben, welche das Leben bereichern und verschönern, überflügelte
Frankreich bereits alle übrigen Nationen. Es ist ein großer
Irrthum und eine große Ungerechtigkeit, die Ueberlegenheit der
Bildung, welche in neuerer Zeit die Völker germanischen Stammes
im Vergleich mit den Franzosen erlangt haben, ohne Unter-
scheidung auf jene frühere Zeit überzutragen. Wenn man die
zahlreichen französischen Schriftstücke aus dem fünfzehnten und
sechszehnten Jahrhundert durchgeht, welche sich in den schweizerischen Staatsarchiven befinden, sowohl die amtlichen, vom Hofe
und aus den Provinzen, als diejenigen der Gelehrten und der
Gewerbsleute, so muß man sich mit Befremden überzeugen,
daß diese Schriften nicht nur festgestellte Wortformen und
einen ausgebildeten und natürlichen Styl entfalten, sondern
auch orthographisch und kalligraphisch Alles weit übertreffen,
was damals nicht nur von schweizerischen Kanzleien und Privaten, sondern von sämmtlichen Höfen und Geschäftsleuten
Deutschlands, der Niederlande und Englands geschrieben wurde.
Denn das damalige Frankreich besaß eine große Anzahl alter,
bedeutender Städte, in welchen sich in Leben, Sitten und Gewerben, in Wissenschaften und Künsten ein eigenthümlicher,
selbstbewußter Provinzial-Geist ausgebildet hatte, der hinwieder
bei dem großen Reichthum des Landes in einer entsprechenden
Anzahl höherer Bildungsanstalten die erforderliche Nahrung
fand. Aus dieser Zahl wirkten namentlich die durch die Reformation umgewandelten und neu belebten Akademien von
Montauban, Saumur, Sedan und Nismes mächtig zur Förderung des evangelischen Geistes, und hauptsächlich durch Franzosen und für Frankreich diejenigen von Genf und Lausanne,
diese auch dann noch und doppelt einflußreich, als jene geschlossen und zerstört waren. Wenn auch der gemeine Mann,

der sich zum Evangelium bekannte, eine für jene Zeit unge-
wöhnliche Schulbildung an den Tag legte, so kam es daher,
daß schon im sechszehnten Jahrhundert in jeder evangelischen
Gemeinde die Vorsorge für Errichtung einer oder mehrerer
Schulen getroffen wurde, ein beträchtlicher Theil derselben von
den adelichen Gutsherren gegründet. In Furcht vor diesen
Schulen gieng daher die Verfolgung derselben derjenigen der
Kirchen voran.

Von alten Zeiten her bestand zwischen Frankreich und
der Schweiz eine mannigfaltige und lebhafte Gemeinschaft,
welche nun zwischen den Glaubensgenossen desselben evangelischen Bekenntnisses um so inniger werden mußte. Wir sehen
daher auch, wie die evangelische Schweiz für die verfolgten
Glaubensbrüder in Frankreich andauernder, unermüdlicher und
mit verhältnißmäßig größern Opfern eintrat, als jede andere
protestantische Macht. Und dennoch muß zugegeben werden,
daß das Verdienst sowohl als der Vortheil, welche nicht nur
die reichen Seemächte, England und Holland, sondern auch das
freie, mühsam zu einem selbstständigen Staate heranwachsende
Preußen um Frankreichs evangelische Flüchtlinge sich erwarben,
größer waren als diejenigen der Schweiz. Die Seemächte zunächst befanden sich in viel günstigern Verhältnissen für Aufnahme von Einwanderern als die Schweiz: denn derselben
Angehörige suchten mit Vorliebe zur See einen reichen Gewinn, und überließen daher den betriebsamen und kunstfertigen
Franzosen, welche sie bereitwillig in ihrer Mitte an ausge-
wählten Stätten aufnahmen, gerne die Erzeugnisse der Industrie
und der Handwerke, welche die Ankömmlinge mit überlegenem
Geschick ausführten und für welche bisher viel Geld nach Frankreich geflossen war. Von noch viel höherm Werthe aber waren
für die Seemächte in den häufigen und langen Kriegen mit
Frankreich die streitbaren, in den langen Religionskriegen geübten
französischen Auswanderer, welche sich an der Heimat, die sie
grausam verfolgte, rächten, und mit ihrem Blute dem neuen
Vaterlande die Aufnahme und die Gewissensfreiheit verdankten.

Ganze Regimenter flüchtiger Franzosen, mit den ausgezeichnetesten Officieren an ihrer Spitze, brachten Ludwig XIV. und seinem Reiche noch unmittelbarern und empfindlichern Schaden bei, als die Tausende der besten und geschultesten Arbeiter, die Frankreich den Rücken kehrten. — Für das durch den dreißigjährigen Krieg entvölkerte und verwüstete Deutschland waren die evangelischen Flüchtlinge eine noch größere Wohlthat. In Städten und auf dem Lande war für fleißige Arbeiter überflüssiger Raum; es fehlte nirgends an veröbeten Klöstern, herabgekommenen Herrschaftsgütern, an verwilderten Gründen und unbenutzten Wäldern, wo den Einwanderern ohne Opfer des Fürsten Wohnstätten, Aecker und Holz angewiesen werden konnten. Das Uebergewicht französischer Kunstfertigkeit bereitete den französischen Fabrikanten und Handwerkern eine noch entgegenkommendere Begünstigung, weil manche Gewerbe in den protestantischen Ländern erst durch die Franzosen begründet wurden oder in Aufnahme kamen. Mit entschiedener Vorliebe aber wendete sich die Gunst deutscher Fürsten den französischen Flüchtlingen höherer Stände zu, namentlich traten Officiere und Beamtete in bevorzugte Stellungen ein: denn von der Zeit der Glaubensverfolgungen trägt eine große Zahl von Generälen und Obersten, von Hof- und Legationsräthen in preußischen Diensten französische Namen. Schon unter der Dynastie der Valois von Franz I. an, dem Freunde der Wissenschaften und Künste, begann der französische Hof für die Höfe der deutschen Fürsten einflußreich zu werden, und es wird sich namentlich zeigen, wie enge der brandenburgische Hof mit der Aristokratie der französischen Auswanderer verbunden war. Berlin aber war immer das Vorbild für die zunächst mit ihm verbundenen Höfe von Bayreuth und Kassel. Bei den genannten Staaten sprach also die Landeswohlfahrt sowohl als die Politik für Herbeiziehung und Einbürgerung der evangelischen Flüchtlinge.

Ganz anders waren die Zustände der Schweiz. Diese war damals verhältnißmäßig ein armes Land. Denn seine Landbewohner, ausschließlich Ackerbauern und Hirten, gewannen

dem mit wenigen Ausnahmen rauhen Boden in saurem Schweiße
nur einen mittelmäßigen Lohn ab. Die Handwerke, die Gewerbe und der Handel der Städte beschränkten sich im Ganzen
auf die damals einfachen und bescheidenen Bedürfnisse der Bewohner; von der Ausfuhr industrieller Erzeugnisse war noch
keine Rede, man begnügte sich mit dem Absatz einiger Landes-
produkte. So richtete sich die Stärke der Bevölkerung nach
der Ernährungsfähigkeit des Bodens, und demgemäß war das
Gebiet der Schweiz in der Zeit langen Friedens, so weit es
der kärgliche Boden erlaubte, überall angemessen besetzt, so daß
auch ein Bedürfniß nach Einwanderung von Außen keineswegs
vorlag. Die evangelischen Städte der Schweiz nahmen vom
Reformations-Zeitalter an einen bedeutenden Aufschwung und
zogen zur Hebung der Gewerbe gerne auch auswärtige Hülfs-
kräfte herbei; allein die überall mehr oder weniger demokratische
Grundlage der Städteverfassungen, und der unmittelbare Einfluß der Bürgerschaften auf die Regierungen zog der Aufnahme
neuer Bewohner und deren Ausübung von Gewerben etwas
enge Schranken. Auch die Politik wies der Schweiz einen
ganz andern Weg als den Seemächten und den deutschen Staaten.
Denn Frankreich und die Schweiz hatten denselben alten Erb-
feind, den Kaiser aus dem Habsburgischen Hause, und doppelt
gefährlich durch die enge Verbindung mit Spanien. Der „ewige
Frieden" mit Frankreich wurde daher im wirklichen Interesse
der Schweiz geschlossen, und demnach beriefen sich auch die
evangelischen Stände, ungeachtet des Werbeverbotes, auf die
alte Freundschaft und Bundesgenossenschaft mit Frankreich. Wir
werden im Verfolg sehen, daß sich die französischen Protestanten
angelegentlich bemühten, auch die evangelischen Stände der
Schweiz zur Bewilligung der Kapitulation für den Solddienst
zu bewegen, damit diese sich mit desto größerm Gewicht zu
ihren Gunsten bei dem Könige verwenden könnten. Mit Befremden und Mißbilligung überzeugte man sich jedoch, daß auch
nach der Kapitulation der evangelischen Kantone mit Frankreich dessen evangelische Glaubensgenossen nicht weniger grausam

verfolgt wurden. Wie war es möglich, daß die zwei mächtigen evangelischen Städte, welche ein Jahrhundert lang dem Grund= satze gehuldigt: „der Fürsten und Herren müßig zu gehen," das Herzblut ihrer Söhne an Frankreich verkaufen konnten, ohne auf ihre Verwendungen und Bitten irgend ein Zuge= ständniß für die Gewissensfreiheit ihrer Glaubensgenossen zu erlangen? Warum verboten sie nicht den Kriegsdienst bei dem gewaltthätigen französischen Könige? oder warum riefen sie, nach hochmüthiger Verweigerung ihrer Gesuche, nicht ihre Truppen aus Frankreich zurück? Aber in jener Zeit war das Kriegshandwerk des Mannes edelster Beruf, welchen sich Keiner verkümmern ließ. Freizügigkeit und freiwilliger Kriegsdienst um Lohn und Ehre war die allgemeine Loosung, worin mit den Schweizern die deutschen Landsknechte, die italienischen Kondottieri und die englischen Reisigen wetteiferten. Hätten die damaligen Regierungen die Schaaren, welche freiwillig in den französischen Kriegsdienst traten, zurückrufen wollen, sie würden dem Befehle nicht gehorcht haben. Wenn also Frank= reich der in seinen Dienst tretenden Schweizer sicher war, so= bald der Kriegssold richtig bezahlt wurde, so sah sich die Schweiz in der unehrenhaften Lage, kein Mittel zu haben, um ihrer Verwendung für die unglücklichen Glaubensgenossen Nach= druck zu geben; vielmehr übte immer die Besorgniß ihre Macht aus, den Zorn des übermüthigen Nachbars auf sich zu laden. Das hinderte freilich die zunächst bedrohten, französisch redenden Landschaften nicht, die willkommensten und gesegnetesten Zuflucht= stätten für die verfolgten Glaubensbrüder Frankreichs zu werden, und im Kleinen denselben in vollem Maße das Gleiche zu leisten, was die Seemächte und Preußen denselben im Großen erwiesen.

Eine Geschichte der evangelischen Flüchtlinge in der Schweiz hat sich nur vorübergehend mit denjenigen aus Italien, und noch kürzer mit denen aus England und Ungarn zu beschäftigen, während die Flucht der verfolgten Franzosen nach längerm Unterbruch beinahe zwei Jahrhunderte dauerte.

Als erste Flüchtlinge erschienen in der ersten Hälfte des sechszehnten Jahrhunderts vereinzelte ausgezeichnete Vorläufer, größtentheils Geistliche oder hochgestellte Staatsmänner.

Die erste große, allgemeine Flucht trat 1572 mit der Bartholomäus-Nacht ein und dauerte bis 1589, bis zur Thronbesteigung Heinrichs IV., dessen Edikt von Nantes i. J. 1598 den Protestanten in Frankreich Religionsfreiheit und gleiche Rechte mit den übrigen Bürgern ertheilte, welches zwar auch von seinen Nachfolgern bestätigt, aber vielfach verletzt wurde. Mit 1662 trieb die immer härter werdende Verfolgung allmählig immer größere Schaaren zur Flucht, bis dieselbe 1685 mit der Aufhebung des Edikts von Nantes alle Klassen ergriff und Frankreich zu Tausenden seiner besten und nützlichsten Bürger beraubte. Einen unheilvollen Einfluß übte der französische Hof auch auf denjenigen von Savoyen aus, so daß zu gleicher Zeit mit den Verfolgungen in Frankreich solche über die Waldenser in Piemont ausbrachen.

Noch weit in das achtzehnte Jahrhundert hinein und bis nahe an die Zeit der französischen Revolution brachte die Schweiz ununterbrochene Opfer für die Verfolgten und die Flüchtlinge.

Erster Abschnitt.

Die Flüchtlinge vor der Bartholomäus-Nacht.

---

1. Die Vorläufer.

Der erste französische Flüchtling, welcher in der Schweiz Schutz und Belehrung suchte, war Franz Lambert. Er war 1487 zu Avignon aus edelm Geschlechte geboren. Frommer Eifer führte ihn frühe ins Kloster. Ausgezeichnet durch Geistesgaben und Wissenschaft übte er als Prediger seines Klosters auf das Volk einen ergreifenden Einfluß aus. Sein Predigtamt führte ihn zu gründlichem Studium der h. Schrift und zur Bekanntschaft mit den Schriften Luthers. Beides brachte ihm von Seiten seiner Klostergenossen Verfolgung und Lebensgefahr. Im Frühjahr 1522 floh er nach der Schweiz, und fand von Lausanne kommend Aufnahme bei Berthold Haller in Bern. Dieser empfahl ihn an Zwingli. Der lebhafte Franzose, im Vertrauen auf seine Beredsamkeit und an beifälliges Aufsehen gewöhnt, forderte Zwingli zu einer Disputation heraus, in welcher er die Fürbitte der Heiligen vertheidigen wollte. Der Reformator entsprach seinem Verlangen, widerlegte aber den Mönch so gründlich, daß er sich für besiegt erklärte und sich seiner grauen Franziskanerkutte entledigte. Im nächsten Jahre nahm auch Luther Lamberten wohlwollend auf und gestattete ihm Vorlesungen an der Universität. Lambert war der erste ausgetretene Mönch, welcher sich im Auslande nicht ohne Luthers Zustimmung verheurathete, wodurch er um so mehr mit bitterer Noth zu kämpfen hatte. Luther und Melanchthon riethen ihm die Rückkehr nach Zürich. Doch Freunde des Evangeliums beriefen ihn 1524 nach Metz; aber die Feinde desselben widersetzten sich seiner Predigt, so daß er nach Straßburg übersiedelte, wo der „welsche Doktor" zwar in großer Armuth, aber im häufigen Umgange mit gleichgesinnten Landsleuten lebte, und durch eine Reihe von Schriften sich wenigstens bemühte, für Frankreich das zu werben, was Luther für Deutschland geworden war. Er sollte indessen auf einem bescheidenern Arbeitsfelde nicht ohne Segen und Anerkennung wirken. Der Landgraf Philipp berief ihn 1526 nach Hessen, wo er als Professor der Theologie und als Mitarbeiter an der hessischen Kirchenordnung sich Verdienste erwarb, und wesentlich dazu beitrug, daß nach dem Marburger Gespräch von 1529, an welchem er zwar nicht thätigen Antheil nahm, die Zwinglische Lehre vom Abendmal in Hessen überwog. Lambert starb 1530.

Bald nach Lambert erschien der Vorläufer und Bahnbrecher unter den französischen Reformatoren, Wilhelm Farel, in der Schweiz. Er war 1489 zu Gap in der Dauphiné aus adelichem Geschlechte geboren. Lefèvre d'Etables entließ diesen seinen entschlossensten Schüler mit der Ermunterung: „Gott wird die Welt neugestalten, und du wirst es erleben!" Die evangelische Gesinnung eines so feurigen und furchtlosen Mannes konnte nicht lange verborgen bleiben. Wir sehen ihn 1524 in Basel, von Oekolampad wohl aufgenommen und bald auch mit Zwingli in Verbindung, welcher in ihm den wirksamen Bebauer für Genf und das Welschland erkannte und ihn auf dieses Arbeitsfeld hinwies. Mit glühendem Eifer und heldenmüthigem Ungestüm warf Farel sich auf sein evangelisches Arbeitsfeld, zuerst im württembergischen Mömpelgard, dann im bernerischen Aelen, allein, wehrlos, nur mit dem Worte Gottes bewaffnet, unter einer erstaunten und empörten Volksmenge. Scheltworte, Schläge und blutige Wunden schreckten ihn nicht ab, er kehrte immer wieder und trug am Ende mit der Macht evangelischer Wahrheit den Sieg davon. Von Neuenburg,

seinem besonders erwählten Arbeitsfelbe aus, erschien er immer
wieder in den Gemeinden des Waadtlandes und wiederholt in
den Walbenser-Thälern, bis Genf ihn von 1532 an für
mehrere Jahre fesselte. Leidenschaftlicher Widerstand, gewaltthätige Vertreibung entmuthigten ihn nicht, bis er durchbrang,
das Evangelium gegründet und durch die kirchliche Verfassung
gesichert hatte. Lange stand Farel allein, daher er Zwingli
kurz vor dessen Tode in Beziehung auf seine Landsleute klagte:
„Das französische Wohlleben hält sie so gefangen, daß sie lieber
fruchtlos zu Grunde gehen und stumm unter die Tyrannen
sich ducken, als öffentlich Christum bekennen wollen." In
Calvin gewann er den siegreichen Helfer, dem er zur Seite
stand, bis dieser in Genf die evangelische Glaubensburg gegen
alle Angriffe gesichert hatte. Nachdem Farel in seinen spätern
Jahren Neuenburg zur Hauptstation seiner Wirksamkeit ersehen
hatte, richtete er von da aus in unermüblicher Rüstigkeit seine
Missionsreisen zu den Walbensern, nach dem Süden Frankreichs und nach Metz. Es giebt kein schöneres Zeugniß für
Farel, als daß ihm Calvin sein ganzes Leben lang mit un-
wandelbarer Freundschaft zugethan war. Farel starb 1565
und überlebte also die drei großen Reformatoren, glücklich im
siegreichen Bestand ihres gemeinsamen Werkes. Sayous urtheilt
über Farel: „C'est l'exemple de son long apostolat, tout
rempli de périls, de misères, et supporté avec l'intrépidité
naïve d'une ame profondement religieuse, ce sont ses
énergiques vertus et le désintéressement parfait de son grand
coeur, qui ont eu une admirable influence sur le génie
moral de la réforme et de ses ministres. Peut-être n'eût
il pu lui même conserver long-temps ses conquêtes, mais
il les a maintenues dans la voie d'une régéneration vraiment religieuse, jusqu' au moment marqué par la providence, où, consolidées par la main d'un grand homme,
elles devaient servir de base à l'édifice entier de la réformation française."

Die Pflanze, welche Farel gepflanzt hatte, wurde durch

Calvin zum weltüberschattenden Baume. Keine Stadt der Christenheit hat in der neuern Zeit auf die allgemeine Kultur einen so tiefgreifenden und langanhaltenden Einfluß ausgeübt wie Genf. Dieses Genf, eine ganz kleine Stadt, ohne Reichthum, ohne politischen Einfluß, ohne Länderbesitz, erwarb sich den Namen des protestantischen Roms. Dieses ausgezeichnete Gepräge erhielt Genf durch Calvin in weit höherm Grade, als Wittenberg durch Luther und Zürich durch Zwingli. Freilich darf man nie vergessen, daß Genf diesen Vorzug geistiger Ueberlegenheit nur dadurch erlangen konnte, daß die freie Schweiz für dasselbe den schützenden Hintergrund bildete. Erst nachdem Zwingli das mächtige Bern für das Evangelium gewonnen hatte, und nachdem Bern durch Eroberung des Waadtlandes dem Evangelium auch in seinem welschen Gebiete eine feste Grundlage gegeben, mußte Frankreich den Willen der beiden gewichtigsten Stände der Eidgenossenschaft ehren und, obgleich stets lüstern nach der wohlgelegenen Gränzstadt, seinem Verlangen gegen das mit Bern verbündete Genf Gewalt anthun. Genf mit seinen 6500 Einwohnern war schon im fünfzehnten Jahrhundert eine für die Umgebung wichtige Stadt durch ihre Gewerbe in Seidenstoffen, Goldarbeiten und Waffen, namentlich aber durch die vier von den benachbarten Ländern stark besuchten Messen. Die betriebsame, aufstrebende, nach dem Vorbild der Schweiz um politische und religiöse Freiheit ringende Bevölkerung mußte längst mit dem bischöflichen Hof und dem Herzoge von Savoyen und dessen streitsüchtigem Adel zerfallen sein, welche beiderseits die Unabhängigkeit der Stadt bedrohten. Allein die Unruhe und Gefahr der unaufhörlichen Drangsale und Kämpfe hatte unter den lebhaften Genfern einen so tiefen und leidenschaftlichen Zwiespalt der Partheien hervorgerufen, daß eine friedliche Entwicklung der bürgerlichen und geistigen Zustände sich daselbst nicht erwarten ließ. In diesem wilden und feindseligen Getriebe nebst den damit verbundenen rohen Sitten war Genf wenig geeignet, ein Mittelpunkt geistigen Lebens zu sein. Als daher Calvin sein Vaterland verlassen mußte, war nicht Genf, sondern Basel seine Zufluchtstätte, wo er die Zeit und Ruhe fand, seinen „Unterricht in der christlichen Religion" zu verfassen, sein erstes Werk und das einflußreichste unter allen reformatorischen Schriften. Nach Genf kam Calvin nur auf der Durchreise; wenn er sich aber daselbst festhalten ließ, so bewirkte das wohl weniger Farels drohende Donnerstimme, als dessen Vorstellung, daß der schon ausgezeichnete und bekannte Mann zur Erhaltung und Befestigung des Evangeliums in der Stadt selbst „nothwendig" sei. Farel hatte ausgereicht, die Mißbräuche abzuschaffen und das Evangelium zu predigen, aber nicht, um mit dem evangelischen Bekenntnisse das ganze bürgerliche Leben und die Sitten in Uebereinstimmung zu bringen, eine heilige Gemeinde zur Ehre Gottes zu gründen. Die Genfer jedoch, stolz auf die neulich errungene bürgerliche und religiöse Freiheit, wollten sich dem strengen Gehorsam gegen das von Calvin geprebigte Gesetz Gottes nicht fügen, daher der Reformator sagt: „Als ich in diese Stadt kam, verkündigte ich wohl das Evangelium, aber es war Alles in großer Verwirrung, als bestände das Christenthum in nichts Anderm als in der Zerstörung der Bilder." Als demnach der heldenmüthige Mann durchgreifen und das ganze Leben Genfs nach der Vorschrift des Wortes Gottes umgestalten wollte, traf ihn die Verbannung. Doch hatte sich der unbequeme Strafprediger der Stadt schon zu sehr durch seine Weisheit und seinen in Gott gestärkten Willen bewährt, als daß dieselbe in ihm nicht bald wieder, in der Klemme zwischen der Habgier Frankreichs auf der einen und Berns auf der andern Seite, den rettenden Helfer in der Noth erkannt hätte. Bei der neuen Berufung rechnete Genf auf den für Calvin gewichtigen Beweggrund zur Rückkehr: „Notre ville est le port de refuge pour les proscrits de France et d'Italie." Allein er würde nimmer des Geistes trotziger Unabhängigkeit, welchen ihm die Genfer Libertiner entgegensetzten, Meister geworden sein, wenn es ihm nicht gelungen wäre, das alte Genf von Grund aus umzugestalten.

Daß Calvin eine lange Reihe von Härten und Gewaltthätigkeiten gegen die Feinde seines Reformationswerkes nachgewiesen werden kann, ist nicht zu läugnen. Aber er hatte
von Anfang an kein Hehl, daß sein Herz nicht an Genf hieng,
wie er dasselbe vorgefunden hatte, sondern daß er diese Stadt
nur als den wohlgelegenen Standort betrachtete, von dem aus
er zunächst auf sein Vaterland und dann auf die für das
Evangelium empfängliche Welt wirken konnte. Es ist ein
eitles Bemühen, den Beweis leisten zu wollen, daß Genf ohne
Calvin die Freiheit und das Evangelium hätte behaupten
können. Doch wenn man diese Behauptung gelten lassen
wollte, so ist dagegen so viel gewiß, daß Genf ohne Calvin im
beschränkten Wirkungskreise einer Provinzialstadt stehen geblieben wäre. Nur die „Stadt Calvins," d. h. das von Calvin
erleuchtete und wiedergeborene Genf konnte die Zufluchtstätte
aller Derjenigen werden, welche in den Lehren Calvins ihr
Fundament und ihren Trost fanden. Indessen ist es sehr begreiflich, wenn sich das alte Genf gegen die Aufnahme neuer
Kräfte sträubte, welche sowohl durch die Ueberlegenheit der
Zahl als der Bildung das bisherige fröhliche und weltgefällige
Gepräge der Stadt auszulöschen drohten. Es bedurfte der
ganzen Weisheit und Umsicht Calvins, um nach jahrelangen,
alles gefährdenden Kämpfen die endliche Verschmelzung der
neuen Elemente mit dem alten Genf zu Stande zu bringen;
und es ist zugleich ein unläugbarer Beweis der bedeutenden
Kräfte, welche das alte Genf in seinem Schooße barg und bewahrte, daß die ursprünglichen Genfer Geschlechter im Lauf
der Jahrhunderte zur Blüthe der Stadt eben so viel beitrugen
als der neue Zuwachs.

Wenn Genf, durch Calvin zur Pflanzstätte des evangelischen Glaubens erhoben, durch seinen Einfluß auf die evangelische Welt obenan steht, so konnte es doch diese Stellung
nur unter dem Schutz und der Mitwirkung der vier evangelischen Schweizerstädte, Zürich, Bern, Basel und Schaffhausen, behaupten. Seitdem der französische König Franz I.

die Schweizer auf dem Schlachtfelde von Marignan kennen gelernt hatte, gewann die Freundschaft mit diesem streitbaren Volke für ihn den höchsten Werth. Während die aus dem Abel gebildete französische Reiterei an Tapferkeit von keiner der Welt übertroffen wurde, fehlte es dem französischen Heere der damaligen Zeit an einem festen und zuverlässigen Fußvolk. Diese Lücken in den französischen Schlachtreihen sollten in Zukunft die Schweizer ausfüllen, daher schloß Franz mit denselben 1516 den ewigen Frieden und bald darauf ein dauerndes Bündniß, an welchem alle Kantone Theil nahmen außer Zürich, dem bald auch Bern sich beigesellte. Diese durch die Reformation herbeigeführte Lossagung der beiden ersten und mächtigsten Stände der Eidgenossenschaft vom fremden Kriegsdienste war für den französischen König und seine Politik von empfindlichem Nachtheil, welcher durch den Krieg, der zwischen den getrennten Glaubensgenossen auszubrechen drohte, noch größer und nachhaltiger geworden wäre. Er suchte daher diesem verhängnißvollen Zwiespalt durch nachdrückliche Vermittlung zu begegnen. Diese seine vermittelnde Bemühung konnte um so mehr auf Erfolg rechnen, da er lange Zeit gegen die Reformbestrebungen im eigenen Lande sich nachsichtig erwiesen und seine Schwester Margaretha, die Königin von Navarra, sich zur Reformation bekannte. Allein zur Unterhandlung mit den evangelischen Ständen war der damalige französische Gesandte in der Schweiz, der Bischof Johann von Langeac, Herr von Boisrigault, nicht der geeignete Mann. Der König schickte daher i. J. 1529 als außerordentlichen Gesandten Frankreichs bei der Eidgenossenschaft den evangelisch gesinnten General Lambert Maigret. Zur Verhandlung mit den evangelischen Ständen der Eidgenossenschaft konnte der König keinen wirksamern Mann finden, welcher den Schweizern von früher her längst bekannt war. So sehen wir von der französischen Politik einen später wiederholten Weg eingeschlagen, daß für Unterhandlung mit dem Auslande eine Gesinnung benutzt wurde, welche in der Heimat blutige Verfolgung traf. Während daher

Maigret von den katholischen Ständen mit Mißtrauen aufgenommen und sein Rath und seine Vermittlung von der Hand
gewiesen wurde, trat er sogleich mit Zwingli in nähere Verbindung und in vertrauten Briefwechsel, so daß der Reformator,
von der Gesinnung des Bevollmächtigten auf diejenige seines
Herrn schließend, auf die Verbindung mit Frankreich weitaus-
sehende Pläne baute, indem er zwischen dem König und den
evangelischen Städten ein Schutzbündniß für Aufrechthaltung
des evangelischen Glaubens beantragte, worin allerdings der
Schweiz nebenbei auch Geldvortheile in Aussicht gestellt waren,
im Allgemeinen aber eine so ehrenhafte, gleichberechtigte Stellung
neben dem großen Staate, wie die Schweiz eine solche später
niemals mehr zu beanspruchen wagte. Wenn Boisrigault diesen
Vorschlag mit Spott aufnahm und Maigret denselben auf
bessere Zeiten verschob, so gereicht es Zwingli nichts desto
weniger zu großer Ehre, daß er den Hochsinn und den Muth
hatte, statt der spätern elenden Miethverträge einen des Freistaates würdigen Staatsvertrag vorzuschlagen.[1]

Laurent Maigret, der Bruder des Vorigen, wegen
seines Ansehens sowohl als wegen seines Reichthums genannt
„le magnifique," war ein Vertrauter Franz I., von diesem
1520 mit einer geheimen Sendung an den Pabst beauftragt
und hatte ihm während des Feldzuges in Italien aufopfernde
Dienste geleistet. Allein diese Dienste schützten den Mann,
welcher den Muth hatte, sich dem protestantischen Bekenntnisse
anzuschließen, nicht vor der Verbannung und der Beraubung
seiner Güter. Er fand 1534 eine Zuflucht in Genf, wo er
sich im folgenden Jahre das Verdienst erwarb, dem durch
schweren Krieg mit Savoyen bedrohten Genf die Hülfe Frankreichs zu verschaffen, indem sein Freund Verey der bedrängten
Stadt, welcher Bern in diesem Augenblick weder helfen wollte
noch konnte, siegreichen Beistand und Rettung brachte. Zum
Dank dafür beschloß der Rath von Genf den 11. Winterm.
1536, es solle Maigret und seinen Söhnen für Lebenszeit
eine Wohnung und ein Jahrgehalt von 400 Genfer Gulden

(50 Thaler) bewilligt werden, „so lange er ein guter Genfer bleibt, in Betracht der Dienste, welche er der Stadt während des Krieges von 1535 geleistet, indem er die Hülfe verschafft, welche der Kapitain de Verey herbeigeführt." Auch wurde er mit dem Bürgerrecht beschenkt und bald zu einem Mitgliede des Großen und 1544 des Kleinen Rathes ernannt. In den Unruhen, welche durch den heißen Kampf der Libertiner gegen die in Genf niedergelassenen Franzosen sich erhoben, wurde Maigret von den Rathsstellen ausgeschlossen, jedoch verblieb ihm die jährliche Pension und das Vertrauen Calvins.

Von der Zeit an, da Calvin sich in Genf niederließ, war dieses die Stadt auf dem Berge, zu welcher die evangelischen Gemeinschaften Frankreichs aufschauten und woher sie von nun an Licht und Leben empfiengen. Denn zu gleicher Zeit begannen in Frankreich die Verfolgungen gegen die Hugenotten. Wohl war der lebensfrohe und ritterliche König Franz I., der Freund der Wissenschaften und Künste, für freie Ideen nicht unempfänglich, aber so wie die Reformation die Fundamental-Lehren der katholischen Kirche bedrohte und somit einen Zwiespalt in Leben und Sitten herbeizuführen und den unbedingten Gehorsam erschüttern zu wollen schien, an den ein französischer König gewöhnt war, kannte er keine Schonung mehr und strafte die Ketzerei mit Feuer und Schwert. Es ist daher irrig, mit Beza anzunehmen, Franz sei anfangs durch seine Schwester, die Königin Margaretha von Navarra, der Reformation günstig gewesen, aber durch eine 1534 zu Neuenburg gedruckte Schmähschrift gegen die Messe, die selbst zu Paris und an seinem Zimmer angeschlagen wurde, in Zorn gerathen. Vielmehr ließ er die evangelischen Prediger gewähren, so lange er glauben konnte, daß es sich nur um einen Schulstreit handle, so wie aber die mit ihm enge verbündete und gegen ihn so freigebige französische Kirche ihn um seine Hülfe gegen die kühnen Gegner anrief, nahm er entschlossen und für immer gegen die Hugenotten Parthei.

Wie Genf den evangelischen Bekennern, welche den

i. J. 1535 zu Paris angezündeten Scheiterhaufen entflohen waren, die erste Zufluchtstätte bot, so kommt Neuenburg die Ehre zu, daß daselbst i. J. 1538 die erste protestantische Ausgabe der Bibel in französischer Sprache erschien, übersetzt von Peter Robert Olivetan, einem Verwandten Calvins, und von diesem nebst andern Geistlichen Genfs durchgesehen, ermöglicht durch einen Beitrag der Waldenser von 500 Goldgulden. Als Zeugniß der Glaubensfreudigkeit jener ersten verfolgten evangelischen Bekenner führen wir eine Stelle aus der Vorrede Olivetan's an, worin er die h. Schrift der Kirche empfiehlt: — — — „Veux-tu toujours appartenir à maître? n'est-il pas temps que tu écoutes ton époux? Christ t'aurait-il aimée en vain? Lui veux-tu point donner ta foi? n'y a-t-il pas assez de biens en la maison de son Père? As-tu doute? As-tu peur? Pauvrette, n'est-ce pas lui qui donne la vie immortelle? N'aie égard à ta petitesse, puis qu'il te considère en sa hautesse et qu'il lui plait d'élire les choses basses pour faire honte aux choses altières. Il est vrai que de ta part tu ne pourrais apporter à ton époux chose qui vaille, pauvrette! Mais qu'y ferais-tu? Viens donc hardiment! Viens avec ta cour, tes injuriés, tes emprisonnés, tes bannis. Viens avec tes tenaillés, tes flétris, tes démembrés. Il les veut; car lui-même il a été ainsi en ce monde, et il les appelle amiablement, et n'est ce pas pour les soulager, les enrichir et les faire triompher avec lui en sa cour céleste? O noble Eglise, heureuse épouse du fils du Roi, accepte donc cette Parole où tu pourras voir la volonté de Christ, le tien époux." Die hülfreichen Waldenser, mit denen wir uns oft beschäftigen werden, legt Olivetan der Kirche folgender Maßen ans Herz: „Mais ne voudrais-tu point t'enquérir, ô Eglise, quel est cet ami inconnu et cet étrange bienfaiteur qui se mêle ainsi de te donner le tien? Ecoute! le pauvre peuple qui te fait ce présent a été plus de trois cents ans banni de ta compagnie; il est épars aux quatre coins de la Gaule;

toutefois, c'est le vrai peuple de patience. Ne le connais-tu point? C'est ton frère, ton Joseph, qui ne se peut plus tenir qu'il ne se donne à connaître à toi. Il attendait toujours que tu vinsses à reconnaître ton droit qui t'est commun avec lui . . . . et maintenant que tu es un petit revenu à toi et que tu commences à reconnaître de quelle race tu es, ce peuple, ton frère, s'avance et t'offre amiablement son tout."[2]

2. Das Verhältniß der Schweiz zu Frankreich.

Wenn die mit der Eidgenossenschaft verbündeten Städte der romanischen Landschaften, Genf und Neuenburg, die ersten Zufluchtstätten für die Hugenotten waren, so erzeigten sich daneben die evangelischen Schweizerstädte als die ersten und beharrlichsten Beschützer der verfolgten Glaubensbrüder. Denn schon den 13. Juli 1536 verwendet sich Zürich bei Franz I. für daselbst aufgenommene Flüchtlinge. Und indem Zürich bei Bern um Bewilligung einer Gesandtschaft an den König nachsucht, wird bezeugt, „es habe von Angehörigen des Königs, so dieß Jahr her bei uns gewohnt, nichts anderes bemerkt noch verstanden, denn alle Treu und Wahrheit gegen den König, und daß sie still und wohl sich bei uns gehalten": es möge ihnen daher die Rückkehr verstattet werden.[3] Gegen Ende des Jahres gesellte sich auch Straßburg zu den evangelischen Schweizerstädten, auf Verwendung Calvins und Farels bei Capito und Bucer, um den König durch eine Gesandtschaft für die bedrängten Glaubensgenossen anzugehen.[4] Was sich jedoch von dieser ersten Gesandtschaft erwarten ließ, geht aus der gleichzeitigen allgemeinen Erklärung des Königs hervor, daß nur denjenigen seiner Angehörigen Amnestie und Rückkehr gestattet sei, welche den evangelischen Glauben abschwören. Daher berichtete Bern den 13. März 1537 an die evangelischen Städte, „des Königs Schwester, die Königin von Navarra, habe den möglichsten Fleiß angewendet, die Gesandten zu fördern, auch habe sich der König in seiner Rede anfangs viel gnädiger merken lassen, dann aber nachmals die schriftliche Antwort gefallen. Die Gesandten haben ihr Bestes gethan und treulich gehandelt, aber nach Hofs Art Antwort erlangt."[5] Da die Auslagen für die fruchtlose Gesandtschaft nahe an tausend Pfund betrugen, machte Zürich dazu die Bemerkung: „Ein scheinbar (auffallend) Kosten, doch um Gottes Willen geschehen. Es sei der Eidgenossen Brauch, wer ausgegeben, der habe die Ehre: dabei sollen sie es bleiben lassen und die Ergetzung von Gott erwarten."[6]

Bei aller Sparsamkeit der Schweizer zeigten sie durch die That, daß ihnen das für Schulen angelegte Kapital stets eine als segensreich geachtete Ausgabe erschien. Darin trafen die französischen Glaubensgenossen mit ihnen in gleicher Gesinnung zusammen, daher sprach Farel in Beziehung auf die Schulen schon frühe das denkwürdige Wort aus: „Que là où écoles sont dressées, qu'elles soient entretenues, en réformant ce qui a besoin d'être corrigé et en y mettant ce qu'il faut. Et là où il y en a point, qu'on en ordonne, et au lieu de la moynaille et des charges de la terre, qu'on regarde gens de biens et de bon savoir qui ayent grace d'enseigner avec la crainte de Dieu, et enfants aussi bien naiz (nés) et de bon esprit, ayant la semence de la crainte de Dieu. Et si les pères ne les peuvent entretenir, qu'ils soyent entretenus et instruits en toutes bonnes lettres, selon qu'ils seront capables, et après, selon que Dieu leur donnera de grace, qu'ils servent à l'honneur de Dieu, ou pour enseigner le peuple ou autrement, et qu'on n'empêche les bonnes lettres et bonnes sciences et les langues; car de tout cecy le coeur fidèle fera son profit et fera tout servir à l'honneur de Dieu et au profit du prochain."[7] Es war daher eben so weise als wohlthätig, daß Bern schon 1537, ein Jahr nach Eroberung des Waadtlandes, mit Hülfe der französischen Flüchtlinge die Akademie von Lausanne gründete, um durch die Unterweisung im evangelischen Glauben sich die Herzen des neugewonnenen Volkes zu eigen zu machen.

Die einfachen Schweizer nahmen die wiederholten Ver-
sicherungen der Freundschaft und Bundesgenossenschaft von
Seiten des französischen Königs im Ernst und glaubten aufs
Wort, daher verwendeten sie sich von Anfang, allerdings ohne
große Beredsamkeit und ohne geschickt auseinandergesetzte Gründe,
aber in festem Vertrauen auf die gute Sache und auf des
allerchristlichsten Königs menschliches Erbarmen für dessen verfolgte Glaubensbrüder. So stützen sich die vier evangelischen
Städte Zürich, Bern, Basel und Schaffhausen in der lateinischen Zuschrift vom 25. Juni 1541 namentlich auf die Thatsache: „Da es die Pflicht großer Fürsten ist, die christliche
Religion nach höchstem Vermögen zu schützen, so weiß Euer
Hoheit wohl, daß die Religion mit vielen und verschiedenartigen Irrthümern der frühern Zeiten verdunkelt ist."[8] Der
König kehrte sich jedoch nicht an die Bitten der Städte und
die Verfolgungen nahmen an Ausdehnung und Härte zu.
Daher erschien Calvin 1545 bei der Tagsatzung zu Aarau
und bat für seine armen Landsleute, namentlich auch für die
Waldenser, und im folgenden Jahre erschien er aufs Neue,
damit man sich nun der Flüchtlinge erbarme, welche sich aus
der Zerstörung und dem Blutbade von Merindol und Cabrières
gerettet. Zunächst nahm sich Genf dieser Waldenser an und
überließ ihnen unbebautes Land in den Gemeinden Peney
und Jussy, wo sie sich in der Zahl von 700 niederließen
und mit zum Kerne der vortrefflichen Landbevölkerung von
Genf beitrugen. — Auch verwendeten sich die evangelischen
Stände für einen einzelnen Mann, für den zu Lyon gefangenen
Oktavian Blondel, ein als „fromm, redlich, tapfer ver-
rühmter Mann, für den man das Beste thun müsse, dem
guten Ehrenmann zu helfen." Endlich erließ der König den
27. Juni 1547 folgende Antwort an die evangelischen Orte.[9]
„Tres chors et grands amis. Nous avons reçu vos
Lettres par lesquelles vous faites scavoir le grand Regret
et Déplaisir, que ce vous a été d'entendre les cruelles et
horribles persécutions qui ont été faites contre les Vaudois,

gens innocens et très saintement reverans la Religion
chrestïenne. T. ch. e. gr. a., nous vous avons plusieurs fois
fait entendre que nous ne vous empêchons aucunement au
fait de vos sujets ni de votre manière de vivre, mais nous
nous sommes touiours montré vos amis en ce que nous
avons pû, nous mêlant seulément de l'administration et
gouvernement de nos sujets comme un bon prince doit et
est tenu de faire. Et trouvons bien étrange que Vous Vous
veuillez mêler du fait de nos sujets et de la Justice que
nous leur administrons, appelant cruauté la Pénition que
nous faisons faire à ceux qui ont commis plusieurs Re-
bellions et Désobéissances à l'encontre de nous, faisants
entreprises sur l'une de nos principales villes de frontière,
et qui sont contrevenants à la Loi qui se observe et que
nous voulons être observée en notre Royaume; Et ne
voyons pas qu'en cela ils suivent la vérité Evangélique
dont vous dites qu'ils font profession; Et davantage nous
voulons bien avertir que les dits Vaudois et autres heré-
tiques que nous avons fait punir, avoient telles erreurs que
nous pensons certainement, qu'il n'y a Prince ni Commu-
nauté en Germanie qui les voulut tolérer en ses pays, et
quant à nous, nous ne sommes pour les souffrir ès notres.
Vous priant que quand vous nous écrites par cy après,
Vous ne veuillés point user de tels si étranges termes
comme Cruautés et horribles punitions, afin que nous
n'ayons occasion de vous faire Rude Réponse. Et nous
ébahissons vû votre Prudence accoutumée que vous nous
ayés voulu écrire une si legère lettre etc.

Françoys.

De l'aubespine.

Zu jener Zeit, da der französische König die frommen
Wünsche der evangelischen Städte so hochmüthig heim schickte,
machte sich wenigstens noch der Unwille gegen das schmachvolle
Verhältniß Luft. Daher warf bald darauf der Hauptmann
Joh. Felix Renner von Zürich aufs Neue die Frage auf:

„Ob einer chriſtlich frhen ſtatt und land nüdlich und heilſam
ſige, ſich mit der Kron Frankrich zu verbinden?“ Nach ver-
neinender Beantwortung der Frage ſchließt er: „1. Es ſind
viel verdorben Lüt die müſſen rich werden: oder ſonſt uner-
ſättig Lüt wollen groß Herren werden: die ſind obermännli
im Spil, dingen arm Knecht (wie huwirten) und nemen ſie
den nut und groß ſold, vnd muß der gemein man den kopf
darhan. 2. Der gemein knecht brucht Coſten mit kleidung,
ſchuch, gwer, Harniſch mit im zträgen, vnd ein baren pfennig
auch, bringt nochmerz kum ſo viel heim, hette mee die wil mit
holzſchitten verdient. 3. Da erliggen die gwerb und Güter,
ſün und knecht laufend dahin. Die Bätter händ alſo ire ſün
dem König zu metzgen zogen. 4. Die knecht wend viel ee
den König, denn whb vnd kind und ire hüſer behalten. Es iſt
auch alle gehorſame dahin. 5. Werden ſie da uſſen überwunden, werden unſäglich viel wittwen und waislin: das land
das muß erwarten des ſhnds nachdruck. Wer darvon kumpt,
ſitzend den Bätteren krumb und lam vf der guttſchen; daran
gibt der Künig nüt. 6. Gwünnend ſh dann da vſſen, kommends
heim mit roub beladen, bringen nur böſe ſitten und plagen.
Und das iſt ein Bos gelt das alle unzucht anricht: da gilt
kein ſatzung nüt mee bei denen rauwen kriegslüten, ſunder
huren, ſpilen, ſuffen vnd freſſen vnd alle böſe: und fragen
niematt nüt nach, vf das folget die rach und ſtraf Gottes des
Herrn, dem ſomliches mißfallt gwüß. Davor bewar vns Gott.
Amen. Bedenkt das End.“[10]

Heinrich II., der Sohn von Franz I., von der unerbittlichen Geiſtlichkeit und den nach den Gütern der Proteſtanten gierigen Höflingen beeinflußt, war in ſeinen Verfolgungen ſchonungsloſer als ſein Vater. Als daher die evangeliſche Schweiz die Forderung des Königs, die hugenottiſchen
Flüchtlinge und namentlich die Prädikanten auszuweiſen, un-
berückſichtigt ließ, zeigte er ſich deſto ſtrenger, da fünf junge
Franzoſen, welche auf der theologiſchen Schule zu Lauſanne
gebildet worden waren, nach ihrem Vaterlande zurückkehrten,

um daselbst das Evangelium zu predigen. Es waren Martial
Alba, Peter Scriba, Karl Faure, Peter Navihéres
und Bernhard Seguin. Durch einen verrätherischen Reise-
gefährten, der sie in sein Haus lockte, wurden sie dem
Gerichte überliefert, welches durch eine lange, strenge Haft sie
erschüttern und zum Abfall bringen wollte. Sie setzten jedoch
den Bekehrungsversuchen eine heldenmüthige Entschlossenheit
entgegen, namentlich auch durch mehrere Briefe Calvins und
Virets in ihrem Glauben befestigt. Auch Bern verwendete
sich aufs Liebevollste für die Zöglinge der von ihm gegründeten
und beschützten Lehranstalt zu Lausanne, so daß Calvin fand,
wenn irgend etwas zu erreichen sei, müßten es diese Bitten
Berns zuwege bringen. Während der mehr als ein Jahr
dauernden Gefangenschaft erhielten die Jünglinge Trost und
manche Erleichterung durch die St. Galler Kaufleute, wohnhaft
in Lyon, Joh. Liner und Christof und Thomas Zollikofer, welche dieselben oft im Gefängniß besuchten, für sie
mehrere Reisen unternahmen und ihnen während des Processes
die lebhafteste Theilnahme bezeigten. Als alle Bemühungen
der Rettung vergeblich waren, bestiegen die Jünglinge den
16. Mai 1553 muthig und heiter den Holzstoß, nahmen
herzlich von einander Abschied, und mitten in den Flammen
rief der Aelteste seinen Freunden zu: „Muth, Brüder, Muth!“
       Bald nach der Gefangennahme der jungen Franzosen
schickten die evangelischen Städte eine Gesandtschaft an den
König Heinrich II., welchen der Bürgermeister Johannes
Haab von Zürich nebst seinem Gefährten von Basel zu Tours
traf. Ersterer giebt den 29. Juli 1552 von der Audienz
Bericht. Sie haben den König gebeten, er möchte seinen Beamteten befehlen, nicht so rauh mit Strafen gegen die Reformirten zu verfahren. Sie wollen den König nicht belehren,
auch nicht für Ungehorsame Fürbitte thun, sondern nur das
Gesuch stellen, daß ihre Glaubensgenossen die h. Schrift lesen
und ohne Anstoß ihres Glaubens leben dürfen, ohne wider ihr
Gewissen gedrängt zu werden. Aber der König war gestiefelt

und eben im Begriff, mit seinen Herren auf die Jagd zu reiten, daher gab er die kurze Antwort: „Ich habe dergleichen Anmuthungen mehr gehabt von Euch; aber ich bitte, Ihr wollet mich in meinem Reiche nicht betrüben noch irren; denn ich hindere Euch auch nicht in Euerem Regiment. Und in Summa, Alle in meinem Reich dieser Religion sind Aufrührer und böse Leute, deren ich nicht will!"[11]

Es ließ sich von Heinrich II. ferner um so weniger irgend eine Schonung der Hugenotten erwarten, da er i. J. 1557 auch in Frankreich die spanische Inquisition einführte; doch eine freundlich ausweichende Antwort auf die Verwendung der evangelischen Orte, in Verbindung mit den deutschen protestantischen Fürsten, für die Waldenser im Thal Agrogne im Juli 1557 machte denselben weitere Versuche zur Pflicht. Denn eben war Carmel, ein französischer Edelmann, am Vororte erschienen, welcher daselbst ein Verzeichniß von 135 Personen vorlegte, die in Paris, zum evangelischen Gottesdienste versammelt, überfallen und dem Gefängnisse überliefert worden waren. Es fanden sich darunter Personen aller Stände, Männer und Frauen. Schon waren drei derselben hingerichtet worden, ein Schulmeister, ein Advokat und eine Frau. Für die noch in Paris verhafteten und für eine beträchtliche Zahl anderer Hugenotten, die zu Dijon gefangen saßen, verwendete sich Carmel bei der evangelischen Schweiz, unterstützt von Farel aus Neuenburg, Theodor Beza aus Lausanne und Johann de Bübé aus Genf. Zürich meinte, Bern sollte wieder Seckelmeister Tillier und Hans Wunderlich an den König abordnen, „so demselben sonderlich erkannt und anmuthig seien, da sie in Beziehung auf die Waldenser mit einer nicht ungünstigen Antwort zurückgekehrt waren." Bern aber findet, die Gesandtschaft sollte durch Beauftragte sämmtlicher vier evangelischen Städte Nachdruck erlangen. Daher ordnete Zürich Johannes Escher, Bern Johannes Wyß, Basel Jakob Götz und Schaffhausen Ludwig Dechslin ab. Die Gesandten erscheinen im Wintermonat 1557 vor dem König mit der schriftlichen unb münbliĥen Bitte für „bie Leute im Thal Agrogne, für biejenigen in Paris und andern Städten, bie in hartem Ge= fängniß und bis auf den Tod bedrängt werden der Religion wegen“: „de les mettre tous en liberté et hors cette mise- rable captivité où ils sont detenuz, non pour crime publiç ou privé, dont on les saiche où puisse atteindre ni charger, mais pour cette seule raison, que purement et innocemment ils invoquent et cónfessent le nom de Dieu, Et qu'il vous plaise les laisser et tous les aultres qui font mesme pro- fession par tout le royaume de mesme religion jusques à un commun chretien concille; En considération que ces pauvres gens vous ont toujours ésté obéissant, fidelles tres affectionnés et humbles subjects, sans rebellion dés- obeissance ny contradiction aulcune, et que par leur pro- fession il leur est expressement recommandé et réjoint de vous réverer, obéir, prier pour vous, et porter tous les frais et charges que leur voudrez imposer, Et qu'il vous plaise encore leur donner cy après seur (sur) accès et gracieuse audience, moyennant laquelle eux et tous les aultres qui par mesme occasion seraient cy après accusés, se puissent purger, deffendre et excuser devant votre Ma- jesté.“

Den 5. Nov. gab der König perſönliĥ eine nur gute Freundſĥaft verſiĥernbe Antwort. Das Sĥreiben des Mi= niſters jedoĥ drüĉte ſiĥ in Beziehung auf den eigentliĥen Gegenſtand des Geſuĥes folgender Maßen aus: — — — „Ce que le dit Seigneur a trouvé un peu éstrange, pour la con- sideration qu'il a tousjours eue envers les dits Seigneurs des Cantons et aultres ses amys de ne s'empêcher ny sou- cier des choses qui touchent l'administration de leurs éstats, ny la justice de leurs subjects. Ainsi qu'il lui semble qu'ils doivent avoir envers luy, Priant les d. Seig- neurs des d. Cantons estre contans de doresnavant ne se donner peine de se qu'il fera et exécutera en son Royaume, et moings au faict de la Religion qu'il veult et a deliⱨéré

.d'observer et suivre telle que ses prédecesseurs et luy
(comme roys tres chrestiens) ont faict par le passé et con-
tenir ses subjects en icelle, Dont il n'a rendre compte à
aultre que à Dieu."[12]

Beza, welcher der Gesandtschaft einen bessern Erfolg ver=
heißen hatte, meinte nachher, sie habe darin gefehlt, daß sie,
statt sich unmittelbar an den König zu wenden, über ihre Auf=
gabe mit dem den König beherrschenden Karbinal von Loth=
ringen unterhandelt habe, als wenn irgend Hoffnung gewesen
wäre, daß der König von dem bereits festgestellten System
in Betreff der Hugenotten noch habe abweichen können. Bei
dem fruchtlosen Ausgang der Gesandtschaft behafteten die evan=
gelischen Städte nun auch nicht die Abgeordneten der ge=
fangenen Hugenotten, welche sich zur Uebernahme der Gesandt=
schaftskosten anerboten hatten. Dagegen scheinen die Gesandten
gar nicht in die Versuchung geführt worden zu sein, nach dem
Auftrage ihrer Obrigkeiten, die Geschenke des Königs abzulehnen.

3. Die Locarner.

Die in diese Zeit fallende Standhaftigkeit und Glaubens=
treue der evangelischen Gemeinde von Locarno, deren ange=
sehenste Mitglieder familienweise die schöne Heimat und eine
bevorzugte Stellung verlassen, gehört zu den rührendsten und
erhebendsten Blättern der Geschichte der evangelischen Flücht=
linge in der Schweiz.[13] Die Reformation hatte überall unter
den gebildeten Ständen Italiens Wurzel geschlagen. Als aber
i. J. 1542 die Schrecken der Inquisition vom römischen Hofe
über das Land ausgiengen, nahmen die verfolgten Italiener
in beträchtlicher Zahl ihre Zuflucht in die von den Eidgenossen
und den Graubündnern 1512 eroberten italienischen Vogteien
und Veltlin, an ihrer Spitze der berühmteste Gelehrte unter
den italienischen Protestanten Peter Martyr Vermigli,
der ausgezeichnete Prediger und Kapuziner=General Bern=
hard Ochino und der unermüdlich thätige Bischof Peter

Paul Vergerius, welcher zehn Jahre lang dem Veltlin seine Kräfte widmete. Der Einfluß dieser eifrigen Flüchtlinge aus den benachbarten bündnerischen Landschaften auf die der Schweiz unterthänigen italienischen Landvogteien, und die Ermunterung, welche von den Landvögten der evangelischen Städte ausgieng, sich dem evangelischen Bekenntnisse zuzuwenden, fand namentlich in Locarno einen empfänglichen Boden. Hierher kam 1530 für zwei Jahre als Landvogt der eifrige Freund des Evangeliums, der angesehene Seckelmeister Jakob Werbmüller von Zürich, welcher jedoch von den katholischen Orten zu feindselig überwacht wurde, als daß er für Förderung der Reformation hätte thätig sein können. Als aber i. J. 1542 der wohlgesinnte evangelische Landvogt Joachim Bälbi von Glarus in Locarno erschien, fand er schon einen Arbeiter vor, der nur seiner Aufmunterung und seines Schutzes bedurfte. Der Priester Johann Beccaria von Locarno war der Schullehrer seiner Vaterstadt, welcher sich mit Pellikan und Bullinger in Briefwechsel setzte und mit Hülfe des Landvogts Bibeln und evangelische Schriften von Zürich kommen ließ. Allmählig gewann er seine Schüler, die Söhne der angesehensten Familien, und durch sie ihre Eltern für das Evangelium, so daß i. J. 1548 die Zahl der Evangelischen bereits auf zweihundert herangewachsen war, daher Beccaria es wagte, denselben an den Festtagen in einer benachbarten Kirche zu predigen. Seine Stellung wurde unter den nachfolgenden katholischen Landvögten schwierig. Denn es wurde ein Predigermönch aus Lugano berufen, dessen Predigten die Locarner bei schwerer Strafe besuchen mußten, daher dieselben auch keinen Eingang fanden. Um die Sache zur Entscheidung zu bringen, ordnete der Landvogt eine Disputation an, auf welcher katholische Gelehrte das Wort führten. Beccaria standen zwei seiner Schüler zur Seite, Tabbeo Duno und Lodovico Ronko, jener der Heilkunst, dieser der Rechtswissenschaft beflissen. Muthig und geschickt vertheidigte Beccaria mit seinen jungen Freunden die evangelische Lehre. Als der Landvogt merkte, daß die katholischen Redner ins Gedränge

lamen, brach er das Gespräch ab und verlangte rundweg, daß
die Evangelischen sich zu den von den Gegnern aufgestellten
Artikeln bekennen sollten. Auf die Weigerung hin ließ der
Vogt den Beccaria verhaften. Als jedoch eine Schaar bewaffneter Jünglinge, welche im Schloßhof versammelt waren,
seine Freilassung verlangte, wagte der Landvogt nicht zu
widerstehen und Beccaria flüchtete sich nach Zürich, wo er von
nun an in Bullinger den kräftigsten Beschützer fand, der ihn
an die übrigen evangelischen Städte empfahl, um bei der Tagsatzung auszuwirken, daß den Evangelischen von Locarno gestattet würde, eine Gemeinde zu bilden und einen Prediger
des Wortes Gottes zu erlangen. Aber nach der Bestimmung
des Landsfriedens von 1531, der zu Folge die Unterthanen
den bisher bewahrten alten Glauben nicht verlassen durften,
verlangten die katholischen Orte die Zurückweisung der evangelischen Locarner, um so mehr, als im Herbste 1550 eine
von Rath und Volk von Locarno ausgestellte Erklärung erfolgte, daß die Gemeinde beim alten Glauben beharre. Basel
und Schaffhausen glaubten sich durch die Bestimmung des
Landsfriedens gebunden, und widerstrebend fügte sich Bern in
die Vollziehung gewaltsamer Maßregeln gegen die Evangelischen
von Locarno. Nur Zürich protestirte beharrlich gegen den
Gewissenszwang, dessen Zünfte und Gemeinden mit Gut und
Blut für die Regierung einzustehen bereit waren. Daher
rüsteten sich die katholischen Orte, um mit den Waffen die
Rechte des Landsfriedens zu behaupten. Allein die versammelte
evangelische Gemeinde von Locarno richtete den 7. Nov. 1554
folgendes Schreiben an den Vorort: „Wenn ihr uns ohne
Störung des Friedens keine Hülfe leisten könnet, so bitten
wir euch einmüthig, daß ihr uns lieber der göttlichen Vorsehung anheimstellet und uns Verfolgung leiden lasset, als daß
ihr euch um unsertwillen gegenseitig bekrieget. Wir zwar sind
mit Gottes Hülfe entschlossen, die erkannte Wahrheit und den
nunmehr gewonnenen Glauben an Christum niemals zu ver-
läugnen, auch wenn wir eines gewaltsamen Todes sterben

müßten. Könnet ihr daher, fromme, gnädige Herren, uns ohne Gefährdung des Friedens und eures Bundes helfen, so nehmen wir euere Hülfe, als vom Herrn kommend, mit dem wärmsten Danke an; sollte aber die Eintracht unter euch und die Eidgenossenschaft in Gefahr gerathen, so beschwören wir euch um des Herrn willen, daß ihr euch unsert wegen nicht so großen Gefahren aussetzet."

Hierauf faßte die Tagsatzung den 18. Nov. 1554 den Beschluß, diejenigen, welche nicht zum alten Glauben zurückkehren wollen, sollen bis zur künftigen Fastnacht mit Hab' und Gut aus dem Lande ziehen; was sie nicht wegbringen können, dürfen sie daselbst durch Schaffner verwalten lassen; künftighin aber soll zu Locarno Jedermann beim alten Glauben verbleiben. Zürich verwarf diesen Spruch, erklärte aber um des Friedens willen die Vollziehung desselben nicht zu verhindern. Schon im Jänner 1555 erschienen die Gesandten der katholischen Orte in Locarno und beschieden die Unterthanen vor sich. Die Abgeordneten sämmtlicher Gemeinden der Herrschaft und die katholische Parthei des Hauptortes erklärten, treu an der römischen Lehre festhalten zu wollen. Darauf erschienen die Evangelischen vor der Gesandtschaft, voran die Männer, dann paarweise die Frauen, ihre Kinder an der Hand oder auf dem Arme, hundert und zwanzig Erwachsene. Als der Sprecher derselben sich über ihren Glauben aussprechen wollte, hieß es: „Wir sind nicht da, von euch etwas Anderes zu hören, als ob ihr von euerm Wesen abstehen wollet oder nicht." — „Nun so erklären wir," erwiederte jener, „daß wir bei unserm, wie wir achten, wahren, rechten christlichen Glauben bleiben und sterben wollen." Als darauf das unwiderrufliche Urtheil der Verbannung erfolgte mit der Forderung eines Namensverzeichnisses, fügten die Evangelischen dem Verzeichniß eine Erklärung bei, worin sie u. a. bekennen: „Diese Lehre haben wir nicht selbst ersonnen; viele Jahre hindurch ist sie uns von verschiedenen Predigern vorgetragen worden. Sie zu prüfen, haben wir fleißig die heilige Schrift studiert, der Eine in lateinischer, der Andere in der Landessprache, nach der Gnade, die Jeder vom Herrn empfangen; mit unablässigem Gebete zu Gott, er möchte aus seinem heiligen Geiste unsern Verstand erleuchten, nur das zu glauben, was zu seiner Ehre und zum Heil seiner Gläubigen dienet. Nicht aus Neuerungssucht haben wir diese Lehre angenommen; nicht darum, weil ein Theil unserer Herren sie bekennt; viel weniger, um Unruhen zu stiften, die wir ganz und gar verabscheuen."

Schon folgenden Tages erschien der päbstliche Legat Riverta, um sich für Zurückführung der Verirrten zu bemühen. Zunächst verlangte er von den Eidgenossen, daß sie sich der Niederlassung der ausgewiesenen Locarner im Gebiete der Graubündner widersetzen (nachdem er schon dafür gesorgt, daß sie weder von Venedig noch Mailand aufgenommen würden), und den Abziehenden einen Theil ihres Vermögens und ihre Kinder vorenthalten, um diese aus jenem im wahren Glauben erziehen zu lassen. Die katholischen Boten zeigten wenigstens so viel Menschlichkeit, das zweite Begehren nicht zu bewilligen. Hierauf machte der Legat seine Bekehrungsversuche bei den Einzelnen, welche bei Manchen Eingang fanden. Dagegen zeichneten sich die Frauen durch Standhaftigkeit aus. Drei von ihnen verlangten, sich vor dem Prälaten zu verantworten. Als dieser die Frauen überaus freundlich aufnahm und im eingeleiteten Gespräch das von ihnen Geglaubte mit den römischen Satzungen zu vermengen suchte, wußte Barbara Muralta die Unvereinbarkeit ihres Glaubens mit demjenigen des Legaten ganz gut hervorzuheben, indem sie ihn beschuldigte, „er lege in die gute Speise des Evangeliums das die Seele verderbende Gift der Abgötterei." In gewaltigem Zorne erhob sich der Legat, die Frau bescheltend, daß sie ihn für einen „Seelenmörder" halte, und verlangte von dem Gesandten ihre Verhaftung, welcher sie nur durch die Flucht entging. Barbara wurde ihres ganzen Vermögens beraubt und jede der beiden Gefährtinnen um fünfzig Kronen gebüßt; Nicolao Gräco jedoch, welcher beschuldigt, aber nicht überwiesen wurde, die Jungfrau Maria geläſtert zu haben, mit dem Tode beſtraft.

Den 3. März 1555 ergriffen drei und neunzig von den zweihundert und vier Perſonen, welche ſich im Jänner zur evangeliſchen Lehre öffentlich bekannt hatten, den Wanderſtab und gelangten nach Roveredo im Eingang des Miſoxerthales, und dieſer Hauptſchaar folgten bald noch mehrere einzelne Perſonen nach. Die in Roveredo Aufgenommenen hätten ſo gerne in der Nähe der Heimat und bei einer ſtamm- und ſprachverwandten Bevölkerung verweilt; aber die katholiſchen Gewaltherren fürchteten den Einfluß der Ausgewanderten auf die nahe Heimat, und ließen denſelben weder Nachſicht noch Erbarmen zu Theil werden. Die Zürich er gaben ſich vergebliche Mühe, für die Locarner eine Zufluchtſtätte in Bünden aufzufinden, weil ihnen bei dem engen Raume ihrer eigenen Stadt, deren Angehörige zudem eben durch Theurung bedrängt waren, die Aufnahme zahlreicher Fremblinge ſchwer fiel. Als aber eine Abordnung der überall Zurückgewieſenen den 30. März in Zürich mit der Bitte um Aufnahme erſchien, wurde dieſelbe ohne Anſtand gewährt, indem zwei Rathsglieder mit der Vorſorge für Wohnung und Unterhalt und Bullinger mit der Beſtellung eines Predigers in italieniſcher Sprache beauftragt wurden. Den 12. Mai und die folgenden Tage langten die Vertriebenen, hundert und ſechszehn Seelen, zu Schiffe über den See in Zürich an, von den Oberſten der Stadt freundlich und liebevoll aufgenommen und mit dem Nöthigen verſehen.

Mehrere der von Locarno ausgewanderten Familien ge-hörten zum alten italieniſchen Abel und beſaßen in ihrer Heimat beträchtliche Güter und Standesvorrechte, namentlich die M u r a l t i und O r e l l i. Um ſo hochherziger war der Ent-ſchluß, um des Glaubens willen die ſchöne Heimat, den Genuß des Reichthums und der Privilegien zu verlaſſen und auf fremdem Boden im Kampfe mit mancherlei Schwierigkeiten ein mühſam errungenes Brot zu eſſen. Denn nur Wenige hatten ſo viel von ihrem Vermögen gerettet, um ſelbſtändig und ohne

3*

Beruf leben zu können. Die angesehensten unter den Eingewanderten waren Martin und Johann von Muralt, jener Doktor der Rechte, dieser der Arzneikunst. Jener stand sein Leben lang als Rathgeber und Fürsprech seiner Landsleute an der Spitze der italienischen Gemeinde, dieser erwarb sich als Wundarzt und zur Pestzeit um Zürich ein großes Verdienst, und seine Geschicklichkeit verschaffte ihm einen so ausgebreiteten Ruhm, daß der Herzog von Würtemberg und die Städte Straßburg und Nürnberg ihn mit beträchtlichen Anerbietungen in ihren Dienst zu ziehen suchten. Er schlug indessen alle solche Einladungen aus und erklärte, „ihm sei nichts Lieberes, denn seine Kunst, damit er von Gott begabet, seinen gn. Herren, gemeiner ihrer Stadt und Landschaft zu gut erschießen zu lassen, wie er denn bisher gethan," zugleich mit der Bitte um Aufnahme in das Bürgerrecht und um eine „ehrliche Anstellung." Im Jahre 1566 war Johann von Muralt der erste Locarner, welcher das Bürgerrecht erhielt, und zwar durch einhellige Schenkung, nebst Bewilligung einer jährlichen Besoldung. Zu gleicher Zeit hatte sein minder berühmter, aber nicht weniger vortrefflicher Berufsgenosse Tabbeo Duno die Ehre, an die Stelle des durch die Pest weggerafften großen Konrad Geßner zum Stadtarzt ernannt zu werden. Der neunzigjährige Duno († 1613), obgleich selbst mit seiner zahlreichen Familie in geehrten, aber engen Verhältnissen, erlebte die Freude, den größten Theil seiner Schicksalsgenossen zur Ehre und zur Zierde der Stadt ihrer Zuflucht empor geblüht zu sehen.

Die Aufnahme der Locarner in Zürich war nur „bis auf weitern Bescheid" geschehen, so daß sie, als anfangs nur geduldete Anfassen, durch ausgezeichnete Eigenschaften und Verdienste allmählig die bleibende Niederlassung und theilweise das Bürgerrecht sich erwerben konnten. Doch die betriebsamen, vielgereisten und weltgewandten Italiener wußten bald durch neue Gewerbe und ausgebreiteten Handel sich geltend zu machen. Dabei aber stellten sich ihnen freilich in Zürich, wie

überall in der Schweiz, große Hindernisse entgegen. Denn die
Fremden durften keinerlei Gewerbe treiben, welche ein Bürger
betrieb; eine Fabrikation durfte nur im Großen und für den
Export, nicht aber für den Detailverkauf an Ort und Stelle
betrieben werden; ein Kramladen oder eine Bude, welche ein
Fremder hielt, durfte nur auswärtige, anderswo in der Stadt
nicht erhältliche Erzeugnisse und Waaren feil bieten. Mehrere
der Locarner bildeten eine Handelsgesellschaft, kauften Seiden-
und Wollenwaaren und Specereien in Venedig und Mailand
und führten sie nach Zürich, dagegen lieferten sie wieder
Leder, Leinwand und Talg nach Italien. Pariso Appiano
führte die Sammtweberei in Zürich ein und verstand zugleich
das Färben der Seide. Seine Gehülfen, deren er anfangs
ein Dutzend beschäftigte, waren Landsleute und Franzosen,
bald aber nahm er auch Einheimische in die Lehre. Einer
von Appiano's Lehrlingen, Jakob Duno, der Bruder des
Arztes, wurde vom Churfürsten von Sachsen berufen, um in
Meißen eine Sammt- und Seidenfabrik zu errichten. Nach
Zürich zurückgekehrt, legte er 1587 mit Hülfe der Werdmüller
eine Kreppfabrik an, welche allmählig eine beträchtliche Zahl
von Arbeitern beschäftigte und die verfertigte Waare im In-
und Auslande absetzte. Der wohlhabende Mann mit seiner
zahlreichen Familie wurde 1592 ins Bürgerrecht aufgenommen,
und beschenkte dafür die Stadt mit einem kunstreich gearbeiteten
Leuchter zur Ausschmückung des Rathhauses. Anton Besozzo
betrieb ebenfalls die Sammt- und Tafftweberei. Zu ganz besonderer Blüthe brachte Evangelist Zanino seine mehrfachen
Fabrikgeschäfte. Zum Behuf der Sammtweberei legte er eine
Seidenmühle an und eine Färberei für Seiden- und Wollen-
stoffe, denn er fabrizierte auch Wolltuch und Bombasin, ein
Gewebe, dessen Kette Flachs, der Eintrag Baumwolle war.
Der Rath zeigte ihm solche Theilnahme, daß er ihm unent-
geltlich eine Wiese zur Pflanzung von Maulbeerbäumen einräumte und ein Haus am Oetenbach sammt Garten für die
Seidenmühle und die übrigen Gewerbszweige. Daher wurde

ihm und seiner Familie schon 1567 das Bürgerrecht geschenkt, „der Künste wegen, so die Zanin alher gebracht und zu Gutem der unsern aufgericht." Leider waren Besozzo und Zanino unruhige Leute, welche sich in allerlei Händel verwickelten, aus denen der erstere sich nach Basel rettete, der andere aber allmählig mit seiner Familie verkam.

Unglücklicher Weise folgte auf die Theilnahme und das Wohlwollen, womit die Locarner anfangs in Zürich aufgenommen wurden, eine ungünstige Wandlung. Der Rath zwar war den Flüchtlingen stets wohlgesinnt, aber bald regte sich unter den Gewerbtreibenden und den Handwerkern der Brotneid gegen die unternehmenden Italiener. Daher wurde schon 1558 auf die Klage der Bürger, „daß die Locarner der Bürgerschaft beschwerlich und überlegen seien," beschlossen, es dürfen dieselben zwar ihre bisherigen Gewerbe betreiben, aber ihnen und jedem Nichtbürger soll es fürhin verboten sein, Häuser und Gärten zu kaufen oder neue Gewerbe zu treiben, ohne besondere obrigkeitliche Erlaubniß. Die bisher erkauften Häuser und die darin betriebenen Berufsarten dürfen sie fortführen; aber Jeder soll nur Ein Gewerbe oder Handwerk treiben und den Pflichten und Ordnungen gegen die ihm zukommende Zunft nachleben, womit sich eine halbjährige Kontrolle verband. So sehen wir den größten Theil der nach Zürich Geretteten allmählig verschwinden und verkümmern, daher nach wenigen Jahren der schon genannte unternehmende Pariso Appiano, der wohlhabende Ambrosio Rosalino und der thätige Handelsmann Bartholomeo Verzasca Zürich verließen, nach Basel übersiedelten und dort das Bürgerrecht erwarben. In Zürich erlangten nur noch Wenige und in langen Zwischenräumen das nicht rathsfähige Bürgerrecht, so 1592 die Söhne des begüterten Lorenz Pebbia (Bebie); 1625 der Goldschmid Hans Heinrich Riva, und 1640 die beiden Posamentierer Kaspar Albertin und Hans Rosalin. Die lange zurückgesetzten Orelli, welche anfangs in mehrern ihrer Glieder in Zürich nur Kleingewerbe betrieben, aber allmählig sich in

Zahl und Beruf gehoben hatten, waren 1592 als nicht rathsfähige Bürger aufgenommen worden und erhielten erst 1679
das Vollbürgerrecht, nachdem die Muralti dasselbe schon 1673
erlangt hatten.

Wir haben gesehen, daß die nach Zürich ausgewanderten
Locarner mit wenigen Ausnahmen Gewerbsleute waren. Zu
diesen Ausnahmen gehörte Johannes Beccaria, der frühere
Prediger der evangelischen Locarner. Da der Rath nicht nur
für die leibliche, sondern auch für die geistliche Nahrung der
Glaubensgenossen besorgt war, dem Geistlichen der italienischen
Gemeinde einen angemessenen Gehalt aussetzte und für den
betreffenden Gottesdienst, in Verständigung mit dem Prediger
der Kirche St. Peter, diese einräumte; war der Kirchenrath
mit den Locarnern einverstanden, daß der Leidensgefährte
Beccaria der Prediger und Lehrer der neuen Gemeinde sei.
Bei der gesetzlichen Prüfung jedoch, welche mit jedem auswärtigen Geistlichen vorgenommen werden mußte, fand sich
Beccaria für seine Aufgabe zu schwach, und wünschte daher
selbst, daß die Stelle einem geeignetern Manne übergeben
werde. Die Behörde schlug den eben in Basel weilenden berühmten Prediger Bernhardin Ochino vor, welcher auch
als Schriftsteller einen Namen hatte. Freudig folgte dieser
dem Rufe, da der edle und gelehrte Kampfgenosse, Peter
Martyr Vermiglio, als Nachfolger Pellikans zugleich mit
ihm in Zürich auftrat, und unter den Abgeordneten der
italienischen Gemeinde, welche ihren Prediger in Basel ab-
holten, sich auch der begabte Lelio Sozzini von Siena befand, mit dem bald ein für Beide gefährliches Einverständniß
in verwegenen Heresien erfolgte. Unter solchen Umständen
nahm die locarnische Gemeinde in Zürich einen hoffnungs-
reichen Anfang. Denn während Ochino als Prediger und
Schriftsteller thätig war, wurde er von würdigen Kirchenältesten
aufs Beste unterstützt, unter denen sich Martin von Muralt,
Taddeo Duno, Peter Martyr und Beccaria befanden,
indem dieser zugleich den Jugendunterricht und die Kinderlehre

verſah. Zwingli's treue Freunde, die beiden Bürgermeiſter
Rudolf Lavater und Johannes Haal und vorzüglich
Bullinger ſchenkten den Eingewanderten hülfreiche Theil=
nahme und brachten denſelben auch auswärtige Unterſtützung
zu Wege. In Bern namentlich bemühte ſich Johannes
Haller, ſo daß in deutſchen und welſchen Landen für die
Glaubensbrüder von Locarno geſteuert wurde und zweitauſend
Gulden nach Zürich geſchickt werden konnten. In minderm
Grade betheiligten ſich Baſel, Schaffhauſen und Biel. Mit
Recht trauerte Ochino am Sterbebette Peter Martyr's, welcher
den ungeſtümen Mann bisher vor Irrthümern bewahrt hatte;
denn nachdem dieſer Schutzgeiſt von ihm gewichen, verlor er
ſich in vom Kirchenglauben weit abführende Grübeleien, ſo
daß ihm Bullinger ſeine Freundſchaft entzog, der Rath aber
in eilfertiger Strenge ihn ſeiner Stelle enthob und aus Stadt
und Land verbannte (1561). So mußte der einſt gefeierte
Greis mit ſeinen mutterloſen kleinen Kindern den Wanderſtab
ergreifen, und nachdem er mehrere Jahre in Deutſchland und
Polen umhergeirrt, verkam er in Elend.

Nach Ochino's Abgang baten die Aelteſten der Gemeinde
von Locarno umſonſt um Fortſetzung der italieniſchen Predigt.
Der Rath fand, weil „der Mehrtheil unter ihnen nunmehr
der deutſchen Sprache ſo viel verſtändig, daß ſie ſich der
deutſchen Predigten wohl brauchen mögen, ſo ſollen ſie in
dieſe gehen und ſich derſelben behelfen." Allein es beſtand bis
in den Anfang des 17. Jahrhunderts unter Duno's Verwaltung
ein geſondertes Gemeingut der Locarner, welches durch eine
wöchentliche Sammlung von Almoſen gebildet wurde.

Die Aufhebung der geſonderten Kirchgemeinde der Locarner
und die Nöthigung, mit den Bürgern von Zürich die gemeinſame
deutſche Predigt zu beſuchen, beförderte die äußere und innere
Verſchmelzung der Flüchtlinge mit der Einwohnerſchaft ihrer
Zufluchtſtätte, während eine ſcharf ausgeprägte Eigenthümlichkeit
der ſüdlichen Nationalität ſich von Geſchlecht zu Geſchlecht erhielt,
und namentlich auch die fortdauernden Geſchäftsverbindungen mit

Italien die Vorliebe für Sprache und Sitte der Heimat bewahrten. Wie die Glieder der Familie Muralt durch Ansehen und Bildung an der Spitze der Ausgewanderten standen,
so behaupteten sie ihren Rang auch in den kommenden Geschlechtern. Die Geschicklichkeit und der Ruhm des Arztes
Johannes von Muralt blieb seither für die Familie ein
Antrieb, daß sich in langer Reihe immer wieder Glieder derselben dem ärztlichen Berufe widmeten, von denen mehrere im
siebzehnten Jahrhundert sich einen Ruf im Ausland erwarben.
Der ausgezeichnetste Mann des Geschlechtes ist der in der
Mitte jenes Jahrhunderts geborene Johannes von Muralt,
erster Arzt seiner Vaterstadt und Professor der Naturwissen-
schaften an deren Akademie, welcher 1686 das erste anatomische
Kollegium in Zürich einführte und durch wissenschaftliche sowohl
als populäre Schriften sich einen geachteten Namen erwarb;
namentlich ist sein „Eidgenössischer Lustgarten" (1715), ein
anziehendes Gartenbuch, durch geschickten Gebrauch der deutschen
Sprache bemerkenswerth. — Im neunzehnten Jahrhundert nahm
Johannes von Muralt, der Schüler und Gehülfe Pesta-
lozzi's, als Prediger und Erzieher in Petersburg eine allgemein geachtete Stellung ein. — Doch auch der größere Theil
der Muralten in Zürich widmete sich schon im sechszehnten
Jahrhundert dem Handel und den Gewerben, so daß diese
Familie Generationen hindurch zu besonderm Gedeihen gelangte,
indem tüchtige Geschäftsmänner auch um den Staat sich bedeutende Verdienste erwarben, wie denn der Bürgermeister
Johann Konrad von Muralt zu den würdigsten und verdientesten Staatsmännern der neuern Zeit gehört. — Des
Stammhauptes Martin einziger Sohn Ludwig gewann die
Liebe einer Tochter der Familien Manuel und Nägeli in Bern,
welche durch ihre Standhaftigkeit die Vorurtheile ihrer Angehörigen überwand und dem jungen Arzte die Hand reichte.
Dieser Ludwig von Muralt war der Begründer der
Berner Linie, welche zu eben so hohem Ansehen gelangte
wie diejenige in Zürich, indem ihre zahlreichen Glieder um

ben Staat sich verdient machten, und in fremdem Kriegsdienste
Lorbeeren ernteten, wie denn der General Karl Bernhard
von Muralt 1849 an der Spitze der Schweizer-Regimenter
den Aufstand in Sicilien niederwarf, und durch die Wieder-
eroberung der Insel mit einer des Schweizernamens würdigen
Waffenthat den fremden Kriegsdienst schloß. — Ein sehr bedeutender Mann war Beat Ludwig von Muralt, welcher
u. a. im Anfang des vorigen Jahrhunderts durch seine ausgezeichneten „Briefe über die Engländer und Franzosen" namentlich dem Einfluß der französischen Gesinnung und Sitten
auf die höhern Stände seines Vaterlandes entgegenwirken wollte.
Merkwürdiger Weise traf den freimüthigen Anhänger von
Spener, Franke und Zinzendorf die Verbannung aus dem
Gebiete von Bern.[13]

Die Orelli waren größtentheils Geschäftsleute, anfangs
im Kleinen; bald aber nahm ihre Gewerbsthätigkeit einen beträchtlichen Aufschwung. Zur Zeit als Antistes Breitinger zur
Synode in Dortrecht reiste (1618), gehörte Felix von Orelli
schon zu den ersten Handelsleuten von Zürich, welcher dem
Abgeordneten Empfehlungen und einen Wechselbrief auf Amsterdam mitgab.[14] Aber gerade die Geschäftstüchtigkeit der
zahlreichen Glieder dieser Familie war der Hemmschuh, welcher
dieselben beim Zunftgeist des damaligen Zürich von Erlangung
des regimentsfähigen Bürgerrechts lange ausschloß, so daß erst
1679 die zahlreichen Verbindungen mit altbürgerlichen Geschlechtern nebst der Drohung, ihr Seidengewerbe nach Bern
zu verlegen, die Fesseln sprengten, wofür die Familie das
Zeughaus mit 6000 Pfund, die Bürgerbibliothek, das Waisenhaus und das Almosenamt mit je 400 Pfund bedachte. Von da
an erlangten die Orelli bei fortwährender Blüthe ihrer Geschäfte
hohe Würden im Staate und im ausländischen Kriegsdienst;
und unter den Männern der Wissenschaft, welche aus dieser
Familie hervorgegangen, nimmt Kaspar von Orelli, der
geistreiche Philologe und vielverdiente Vaterlandsfreund, unter
den Gelehrten der Schweiz eine der ersten Stellen ein.[15a]

4. Die Engländer.

Zu gleicher Zeit mit den Locarnern ließen sich auch Engländer in Zürich nieder. Während die heimatlos gewordenen
Locarner in der weiten Welt keine Zufluchtstätte gefunden hätten
als in einigen Städten der Schweiz, wäre die kleine Zahl auserwählter, auch mit Glücksgütern gesegneter Zeugen eines edeln
und begünstigten Volkes in jedem reformirten Gebiete willkommen gewesen. Wie Genf durch Calvin den Sammel- und
Haltpunkt für die Evangelischen romanischen Stammes bildete,
so Zürich durch Bullinger für die Glaubensgenossen germanischen Ursprungs. Wie Calvin durch die umfassende Großartigkeit und Schärfe des Geistes überwältigend und gebietend
unter den Seinigen stand, so übte Bullinger durch vielseitige
Gründlichkeit, durch ruhige Entschlossenheit und durch seinen
jeder Richtung gerecht werdenden historischen Sinn in weitem
Kreise seine Anziehungskraft aus, und mußte, als liebens-
würdiger Familienvater und ehrwürdiger Patriarch in der
Mitte eines reichbegabten und gesegneten häuslichen Kreises,
namentlich für Engländer, welche das Familienleben so hoch-
halten, besonders erfreulich sein. Die Engländer schätzten hauptsächlich die gründliche und praktische Schriftauslegung der Zürcher
und machten sich mit Zwinglis und Bullingers Schriften aufs
genaueste bekannt, so daß unter ihnen die reformirte Lehre
und namentlich die zwinglische vom Abendmahl entschieden durchdrang. Daher fanden sich auf die Empfehlung des Erzbischofs
Cranmer schon von 1536 an zum Behuf der theologischen Studien mehrere Engländer in Zürich ein, welche in den Familien
Pellikans und Bullingers der fördernbsten Aufnahme sich freuten.
Bei der Rückkehr eines derselben war Bullingers Pflegesohn,
Rudolf Gwalter, in dessen Geleite der Erstling einer langen
Reihe von Zürchern, welche im 16. und 17. Jahrhundert die
Hochschulen Englands besuchten, in ihren Studien durch groß-
müthige Unterstützung der Engländer begünstigt.
Der bedeutendste unter den in Zürich sich aufhaltenden

Engländern war Johannes Hoper, welcher erst als schon
fertiger Mann seinen sehnlichen Wunsch, im lebendigen Umgang mit Bullinger und Bibliander sich zu unterrichten, be-
friedigen konnte und vom Frühling 1548 an ein Jahr mit
seiner Frau in Bullingers Haus zubrachte. Es bildete sich
eine so innige Freundschaft zwischen Bullinger und Hoper, daß
dieser sich jenen zum Pathen seiner in Zürich geborenen Tochter
Rahel erbat, und nach seiner Rückkehr, als er zum Bischof von
Glocester erhoben worden, in allen wichtigen Angelegenheiten
und Bedrängnissen der englischen Kirche den Rath des Kirchen-
hauptes von Zürich einholte. Zu einer Zeit, da Hoper in
England im höchsten Ansehen stand und nach London berufen
wurde, um vor dem König zu predigen, wird er nicht müde,
Bullingern seinen Dank und seine Verehrung zu bezeugen,
und läßt sich angelegen sein, sich nicht nur die gedruckten
Schriften seines Freundes kommen zu lassen, sondern durch
einen Abschreiber sich vorweg zu verschaffen, was Bullinger eben
ausgearbeitet hatte. Hoper lenkte die Aufmerksamkeit der englischen Großen und des Königs Eduard VI. auf seinen Zürcher
Freund und wirkte mit, daß Peter Martyr und Martin Bucer
nach England berufen wurden. Als der glaubenstreue Bischof
unter der blutigen Maria in mehrjähriger Gefangenschaft
schmachtete, fuhr er fort, sich Bullingern mitzutheilen, sich
seinem Gebet zu empfehlen und seine Frau dessen Trost. „Täglich
droht uns der Tod, aber um Jesu Christi willen schätzen wir
Schwert und Feuer gering." Er starb 1555 auf dem Scheiterhaufen. Hopers Gattin Anna suchte in lateinischen Briefen in
ihrem tiefen Leid Trost bei ihrem Gevattersmann in Zürich.

Rudolf Stumpf, der nachherige Antistes, wurde von
Hoper nach England mitgenommen und nach Oxford empfohlen,
wo sich schon mehrere Jahre Johann von Ulm, der Sohn
eines Thurgauischen Gerichtsherrn, befand, welcher sich die
Gunst der englischen Großen zu gewinnen verstand, und den
Briefwechsel Bullingers mit denselben und namentlich mit der
jungen Johanna Grey vermittelte, deren Briefe an Bullinger

sowie ihr glaubenstreuer Märtyrertod rührende und unvergäng-
liche Zeugnisse ihrer edeln Gesinnung und ihrer hohen Bildung
gewähren. Wenn Zürich den Engländern schon früher lieb geworden war, so mußten sich bei den Verfolgungen der blutigen
Maria die Augen einer größern Zahl dahin richten. Unter
den 800 englischen Flüchtlingen ließ sich der größere Theil in
den evangelischen Städten der Rheinlande nieder, wo sich in
Frankfurt, Wesel, Emden reformirte englische Gemeinden bildeten; nur ein kleinerer Theil besaß die Mittel, um die ferne
Schweiz zu erreichen und sich daselbst niederzulassen. Allein
gerade die vorzüglichsten derselben waren beflissen, unter den
Augen Bullingers und Calvins während ihrer Verbannung
in der Wissenschaft und im evangelischen Glauben sich zu befestigen,
wobei der Erstere sie mit unbedingtem Wohlwollen aufnahm,
während sie sich bei Letzterm nicht ohne ängstliche Sorgfalt
über die von der französischen Kirche abweichenden Glaubens-
ansichten zu rechtfertigen hatten. „Das Exil war die Hochschule für die englischen Theologen. Fast alle, welche unter
Elisabeth eine hervorragende Stellung einnahmen, saßen zu den
Füßen der Schweizer-Väter, Calvin und Beza, Bullinger und
Gwalter. Im Umgang mit diesen Männern läuterten und
befestigten sie ihre reformatorischen Ansichten, und knüpften mit
ihnen das Band der innigsten Gemeinschaft, das nur der Tod
löste. Nicht die englischen Universitäten oder der erzbischöfliche
Pallast, sondern Zürich und Genf waren ihnen auch nach ihrer
Rückkehr das höchste Tribunal in Glaubens- und Kirchenfragen.
Und Bullinger ist es vor Allen, dem ein Platz gebührt neben
Cranmer, Latimer, Bucer und Peter Martyr. Der Purita-
nismus ist nichts anderes als der Versuch, die Ideen und
Praxis der schweizer Reformatoren auf englischen Boden zu
verpflanzen." (Schöll.) Im Sommer bitten 14 Engländer,
von denen die meisten später in ihrer Heimat hohe kirchliche
Würden bekleideten, darunter Joh. Parkhurst, nachheriger
Bischof von Norwich, der Schreiber des Briefes, den Rath
von Zürich um Aufnahme und Schutz. „Gott weiß, um dessen

willen wir Alles verlassen haben, daß wir nur ihn suchen. Und deßwegen sind wir einmüthig und mit Verlangen hieher gekommen, wo er lauter geprebigt und rein verehrt wird. Darum vertrauen wir, daß, wie ihr die eifrigsten Beschützer des wahren Christenthums seid, ihr auch uns, welche um dessen willen verbannt und der Heimat beraubt sind, durch eure Macht schützen werdet." Während Einzelne der Flüchtlinge mit ihren Familien in den Häusern der Geistlichen wohlwollende Aufnahme fanden, öffnete den Uebrigen der Buchdrucker Froschauer sein Haus zur Linde, wo sie von einer Predigerswittwe freundlich bedient wurden. Da zu gleicher Zeit mit den Engländern auch die Locarner in Zürich eintrafen und die Hülfe der Stadt in Anspruch nahmen, wollten jene nicht zu der öffentlichen Wohlthätigkeit ihre Zuflucht nehmen, dagegen empfahl Bullinger die Engländer der Beihülfe ihrer Landsleute. „Alle Redlichen lieben sie; sie sind in ihren Studien so eifrig und machen solche Fortschritte, daß man von ihnen den besten Erfolg erwarten kann. Wenn sie so fortfahren, wie sie angefangen, werden sie England zur Förderung und zur Ehre gereichen. Obgleich England sich jetzt um sie und um ihre Fortschritte an Frömmigkeit und Wissenschaft nicht kümmert und nicht darnach verlangt, so erfahren wir in den Regierungen doch den häufigsten Wechsel; am Ende verläßt Christi Gnade Keinen, so daß, wer eben noch der schärfste Verfolger Christi und des Evangeliums war, bald der eifrigste Verkündiger des Evangeliums wird."

Während der fünfjährigen Trennung der Engländer von ihrer Heimat hielten einige bleibend, andere vorübergehend sich in Genf und Lausanne auf. In näherer Verbindung mit Calvin standen Franz Walsingham, später Gesandter in den Niederlanden, und David Whitehead, der frühere Prediger Eduards VI. und später wieder bei Elisabeth. Längere Zeit hielt sich der ausgezeichnete Prediger Thomas Sampson in Lausanne auf. Allein Zürich blieb für die Engländer die Lieblingsstätte. Doch als die Locarner alle verfügbaren Räume

daſelbſt in Beſchlag nahmen, begab ſich der ſeit langer Zeit
bleibend in Zürich niedergelaſſene und mit einer Schweizerin
verheurathete Richard Burcher, von Bullinger empfohlen, nach
Bern, um in deſſen Gebiet für die nachkommenden Landsleute
Herberge zu finden. Vevey hätte für fünfundzwanzig Familien
günſtige Gelegenheit geboten, während Aarau nur für ſieben
Familien Raum gewährte. Um der Nähe willen wurde Aarau
vorgezogen, wo die Niedergelaſſenen mit obrigkeitlicher Bewilligung bei St. Urſula ihren Gottesdienſt halten und ihr
Wollgewebe treiben durften. An der Spitze der in Aarau
ſich aufhaltenden Engländer ſtand Thomas Lever, der nachherige Biſchof von Salisbury. Er war für die liebevolle
Theilnahme Bullingers um ſo dankbarer, da er hatte berichten
müſſen, daß Baſel die Aufnahme der Engländer verweigere, weil
Oeſterreich den Durchpaß derſelben zu beiden Seiten des Rheins
ins nicht erlaube; ſo daß Baſel nur den Aufenthalt der Durch-
reiſenden in den Gaſthöfen geſtatten könne. Daß indeſſen auch
Baſel um die Aufnahme der engliſchen Flüchtlinge ſich Dank
erworben, beweiſt u. a. der verdienſtvolle Johann Foxe, welcher
während ſeines dortigen Aufenthaltes nebſt andern Schriften
ſeine Geſchichte der evangeliſchen Märtyrer daſelbſt herausgab.

Es war keine vorübergehende Vorliebe, welche die engliſchen
Geiſtlichen, größtentheils keine ganz jungen Männer, von denen
mehrere eine Leidensſchule durchgemacht und ſich in der Verfolgung bewährt, — an Zürich feſſelte. Denn um Bullinger
ſchaarte ſich in jener Zeit ein reicher Kranz eben ſo frommer
als gelehrter Männer, welche der Stadt Zwinglis die höchſte
Blüthe verliehen, deren dieſelbe theilhaft werden konnte. Die
gefeierten Namen, welche die Engländer, auch nach ihrer Rückkehr in die Heimat, ihr Leben lang in dankbarem Andenken
behielten, waren neben Bullinger Peter Martyr, der gelehrteſte
italieniſche Proteſtant, welcher 1555 aus England nach Zürich
zurückgekehrt war, Theodor Bibliander, der gründlich gebildete
Orientaliſt, Bullingers würdiger Pflegeſohn und Nachfolger Rudolf Gwalter, Bullingers Tochtermänner, außer Ulrich Zwingli,

Josias Simler und Ludwig Lavater, beide von umfassender
wissenschaftlicher Bildung, der auch von den Engländern hochgeschätzte Konrad Geßner, dessen Studiengenosse der Schul-
mann Johannes Fries und der feingebildete Johannes Wolf,
die Prediger Johannes Fries und Johannes Haller, welcher
sich nachher große Verdienste um Bern erwarb. Auch der geistreiche Occhino hatte sich den Engländern schon in ihrer Heimat
bemerklich gemacht. So war Zürich an Frömmigkeit, Geist
und Gelehrsamkeit dem damaligen Genf vollkommen ebenbürtig,
während daselbst eine wohlwollende Milde und freie Weit-
herzigkeit herrschte; namentlich aber fühlten sich die Engländer
durch die gemüthliche Traulichkeit und die theilnehmende Häus-
lichkeit der Zürcherischen Freundeskreise, vermöge der Verwandt-
schaft des germanischen Geistes, angezogen. Es ist demnach be-
zeichnend, daß sämmtliche nach der Heimat zurückgekehrte Engländer für die Beweise der Freundschaft und der häuslichen
Familiarität eben so dankbar sind als für die wissenschaftlichen
Belehrungen und die Befestigung im evangelischen Glauben. —
Während des ersten Aufenthaltes der Engländer in Zürich wurde
daselbst bei Christof Froschauer 1550 eine englische Bibel-
Uebersetzung gedruckt, wobei sich jedoch nicht ermitteln läßt, von
welchen englischen Gelehrten diese Arbeit besorgt worden ist.

Ein Beweis des Werthes und der Tüchtigkeit jener englischen Flüchtlinge von Zürich ist ihre baldige Erhebung auf
die ersten bischöflichen Stühle ihres Vaterlandes. Richard
Horn wird Bischof von Winchester, Johann Parkhurst von
Norwich, Thomas Lever von Conventry, Johann Jewel
von Salisbury, Jakob Pillington von Durham, Thomas
Bentham von Lichfield, Edwin Sandys von London und
später Erzbischof von York, Edmund Grindal von London,
später Erzbischof von Canterbury, Lorenz Humphrey und
Wilhelm Cole, Professoren und Kollegien-Vorsteher zu Oxford, nebst einer beträchtlichen Zahl anderer verdienter Theologen.

Als Horn zum Dienst der englischen Gemeinde nach
Frankfurt gerufen wurde, sprach er den 3. Horn. 1556 fol-

genber Maßen seinen Dank an den Rath von Zürich aus: „Jenes bekannte Wort Zwinglis ist auch zu unsern Ohren gelangt, wodurch er versichert, die evangelische Lehre habe u. a. den Gewinn gebracht, daß die Menschen durch deren Predigt in ihrer Lebensweise gesitteter, in ihrer Gesinnung veredelter und gebildeter geworden. Denn wie groß war die Gewissensfreiheit, die wir bei euch genossen, wie habt ihr uns mit allen Steuern verschont, welche ihr für die öffentlichen Bedürfnisse von uns wie von den Bürgern selbst erheben konntet! Wie habt ihr uns vielfach mit den Gaben der Eurigen und von Euch selbst nachgeholfen! Wie reich war der Rath und der Trost euerer Seelsorger, wie groß die Herzenstheilnahme euerer Bürger! So daß wir nicht als Fremdlinge, sondern als Bürger und Hausgenossen gehalten und geschätzt worden sind. Welches Wohlwollen habet ihr uns beim Abschied erwiesen, indem, wenn die Umstände uns zur Rückkehr nöthigten, ihr uns denselben ruhigen Wohnsitz, dieselbe Freiheit, dieselben offenen Thüren für uns und die Unsrigen gewähren wolltet. Gewiß haben wir im eigenen Vaterlande niemals mehr Liebe erfahren, so daß für uns Alle das Sprüchwort gilt: „Hier ist gut wohnen."

Als Lever mit seinen Gefährten nach Aarau abgegangen war, richtete er an Bullinger folgendes Schreiben vom 5. Weinm. 1557: „Dein Eifer für das Haus des Herrn ist so groß, daß du nicht nur deine eigene Heerde, der dich Gott vorgesetzt, sorgfältig weidest und alle übrigen Kirchen mit deinen gelehrten Schriftauslegungen unterrichtest, sondern auch uns Flüchtlinge, die wir von den eigenen Leuten verstoßen, von vielen verlacht, von einigen abgewiesen, von manchen mit Schimpf und Schande überhäuft werden, als ein guter Hirte aufrichtest und schirmest. Wir nehmen dieses köstliche Geschenk an und umfassen es mit ganzer Seele; dagegen bieten wir dir zum Danke allein ein wohlgeneigtes Gemüth und die häufige Erwähnung deiner, unsers Lehrers und Meisters, im Gebet. So oft wir eines deiner Bücher in die Hand nehmen, wird es uns jedesmal sein, als wenn wir dich predigen hören, oder vielmehr das Wort des Herrn, das durch deinen Mund seine Geheimnisse uns offenbart. Lebe wohl, theuerster Vater in Christo und ver= ehrtester Herr, und begleite uns arme Flüchtlinge immer mit deiner Liebe; denn gegenwärtig fühlen wir, und wir nicht allein, wie wahr es ist, was die Geschichte vielfach bezeugt, daß die Schweizer immerdar gastfreundlich gewesen."

Nach der Rückkehr nach England schreibt Jewel an Martyr: „Wir Alle sind in unserer Heimat noch fremd. Darum kehre nach Zürich zurück, wirst du sagen. O, mein Vater, daß mir dieß einst vergönnt wäre! Denn so viel ich sehe, ist keine Hoffnung, daß du je wieder nach England kommen werdest. O Zürich, Zürich! wie viel öfter denke ich jetzt an dich, als jemals an England, während ich in Zürich war."

Bischof Sandys von London schreibt noch den 13. Aug. 1573 an Bullinger: „Wenn ich bedenke, mit welch gütigem Wohlwollen ich von euch aufgenommen worden, wie brüderlich und freundlich ihr den Flüchtling behandelt, und wie glücklich ich bei euch lebte: so habe ich keinen höhern Wunsch, als daß ich, frei von den Sorgen und Bekümmernissen, die auf mir lasten, meine übrige Zeit als Gast und Privatmann in Zürich zubringen könnte. Solche Gedanken und Wünsche steigen täglich in mir auf. Aber ich sehe, daß solches unmöglich ist. Ich bin nicht für mich selbst da: unsere Kirche, welche in dieser schweren Zeit tief erschüttert ist, nimmt meine Kräfte gewaltig in Anspruch."

Noch im Jahre 1573, als Rudolf Gwalter seinen Sohn an Wilhelm Cole empfahl, schrieb letzterer von Oxford an den Vater: „Das Wohlwollen, welches ich vor Andern aus in Zürich erfahren, kann niemals aus meinem Gedächtniß ent= schwinden. Ich wünsche daher, daß du überzeugt seiest, ich verbleibe mit Sinnen und Gedanken ein Zürcher, so weit ich dem Leibe nach entfernt bin. Und wenn Alle in der Eigen= schaft, daß sie Zürcher sind, mir angelegentlich empfohlen sind, wie viel mehr bin ich deinem Sohne mit der wärmsten Liebe zugethan. Denn außerdem, daß er ein Zürcher ist, macht des

Vaters Liebe und Freundschaft ihn mir, und dessen Gelehrsamkeit ihn allen andern desto empfehlenswerther. Wer deine
Schriften vor Augen hat, dem empfiehlt sich auch der Sohn
eines solchen Vaters."

Von Martin Micron, welcher mit Hoper in Zürich
war, berichtet einer seiner Landsleute, er predige zu großer
Förderung seiner Gemeinde ganz populär „nach der Art der
Zürcher." Ein anderer angesehener Gefährte Hopers in Zürich,
Christof Hales, der Bruder des gelehrten und standhaften
Johann Hales, bestellte durch Gwalter bei einem Maler in
Zürich die Bilder Zwinglis, Bullingers, Pellikans, Biblianders
und Gwalters. Als dieselben aber ausgeführt waren, gab es
unter den in Zürich sich aufhaltenden Engländern solche, welche
darin eine Menschenvergötterung sehen zu sollen glaubten, und
meinten, die ·Absendung der Bilder nach England könne gerade
den Dargestellten als Selbstgefälligkeit ausgelegt werden. Daher
dieselben zum großen Leidwesen des Bestellers zurückbehalten
wurden; gleichwohl bezahlte dieser den Maler.

Mehrere Briefe von verschiedenen Frauen, welche mit ·
ihren Männern die Verbannung in Zürich getheilt hatten,
geben in lateinischer Sprache Zeugniß von tiefer Bildung und
zugleich von großer Anhänglichkeit an ihre frühere Zufluchtstätte. Von zweien derselben bezeugen ihre Männer Parkhurst
und Richard Hilles, daß sie in Zürich auch deutsch gelernt
und die Schriften ihrer Zürcher Freunde und Wohlthäter in
deutscher Sprache lesen konnten. Hilles, ein Kaufmann, besorgte
viele Jahre lang die Lieferung der Schriften der schweizerischen
Theologen nach England und erfreute im Gegentausch die alten
Freunde oft mit den vortrefflichen englischen Wolltüchern und
Gefäßen aus Zinn. Mit dem Buchdrucker Christof Froschauer
wechselte er gewöhnlich die für England und die Schweiz bestimmten gegenseitigen Aufträge in Frankfurt aus. Durch
Hilles Hand gelangten auch die Geschenke der englischen Bischöfe
an Leute in Zürich, welche ihnen einst behülflich gewesen, wie
die Predigerswitwe Elisabeth Zink und Martyrs Amanuensis

4*

Julius Santerentiano. Namentlich aber übersandten Parkhurst, Horn und Jewel, in Erinnerung an die gastfreundliche Aufnahme in den gesellschaftlichen Kreis der Gelehrten Zürichs, mehrmals Geschenke zum Behuf der festlichen Mahlzeiten der „Chorherrenstube." Die Stubenmeister verwendeten diese Ehrengeschenke der englischen Bischöfe für drei silberne Becher, welche noch zu den Schätzen der Stadtbibliothek gehören, und die Namens-Inschriften und die Wappen der Geber enthalten. Bei solcher Anhänglichkeit der Engländer an Zürich drängt sich die Beobachtung auf, daß, während die Franzosen, bei aller liebenswürdigen und dankbaren Ergebenheit, vom Gefühl ihres eigenen Wohls oder Wehs so erfüllt sind, daß die Bezugnahme auf die Umgebungen sich unterordnet: dagegen die Engländer in die Verhältnisse und Gesinnungen ihrer Freunde mit solcher Liebe sich hineinleben, daß sie Alles mit ihnen theilen und Personen und Zustände völlig zu Herzen nehmen.

Als schönsten Lohn für die empfangene Gastfreundschaft erwiesen die Engländer ihre Erkenntlichkeit in der Aufnahme der Söhne ihrer Zürcher Freunde und brachten es durch ihren Einfluß zu Wege, daß die Studierenden von Zürich entweder wie Eingeborne in die Kollegien der Universitäten aufgenommen, oder dann mit beträchtlichen Stipendien bedacht wurden. Aber noch mehr werth war, daß die englischen Gelehrten den jungen Zürchern mit einer Liebe und Sorgfalt zugethan waren, wie den eigenen Söhnen. 1571 befanden sich Rudolf Zwingli, der Enkel des Reformators, und Rudolf Gwalter, der Sohn, zu Oxford, überhäuft von den freundschaftlichen Wohlthaten der Verehrer der Väter, und als der erstere daselbst starb, war die Trauer unter den alten Freunden allgemein. Gwalter empfahl den jungen Patricier J. Heinrich Schmid und Philipp von Hohensax, den Sohn des in Zürich verbürgerten Reformators seiner rheinthalischen Herrschaft, an Franz Russel, Grafen von Bedford, welcher, zum Dank für die Freundschaft während seines frühern Aufenthaltes in Zürich, sich entgegenkommend zum Beschützer aller jungen Zürcher anerbot. Gwalter durfte ferner Kaspar Thomann, den nachherigen Bürgermeister, selbst der Zürich so geneigten Königin Elisabeth empfehlen.

Die ununterbrochene Verbindung und der reiche Gedankenaustausch zwischen den Zürchern und den Engländern dauerte bis in den Anfang des 17. Jahrhunderts hinein, indem noch Kaspar Waser mit den dortigen Gelehrten im Briefwechsel stand und dadurch seinem Sohne, dem spätern gelehrten Bürgermeister, daselbst eine ausgezeichnete Aufnahme verschaffte. Diese innige Gemeinschaft der fleißigen und strebsamen Gelehrten des kleinen Zürich mit den auf einem großen Schauplatz durch Leben und Leiden gebildeten Kirchenmännern Englands gehört zu den schönsten und wirksamsten Förderungen des Zürcherischen Geisteslebens und bildet eine besondere Ehrenkrone für die den Flüchtlingen erwiesenen Wohlthaten. Die Sympathie der englischen Theologen für die Schweiz und zunächst für Zürich erkaltete allmählig, als an der Spitze der schweizerischen Abgeordneten auf der Synode zu Dortrecht Breitinger und Diobati mit engherziger Ausschließlichkeit in die Verurtheilung der Arminianer einstimmten, welche bei den praktisch und frei gesinnten Engländern größere Theilnahme fanden. [15b]

5. Genf.

Während die alte Bürgerschaft Zürichs die Verschmelzung mit den edeln und wohlthätigen Elementen der Flüchtlinge von Locarno nur langsam und widerstrebend vor sich gehen ließ, wurde Genf von Schaaren evangelischer Flüchtlinge überfluthet und von Grund aus umgewandelt. Allein das bisher fast ausschließend gewerbsame Genf, voll praktischer, in unaufhörlichen Kämpfen geschulter, entschlossener und thatkräftiger Leute, gewährte unter diesen Verhältnissen nicht die Stille und den Frieden, welche zur Ausbildung des Geistes und zu wissenschaftlicher Tiefe und Gründlichkeit nothwendig sind. Daher Genf einen Ueberfluß von Männern aufwies, welche für die

politische Regeneration thätig waren, keinen einzigen aber, der
als Prediger oder Lehrer für die kirchliche Reformation mitgewirkt hätte. Als Typus der alten Genfer Geistlichkeit er-
weist sich Franz Bonivard, der berühmte Gefangene von
Chillon, früher Prior von St. Viktor, später entschiedener Cal-
vinist, der Geschichtschreiber seiner Zeit, unzuverlässiger Parthei-
mann voll ungebundenen Weltsinns, aber guter Beobachter und
geschickter Sittenmaler. Solche Richtung und Gesinnung paßte
nicht für die ernste und große Aufgabe Calvins. Das Inland
bot dem Reformator von Genf einen einzigen geeigneten Gehülfen, den Waadtländer Peter Viret, von dem A. Sayous
bezeugt: „Viret est, sans contredit, une des plus intéressantes
figures de la réformation; missionnaire, pasteur, écrivain, il
a honoré le calvinisme autant qu'il l'a servi, et c'est dire
beaucoup. — — — Cet homme si chétif de corps et d'une
ame si ferme, si grave et si douce tout à la fois, a réalisé
complètement l'homme chrétien tel que le concevait la réforme calviniste." [16] Alle andern Gehülfen Calvins waren
Franzosen, wenn auch nicht Männer von großen Gaben, doch
um so wohlthätiger und nützlicher durch ihre völlige Hingabe
an den großen Führer, ihm nacheifernd an Sittenstrenge und
Glaubenstreue. Bald nach Calvin erschien in Genf dessen
Lehrer Mathurin Cordier, dem jener ausdrücklich seine „Fortschritte in den höhern Wissenschaften und seine gebildete Sprache"
verdankt, und den er 1545 an die Spitze des neu gegründeten
Kollegiums stellt. Die Wandlungen und Schicksale mit Farel
und Calvin theilend, lehrte er auch in Neuenburg und Lausanne, mit gleichem Erfolge als Erzieher wie als Sprachlehrer,
bis er am Ende wieder in Genf thätig in hohem Alter im
gleichen Jahre mit Calvin starb (1564). Michael Cop,
welcher Rektor an der Universität Paris gewesen war, lehrte
einige Zeit auch in Genf; und eben so Peter Robert Olivetan, der Mitbürger und Verwandte Calvins, der schon genannte Bibelübersetzer. J. Raimond Merlin war Professor
der hebräischen Sprache und der Katechese anfangs in Lausanne

und später in Genf. In der Folge wurde er auf Coligny's
Verlangen nach Paris berufen, dessen Konsistorium einen Mann
suchte „propre pour édifier en cour." Kurz, von Anfang an
und lange Zeit waren sämmtliche Prediger und Lehrer in Genf
Franzosen. Diejenigen freilich, welche sich in Glaubenssachen
Abweichungen von Calvin erlaubten, wie u. a. Sebastian
Castellio, welcher die Toleranz vertheidigte und für Servet
sprach, hatten in Genf kein Bleiben. In Basel aufgenommen,
wurde ihm ebenfalls die Mahnung ertheilt, als Sprachgelehrter
sich mit seinem Lehrfache zu begnügen und sich der Theologie
zu enthalten.

Doch Calvins Größe mußte auch geringere Kräfte mit
weltüberwindendem Glauben und heiligem Eifer zu erfüllen,
und die unbedingte Hingabe in die Führung des heldenmüthigen
Meisters brachte eine wirkungsvolle Einheit in Lehre und Kirchenleitung. Zu diesen Dienern des Wortes Gottes gesellten sich
aber auch eben so gottergebene und aufopferungsfähige Werkzeuge für Förderung der kleinen, aber zukunftvollen Republik.
Es war für hochgestellte Franzosen eine ermunternde Aufgabe,
durch Theilnahme am Staatswesen von Genf die für Gesinnung
und Leben reichen Früchte zu fördern, welche aus der innigen
Gemeinschaft zwischen Kirche und Staat sich ergaben, und so
auf das Heimatland zurückzuwirken. Doch die edeln und
starken Männer gehorchten einer noch höhern Pflicht, indem sie
zum Heil ihrer Seele dem Rufe Calvins folgten, welcher in
ähnlichen Ausdrücken an seine Landsleute wiederholt die Mahnung ergehen ließ, wie die bekannte an die Familie de Bubé:
„S'il ne vous est là possible d'avouer Jesus Christ pour
votre sauveur, que vous aimiez mieux d'être privez un
petit toms du pays de votre naissance, que d'être bannis
à jamais de cet héritage immortel auquel nous sommes
appelés. Veuillons ou non, si nous faut il être étrangers
en ce monde, encore que nous ne bougions du nid. Mais
bienheureux ceux, qui declarent cela par éffet et plûtot
que decliner de la foi, abandonnant franchement leur

maison, et pour demeurer unis avec Jesus Christ, ne font difficultéz de s'eloigner de leurs commoditez terriennes." [17] Vom Geiste frommer Entsagung geleitet, sehen wir daher eine Reihe von bewährten Männern auf dem Schauplatz der kleinen Republik auftreten, welche ihre politische Thätigkeit durch hohe Gesinnung und weiten Blick adeln und ihrem Namen, Geschlechter hinburch, eine höhere Würde verleihen, als ihnen auf dem Schauplatz eines großen Reiches möglich geworden wäre. Weil in diesen bescheidenen Verhältnissen weder Rang noch Reichthum, weder Glanz noch Weltruhm zu erlangen war, fand ein um so edlerer Wetteifer statt, durch gründliche Bildung, strenge Grundsätze und uneigennützige Thätigkeit den Lohn innerer Befriedigung zu erwerben. So eröffnete Germain Collabon, der Bearbeiter des Gesetzes-Codex von Genf, die Reihe der um die Vaterstadt verdienten Männer seines Geschlechtes; die be Bubé haben sich bis auf diesen Tag als Gelehrte und Staatsmänner einen geachteten Namen verschafft; die Normandie und Trembley hatten die höchsten Stellen im Staate inne; die Sarasin zeichneten sich in Staat und Wissenschaft ruhmvoll aus.

Nächst Calvin der gewichtigste Mann unter den evangelischen Flüchtlingen in der Schweiz und der zur Aufrechthaltung und Fortsetzung seines großen Werkes geeignetste war Theodor Beza. Er eröffnete seine Geistesarbeit an der 1549 von Bern gegründeten Akademie zu Lausanne an der Seite von Viret. In den zehn Jahren seiner dortigen Wirksamkeit wuchs die Anstalt an Zahl der Zöglinge und an Ansehen, er selbst aber noch mehr an theologischer Bildung und reformatorischer Kraft. Der Zwiespalt, in welchen die Kirchenverfassung Berns in Betreff des Waadtlandes führte, wo Beza und seine Gesinnungsgenossen die strenge Kirchenzucht nach Calvin mit dem Bann, der geistlichen Gerichtsbarkeit, der Befugniß zur Ausschließung vom Abendmahl und den Konsequenzen der harten Prädestinationslehre gehandhabt wissen wollten, veranlaßte Beza zum freiwilligen Rücktritt von dem Lehramt und dem Kirchendienst

in Lausanne, und sein Beispiel zog auch Biret und einige
vierzig größtentheils französischer Geistlicher hinweg aus dem
Dienste der waadtländischen Kirche. Erst in Genf und an der
Seite Calvins begann für Beza die entsprechende Wirksamkeit.
Denn jener stellte ihn an die Spitze der neu gegründeten
Schulanstalten, des Gymnasiums und der Akademie, welche
Beza den 5. Brachm. 1559 als Rektor eröffnete. Das „Buch
des Rektors" verzeichnet zum Anfang 162 Studenten aus
allen Provinzen Frankreichs, daneben Italiener, Deutsche, Nie-
derländer, Schweizer und Engländer. Neben Beza arbeiteten
die Professoren Anton Chevalier für die hebräische, Franz
Berauld für die griechische Sprache, Joh. Tagaut für die
freien Künste oder die Philosophie. In die Theologie theilten
sich Calvin und Beza. Wir sehen also die Anstalt in den
Händen von lauter Franzosen, denen ebenfalls wieder französische Flüchtlinge in langer Reihe folgten. „Ausgezeichnete
Personen wohnten den Lehrvorträgen der berühmtesten Professoren bei, und Genf war gleichsam ein großes Erziehungs-
haus, angefüllt mit den Söhnen des calvinistischen Adels, der
seine Ehre darein setzte, seine Kinder unter den Augen Bezas
aufwachsen zu sehen." [18]
Calvin blieb durch seine wegleitenden Schriften und seine
eben so erschütternden als trostreichen Briefe der geistliche und
geistige Führer der Glaubensgenossen der gesammten romanischen
Welt, während Beza dem großen Vormann an Schärfe des
Blicks, Kraft des Wortes und umfassendem Wissen bedeutend
nachstand. Aber der französische Edelmann mit der schönen
Gestalt, der weltmännischen Gewandtheit und der glänzenden
Beredsamkeit war für Calvin ein werthvoller Gehülfe; daher
er nach dessen Tod mit Erfolg an seine Stelle trat, von nun
bis an sein spätes Ende die Seele der französischen Hugenotten
war und „in den schwersten Lagen bewunderungswürdige Vielseitigkeit des Geistes, Gewandtheit und Ausdauer bewies, so
wie auch humane Gesinnung gegen die katholischen Gegner." [19]
Denn ihm war in einer Zeit politischer Schwankungen und

liftigen Zuwartens vergönnt, nicht nur mehrmals verschiedene Provinzen Frankreichs zu bereisen, sondern wiederholt durch ehrenvolle Einladungen berufen zu werden, so 1560, um den König Anton von Navarra im Evangelium zu befestigen. Wenn er diesen Zweck beim Könige nicht erreichte, so doch in vollem Maße bei dessen Gattin Johanna von Albret, und dem rohen Uebermuth des von den Guisen umstrickten Mannes setzte er jenes denkwürdige Wort entgegen: „Herr, die Kirche empfängt Schläge und erwiedert sie nicht; aber bedenkt, daß sie ein Ambos ist, an dem schon viele Hämmer sich abgenutzt haben." Im Gespräch von Poissy erlangte Beza die nie wieder-kehrende Gelegenheit, von der Königin Katharina von Medici selbst berufen, an der Spitze der französischen Protestanten das evangelische Bekenntniß mit solcher Macht und Ueberzeugung vor einer großen Versammlung und in Gegenwart des Hofes auseinander zu setzen, daß die gelehrtesten und gemäßigtesten Männer der katholischen Parthei zu einer Verständigung in Auffassung der Lehre sich herbeiließen und wirklich zu einer Formel sich vereinigten, welche dann freilich von der großen Mehrheit der Prälaten verworfen wurde. Aber Bezas glän-zende und siegreiche Vertheidigung der evangelischen Lehre be-festigte und erweiterte die Reformation in Tausenden von Personen und in einer großen Anzahl von Gemeinden, und er bildete von nun an das Haupt der französischen Protestanten, daher wir ihn 1571 und 1573 als leitenden Vorstand der Synoden von Rochelle und Nismes erblicken. Dieses Ansehen beruhte zwar immerhin auf der festen Stellung, welche ihm Genf und die Kirche Calvins bot. Beza kommt als Schrift-steller mit Calvin und auch mit seinem Zeitgenossen und Freunde Bullinger in keinen Vergleich; ein eigenthümliches Verdienst erwarb er sich jedoch durch die poetische Psalmenübersetzung. Clement Marot hatte die ersten achtzig Psalmen übersetzt und Calvin dieselben herausgegeben. Allein da Marot zu denjenigen evangelischen Flüchtlingen gehörte, welche, an das Hofleben gewöhnt, die Genfer Strenge belästigte, und der daher Genf bald wieder verließ, vollendete Beza den poetischen Psalter, welcher, von Goubimel mit vierstimmigen Melodien versehen, für die französische Zunge das zwar mehrmals revidirte Kirchengesangbuch blieb bis auf unsere Tage. In Genf begann der Psalmengesang beim Gottesdienst schon 1542.

Wenn es unrichtig ist, die Gewerbsthätigkeit von Genf erst von der Reformation herzuleiten, so ist dagegen unbestreitbar, daß das ganze geistige wie das gewerbliche Leben durch die zahlreiche Einwanderung der evangelischen Flüchtlinge erst recht in Schwung und Blüthe kam. Genf zählte schon 1535 neunzig solcher neu aufgenommenen Bürger; 1546 waren es 140; 1555 wurden wieder zu Bürgern angenommen 134, und die gleiche Zahl im folgenden Jahr. 1557 wurde in einem Monat 44 Engländern, 48 Italienern und 138 Franzosen das Bürgerrecht ertheilt, so daß die Zahl der neu aufgenommenen Flüchtlinge diejenige der alten Bürger bereits überstieg. In gleichem Maße wuchs die Zahl der ansässigen Niedergelassenen, deren man von 1549 bis 1554 bereits 1376 Personen rechnete. Im Monat Mai 1558 wurde 360 Ansassen die Niederlassung bewilligt; nach der Bartholomäus-Nacht von 1572 zählte man 1638 Niedergelassene. [20] Die Ueberwucherung dieser fremden Elemente und die Bevorzugung, welche Calvin denselben gab, mußte die alten Bürger Genfs beunruhigen und empören und einen langen und erbitterten Kampf herbeiführen. Darüber bemerkt Mignet: „Ces changements ne s'accomplirent ni sans difficultés, ni sans guerre. Mais s'ils troublèrent la paix de la ville, s'ils y agitèrent les ames, s'ils y divisèrent les familles, s'ils y causèrent des emprisonnements, des exils, s'ils y ensanglantèrent les rues, ils trempèrent les caractères, ils éveillèrent les esprits, ils purifièrent les moeurs, ils formèrent des citoyens et des hommes, et Genève sortit transformée de ses épreuves. Elle était assujettie, et elle devint independante; elle était ignorante, et elle devenait une lumière de l'Europe; elle était une petite ville, et elle devint la capitale d'une grande opinion. Sa science, sa constitution, sa grandeur furent l'oeuvre de la France, par ces exilés du 16. siècle, qui, ne pouvant pas réaliser leurs idées dans leurs pays, les portèrent en Suisse, dont ils payèrent l'hospitalité en lui donnant une religion et le gouvernement spirituel de plusieurs peuples." [21]

La France protestante der Brüber Haag bezeugt: „En moins de troix générations, les moeurs de Genève subirent une métamorphose complète: à la frivolité, à la licence succéda cette austérité un peu raide, cette gravité un peu étudiée qui caracterisèrent, dans les siècles passés, les disciples du réformateur. Que de fades plaisanteries ne s'est on pas permises sur l'ésprit Genevois! et Genève est devenue un foyer de lumières et d'émancipation intellectuelle, même pour ses détracteurs." — — — „Les fils des fondateurs de la liberté de Genève devaient éprouver des mouvements d'indignation en voyant passer la suprématie entre les mains de ces refugiés français, qui leurs étaient pour la plupart supérieurs en lumière et en moralité, mais qu'ils devaient naturellement regarder comme des intrus." [22]

Selbst der ältere Galiffe gesteht: „Ceux des refugiés qui restèrent, ou leurs enfans, devinrent de bons Genevois; car c'est une chose remarquable que la facilité avec laquelle toutes les nations adoptent nos moeurs, nos usages, nos défauts et nos qualités. Il y a parmi nous des Suisses, des Français, des Allemands, des Italiens etc., et tous se sont si bien acclimatisés, qu'on n'observe aucune différence entre eux." [23]

Der namhafteste Zuschuß für Genf außer den Franzosen waren Italiener, welche von der Mitte des sechszehnten Jahrhunderts an sich daselbst einfanden. Darüber berichtet J. Bonnet: „Das Verzeichniß derselben ist lang und es giebt keine Stadt der Halbinsel, welche nicht durch irgend einen ihrer Söhne vertreten sei." Erst werden Occhino und Peter Martyr genannt. „Dann kommen jene Patrizier von Lucca, die Diobati, Micheli, Calanbrini, welche ihren schönen

Himmel und ihre alterthümlichen Wohnstätten mit der freiwilligen Verbannung vertauschen, ein Opfer für das höchste
Gut des Menschen, seinen Glauben und seinen Gott. Siena
giebt der Auswanderung Lelio Socini und Mino Celfa,
den Apostel der Toleranz; Modena seinen größten Gelehrten,
Ludwig von Castelvetro; Venedig Andrea del Ponte,
den Bruder eines Dogen; Cremona sieht die Entfernung
seiner Puerari; Brescia des Grafen Celso de Marti-
nengo; Ferrara des Franz Ponto, von seinen drei Söhnen
begleitet. Selbst jene entlegenen Gehöfte des Südens, die
durch die Waldenser im Calabrischen Gebirge gegründeten
Hirten-Wohnstätten, liefern ihren Beitrag für den Auszug.
Endlich bezeugen zahlreiche Flüchtlinge aus Messina und Pa-
lermo, daß Sicilien dem evangelischen Erwachen der Halbinsel nicht fremd blieb." Ein ausgezeichnetes Beispiel standhafter Glaubenstreue bildete der Graf Galeazzo Caraccioli,
dessen Vater ein Günstling Karls V. und hoher Beamteter in
Neapel und dessen Mutter, eine Caraffa, die Schwester eines
Pabstes war, welcher um des Evangeliums willen Alles verließ,
die italienische Kirche in Genf gründete und derselben als
Aeltester ergebene Dienste leistete. Wie hoch Calvin diesen
Freund schätzte, geht aus dem Schreiben hervor, mit welchem
derselbe Caraccioli seinen Commentar zum ersten Corinther-
briefe widmete, worin folgende bezeichnende Stelle vorkommt:
„Un homme de maison ancienne et grand parentage,
florissant en honneur et biens, ayant femme noble et
chaste, belle compagnie d'enfants, repos et concorde en sa
maison, brief heureux en tout ce qui concerne l'éstat de
ceste vie, pour se ranger sous l'enseigne de Christ, a volon-
tairement abandonné le lieu de sa naissance, n'a point fait
difficulté de laisser sa seigneurie, un pays fertile et plaisant,
grand et riche patrimoine, père, femme, parents et alliés, et
après avoir abandonné tant alleschements du monde, se contentant de nostre petitesse, vit frugalement et selon la façon
du commun peuple, ne plus ne moins qu'un d'entre nous."[24]

Der schönste Beweis, wie einträchtig und gedeihlich die fremden Flüchtlinge mit den alten Genfern zur Einheit des Glaubens und Lebens verschmolzen, ist die Blüthe und die mannigfaltige geistige Bethätigung einer beträchtlichen Zahl jener eingewanderten Geschlechter bis auf unsere Zeit. Die Aufnahme der Italiener war nur ausnahmsweise mit Opfern verbunden, weil die meisten derselben den höhern Ständen entsprungen und begütert waren, vielmehr erzeigten sie sich sowohl durch Geschenke als durch Darleihen als die besondern Wohlthäter der Stadt. Wenn sie die Vortheile des Adels, der Geburt und der Vorrechte preisgaben und in bescheidene Bürgerverhältnisse hinabstiegen, so wußten sie sich Geschlechter hindurch durch den Adel der Gesinnung, des Geistes und der Verdienste auszuzeichnen und zu entschädigen. Besonders machten sich jene aus Lucca kommenden Einwanderer für Genf bemerklich, aus sieben und zwanzig Familien bestehend. In der langen Reihe der mit Ehren genannten Diodati zeichnete sich namentlich Johann, der Freund Sarpi's und Breitingers aus, der zwar durch seine ausgezeichnete italienische Bibelübersetzung und seine Reisen in Italien fruchtlos an der Evangelisirung dieses Landes arbeitete, unter den Genfer Theologen aber eine bedeutende Stellung einnimmt, namentlich auch durch seine revidierte Uebersetzung der Psalmen. Noch bedeutender sind die Turretini, Benedikt und Franz, die Stützen des Calvinismus, Alphons aber der Stimmführer eines mildern Geistes in der Genfer Kirche. Durch liebenswürdige und menschenfreundliche Eigenschaften zeichneten sich namentlich die Calandrini aus, besonders auch durch unermüdliche Thätigkeit für die evangelischen Flüchtlinge. Unter den verdientesten Bürgern und größten Wohlthätern Genfs erscheinen die Micheli und Lombardi. Von 1554 bis 1564 kamen 160 vornehme Italiener, zum Theil mit ihren Familien, nach Genf. Schon von 1542 an hatten sie auf eigene Kosten ihren Gottesdienst in der Kapelle der Makkabäer; im Jahr 1551 hatte sich jedoch die Gemeinde so vermehrt, daß derselben die Kirche Madeleine und dann das Auditoire angewiesen wurde. Die italienische Gemeinde bestritt ihre Bedürfnisse stets aus eigenen Mitteln. — 1554 ließ sich vorübergehend eine Anzahl englischer Flüchtlinge in Genf nieder, welchen mehrere Jahre ein Gottesdienst in ihrer Sprache bewilligt wurde. [25]

Die große Zahl der Franzosen, welche in der frühern Zeit dem Rufe Calvins und Bezas nach Genf folgten, bedurften ebenfalls größtentheils der Unterstützung nicht, sondern eiferten vielmehr mit den Italienern in ökonomischer und geistiger Förderung ihrer neuen Heimat. Es ist unmöglich, in einer allgemeinen Uebersicht alle die edeln Namen der Familien zu nennen, welche in frühern Zeiten oder bis auf diesen Tag ihrer neuen Heimat zu großer und vielfacher Ehre gereichten. Unter den um die Mitte des 16. Jahrhunderts Eingewanderten waren die damals blühenden Familien Duval und Dumont und in mehrern Gliedern die de Candolle; unter den Gelehrten Louis Enoch, der Rector des Kollegiums, und dessen Nachfolger Anton de la Faye. Der 1554 gestorbene David de Busanton war durch ein Vermächtniß von tausend Thalern der Begründer der Bourse, des Fondes zum Besten der französischen Flüchtlinge, geworden. Zu diesen gehörten auch die ersten Donatoren für das Kollegium Calvins: Stephan de la Faye steuerte 50 Thaler, Peter d'Orsiere 312 Gulden; Mathieu de la Roche 260 Gulden, Galeazzo Caraccioli 2954 Gulden.

Zu Calvins und Bezas Zeiten war Genf nicht nur der geistige Mittelpunkt und die Pflanzschule für die Protestanten romanischer Zunge, sondern eine der auserwähltesten Stätten für die Pflege der Wissenschaft im Allgemeinen. Daher war das edelste und blühendste der durch die evangelischen Flüchtlinge nach Genf versetzten Gewerbe dasjenige des Buchdruckes: denn die Zahl der Buchdruckereien stieg auf achtundbreißig und wuchs einige Zeit bis auf sechzig an, welche 2000 Arbeiter beschäftigten. Die Unternehmer von Buchdruckereien waren jedoch in jener Zeit nicht nur mechanische Arbeiter,

sondern selbst gründliche Gelehrte. Die erste Buchdrucker-
Familie jener Zeit war diejenige der Stephanus, Estienne,
deren Haupt Robert, der begünstigte Buchdrucker des französischen Königs Franz I. und durch seine schönen Ausgaben
der alten Klassiker allgemein berühmt, 1550 von Paris nach
Genf auswanderte, weil die Sorbonne wegen seiner Bibel-
ausgaben und namentlich wegen der dabei benutzten lateinischen
Uebersetzung von Zürich ihn anfeindete und verfolgte. Schon
hatte sich Roberts Schwager Konrad Badius, der Uebersetzer
des Alkoran, in Genf niedergelassen, welcher das Wort Gottes
sowohl als Buchdrucker wie als Prediger verbreitete. Der
vertraute Umgang mit den Klassikern, der lebendige Verkehr
mit auswärtigen Gelehrten und die Anwesenheit von Kor-
rektoren aus verschiedenen Ländern machte das Latein zur Umgangssprache der Familie, so daß nicht nur Frau und Kinder,
sondern selbst das Gesinde lateinisch redeten. In Genf freilich
war die Thätigkeit Roberts weniger der klassischen Literatur,
sondern fast ausschließlich der Förderung der Reformation zugewendet, indem seine Pressen sich hauptsächlich mit den verschiedenen Ausgaben der Bibel und mit den Schriften Calvins
beschäftigten. — Von Roberts drei Söhnen hatte allein der
älteste, Henry, den Vater nach Genf begleitet und dessen evangelisches Bekenntniß getheilt. Henry, das bedeutendste Glied
dieser ausgezeichneten Familie, war durch Geist, gründliche
Studien und lebenslang wiederholte wissenschaftliche Reisen
einer der größten Gelehrten seines Jahrhunderts. Seine zahlreichen Ausgaben der griechischen Klassiker und namentlich sein
Thesaurus der griechischen Sprache erheben ihn zu einer der
philosophischen Größen seiner Zeit; allein auch für den Dienst
der evangelischen Kirche und Theologie trat er in die Fußtapfen
seines Vaters. Ferner gewann er den Beifall seiner Landsleute
durch mehrere Abhandlungen über den eigenthümlichen Werth
der französischen Sprache. Henry entfaltete diese große wissenschaftliche und typographische Thätigkeit trotz einer unbezähmten
Wanderlust. Aber dieses Leben in der bewegten Welt und

sein häufiger Aufenthalt in Paris und in Italien brachte ihn in Zwiespalt mit Genfs Einfachheit und Sittenstrenge, und der novellenhafte, satyrische Ton mehrerer seiner Schriften brachte ihn in Haft und Bann. Ungeachtet Henry der einzige Erbe der großen Hinterlassenschaft seines Vaters war, starb er in Folge seines unstäten Wanderlebens ohne Vermögen. Eine seiner Töchter war die Gattin des berühmten Casaubon, welcher Genf mehrere Jahre seine gelehrte Thätigkeit widmete. De Thou bezeugt von Henry Estienne: „Non seulement la France, mais le monde chrétien tout entier doit plus à cet homme que jamais la patrié n'a dû aux plus vaillants capitaines qui ont reculé ses frontières; car du talent de ce seul homme il a rejailli plus de gloire sur la France, et de cette gloire qui ne meurt pas, que de tant de belles choses accomplies dans la paix et dans la guerre."

Mit den Stephanus wetteiferte Johann Crespin, ein pariser Advokat, der 1548 mit Beza nach Genf gekommen war, Beide zunächst in der Absicht, eine Buchdruckerei zu errichten. Während Beza sich dann auf Calvins Wunsch einzig dem Lehr- und Predigtamt widmete, kämpfte Crespin mit der Presse für das Evangelium, aber zugleich auch als Schriftsteller, namentlich bekannt durch sein Werk „Geschichte der Märtyrer," besonders der französischen des 16. Jahrhunderts. — Philibert Hamelin, ein wegen seiner evangelischen Gesinnung ins Gefängniß gelegter Priester, floh nach Genf, wo er durch Calvin zur gründlichen Kenntniß der Schrift geführt wurde. Auch er legte eine Druckerei an und wirkte nebst seinen Dienern sowohl als Kolporteur wie als Evangelist in Frankreich durch muthige Verbreitung der Bibel und anderer evangelischer Schriften. — Wie die Stephanus von Paris, so hatte die ausgezeichnete Buchdruckerfamilie de Tournes von Lyon ihre Firma nach Genf verlegt, und ihrem Beispiele folgten noch andere Lyoner. Von den bekanntern, nach Genf übergesiedelten französischen Buchdruckern sind zu nennen Huguetan, Barilliot, Bousquet ꝛc. Weil aber der Name Genf als

Druckort genügte, um einem Buche die Frequenz in Frankreich zu verschließen, so wurde als näher bezeichneter Aufenthaltsort einzelner Druckereien das benachbarte Dorf Coligny oder die Vorstadt St. Gervais genannt. Pyramus de Candolle verlegte sein Geschäft nach Yverdun.

Eine schwere Prüfung für die Diener der Kirche von Genf war die öfters wiederkehrende Pest. Nachdem 1543 der hingebende Peter Blanchet im Pestspital gestorben war, verlangte der Rath von der Geistlichkeit, daß diese einen andern aus ihrer Mitte dorthin abordne, jedoch mit Ausnahme Calvins, den man seiner Unentbehrlichkeit wegen nicht der Todesgefahr Preis geben wollte, obgleich auch er sich zum Dienst der Pestkranken anerboten hatte. Die Geistlichen aber erschienen vor der Obrigkeit mit dem Geständniß, „keiner von ihnen habe Muth genug für diese Aufgabe, und mit der Bitte, daß der Rath ihnen ihre Schwachheit verzeihe, da Gott ihnen nicht die Gnade verliehen, der Gefahr mit der nöthigen Unerschrockenheit die Stirne zu bieten und dieselbe zu überwinden." Als endlich Matthieu Geneston das Opfer wagte, fielen seine Gattin und seine Diener der Seuche anheim; er allein wurde gerettet.[26]

6. Einfluß der evangelischen Schweiz auf Frankreich.

Unterdessen begnügten sich Genf und die evangelischen Städte der Eidgenossenschaft nicht, beim französischen Könige für ihre verfolgten Glaubensgenossen sich zu verwenden und dieselben bei sich aufzunehmen, sondern sie hatten auch den Muth, in aller Stille der jungen Pflanzen zu pflegen, welche auf dem Boden Frankreichs zur Begründung eines neuen Lebens sich einwurzeln sollten. Schon machten hoffnungsvolle und glaubensmuthige französische Jünglinge die größere Zahl der Zöglinge der Akademien von Genf und Lausanne aus: daher hatte Genf von 1555 bis 1566 den französischen Kirchen bereits 121 Pfarrer geschickt. Als 1561 das Konsistorium von Vienne durch Fabri, welcher schon in Neuenburg, Genf und

Thonon Pfarrer gewesen war, zwölf französische Geistliche verlangte, zeigte sich Bern und Neuenburg willfährig, wenigstens
fünf, welche erhältlich waren, mit jenem Abgeordneten ziehen
zu lassen. ²⁷ Bald machte sich die Wirksamkeit dieser furchtlosen Sendlinge bemerkbar; daher bezeugt ein den schweizerischen
Räthen mitgetheiltes Schreiben des Königs Franz II. vom
12. Juni 1559, „namentlich durch etliche verdammte Prädikanten
aus Genf habe sich der Brand in Frankreich erhoben." In
Folge dessen erklärt der König, daß „er seit seiner Krönung
die Ausrottung der Ketzer und der falschen Lehren sich vorgesetzt. Demnach sollen Richter und Amtleute den verordneten
Hand bieten, wenn nöthig mit gewaffneter Hand, um die Ketzer
gefänglich anzunehmen und wider sie zu procedieren." ²⁸

Nach Franz II. frühem Tode trat unter seinem un-
mündigen Nachfolger, Karl IX., seinem Bruder, eine noch
schärfere Verfolgung der Hugenotten ein, indem seine Mutter
die Regentin, die ränkevolle und treulose Katharina von
Medicis, unter dem Einflusse der Guisen stand, der gewaltthätigen Häupter der katholischen Parthei. Die Regierung
beeilte sich daher, im Namen des Königs an den Rath von
Genf ein Schreiben zu erlassen, worin sich die eingreifende
Wirksamkeit spiegelt, welche von Genf aus sich über Frankreich
verbreitete. — — — „Après s'estre veriffié que la principale naissance des divisions vient de la malice d'aucuns
prédicans et dogmatisans, la plupart envoiéz par vous ou
les principaulx ministres de vostre ville, lesquelz abusans
du nom, tilte et pureté de la Religion dont ils se disent
faire profession, ne se sont pas contentéz d'aller de maison
en maison semer diversitéz d'oppinion et de doctrines en
la dicte Religion et d'imprimer tacitement et ocultement
ès espritz de la plupart de nos subjectz une pernicieuse et
dampnable désobéissance, mais per infinis libelles diffama-
toires qu'ilz ont faictes en convocations et assemblées de
grand nombre de nostre peuple à une ouverte sédition,
comme il s'est veu en plusieurs endroitz et provinces au

grant et eminent péril et danger de tout cost estat.“ Dieſer Anklage wird das Begehren beigefügt, die Prediger zurückzurufen und nie wieder ſolche ins Königreich zu ſenden. Gott und die Welt ſeien Zeugen, daß der König ein Recht habe, Rache an einer Stadt zu nehmen, welche ſeinen Staat unterminire. — Darauf antwortete Calvin, „wenn franzöſiſche Geiſtliche nach der Wahrheit verlangt, ſo habe man ihnen dieſelbe ertheilt und ſie ermahnt, die Erkenntniß des Heils zu verbreiten. Aber an den Unruhen in Frankreich trage Genf keine Schuld, da das Evangelium dieſe nicht predige, ſondern zum Frieden rede. Der Rath von Genf könne Männer nicht zurückrufen, die er nicht geſandt habe.“[29] — Nichts deſto weniger hatte Johanna d’Albret, die Königin von Navarra, i. J. 1564 den 16. Mai den Muth, an Genf zu ſchreiben: „Magn. Seigneurs. J’envoye en la compaignye de Ms. de Passy (a. evêque de Nevers, retiré à Genève par cause de religion) mon nepveu de Nemours en votre ville, pour avoir cest heur d’y estre instruict en sa jeunesse, et reigler sa vie de bonne heure en bonne et honnête discipline, telle par la grâce de Dieu elle est enseignée en vostre ville.“

Doch ungeachtet beim franzöſiſchen Hofe der Grundſatz feſt ſtand, die Ausbreitung und Befeſtigung des Evangeliums in Frankreich nicht zu dulden, wurde gleichwohl auch unter den Nachfolgern die von Franz I. beobachtete Politik nicht vergeſſen, Geſandte nach der Schweiz auszuwählen, welche den einflußreichen evangeliſchen Ständen angenehm ſein könnten. Daher ſehen wir wie unter Franz I. Lambert Maigret, den Freund Zwinglis, ſo unter Franz II. und Karl IX. Matthäus Coignet, den Freund Bullingers, als Vertreter der franzöſiſchen Krone in der Schweiz. Coignet bittet beim Antritt ſeines Amtes den 20. Heum. 1559 um Mittheilung der Hauptpunkte, worüber der König belehrt werden möchte und worin bisher gefehlt worden. Bullinger erfüllte dieſen Wunſch in einem Memorial voll Milde und Weisheit. Bevor die obengenannte officielle Klage an Genf gerichtet worden war, ſah sich demnach Coignet veranlaßt, Bullingern mit den Beschwerden bekannt zu machen, welche sich am französischen Hofe gegen Genf erhoben, worauf Calvin dem Zürcher Freunde schon im Herbstmonat 1560 folgende Aufschlüsse ertheilte: „Ich zweifle nicht, daß über die Unruhen in Frankreich daselbst viele und mancherlei Gerüchte umgehen. Was die Mehrheit betreibt, weiß ich nicht. Was Viele hoffen, ist überflüssig zu berichten, damit ich mich nicht ihrer Thorheit theilhaftig mache. Ob ich irgend welche zum Aufruhr gegen den König aufreize? Vielmehr würden viele Gegenden in schrecklichem Brande aufflammen, wenn ich mich nicht darein gelegt hätte. Glaube mir, mit allem Eifer bemühe ich mich, damit die Leute unsres Glaubens nicht Unruhen erheben. Bisher habe ich Einiges ausgerichtet, der künftige Erfolg liegt in Gottes Hand. Unterdessen zieht allzugroßes Selbstvertrauen Alle über die Schranken. Denn sie thun, was ich immer untersagte: sie bemächtigen sich der Kirchen und predigen auf den Straßen. Die von uns ausgesandten Brüder entschuldigen sich darüber bei uns, sie werden unwillkürlich dazu veranlaßt, oder durch die Noth dazu gezwungen, weil kein Privathaus für viertausend ausreiche." [30]

Diese weise Mäßigung Calvins that sich namentlich bei Gelegenheit der Verschwörung von Amboise kund, worüber derselbe schon im Frühling 1560 an Bullinger berichtete. „Du durftest mich mit aller Sicherheit vom Verdacht in Betreff der Unruhen in Frankreich freisprechen. Als man vor acht Monaten diese Anschläge zu betreiben begann, trat ich mit meinem Ansehen dazwischen, damit denselben Einhalt geschehe. Ich that solches insgeheim und freundlich, weil ich besorgte, wenn das Gerücht dieser Sache zu den Feinden gelange, ich alle Frommen der Schlachtbank überliefere. Wie sehr mir diese Verschwörung mißfiel, gab ich öffentlich und privatim ohne Scheu an den Tag. Als ich nichts ausrichtete, klagte ich, ich habe so wenig Ansehen, daß auch in der ernstesten Angelegenheit mein Rath verschmäht werde."

Als ungeachtet aller blutigen Verfolgung die Protestanten

in Frankreich immer mächtiger wurden, so daß auch die Königin-
Mutter dieselben zur Beschränkung der übermächtigen Guisen
mit Hoffnung erweckendem Wohlwollen behandelte, wendeten
sich die Herzen der Flüchtlinge verlangend nach der Heimat
zurück, daher Sulzer den 21. Weinm. 1560 aus Basel an
Bullinger schreibt: „Die fremden Franzosen, welche in großer
Zahl sich in Genf aufhielten, verkaufen in täglich angestellten
Ganten ihren Besitz und wandern freudig nach der Heimat:
schon sind mehr als 130 Familien aus Genf nach Frankreich
gezogen." — Der mit den innern Zuständen Frankreichs vertraute Calvin theilte die weitgehenden Hoffnungen seiner Landsleute nicht, daher er den 16. Christm. an Bullinger berichtete:
„Es ist kaum glaublich, wie unbesonnen Viele sich gehen lassen
und in Muthwillen ausschreiten. Sie wollen die Welt augen-
blicklich bekehren, und weil ich ihrem Uebermuth nicht beistimme,
so beschuldigen sie mich der Saumseligkeit. Mir aber genügt
es, daß mein Bemühen vor Gott gilt und daß es von den
Billigen und Gemäßigten hinlänglich anerkannt wird, freilich
nur einer kleinen Zahl, aber deren stillschweigendes Urtheil ich
höher halte als das Geschrei der Menge."

Dieser eifrige Briefwechsel zwischen Calvin und Bullinger
zu Gunsten der französischen Hugenotten geschah durch die Vermittlung und im Einverständniß des französischen Gesandten
Coignet, welcher auch im Interesse der protestantischen Sache
sich angelegen sein ließ, daß der von der Königin zum Gespräch
von Poissy berufene Beza von Peter Martyr begleitet
werde. Daher suchte Coignet den 24. Juli 1561 bei Zürich
um diese Verwilligung nach und anerbot sich, daß der Zürcherische
Gelehrte in seinem Geleite und unter seinem Schutz nach
Frankreich reise. Am Bestimmungsorte angelangt, berichtet
Martyr voll Freude, welche Theilnahme ihm Coignet erwiesen,
wie er von diesem mit einem guten Pferde versehen worden
und in Gesellschaft von dessen Frau habe reisen dürfen; wie
derselbe ein großer Freund der Republik und der Kirche Zürich
und besonders Bullingern ergeben sei. In Paris wurde er

vom Schatzmeister des Königs freundlich aufgenommen, von
dem er ebenfalls bezeugt, daß er ein Freund des Evangeliums
sei. Gleiche Aufnahme fand er beim Kardinal von Chatillon,
und dessen Bruder, der Admiral Kaspar von Coligny, beehrte
ihn mit seinem Besuche. Er weiß ferner zu rühmen, wie er
von der Königin ausgezeichnet worden. Zuletzt hatte er seine
Herberge bei dem Herzog von Ferrara, dessen Gattin Renate
„sie um des Herrn willen lieb habe." Während seines dortigen
Aufenthaltes gelang es ihm auch, seinen Schüler Wilhelm
Stucki als Hofmeister in ein vornehmes französisches Haus
zu bringen und dadurch zugleich dessen Studien zu fördern.

Neben Beza nahm Martyr auf dem Gespräch von Poissy
eine untergeordnete Stellung ein; welch günstigen Eindruck aber
seine Person gemacht, geht aus dem Dankschreiben hervor, das
der Admiral von Coligny den 28. Weinm. 1561 an Zürich
richtete: „Vous nous avez fait fort grand honneur et plaisir
de nous l'avoir envoyé icy. Car s'il eut pleu à Dieu que
les choses y fussent venues à bien pour le faict de la Religion, il étoit deliberé de l'employer de tout son pouvoir.
Et sachant que c'est ung personage qui merite d'être suivy
et aymé et qui vous est fort agréable. Quant à moi je
l'estime beaucoup et le veulx aussi aimer et honnorer et
suys bien fort ayse d'avoir pris si bonne connayssance de
luy." — Zu diesem Dank gesellte sich noch derjenige der Königin
Katharina, des Königs Anton von Navarra und seines Bruders
Condé, ein Beweis, daß man in Folge der Verhandlungen,
bei welchen es den französischen Protestanten zum ersten und
zum letzten Male vergönnt war, öffentlich und vor der Versammlung der höchsten Würdenträger des Reichs in Staat und
Kirche von ihrem Glauben Rechenschaft abzulegen, zu einigen
Zugeständnissen sich herbeilassen wollte. Aber Coignet, welcher
wohl wußte, wie wenig die freundlichen Zusicherungen ernst
gemeint waren, schrieb den 5. Winterm. an Bullinger: „Gewiß
walten die größten Irrthümer ob und es herrscht in der wahn-
sinnigen Verkommenheit dieser Welt eine tiefe Verachtung des

Gotteswortes." Mit Eifer ftubirte Coignet Bullingers Schriften, namentlich diejenigen über die Concilien und über Jeremias, welche dieser ihm zugeschickt hatte. Solche entschiedene Hin- neigung zum Evangelium machte den französischen Gesandten den katholischen Orten verhaßt, daher derselbe in der Mitte des Jahres 1562 durch Orbais ersetzt wurde.

Ein überraschender Beweis der Entschiedenheit der evan- gelischen Gesinnung des französischen Gesandten Matthäus Coignet thut sich darin kund, daß er Zürich für die Erziehung und Bildung seines gleichnamigen Sohnes auserwählte und denselben Rudolf Gwaltern, dem Eidam Zwinglis und spätern Nachfolger Bullingers, anvertraute. Nach der Heimat zurückgekehrt will der junge Mann seinem Erzieher und Wohl- thäter eine Gabe dankbarer Gesinnung darbringen und wählt dafür als Gegenstand „das Lob der Stadt Zürich," da er da- selbst „freundlich aufgenommen, immer gütig und ehrenvoll behandelt und mit Wohlthaten überhäuft worden." Indem der junge Franzose die Leistungen Zürichs in Kirche und Staat belobt, können wir von ihm keine eigenthümliche Charakteri- sierung erwarten; wohl aber giebt er ein anziehendes Gemälde der besondern bürgerlichen Anstalten und Einrichtungen, so in Betreff der Vorkehrungen bei Feuersbrünsten. „Es herrscht solche Ordnung in der Stadt, daß nichts zu wünschen übrig bleibt. Denn wenn in der Stadt ein Brand entsteht, so stoßen die zur Behütung der Stadt auf den Thürmen aufgestellten Wächter sogleich in die Hörner und wecken die Bürger, welche, so wie sie den Ton hören, gleich aufstehen und mit Wehr und Waffen wohl versehen an den bezeichneten Orten sich ver- sammeln, damit, wenn etwa ein Verrath oder irgend eine Gefahr von Seite der Feinde sich erhöbe, Alle zur Vertheidigung der Stadt sich hingeben. Ueberdieß sind Andere zum Löschen des Feuers verordnet, in welcher Aufgabe sie einander an Schnelligkeit und Eifer zu übertreffen suchen, indem sie groß- herzig sich nicht scheuen, sich mitten ins Feuer zu stellen und ihr Leben der Gefahr auszusetzen, wofern nur die allgemeine

Wohlfahrt gefördert wird." — — — „Wenn bewährte, fromme,
ehrenfeste, gelehrte oder durch andere Vorzüge ausgezeichnete
Männer sich einfinden, so werden sie in der Stadt gerne und
freudig aufgenommen, von allen geehrt und von der Bürgerschaft mit den höchsten Aemtern bedacht. Wie soll ich aber
der Freigebigkeit gedenken, die sie gegen Arme und Bedrängte
ausüben? Denn wenn ein Studierender, der nicht genug Vermögen hat, zur Förderung seiner Studien dahin kommt, findet
er in jener Stadt eine Zuflucht zur Vollendung wohl begonnener
Studien. Zudem findet sich zur Unterstützung von Armen,
Kranken oder Solchen, die durch Unglück in Armuth und Noth
gerathen, eine Anstalt, wo ihnen der Lebensunterhalt gereicht
wird, wofern sie denselben nicht durch Handarbeit gewinnen
können. Was ist ferner herrlicher und lobenswerther als jene
Gastfreundschaft gegen fremde Nationen? Denn dieselbe steht
bei ihnen in solchen Ehren, daß sie alle Fremden mit der
größten Menschenfreundlichkeit aufnehmen; wofür ich selbst ein
hinlänglicher Zeuge, da ich solches selbst gesehen und erfahren, da
ich mich lange in dieser Stadt aufgehalten und immer aufs
freundlichste behandelt worden bin. Aber noch besser habe ich es
an Andern erfahren können, denn so oft ausgezeichnete Männer
die Stadt betreten haben, sind sie nie ohne Gaben geschieden."

Der gelehrten Anstalten Zürichs und der daran arbeitenden
Männer, der frühern P. Martyr, Biblianber und Konrad
Geßner und der spätern Wolf und Simler, wird in zu allgemeinen Ausdrücken gedacht, als daß davon Meldung geschehen
sollte, während der Franzose die Beziehungen des äußern Lebens
schärfer und eigenthümlicher zeichnet. „Wenn ich von der Be-
quemlichkeit des Lebens sprechen soll, so fällt Allen, welche
diese Stadt besuchen, auf, wie die Lebensmittel in Hülle und
Fülle vorhanden sind. Nicht nur hat sie Ueberfluß an Getreide
und Wein, sondern auch an Fleisch, Butter, Salz und andern
städtischen Bedürfnissen, so daß Alle, welche daselbst verkehren,
um geringen Preis leben und sich und die Familie ernähren
können. Nicht nur reichen die landwirthschaftlichen Erzeugnisse

für die Stadt Zürich aus, sondern sie hat einen solchen Ueber=
fluß, daß sie auch andern benachbarten Orten davon frei mit=
theilen kann. Auch hat sie ausgezeichnete Handwerker und
Künstler aller Art, so daß sie die nöthigen Geräthe nicht anders=
woher kommen lassen muß. — In Betreff der Annehmlichkeit
des Lebens, was ist anmuthiger als die mit ansehnlichen
Häusern gezierte Stadt? Was ist ferner anmuthiger als ein
Blick auf den ausgedehnten, tiefen und mit mancherlei Fischen
erfüllten See? dessen Annehmlichkeit jeder Zeit erfreulich ist,
namentlich aber im Sommer. Denn wenn man denselben
zum Vergnügen beschiffen und die Standorte, das Schwimmen
und die wohlgeordneten Züge der verschiedenen Fische betrachten
will, so erfüllt das mit der größten Heiterkeit. Zur Verbin=
dung des Nützlichen mit dem Angenehmen kann man Netze in
dem Gewässer aufstellen und eine unzählige Menge Fische
fangen, so daß dieser See allein die ganze Stadt mit einem
Vorrathe von Fischen versehen könnte. Noch größer wird der
Nutzen des Sees, wenn man bedenkt, welch einen freundlichen
und schnellströmenden Fluß derselbe herbeiführt. Denn was
verleiht der Stadt einen größeren Schmuck, als der schnell=
strömende, mitten durch die Stadt fließende, anmuthige Fluß,
welcher durch seine reißende Schnelligkeit in der Mitte beider
Brücken mit künstlichem Räderwerk versehene starke Brunnen
erzeugt? Was ferner zur Annehmlichkeit der Stadt beiträgt,
sind die verschiedenen, freundlich und kunstreich eingerichteten
und aufs schönste und zierlichste ausgemalten Gebäude. Was
erfreut des Menschen Herz mehr, als die weiten und schönen
Gassen und andere geräumige Plätze? Was bringt endlich einer
Stadt mehr Ruhm als der Besitz der klarsten Brunnen, deren
Wasser süßer als Honig fließt?" [81] — Bei solcher den Pro=
testanten ergebenen Gesinnung wundert man sich nicht, wenn
Vater und Sohn vom öffentlichen Schauplatz verschwinden.
Wahrscheinlich wanderte die Familie Coignet aus; denn man
trifft Peter Coignet als Pfarrer einer der französischen Ge=
meinden in London.

7. Die französischen Protestanten in Waffen.

Wenn das Gespräch von Poissy den Protestanten zu solcher Ermunterung diente, daß sie durch ihre Zahl und Entschlossenheit der Staatsgewalt das Januaredikt von 1562 abnöthigten, wodurch ihnen in gewissen Gränzen Anerkennung und Religionsfreiheit gewährt wurde, so erklärten hinwieder die Gegner, daß das Edikt mit der Schärfe des Schwertes zerschnitten werden müsse. Das Blutbad von Vassy durch den Herzog von Guise war für die Hugenotten ein Aufruf zum „heiligen Krieg", in dem sich der Prinz von Condé an die Spitze stellte. Die Eidgenossenschaft wurde sogleich von beiden Partheien um ihre Beihülfe angegangen. Den 8. April 1562 sucht Coignet um Volk an für den König gegen die Empörer; den 11. April berichtet Condé über die Vorgänge und hofft, daß die Eidgenossen die Sache der Hugenotten, „als die in der Religion begriffen, so wir mit Euch gleich haben, und die die Erhaltung der Krone Frankreich so nahe berührt, gerecht finden". Den 12. April meldet sich der edle Jüngling Theobald von Erlach als Abgeordneter Condés und der protestantischen Fürsten bei den evangelischen Ständen mit der Bitte, daß alle ihre Unterthanen für die Evangelischen in Frankreich beten, und wenn sie die schweizerischen Knechte, welche den Königsräubern zuziehen, nicht bei Hause behalten können, so sollen sie wenigstens dem Könige keine neuen bewilligen. Doch auf den 22. April schreibt Coignet eine Tagsatzung nach Solothurn aus, um 3—4000 Mann zu erhalten. Dagegen stellen Condé und Chatillon den evangelischen Städten vor, wie „schmählich es für ihr Volk wäre, wenn sie so bösen Vornehmens und Muthwillens Henkersknechte sein sollten." In Solothurn erklären sich Bürgermeister Cham von Zürich, Altschultheiß Hs. Franz Nägeli und Nill. von Dießbach von Bern gegen den Aufbruch, dagegen für Sendung einer Gesandtschaft zur Vermittlung zwischen dem König und seinen Unterthanen, wozu der Stadtschreiber Cysat von Luzern bemerkt: „Ein syne Sach;

Bern mant andre ab, und hat aber grad damit ihre Hauptlütt und Jendlin den Hugenotten zuziehen lassen." Den 30. April läßt die evangelische Konferenz durch den jungen Erlach an Condé den Beschluß mittheilen, daß Hülfe nicht möglich sei. Unterdessen aber fand Condé bei den Stimmführern der Evangelischen in der Schweiz eine lebhafte Theilnahme, namentlich bei Calvin, Beza und Bullinger. Letzterer hat mitgewirkt, daß die Graubündner den Guisen die Hülfe für die Sache der Katholiken versagt, und freut sich, daß Hertules von Salis und Ulrich Philipp von Hohensax für Condé die Waffen ergreifen. Wie bereitwillig die evangelische Schweiz zur Hülfe für die französischen Glaubensgenossen war, zeigt ein merkwürdiger Brief Berns an Zürich vom 7. Juli 1562 über die Veranlassung des „Hebuf" (Kriegsaufbruch, Freischaaren-Zug). Die Protestanten von Lyon berichteten an Bern, wie der Guise Vassy und andere Orte mit Feuer und Schwert verheert und sich auch Lyons zu bemächtigen suche, daher die Bitte um bewaffnete Hülfe. Bern möchte ihnen acht Fähnlein um ziemliche Besoldung senden. Darauf lautete Berns Antwort folgender Maßen: „Offen berathschlagte Hülfe sei nicht möglich. Wofern aber Lyon unsere Knechte ins Geheim und ohne Geschrei außerhalb unserer Gränzen, als zu Genf, in Dienst bringe, wollen wir uns solches billig gefallen lassen, und mit der Straf gegen diese Knechte bescheidentlich fahren, als mit ziemlichem Gefängniß und ohne Kränkung ihrer Ehre. Wider unseren Willen hat Lyon etliche unserer Räthe und Bürger zu Hauptleuten bestellt und die Knechte sind haufenweis in unsere Stadt gekommen, und haben Anstellung und Geld von unseren Hauptleuten empfangen. Unsere Abmahnung kam zu spät, es hätte den Unsern große Schmach und Verlust an Gut und Ehre gebracht. So ist der Hebauf erfolgt, und um so weiter gekommen, da etliche Fähnlein von Neuenburg, Wallis, Biel und Neuenstadt sich dazu geschlagen. Wollet ob diesem Handel keinen Abscheu noch Unwillen gegen uns fassen; denn ihr werdet wohl bedenken, daß wir der armen Gläubigen Bitten nicht allerdings können unerhört lassen."

Es war nämlich Condé den 4. Mai die Besitznahme des wichtigen Lyon geglückt, namentlich mit Hülfe der in Genf sich aufhaltenden Franzosen, welche unterstützt von französischen Edelleuten aus Savoyen nach Lyon aufgebrochen waren. Zur Behauptung dieser Stadt für die Evangelischen zogen vierzehn Schweizer Compagnien dahin, welchen Genf achtzig Reiter hinzufügte, wie es auch Lyon mit einem Anleihen von 12,000 Thalern behülflich war. Beza selbst folgte dem Rufe zum evangelischen Heer in der Stellung nicht nur als Prediger, sondern auch als Schatzmeister. Allein seine und Calvins Bemühungen, in Unterstützung Bourbons und Condés, welche „ihre Zuflucht zu den evangelischen Städten nahmen, als den fürnehmsten Beschützern der Religion", um von denselben Mannschaft und Geld zu erlangen, (wofür die Kirche von Lyon Bürgschaft leisten wollte), wurden von Zürich und Bern wiederholt zurückgewiesen. Desto entschlossener waren die Katholiken der Schweiz zur Unterstützung der Gegenparthei. Daher schreibt Hauptmann Fuchsberger an seinen Schwager Jakob Kriegen bei der Nachricht vom Aufbruch der bernerischen Freischaaren: „Wir wußten wohl, daß die Berner sind ausgezogen, aber wir achten sie wenig. Ehe sie zu uns kommen, achte ich, wir werden die Kilwe schon ausgemacht han." Als dann wirklich die Schlacht bei Dreux der evangelischen Sache einen schweren Schlag versetzte, war der Sieg vorzüglich den Schweizern zu verdanken, indem sie mit großem Verluste (auch Fuchsberger fiel) die wiederholten Angriffe der vortrefflichen Reiterei des hugenottischen Abels zurückwiesen. Daher gleich vom Schlachtfelde den 19. Chstm. im Namen des Königs den katholischen Boten der Sieg berichtet und beigefügt wurde: „Das schreiben wir euch, daß wir ob den hohen und treuen Diensten euerer Kriegsleute, die sie uns bewiesen, ein so trefflich Hoch- und Wohlgefallen haben, daß wir euch ungern verhalten wollen, daß sie gar ein großen Theil an solcher Ehre gethaner Schlacht wohl und füraus verdient haben."

Dieser Sieg überzeugte den französischen Hof von der Unentbehrlichkeit des schweizerischen Fußvolkes für den fernern Krieg gegen die Hugenotten, daher Frankreich mit allem Eifer von Neuem eine engere Verbindung mit der Eidgenossenschaft betrieb. Um aber nicht der Gefahr ausgesetzt zu sein, daß eine gleich ausgezeichnete Mannschaft evangelischer Schweizer auf Seite der Hugenotten kämpfe, bemühte sich die Krone, auch die evangelischen Stände der Eidgenossenschaft für das Bündniß zu gewinnen. Der reiche Sold für den Kriegsmann und die Pensionen für die Kantone und die einzelnen Magistratspersonen übten bei den kleineren evangelischen Ständen ein verlockendes Uebergewicht, so daß Frankreich bald auf eilf Kantone zählen konnte. Sollten dagegen Zürich und Bern ihre bisher bewahrte stolze Unabhängigkeit von Fürsten und die Heiligkeit und Würde des Gottesworts gegen den Verfolger desselben preisgeben? Dagegen erhielt Frankreich für seine Wünsche überraschende Gehülfen. Genf, das dem französischen Hofe ein Dorn im Auge war, hatte immer den Angriff zu gefährden, daher Beza den 26. Juni 1564 an Bullinger schrieb: „Die Feinde Gottes gedenken uns zuerst anzugreifen, damit den armen Flüchtlingen keine Zuflucht mehr offen stehe, und weil sie wissen, daß unser Kollegium eine Pflanzschule für die französischen Kirchen ist." Demnach erklären sich der Admiral von Coligny und andere französische Herren bereit, eine Anzahl französischer Edelleute auf ihre Kosten für ein Vierteljahr Genf zu Hülfe zu senden. Die Genfer jedoch fanden, der beste Schutz für sie wäre ein Bündniß der evangelischen Stände der Eidgenossenschaft mit dem König, weil dieser zur Erhaltung der Freundschaft mit jenen alsdann nichts gegen Genf unternehmen dürfte. Allein es trat die Schwierigkeit dazwischen, daß die evangelischen Orte vom Könige die schriftliche Garantie des Friedens von Amboise verlangten, und namentlich, daß „der König die Religion freilasse, das Edikt vom Religionsfrieden

halte und gar keine Verfolgung gestatte: oder der Pundt solle
us sin. Sie wollen dem König gegen gar keine Evangelischen
zu helfen verbunden sin. Es solle das neue Land (Waadtland)
wie das andere garantiert und vom Könige geschirmt sein. Das
Burgrecht von Genf wird vorbehalten." Aber gerade einer
schriftlichen Garantie der Religionsfreiheit widersetzten sich sowohl die Anhänger der Guisischen Parthei als die katholischen
Orte der Schweiz. Es ist sehr bemerkenswerth, wie rücksichts-
voll damals noch, im Vergleich mit späterer Zeit, der französische Hof sich gegen die Schweiz benahm. Der mit den
schweizerischen Kirchen in Verbindung stehende protestantische
Prediger Nikl. Gallasius schreibt im Auftrag des Königs an
Bullinger und die Züricherische Kirche, sie möchten den Bund
befördern, auch wenn die Gewissensfreiheit nicht schriftlich garan-
tirt werde; sie haben es ja in ihrer Gewalt, zu erzwingen,
daß der König und dessen Mutter ihr Wort halten müssen.
Auf die gleiche Weise drang Colignys Bruder Andelot in
einem Schreiben vom 4. Nov. 1564 auf Zürich. — Joh.
Haller berichtet an Bullinger Folgendes über die Verhandlungen der französischen Gesandten mit Bern zu Freiburg, vom
8. Dec.: „Seckelmeister Niklaus Grafenriedt, der wol am Pündtnuß ist, hat mir angezeigt, der Bischof, der französische Bot,
habe ihm angezeigt, so die Evangelischen nicht in das Pündtnuß
kommen, werde es den Gläubigen in Frankreich nicht wohl erschießen, weil der Papst in den König bringe, das Concil in
Trient anzunehmen, wo nicht ihm Unruh zu erwecken. — — —
Genf halt heftig an, daß man die Vereinigung annehme, denn
sie hieraus etwas Sicherung hoffen." Sämmtliche Befürworter
des Bündnisses bemühten sich, Zürich und Bern zu bewegen,
statt einer schriftlichen mit einer mündlichen Garantie des
Königs sich zu begnügen. Beza im Namen der Genfer und
Viret an der Spitze der Kirche von Lyon schickten bewegliche
Schreiben an Zürich und Bern, um ihnen die Ungefährlichkeit
und Hinlänglichkeit des königlichen Wortes auseinanderzusetzen.
Mit allem Eifer bemühen sich Bullinger in Zürich und Jo-

hannes Haller in Bern gegen eine schwächliche Nachgiebig-
keit. Daher schreibt ersterer den 10. Chstm. 1564 an Beza:
„Die Unsrigen könnten gegen die französischen Glaubensgenossen
unmöglich besser gestimmt sein, aber es fragt sich, ob diesen
mit unserm eigenen verderblichen Schaden geholfen werden
kann. Die Bedingungen des Bündnisses enthalten nichts anderes
als Krieg und Blutvergießen und berauben uns auf einmal
der wahren Freiheit, welche uns Gott verliehen. Wenn der
König einen Krieg anfängt oder solchen, wenn er bekriegt wird,
abwehrt, so schickt er in die Schweiz und ruft zu den Waffen,
und gleich brechen etliche Tausende auf. Keine Rede, ob der
Krieg gerecht oder ungerecht sei; genug, wenn er zum Kriegsdienst auffordert. Die Unsrigen sind gezwungen, seinen Fahnen
zu folgen und diejenigen als Feinde zu behandeln, welche er
als seine Feinde erklärt. Zudem bestellt er die Vorsteher, das
heißt die Oberanführer und Hauptleute, nach seinem Belieben.
Die Obrigkeit aber kann über die Ihrigen, und selbst im
eigenen Lande nicht verfügen. Daher ist die höchste Gewalt
dem König preisgegeben, und das Geschrei erhebt sich gegen
uns und die Unsrigen." Geringere Festigkeit als Zürich setzte
Bern den Verebungen entgegen; daher Haller an Bullinger
berichtet: „Welche bisher versteckt gehandelt, nehmen nun die
Förderung des Evangeliums zum Vorwand, um gegen alle diejenigen zu wüthen, welche ihnen widersprechen. Dazu kommt
die gemeinsame Pension, welche in den Staatsschatz fließen soll,
welche bald die Mutter der Privat-Pensionen sein wird, und
bald wird der Sohn die Mutter verschlingen."

Zürich ging mit gutem Entschlusse voran. Einstimmig erklärten beide Räthe den 3. Jan. 1565, „in keine hülfliche Vereinigung gegen jemanden sich zu begeben, sondern in solchen
Fällen frei zu sein und unsere Hand offen zu behalten." In
Folge dieses Vorganges war auf den 24. Horn. in Bern das
Mehr, nach Anfrage bei der Landschaft, „daß man sich keiner
fremden Fürsten und Herren beladen solle." Allein am folgenden Tage wurde auf neue Ansuchen von Genf, von Coligny

und von Seite der französischen Prädikanten wiederum unterhandelt, bis endlich Klaudius von Mai durch die Rückkehr
auf die frühern strengen Bedingungen das Bündniß vereitelte. [32]

Bei allen Schwankungen eines wechselvollen und blutigen
Krieges im Herzen Frankreichs, wo die protestantische Sache
vorzüglich durch die heldenmüthige Ausdauer Colignys aufrecht
erhalten wurde, ist es rührend, zu bemerken, welche Theilnahme die Häupter der Hugenotten, mitten in der eigenen
Noth, dem von den Katholiken stets bedrohten Genf schenkten.
Aber eben so bemerkenswerth ist es, wie Genf klug und standhaft auch nach Calvins Tod für seine politische Unabhängigkeit
bedacht war. Als nämlich im J. 1566 die Königin von Navarra
Johanna d'Albret und Coligny der Stadt 12000 Thaler leihen
wollten, um der Stadt zum Festungsbau behülflich zu sein,
lehnte Genf dieses Anerbieten ab, wie im folgenden Jahre
dasjenige von 50,000 Thalern, nebst einer Besatzung bis auf
1000 Mann auf Kosten der französischen Kirche, „vu la grande
obligation qu'elles ont à cette église.“ Wenn Genf die Vorsicht brauchte, den König nicht durch Annahme der unmittelbaren Hülfe an Geld und Mannschaft von Seite der Hugenotten zu erzürnen, so war es doch stets entschlossen, seines Un-
willens nicht zu achten, wenn es sich um die Aufnahme der
vom Könige verfolgten Glaubensgenossen handelte. Beza berichtet in der Mitte des Jahres 1567: „Zu Lyon herrscht
eine schreckliche Verwüstung, Kirchen werden zerstört, Viele der
Vermöglichern gefangen, die Wenigen, die gleichsam durch ein
Wunder entrinnen, werden aller Güter beraubt. Was mit
den Gefangenen geschehen wird, weiß der Herr. Von den Geringern werden die Einen abgeschlachtet, die Andern aus-
geplündert und fortgejagt: mit den Unglücklichen solcher Art
von jedem Geschlecht und Alter ist unsere Stadt erfüllt. Von
den Lyoner Predigern sind zwei, wunderbar errettet, hieher
gekommen; zwei grausam gemordet und ertränkt.“ Bald darauf
hat Beza sich bei Bullinger zu beklagen, daß der König nicht

nur kein Getraide aus seinem Gebiete nach Genf ausführen
lasse, sondern daß er sogar nicht dulde, daß die Genfer die auf
ihren eigenthümlichen Aeckern geernteten Früchte von und über
französischen Boden einbringen. Was ihnen um so schwerer falle
„bei der beträchtlich vermehrten Anzahl der Einwohner, durch die
Ankunft so vieler armen Flüchtlinge, welche nach Verlust aller ihrer
Güter, keine gelegenere Zufluchtstätte haben, als unsern Berge-
winkel." [33] — Die nächste Hülfe für die nothleidenden Landsleute kam von den beiden Brüdern Chatillon, von denen der
Admiral Coligny 4000 und Anbelot 2000 Thaler Genf
zur Verfügung für die Bedürftigen zustellt. Aber auch Bern
steuert 630 Thaler und 36 Mutt Korn, und selbst Peterlingen stellt sich für die „armen Verbannten von Lyon" mit
50 Säcken Korn und Bivis mit 50 Thalern ein. [34]

Unglücklicher Weise spielen die Schweizer in den französischen Religionskriegen eine nur allzu wichtige und wahrhaft
verhängnißvolle Rolle. Das kleine, wohlgeordnete und vom
entschlossensten Geiste beseelte Heer der Hugenotten wäre in
den meisten Fällen der königlichen Macht gewachsen oder überlegen gewesen; aber in entscheidenden Augenblicken verhalf die
Tapferkeit der Schweizer den Katholiken zum Sieg. So als
Coligny den jungen, von der feindseligen Parthei beherrschten
König durch den Ueberfall bei Mleaux aufheben wollte, um die
Legimität für sich zu haben. Da hat der französische Gesandte
Bellièvre an die Kantone zu berichten, wie „das eidgenössische
Regiment den König auf dem Weg von Mleaux nach Paris
siegreich gegen die Feinde geschützt." Und wieder meldet er
nach der Schlacht bei St. Denys, wo man sich von beiden
Seiten den Sieg beimaß, daß die „feste Haltung der Schweizer
diesen errungen, indem der Feind dieselben nicht anzugreifen
gewagt habe." — Die beim katholischen Heere stehende Mannschaft der evangelischen, mit Frankreich verbündeten Kantone
war in einer bedauernswerthen Lage. So zeigen sich die
Schaffhauser unwillig, daß sie gegen ihre Glaubensgenossen
dienen sollen. Als aber etwa neunzig evangelische Schweizer

von Troyes aufbrachen, um sich dem königlichen Heere zu entziehen, wurden sie aus Irrthum von den Hugenotten selbst er-
schlagen. Die Bemühungen jedoch, welche die beiden Chatillon
machten, um die evangelischen Schweizer zu sich hinüber zu ziehen,
wurde von deren Landsleuten verhindert. Zwischen den evangelischen Schweizern und den Hugenotten bestand eine wahrhaft
brüderliche Gemeinschaft. Als z. B. Max zur Kinden, der
Sohn des Stadtschreibers von Bern, indem er in dem Ueberfall bei Meaux seinen Vorgesetzten schützen wollte, schwer verwundet wurde, nahm ihn der Herzog von Longueville, der
Sohn des Prinzen Condé, in sein Haus auf und ließ ihn bis
zu seiner Heilung verpflegen. [35] Das Heer der Hugenotten
zeigte überhaupt eine Ausdauer und Ergebenheit, welche dasselbe
einer seltenen Aufopferung fähig machte. Als nach der Schlacht
bei St. Denys die Hugenotten sich mit den deutschen Hülfs-
truppen unter dem Befehl des Pfalzgrafen Johann Casimir verbunden hatten und das vereinte protestantische Heer nach dem
Innern Frankreichs zog, fehlte es an Geld zur Bezahlung der
Deutschen. „Da begegnete, was man noch nie gesehen hat.
Die Kriegsleute des Prinzen von Condé, bis auf die Troß-
buben herab, schossen freiwillig zusammen, um einen Theil der
Summe aufzubringen (nicht weniger als 30,000 Thaler). Und
so bezahlte ein Heer das andere, welches aus 6500 Pferden
und aus über dreitausend Mann Fußvolk bestand." [36]

Bei der großen Mühe, welche sich der begabte und ausgezeichnete französische Gesandte Bellièvre gab, um die evangelischen Stände zu gewinnen, ist es begreiflich, wenn diese
hofften, immer noch einigen Einfluß auf den französischen Hof
auszuüben, und daher in ihren Vermittlungs- und Aussöhnungs-
plänen nie müde wurden. So beantragte Zürich im Herbst
1567 die Abordnung einer eidgenössischen Gesandschaft, „um
beim König und den Prinzen zum Frieden zu reden". Selbst
nach Ablehnung der sieben katholischen Orte, sich an der Gesandtschaft zu betheiligen, ließen Zürich und Bern sich nicht
abschrecken, und luden auch Bünden und St. Gallen ein, sich

an die Gesandtschaft anzuschließen. Als nun die evangelischen Stände für ihre Gesandten um freies Geleite nach Frankreich ansuchten, gieng im Namen des Königs den 9. Dec. folgende Antwort an Zürich ein: „Wir achten, daß die Mittel, die ihr und andere Bundsgenossen suchen, sie nur desto mehr hals- starch machen werden; deshalb wir vermeinen, daß viel wäger, daß dieser euer gut Wil of eine ander Gelegenheit, die mehr frucht dann jetzmalen bringe, verspart werde." Wir sehen, daß die königliche Kanzlei aufs beste bedient war, um die Schweizer bald mit ironischer Ueberlegenheit zu beschwichtigen, bald mit derbem Deutsch heimzuschicken.

8. Wachsende Noth der französischen Protestanten.

Durch den dem Hofe abgenöthigten sogenannten „kleinen Frieden von Longjumeau" (23. März 1568) mußte das Edikt von Amboise bestätigt werden: wie aber die Regierung über die Beobachtung desselben dachte, läßt sich aus dem Berichte Bellièvre's an die Eidgenossenschaft abnehmen, welcher in Aus- sicht zu stellen wagte: „Das Edikt wird gehalten, bis unser Herr Gott dem König die Gnade verleiht, daß seine Unter- thanen in Eine Religion gebracht werden." — Wirklich schien es mit dem Frieden nur darauf abgesehen zu sein, daß die katholische Parthei die Hugenotten desto ungestörter verfolgen könne. Diese verfehlten daher nicht, neue Klagen bei den evangelischen Ständen der Schweiz einzulegen, wogegen der König sich in weitläufiger Rechtfertigung zu vertheidigen bemüht war, weil er zum Schutz seiner Sache von der Eidgenossen- schaft immer wieder Truppen verlangte. Bei dieser Gelegen- heit sieht sich Basel zur Bemerkung veranlaßt, daß die Nach- richten der Evangelischen zuverlässiger seien, als diejenigen der Gegner. Doch Zürich und Bern bemühten sich, den Zuzug zu verhindern, und, was bei den katholischen Orten nicht möglich war, wenigstens bei den evangelischen durchzusetzen, dieselben zur Abberufung ihrer Mannschaft aus Frankreich zu veranlassen. Zugleich aber waren die evangelischen Städte auf Erhaltung einer unpartheiischen Stellung gegenüber ihrer französischen Glaubensgenossen bedacht. Daher wurde dem Gesandten Condé's weder Geleit noch Vortrag bei der Tagsatzung bewilligt, wohl aber eine schriftliche Eingabe und die Uebermittlung derselben an den französischen Gesandten. Auch auf das von Condé nachgesuchte Geldanleihen giengen sie nicht ein, wegen des ewigen Friedens mit Frankreich, wobei Basel als besondern Beweggrund anführt, „obgleich wir die vier evangelischen Städte an Baarschaft etwas Vermögens", so müsse man dasselbe zur Erhaltung der Religion aufbewahren. Auch Bullinger antwortet auf Condé's Bitten um Verwendung mit ablehnender Entschuldigung. Dagegen wiesen die Städte jede Einmischung gegen die Aufnahme evangelischer Flüchtlinge zurück. Denn als der Schultheiß von Luzern auf der Tagsatzung zu Baden im Herbste 1568 rügte: „Wie etliche Widerwärtige aus Frankreich durch das Land der Herren von Bern auf Pruntrut zuziehen," — antworteten die Gesandten von Bern: „Sie wissen nicht, ob Widerwärtige des Königs durch ihr Land reisen. Wohl seien ihrer etliche Vertriebene des Königs, als die nimmer in Frankreich Sicherheit gehabt, mit Weib und Kind gen Genf und in ihrer Herren Landschaft gekommen, und haben sich da niedergelassen, demnach etliche derselben Mannspersonen sich wieder zusammenverfügt und hinweggezogen." Wenn sich der französische Ambassador darüber beschweren wolle, so sei es bisher Brauch gewesen, daß er selbst seine Beschwerde mündlich oder schriftlich vorgebracht, worauf man ihm zu jeder Zeit mit gebührlicher Antwort begegnet. So werden sie auch gegen den Bellièvre thun, „und achten, daß ihre Herren ihres Theils nit anders gehandelt, denn das sie befugt seien."

Die Zahl der evangelischen Flüchtlinge aus Frankreich war indessen nicht so groß, daß solche die übrigen Städte der Eidgenossenschaft in Verlegenheit gesetzt hätte, weil der nächste Zudrang sich immer nach Genf richtete. Daher meldet Beza den 20. Nov. 1568 an Bullinger: „Die Zahl der Armen ist groß, darunter auch viele Studenten, denen wir nicht nach Erforderniß Beistand leisten können. Auch viele Pfarrer, die aller ihrer Güter beraubt worden und mit großer Beschwerde ihr Leben gerettet haben, fliehen mit ihren im elendesten Zustande befindlichen Schafen zu uns, denen wir nur kümmerlich behülflich sein können, da die meisten des Winters wegen nicht nur des Unterhalts, sondern auch der Kleidung ermangeln." Bald darauf erließ Beza im Namen sämmtlicher Diener der Kirche von Genf folgende Mahnung an die Diener der Züricher ischen Kirche: „Hochgeschätzte Brüder und Mitarbeiter, obgleich wir an eurer Liebe in diesen bedrängnißvollen Zeiten nicht zweifeln, wollen wir doch die Gründe unsers ungewöhnlichen Schrittes und Vorhabens' auseinandersetzen. Euch ist der unglückliche Zustand der französischen Kirchen unter Franz I., Heinrich II. und Franz II. wohlbekannt, zu welchen Zeiten bis auf heute der Herr hierorts den Dienst der Seinigen segnete und besonders denjenigen Calvins seligen Andenkens, in dessen Arbeiten wir als Nachfolger eingetreten, damit hauptsächlich in dieser Kirche, als in einem schützenden Hafen, viele Tausende von Schiffbrüchigen Aufnahme finden. Ein anderer, fast unglaublicher Segen ist der, daß ein so kleines, erst neulich entstandenes Gemeinwesen, welches dem Antichrist besonders verhaßt, von keinen auswärtigen Hülfsmitteln unterstützt, im Innern von Partheien zerrissen ist, nicht nur bis auf diesen Tag durch Gottes ausgezeichnete Gnade bestand, sondern auch Viele nach Kräften unterstützte und die auf sich genommene Last ohne besondere Beschwerde ertrug. Allein bei der zunehmenden Bedrängniß der französischen Kirche, indem zugleich mit der Zahl der Gläubigen auch die Noth und das Elend derselben wächst, ist es endlich dahin gekommen, daß zwar der Hafen für die Aufnahme der Schiffbrüchigen bisher ausreicht, nicht aber zum Unterhalte derselben, ohne auswärtige Hülfe. Denn zudem, daß die Zahl der den Stürmen entronnenen Familien überaus groß ist, hat kaum der Hundertste aus dem Schiffbruch eine Planke gerettet. Ueberdies haben wir durch die Pest, welche den ganzen Sommer unter uns ihre Verhee-

rungen anrichtete, großen Nachtheil erfahren, indem vornämlich
der Handel gelähmt war. Daher waren unsere Diakone schon
vor einem Jahre genöthigt, die Hülfe benachbarter Kirchen
nachzusuchen und allerdings nicht vergeblich, indem wir dieselben alle, und namentlich diejenige von Bern, äußerst gütig
und freigebig erfahren haben. Da wir nun hofften, daß nach
Beilegung des Krieges in Frankreich unsern unglücklichen
Brüdern einige Ruhe vergönnt sein würde, bricht ein Sturm
los, schrecklicher als alle frühern. Damit wir nun den Nachbarn nicht zu sehr zur Last fallen, gelangen wir gegenwärtig
an Euch und bitten Euch, daß Ihr unser christliches Anliegen
euerm Rathe und wohlgesinnten Privaten mittheilet." [37]

Das Schreiben ist von Beza's Hand, welches zugleich die
Unterschriften sämmtlicher Geistlichen von Genf trägt, 16 an
der Zahl. Der zweite steht Nikl. Gallasius, dem wir oben
begegnet, damals noch in der Umgebung des Königs, jetzt als
Flüchtling in Genf, bald aber zum Ersatze des verstorbenen
Viret in Rochelle. Indem Bullinger an der Spitze der Kirche
Zürichs seinem Rathe das Gesuch der Kirchenbiener von Genf
empfiehlt, überrascht es uns, daß unter den, das Gesuch unter-
stützenden Gründen, schon jetzt ausdrücklich aufgeführt wird, der
König habe den 23. Sept. 1568 sämmtliche Evangelische der
Würden und Aemter entsetzt, und zu Paris unter Trompeten-
schall ausgekündigt, daß die Predigt des Evangeliums und die
Uebung des reformirten Gottesdienstes untersagt sei und sämmtliche Prädikanten das Königreich in 14 Tagen zu verlassen
haben. Damit stimmt überein, was der Hauptmann Hans
Geilinger an einen Vetter nach Hause schrieb, nachdem Condé
bei Jarnac (13. März 1569) Schlacht und Leben verloren:
„So wüß auch wahrhaftiglich, daß bei 60 mylen wit und
breit keine vfrechte Kirch noch Kirchthurm ist, auch kein Taufstein, denn sy ein besonder Mandat hand lassen vsgan, keinen
taufstein ganz zu lassen. Es ist alles Land voll ungetaufter
Kinder, denn wo wir Schweizer hinkommen, müssen wir gfatter
syn, etlich kind sind 5järig, 4järig, 3järig, 2järig, 1järig, halb-

järig, etlich kind treit man zum tauff, etlich gond selber darzu."
Noch kann er zur Ehre der Schweizer beifügen: ein Schloß in Poi-
tou wollte sich nur den Schweizern übergeben, „weil sie bei diesen
alle Treu und Wahrheit finden, nicht aber bei den Franzosen."
Die erste Sendung Bullingers vom 9. Jan. 1569 nach
Genf bestand in 1000 Franken von der Obrigkeit nebst den
Beiträgen der Privaten, und auch Basel und St. Gallen blieben
mit ihren Gaben nicht zurück. Aber die Zahl und Noth der
armen Flüchtlinge mehrte sich, denn nach dem tapfersten Wider-
stande und mehrern Siegen erlitt endlich Coligny bei Mon-
contour (1569, Oct. 3.) die erste entschiedene Niederlage, daher Beza an Bullinger berichtete: „Alle benachbarten Städtchen
des Berner Gebietes bis Bivis sind voll von den Familien
der Flüchtlinge, welche von hier dorthin auswandern; und doch
haben wir hier in vier Kirchen noch eine große Menge." Und
ein Berner Landvogt meldet: „Die Franzosen sind in so großer
Anzahl zu Lausanne, wegen des Sterbens in Genf. Man
schätzt sie auf 1500 Personen, darunter 15 Prädikanten, die
mich besucht und gar freundlich mit mir conferiert haben, deren
etliche fürneme lüth von hohen hüseren und schöne Personen."
Unterdessen hatte sich die Lage der Evangelischen durch
ihre unüberwindliche Tapferkeit und Ausbauer wieder gebessert,
so daß die königliche Parthei sich überzeugte, der Protestantismus
sei nicht zu überwältigen. Daher ließ sich dieser zum Frieden
von St. Germain herbei (Aug. 1570), welcher den Protestanten
beträchtliche Vortheile sicherte, so daß viele der Flüchtlinge von
Genf und der Schweiz wieder hoffnungsvoll nach Frankreich
zurückkehrten. Daher auch Bern in dieser Zeit wieder größeres
Vertrauen faßte und dem König ein Anleihen von 50,000
Thalern bewilligte. Coligny, welcher wie im Kriege das Schwert,
so im Frieden überall den Palmzweig vorantrug, sorgte stets
mit der größten Treue für Förderung der evangelischen Kirche.
So als das Fürstenthum Orange wieder von Frankreich an
dessen rechtmäßigen Herrn, den Prinzen Ludwig von Oranien,
abgetreten worden, richtete Coligny 1571 den 28. Juni im

Namen des Prinzen die Bitte an Genf, demselben für einige
Zeit Beza zu leihen, weil es zur Befestigung dieser Kirche
„keines geringern" bedürfe. „Vous serez cause de la restauration d'une fort belle Eglise qui aultrement ne peult
attendre qu'une extrême desolation." Bald darauf sehen
wir Beza auf dem französischen Arbeitsfelde. Schon glaubte
Coligny auf den guten Willen und die Gunst des Königs
vertrauen zu dürfen und wendete sich daher von Neuem an
die evangelischen Stände, um dieselben für ein Bündniß mit
dem Könige zu gewinnen. Die Einleitung dazu bildet ein
Schreiben an die Diener der Kirche Zürich vom 13. Jan.
1572. „Ayant entendu l'accord de votre Eglise avec la
notre, je ne puis que je ne m'en rejouisse avec vous,
connaissant combien cela peut profiter à l'avancement
de la gloire de Dieu, pour laquelle m'assurant que vous
êtes fort zélés et affectionnés. — Je ne laisserai de vous
prier bien fort de ma part et pareillement à l'Alliance
que j'entens que sa Majesté veut faire dresser par de là,
comme chose que vous pouvez aussi penser qu'il peut
revenir un grand bien pour toutes les Eglises reformées
et en général pour tous les gens de bien. — Da Coligny
wissen mußte, wie wenig günstig Bullinger einem solchen Bündnisse war, so erließ er ein besonderes Schreiben an Ludwig
Lavater, welcher durch seine Schriften in der protestantischen
Welt schon einen Namen hatte. Allein das einmüthige Schreiben
der Kirche Zürich lautete folgender Maßen: „Was das Bündniß betrifft, so sehr es uns geziemt, zur Förderung des Reiches
Gottes bereit zu sein, und so sehr uns das Wohlergehen Frankreichs am Herzen liegt, so ist doch diese Sache unserer Aufgabe fremd, und hängt ganz von dem Willen und der Vollmacht
des Rathes und der Bürger ab. Daher haben wir nichts
Anderes zu antworten, als daß wir glauben, daß unsere Räth
und Burger, wenn diese Angelegenheit vor sie gebracht wird,
ohne Bedenken thun werden, was recht und dem Heil der
Christenheit angemessen ist." [38]

Mit größerm Vertrauen kam im gleichen Jahre eine Stimme aus dem von Savoyen bedrängten Genf dem Admiral entgegen, mit der Bitte, dem Könige vorzustellen, „daß es der Stadt Konstanz schlecht bekommen, die von Heinrich II. anerbotenen 600 Mann, welche derselbe unterhalten wollte, nicht angenommen zu haben. Daß Genf von größerer Wichtigkeit für den König sei, und wenn dieser eine Garnison von gleicher oder größerer Stärke unterhalten wolle, so werde Genf seinem Dienste ergeben sein und ein so wichtiges Passage ihm offen bleiben.“ [39] Doch wird der für Genf so treu besorgte Coligny kaum geneigt gewesen sein, solch ein trojanisches Pferd in Genf einzuführen.

Zweiter Abschnitt.

Die Flüchtlinge von der Bartholomäus=Nacht bis zur
Aufhebung des Edikts von Nantes.

---

9. Die Bartholomäus=Nacht.

Einige Wochen nachher traf Coligny der verräthrische
Schuß und den 24. August 1572 fiel er durch die vom König
gedungene Mörderhand. Auch hier trifft die Schweizer die
Schmach, unter den Henkersknechten aufzutreten. Zwar bildeten
einige Schweizer aus der Garde des Königs Heinrich von Navarra Coligny's Schutzwache in der letzten Nacht. Dagegen
erscheinen unter den Mördern namentlich die Leute des Abtes
von St. Gallen. Schon Bullinger wußte, daß „St. Galler
mehrere Hugenotten beraubt und gemordet." Im Kollegium
Clermont wurden vier st. gallische Jünglinge auf Kosten des
Abtes gebildet, darunter Joachim Opser von Wyl, der Sohn
des äbtischen Kanzlers. Dieser war zur Zeit der Pariser Bluthochzeit Sous=Proviseur im Jesuiten=Kollegium von Paris.
Josua Stuber von Winkelbach, der Hauptmann der St. Galler,
besuchte am Tage des Mordes seinen Landsmann Opser, um
im Auftrag des Königs die Politik des Hofes bei den eidgenössischen Orten zu rechtfertigen. Opser berichtet sogleich an
den Abt, was er aus dem Munde des Hauptmanns und eines
von dessen Knechten vernommen. Nach freudiger Meldung des
allgemeinen Mordes der Hugenotten fährt er fort: „Aber jetzt

höret, ich bitte, den Mord des Admirals. Denn der erzählte
es mir, welcher ihm den dritten Stich gab. Dieser ist der
Konrad, welcher einst beim gegenwärtigen Hausmeister zu Wyl,
Joachim Waldmann, diente. Nachdem die Schweizer, welche
unter dem Herzog von Anjou (dem Bruder des Königs) dienten,
die Pforten des Hauses gesprengt, gelangte der Konrad Burg
mit zwei andern, dem Glarner Leonhard Grünfelder und
Martin Koch, zum Schlafgemach des Admirals, welches das
dritte im Hause war, an dessen Thüre sie den Diener tödteten.
Als sie beim Admiral eindrangen und ihn nur im Hemb und
Nachtkleid fanden, wollten sie ihn nicht angreifen. Aber einer
der Dreien, Martin Koch, war kecker und durchstieß den Unglücklichen mit der Hellebarde, der Konrad selbst traf ihn zum
dritten Male schwer, und so fiel er endlich zum siebenten Male
getroffen in das Kamin." — — — „Konrad, der Stallknecht
meines lieben Oheims Waldmann, kam heute zu mir und
brachte mir 80 Gulden, welche er einem Ketzer nebst überaus
reicher anderer Beute abgenommen, und bat mich, wenn ich es
brauchen könne, so solle ich das Geld nehmen, und den Betrag
zu Hause seiner Frau ausbezahlen lassen. Obgleich ich es im
ersten Augenblick ablehnte, da Stuber mir vor einigen Tagen
hundert gegeben, so nahm ich endlich, in Betracht aller Gründe
die 80 Gulden zu 24 Batzen, und werde genaue Rechnung
über Empfang und Verwendung des Geldes ablegen. Daher
bitte ich Euch dringend, daß ihr nach der Güte, mit der ihr
mich bisher väterlich gehalten, die achtzig Gulden der armen
Frau ausbezahlen lasset." — Dieser Joachim Opfer wurde
fünf Jahre später, 29 Jahre alt, Abt von St. Gallen, und
zeigte sich während seiner siebzehnjährigen Regierung milde
und tolerant, und unabhängig Rom gegenüber.[40]

Ein anderer Zeitgenosse berichtet: „Der König überließ
den Schweizern seiner Garde, für die guten Dienste, die sie
bei dieser Gelegenheit geleistet, die Plünderung des Hauses
eines sehr reichen Steinschneiders, Namens Thierry Babuère:
ich habe sagen hören, daß was bei ihm geplündert worden,

ben Werth von 200,000 Thaler überstieg. Der König habe nicht weniger als drei Millionen Thaler bekommen." [41]

Das Verlangen nach Centralisation, nach Unterordnung des Einzelnen in das Ganze, und die Neigung, von dem Glanz und der Machtfülle der augenblicklichen Erscheinung sich überwältigen zu lassen, um nach Außen an Ruhm und Größe überlegen zu sein, ist ein verhängnißvoller Zug des französischen Wesens, welches von oben her zu tyrannischer Willkür, und von unten her zu roher und leidenschaftlicher Gewaltthätigkeit führt, dem Individuum nach Außen und Innen Zwang anthut, und Gedanken und Gewissensfreiheit in Fesseln schlägt. Dieser nationale Hang der Franzosen trug eben so viel dazu bei als die günstigen äußern Verhältnisse, das französische Königthum, eben so wie die französische Kirche zu einer Uebermacht und einem Glanz zu erheben, welche Augen und Herzen des Volkes immer wieder bestachen und zur Unterwürfigkeit geneigt machten. Diesen ungetrübten Glanz der Krone zu erhalten, zeigen alle französischen Könige eine merkwürdige und unerschütterliche Einigkeit. Dieselben sind nicht von dem düstern Fanatismus und der kalten Härte und Unverträglichkeit der Habsburger in Spanien und Oesterreich befangen: denn nicht nur war Franz I. ein gebildeter Mann, ein Freund der Künste und Wissenschaften und durch Unterricht und Gemüthart weit- und offenherzig, sondern selbst Katharina von Medicis war keine entartete Tochter ihres erlauchten Hauses. Vielmehr ebenso talentvoll als gebildet, und auch ihren beiden Söhnen, Karl IX. und Heinrich III. fehlte es nicht an edlern Anlagen, an Sinn für Kunst und Poesie und an einer gewissen Unbefangenheit des Geistes, daher sich Katharina zu einer ernsten und wohlwollenden Unterhaltung mit Beza herbeiließ, und Karl IX. mehrmals Coligny sein ganzes Vertrauen schenkte und vor allen Großen seines Reiches auszeichnete. Doch alle wiederholten entgegenkommenden Verhandlungen und zugeständnißvollen Friedensschlüsse geschahen von Seite des Hofes stets in der Voraussetzung, die Andersdenkenden zur Anerkennung der

Einheit des Reiches und der Kirche zurückzuführen. Denn der Gedanke, daß die Hugenotten in Frankreich eine vom Staate unabhängige Macht bilden und Pläne und Interessen verfolgen sollten, welche von der Gesinnung und dem Leben der Mehrheit im Volke weit abweichen, wurde stets mit Abscheu und Entrüstung als unerträglich zurückgewiesen: und darin gieng das Volk mit den Hofkreisen einig.

Man weiß, daß die Bartholomäus-Nacht kein lange vorher verabredeter Plan war: doch, leicht fand der Hof in den niedrigen Schichten bereitwillige Henkersknechte. Aber eben so sehr waren Viele bereit, manche edle, dem Tode geweihte Opfer mit eigener Lebensgefahr zu retten und denselben zur Flucht behülflich zu sein. Der französische Gesandte Bellièvre entwickelte vor der Tagsatzung seine Lügenkünste zur Beschönigung des Mordes; die Tagherren aber nahmen es stillschweigend für baare Münze, und empfahlen sich dem König und seiner Frau Mutter.

Genf war wieder der auserwählte Rettungshafen, zu welchem die aus dem Schiffbruche Geretteten ihre Zuflucht nahmen. Wir lassen einen Genfer die Scenen schildern, als die französischen Flüchtlinge in dieser Stadt anlangten. „Le 30. août des marchands partis de Lyon arrivent à Genève; laissant leurs montures et leurs ballots à la garde d'un hôtelier, ils montent en toute hâte à l'hotel de ville; l'anxiété et la douleur sont peintes sur leurs visages. „Messieurs, disent ils aux conseillers, un horrible massacre de nos frères réformés vient d'avoir lieu à Lyon. Dans toutes les villes, sur notre route, nous avons vu les gibets dressés; le sang coule, et il paraît qu'il en est ainsi par toute la France; demain, après-demain, vous verrez arriver les échappés de cette boucherie." Cette affreuse nouvelle se répand, comme un éclair, dans toute la ville; les boutiques se ferment, et les citoyens se rassemblent sur les places. Ils savent, par l'expérience du passé, les charges et les sacrifices qui attendent les hommes de bonne volonté, aussi

dans l'intérieur des maisons les femmes préparent dés vête-
ments, des remédes, des vivres en abondance. Les magistrats
envoient des chariots et des brancards vers les villages du
pays de Gex; les paysans et les pasteurs du mandement
veillent sur la frontière, pour obtenir des nouvelles et
secourir les premiers arrivés. L'attente n'est pas longue: le
premier Septembre, on voit paraître quelques voyageurs
pâles, extenués de fatigue, répondant à peine aux préve-
nances, aux caresses dont on les accable; ils ne peuvent
croire à leur salut; depuis plusieurs jours la mort les attend
au seuil de chaque village! Bientôt leur nombre s'augmente;
les blessés découvrent des plaies qu'ils cachaient soigneusement, a fin qu'on ne les prît pour des réformés; ils décla-
rent, que depuis le 26. août, les campagnes et les villes
sont inondées du sang de leurs frères. Tout en bénissant
Dieu qui leur permet d'atteindre „la terre de liberté", ils
ont le coeur plein de trouble et d'alarmes; aucune famille
n'est complète; des parents, des amis nombreux manquent
à l'appel. Ces infortunés s'acheminent vers Genève, et bientôt
on leur prodigue toutes les consolations qu'une sympathie
ardente peut donner à celui qui a perdu sa patrie et laisse
sans sépulture les corps de ses parents. A mesure que ce
triste cortège avance dans les rues de la ville, ses rangs
diminuent: les citoyens se disputent „les plus martérisés";
les blessés sont transportés dans les meilleures maisons;
et sur le soir tous les nouveaux venus se trouvent entourés
des plus tendres soins. L'hospitalité est si complète, que
les magistrats ont aucune distribution publique à faire."[42]
Einfacher sind freilich die gleichzeitigen Berichte Beza's, welcher
den 1. Herbstm. an Bullinger schreibt: „Es ist namentlich auch
auf mich abgesehen, und meine Gedanken beschäftigen sich mehr
mit dem Tode, als mit dem Leben." Den 24. Herbstm. berichtet er weiter: „Es flüchten sich nicht so viele zu uns, wenn
man die ganze Zahl bedenkt, doch viel mehr, als wir ohne Beschwerde erhalten können, da der benachbarte Fürst uns nun

auch die Zufuhr hindert. So wie wir der Blutgier der Feinde am nächsten sind, so sind wir auch bereit, dem Herrn zu sterben. Andere werden vielleicht zu spät erfahren, wie viel an der Erhaltung dieser Stadt gelegen wäre." Nach einigen Tagen waren zwanzig französische Geistliche um Beza versammelt, die er begrüßte und deren Dank er entgegennahm. Nach einem Monat wurde zur Erleichterung der Bürger ein Kollekte erhoben, welche 4000 Franken ergab und wobei sich zunächst die Raths- und Pfarrherren betheiligt hatten. In Folge der Bartholomäus-Nacht kamen ungefähr 2360 französische Familien nach Genf, von denen 1638 sich in dessen Gebiet niederließen. Der berühmteste unter diesen Flüchtlingen war der Rechtsgelehrte und Staatsmann Franz Hotman, welcher, als Lehrer schon frühe gefeiert, die Aussicht auf eine glänzende Laufbahn um des Glaubens willen verlassen hatte und nach Genf gekommen war, wo er, durch Calvin empfohlen, von Bern 1547 an den Lehrstuhl der neu gegründeten Akademie zu Lausanne berufen wurde. Während er die Einladung deutscher und englischer Universitäten unberücksichtigt ließ, trat er gerne in den Staatsrath des Königs von Navarra, worauf er an allen folgenden Verhandlungen der Protestanten mit dem französischen Hofe einen thätigen Antheil nahm. Mehrere Jahre war er Professor in Bourges, von wo er noch den 1. Horn. 1572 an Bullinger schrieb: „Glaube nicht, daß deine ausgezeichneten Schriften in deinem Lande mehr geschätzt werden, als bei uns. Denn unsere Kirchen nennen dich ihren Vater und Erhalter." In der Bartholomäus-Nacht wurde er vorzüglich von deutschen Studenten geschützt. Nun wurde Genf zum zweiten Male seine Zufluchtstätte. Den 3. Weinm. schreibt er an Bullinger: „Gestern Abend bin ich durch Gottes besondere Gnade, der pharaonischen Schlachtbank entronnen, unversehrt hier angekommen." 50,000 Evangelische seien in acht Tagen gemordet worden. Sein ältester Sohn Albert, der in Paris bei einem achtzigjährigen Juristen geweilt, welcher nicht verschont worden, werde nach Zürich kommen. Er empfiehlt seine sieben Kinder an Bullinger und Gwalter zur Unterstützung. Schließlich spricht er die Hoffnung aus, die Schweiz werde keine weitern Henker nach Frankreich senden: „Denn die Schweizergarde nahm auf der Pariser Schlachtbank die erste Stelle ein." Den 4. meldet Hotman an Joh. Haller in Bern: ein großer Theil der Papisten wende sich von der Königin und verabscheue den Mord und die Treulosigkeit. Das durch Hunger und Mangel heimgesuchte Landvolk sei zur Auswanderung bereit. „Mein Vetter Wilhelm Prevot (ein ausgezeichneter Geistlicher) ist zu Paris im Hause des Grafen von Rochefoucault getödtet worden; nicht weit davon mein zweiter Sohn, welchen Martyr bei der Taufe Theages (Gottwalt) genannt hatte. Meine Frau wurde gefangen genommen und mit Schmähungen überhäuft. Alle unsere Habe ist uns geraubt worden." Hotman hofft durch Bern eine Anstellung in Lausanne zu finden. Allein es wurde in Genf selbst für ihn eine Rechtsprofessur errichtet, wogegen freilich die theologische Fakultät das Bedenken erhob, daß das „Studium des Rechts die übrigen Wissenschaften ihres bisherigen Glanzes berauben könnte." Hier erschien 1573 Hotmans ausgezeichnete Schrift „Francogallia", worin er namentlich die Rechte und Freiheiten des Volkes gegenüber der Krone hervorhebt. „Die Franken haben ihren wahren und eigentlichen Namen daher, weil sie bedachten, daß sie die Knechtschaft unter Tyrannen zurückweisen müßten, um eine ehrenvolle Freiheit zu bewahren, selbst unter der Oberhoheit ihrer Könige. Denn einem Könige gehorchen ist nicht Knechtschaft und sind diejenigen nicht Knechte, die einem Fürsten gehorchen. Aber diejenigen, welche, wie Schafe dem Schlächter, sich den Launen des Tyrannen unterwerfen, dem Räuber, dem Henker, diese müssen mit dem Namen niedriger Sklaven bezeichnet werden. Auch hatten die Franken Könige, selbst damals, als sie sich zu Schützern und Rächern der Freiheit erklärten, und als sie sich dieselben gaben, setzten sie in denselben über sich keine Tyrannen oder Henker, sondern Wächter, Verwalter und Beschützer der Freiheit." Welche weitgehende Folgen Hotman diesen Grundsätzen

der Freiheit geben wollte, geht daraus hervor, daß er zu gleicher
Zeit bei Bullinger um Rath fragte, „ob es den Bürgern von
Rochelle erlaubt sei, sich nach dem Vorbilde der Eidgenossen
die ursprüngliche Freiheit anzueignen und das Joch des Königs
abzuwerfen." Worüber der Befragte sich freilich zweifelhaft
ausspricht. [43] Das immer wieder theils von Frankreich, theils
von Savoyen bedrohte Genf bot dem kühnen Manne der Freiheit zu wenig Sicherheit, daher er wiederholt in Basel eine
Wohnstätte suchte. Aber 1584 das zweite Mal nach Genf
zurückgekehrt, schätzt er sich glücklich „au milieu de tant d'amis,
de parents et de connaissances. Je jouis vivement de la
société pleine d'agrément et de douceur de mes amis." Ob
er indessen in Genf oder in Basel wohnte, so hatte er bei
allem Ansehen das karge Brot der Verbannung zu essen, so
daß er am Schlusse seiner Laufbahn bekennt: „Tels ont été mes
destins, que je puis bien dire avec le patriarche: les jours
de ma vie ont été courts et mauvais. Cependant mon courage n'est pas si abattu et je ne m'abandonne pas tellement
à la tristesse et au deuil, que je ne sois soutenu par la confiance en cette félicité, que Dieu dans sa clémence et sa
bonté nous a promise après cette misérable vie. Je sais
que l'infortune est inséparable compagne de la piété, et
Christ lorsqu'il nous a appelé à lui, ne nous a pas promis
des richesses et des dignetés, mais sa croix et des afflictions
sans terme. D'ailleurs je reconnais qu'il nous envoie son
esprit qui nous console dans tous nos chagrins et nos périls.
C'est là, il faut l'avouer, la suprême béatitude et le souverain
bonheur que les philosophes anciens ont cherché dans des
choses legères et perissables. [44]

Der Admiral von Coligny hatte gegen die Stadt Genf
eine so treue Fürsorge und Anhänglichkeit erwiesen, daß seine
Angehörigen, welche die Bartholomäus-Nacht überlebt, ihren
Blick zuerst dorthin richten mußten. Das Jahr vorher hatte
sich der Held mit der jungen Jaqueline de Montbel, Gräfin
d'Entremont, in zweiter Ehe verbunden, welche ihm in frommer

Begeisterung ihre Hand angetragen, „um die Marcia dieses neuen Cato zu werden", und zugleich die Verbindung seiner Tochter Luise mit Karl von Teligny gefeiert. Nach der Ermordung des Vaters und des Gatten gelangte die junge Wittwe zur Stiefmutter nach Chatillon, von wo sie, 19 Jahre alt, ihr älterer Bruder Franz von 17 und der jüngere Karl b'Andelot, von 10 Jahren, nebst ihrem Vetter Guy de Laval, in Schüler verkleidet, unter dem Schutze ihres Erziehers Legresle, mitten durch Frankreich nach Mülhausen gelangten und von da nach Genf durchbrangen. Allein aus Furcht, daß die bedrohte Stadt nicht genugsame Macht hätte, die edeln Flüchtlinge zu schützen, wenn der König deren Auslieferung verlangte, drang Genf den 9. Weinm. auf die Abreise der Familie, und erließ den 13. den Befehl, daß alle französischen Flüchtlinge, welche nicht die Niederlassung erhalten, in vierundzwanzig Stunden die Stadt verlassen sollten, worauf einer der Prediger sich auf der Kanzel die Rüge erlaubte, daß man die Flüchtlinge verjage und Christus selbst keine Bürgen für die Niederlassung finden würde. Darauf nahm die Familie Chatillon nebst dem Neffen Guy Paul de Laval, ihre Zuflucht nach Bern, wo sie die beste Aufnahme fand. Coligny hatte in seinem Testament seine Kinder namentlich dem Schutze seiner verwittweten Schwägerin Andelot, Anna von Salm, anbefohlen, welcher unterdessen die Flucht nach Basel geglückt war. Dahin begaben sich nun die Kinder Coligny nebst deren Sohn, unter dem Schutze der von der Obrigkeit ihnen als Begleiter beigegebenen Herren von Bonstetten und Erlach. In den verbindlichsten Ausdrücken verdanken daher die jungen Flüchtlinge le très bon accueil et honeste traitement de votre republique, qui est de toutes les republiques chretiennes la plus florissante, renommée et puissante. Auch die Muhme entschuldigt ihre Abreise von Bern: Wenn nicht dringende Geschäfte sie weggerufen hätten, „je n'eusse voulu leur faire ce tort de les retirer d'un lieu, auquel ils étoient tant bien voulus et tant soigneusement maintenus."

Die Familie Chatillon hielt sich, mit ihrer Muhme vereinigt, beinahe ein Jahr in Basel auf, wo sie, nebst den
übrigen daselbst versammelten evangelischen Flüchtlingen, im
Hause einer Frau Faulny französischen Gottesdienst halten
durften. In welcher äußern Bedrängniß die armen Waisen
lebten, geht aus der Bittschrift hervor, die sie den 20. März
1573 von Basel aus an den Herzog von Savoyen richteten,
— — — „afin que pour l'honneur de Dieu, et pour la
justice de la cause de nous poures orphelins tant recom-
mandée d'iceluy il luy plaise nous remettre en la possession
et jouissance de si peu de biens qui ont appartenu à feu
M. l'amiral notre père, situés en vos terres et païs, é qui
est tout le reste auquel Dieu nous avoit faict espérer de
trouver moyen de vivre, ayants esté traités en la France et
Bourgogne comme V. A. a peu entendre.“ Daher die schließ-
liche Bitte, daß der zu Chambery wie zu Paris verhängte
Arrest ihrer Ehre und gutem Namen nicht zum Nachtheil ge-
reiche und sie am Genuß ihres vom Vater hinterlassenen kleinen
Vermögens nicht hindere.

Zu gleicher Zeit ersuchen sie Bern im Namen ihres
Vaters, „lequel tant qu'il a vescu en ce monde a été autant
et plus affectionné que nul aultre au maintien des Eglises
françaises, et au bien de votre estat,“ — um Verwendung
beim Könige von Frankreich, daß er ihnen und ihrer Schwester
das kleine hinterlassene Erbe nicht vorenthalte. Mit welch
scharfem Auge indessen die Schweizerbürger das Benehmen der
französischen Herren bewachten, geht aus der Nachricht des
Baslers Peter Ryff hervor: „Wenn sie vor die Stadt ritten,
sprengten sie ungescheut durch die Saat. Die Bürger waren
über das Betragen dieser Franzosen sehr ungehalten, da sie
mehr Ehrbarkeit von den Leuten erwartet hätten, welche um
der Religion willen verfolgt waren. Man sei ihrer so müde
geworden, daß ihnen Schmach widerfahren wäre, wenn sie nicht
freiwillig abgezogen.“

Coligny's junge Wittwe hatte sich unterdessen auf ihre

Güter in Savoyen geflüchtet und daselbst eine Tochter geboren. Der Herzog, welcher sich schon der Ehe mit dem Admiral wider= setzt hatte, weil er die reiche Erbin nicht aus dem Lande wollte ziehen lassen, legte die Wittwe, nach ihren Gütern lüstern, nun ins Gefängniß und wollte sie zum Abfall nöthigen. Basel und Bern thaten daher gemeinsame Schritte auf Bitten der Stief= kinder, um beim Herzog für die Wittwe Freiheit in Glauben und Leben zu erlangen. Beat Jakob von Bonstetten er= schien persönlich beim Herzog zur Unterstützung der amtlichen Schreiben. Allein Herzog Philibert antwortete im Mai 1573 an Basel, jeder Fürst müsse seine Unterthanen in Gehorsam halten und diese sich fügen. Daher bittet er, daß, in Aner= kennung der alten Freundschaft, „vous ne voudrez choses de moy qui puisse porter aulcun préjudice à mes états ou autorité. Si la dite vefve et ses enfans font comme il con= vient, werden sie Gerechtigkeit und gute Behandlung finden: Gott verleihe ihnen, ihre Pflicht zu erkennen und die Wahr= heit zu erfüllen.

Ein schöner Beweis, wie enge sich die Glieder der Familie Coligny unter einander verbunden fühlten, ist die Treue, mit welcher sich die Kinder des Admirals für ihre Stiefmutter ver= wendeten, indem sie in einem Schreiben vom 23. Aug. 1573 an Bern von derselben bezeugen: „laquelle a jus'qu'ici avec la grace de Dieu si bien combattu, qu'elle ne s'est aucune= ment souillée. Dabei erinnern sie an „l'entière affection de feu M. l'amiral notre père à l'Etat de Vos seigneuries, le devoir des grands au soulagement des oppressés, la charité chretienne qui oblige tant estroitement les membres de Christ les uns aux aultres, et encore votre tant louable et vertueuse coustume de subvenir liberalement à tous cala= miteux, comme jà souventes fois l'avons eureusement expé= rimenté, et de quoi nous demeurerons très redevables et obligés." Zugleich senden die Söhne Coligny's ihren Lehrer Legresle an die übrigen evangelischen Stände der Eidgenossen= schaft, mit der Bitte, es möchten dieselben einen Abgeordneten

an den Herzog von Savoyen senden, zur Verwendung „pour
la délivrance de cette pauvre dame notre mère, laquelle
ne peut etre molestée, ni recherchée aucunement que pour
ce seul fait de la religion, laquelle elle a si étroitement
embrassée, que nous attendons d'elle une souffrance de tous
tourmens, voire d'une mort cruelle et ignominieuse, plustot
qu'une abjuration et renoncement. — Der Bitte der Brüder
fügt noch die Schwester Luise eigenhändig hinzu: „Je vous
supplie, qu'en continuant votre accoustumée bonté envers
la mémoire de feu M. l'Amiral, notre père, et ceux qui lui
ont appartenu, vous vouliez prendre une cause si pitoyable
en main et vous rendre intercesseurs de la délivrance de
M. l'Amirale, selon la confiance et assurance qu'elle et nous
avons en Vos Excellences, qui en cela feront une oeuvre
vraiment digne de princes chretiens."

Wirklich beauftragte Bern im Namen der evangelischen
Stände Simon Wurstenberger mit der Uebergabe der Bittschrift vom 28. Herbstm. Hierauf erfolgte den 13. Weinm.
1573 nachstehende Antwort des Herzogs Philibert an Basel:
„J'ai ésté fort desplaisant des sinistres advertissements qui
vous sont donnés que la dite dame soit tracassée et en
grande perplexité pour le faict de la religion." Sie seien
übel berichtet: denn dieselbe wohne nur hundert Schritte vom
Pallast, habe Zutritt zu seiner Frau, von der sie alle nöthigen
Bequemlichkeiten empfange; Priester kommen nur zu ihr, wann
sie solche verlange. Dann fährt er fort, ungeachtet aller Verwendung von Sachsen, Pfalz, Bern und Basel — „Je vous
veulx dire franchement, je procède ainsi, retenu au faict
de la délivrance de la dite dame: c'est pour matière d'estat
qui concerne le bien, repos et tranquillité d'icelluy; et par
ce vous prieray ne prendre en mauvaise part, si, ayant re-
fusé aux susdits seigneurs la delivrance de la d. dame, je
ne la puis accorder à votre contemplation, et de ne m'en
presser davantage. — Zugleich überbrachte Wurstenberger ein
von der Gefangenen an Basel gerichtetes Schreiben vom

14. **Weinm.** Obgleich der Herzog noch kein Mitleid mit ihr habe, — „je me console extrememant de savoir quo ce n'est que pour estre chrestienne que je souffro tant de mal, et aussi, très haus et honorés prinses, de l'honneur qu'il vous plait de me faire et assistansse que vous avez donné à mes anfans, seule consolation qui me reste plus an ce miserable monde."

Von Basel aus unterhandelte die Familie Chatillon angelegentlich, theils persönlich, theils durch Abgeordnete und dringende Schreiben, um Aufnahme in Bern, wogegen die dortige französische Parthei, welche während dieser Zeit durch wiederholte Anleihen an die Krone Frankreichs für deren Interessen betheiligt war, Schwierigkeiten erhoben zu haben scheint. Doch die wiederholte Bitte, „de vouloir favoriser nostre affection particulière, quo nous avons toujours eu de faire élection de nostre demeure en vostre ville, et croyre que nous tiendrons et réputerons cela à une faveur bien grande", fand endlich Gehör und die ganze Familie siedelte im Wintermonat 1573 nach Bern über, wo sie drei Jahre verblieb, bis ihr die Rückkehr in die Heimath wieder verstattet wurde; und zwar öffneten sich den Flüchtlingen die Häuser der angesehensten Familien, diejenigen des Hans Rudolf und des Heinrich von Erlach und des Niklaus von Wattenwil. Während dieses mehrjährigen Aufenthaltes blieb ihnen der Genuß der Ueberreste ihres in Frankreich in Beschlag genommenen Vermögens vorenthalten, daher Franz von Chatillon im Namen der Seinigen Schulden machen mußte, indessen gegen Versatz der Familien-Kleinode. Doch sowohl der Rath, als der Schultheiß von Mülinen und die Wittwe des Seckelmeisters von Grafenried waren mit ihrer Hülfe bereit. Es war für die Familie ein großes Herzeleid, daß es mehr als zehn Jahre währte, bis die Tilgung der Schuld möglich wurde. In einer Reihe rührender Briefe bittet Franz von Chatillon um Geduld und Nachsicht, u. a. schreibt er an Bern: „Entre toutes les debtes passives quo feu M. l'Amiral mon père et moy de-

puis son décès, avons créées pour les affaires publiques des
Eglises de ce royaume, il n'y en a point que je désire tant
d'aquiter que les sommes que je vous doibs, et à M. de
Melunes et Mde de Grafenried, non seulement pour vous
rendre contents, mais aussy pour recouvrer mes bagues qui
valent beaucoup plus." Auch die Wittwe Coligny's spricht
wiederholt ihre herzliche Theilnahme und ihr Bedauern aus,
daß es ihr unmöglich gemacht sei, die Schuld ihrer Kinder zu
bezahlen. Die Verpfändung der Herrschaft Coligny, welche
Chatillon den Herren von Bern anerbot, nahmen diese nicht
an, weil sie ein vom König mit Beschlag gelegtes Pfand zu
unsicher fanden, und der Verkauf eines Waldes wurde dem
Schuldner verwehrt. Endlich gelang ihm aber dennoch die
Bezahlung und er gelangte bald zu einer seines großen Vaters
würdigen Stellung. Unter diesen Umständen ließ sich Bern
wieder zu einem Anleihen herbei. 1587 den 29. Aug. wurde
ein Schuldschein an Bern unterzeichnet, in welchem der Schuldner sich nennt: „Franz, Graf von Coligny, Herr von Chatillon,
Generaloberst der französischen Infanterie im fremden Heere
unter der Oberhoheit des Königs von Navarra, hat von Bern
durch Hs. Jakob von Bonstetten, Landvogt von Morges, und
Michael Augsburger, Landvogt von Lausanne, geliehen empfangen
6000 Sonnenkronen, zur Bezahlung der Lebensmittel und des
Schießbedarfs für die Mannschaft des Herrn von Chatillon,
welche im Dienst der Krone Frankreichs und des Königs von
Navarra durch das Berner Gebiet ziehen soll." Die Rückzahlung soll in sechs Monaten geschehen, gegen Verpfändung
der Grafschaft Coligny; dabei erscheinen in Genf als Zeugen
der Syndic Paul Chevalier, der Alt-Syndic Michel Roset und
der Rathsherr Theophil Sarazin, der Sekretär des Prinzen
von Condé. — Franz von Chatillon nahm Theil an den
Kämpfen und dem Glücke Heinrichs IV., starb aber schon 1591,
erst 34 Jahre alt. Nach dessen Tode ließ sich sein Bruder
Karl zum Abfall bewegen, und selbst der Marschall von Chatillon, Franzens schlachtenberühmter Sohn, erlag der Ver-

lockung beim auffteigenden Glanze Ludwigs XIV. Coligny's edle Wittwe blieb der Freiheit beraubt bis zu ihrem Tode 1599; ihre Tochter wurde frühe von ihr getrennt und katholiſch erzogen, ſie ſelbſt erlag endlich mit gebrochenem Herzen dem Glaubenszwang. Aber ehrenvoll und erfolgreich bewahrte Coligny's ſchwergeprüfte Tochter Luiſe das Glaubenserbe ihres Vaters. In ihrem achtundzwanzigſten Jahre wurde die kleine, aber ſchöne und geiſteskräftige Frau die vierte Gattin Wilhelms von Naſſau, Prinzen von Oranien, des Befreiers der Niederlande, des Freundes und Kampfgenoſſen ihres Vaters, welcher, ehe zwei Jahre vergangen waren, in Gegenwart ſeiner Gattin ermordet wurde. Die Wittwe ſorgte noch lange fromm und einſichtsvoll für die Erziehung ihrer Kinder und die Förderung ihres Hauſes, und ihre ausgezeichnete Enkelin, Luiſe Henriette, wurde die Gattin des großen Churfürſten Friedrich Wilhelm von Brandenburg, bei welchem durch ihren Einfluß die evangeliſchen Flüchtlinge aus Frankreich die ehrenvollſte und ausgedehnteſte Aufnahme fanden, ſo daß der preußiſche Hof durch die Menge der vorzüglichen Franzoſen, denen im Heere und in der Verwaltung die bedeutendſten Stellen anvertraut wurden, ein überwiegend franzöſiſches Gepräge erhielt. [45]

Während die Glieder der Familie Chatillon in der Schweiz in bedrängten und faſt kümmerlichen Verhältniſſen lebten, iſt es anziehend, aus einem einzelnen Falle zu erſehen, mit welch aufopfernder Theilnahme dieſelben ihren Schickſalsgenoſſen Hülfe leiſteten. Jacques Merlin, der ſpätere Pfarrer von Rochelle, erzählt, wie ſeine Mutter ihn in einem Wägelchen aus Frankreich geflüchtet, wie beim Jura-Paß la Faucillo das Pferd geſtürzt und er nur durch einen Strauch vor dem Fall in den Abgrund bewahrt worden. Dann ſeien Vater und Großvater nach Genf nachgekommen und er dort in die Schule gegangen. Im Winter 1573 habe ihn der Vater nach Genf geführt und die Herren von Laval und Chatillon aufgeſucht. Im folgenden Jahre brachte ihn der Vater nach Zürich und verſorgte ihn bei Burkhard Leemann, dem nachherigen Antiſtes.

Laval bezahlte für ihn, den ersten der von diesem unterhaltenen Schüler, für Kost und Schule 100 Franken und fuhr mit dieser Gabe manches Jahr fort. Die in Zürich herrschende Pest veranlaßte den jungen Merlin zum Aufenthalte auf dem Lande und 1576 zur Rückkehr nach Bern, wo er sämmtliche Glieder der Familie Chatillon noch beisammen fand.⁴⁶ Auch Coligny's Waffengefährte, der edle und tapfere Franz de la Noue, hielt sich mit seiner Familie längere Zeit in Genf auf, mit Beza enge verbunden.

Zu dieser Zeit war auch der Prinz von Condé, nach Coligny's Tod das Haupt der Hugenotten, in der Schweiz, um dieses Werbedepot für seine Parthei möglichst auszunutzen. 1574 hielt er sich in Neuenburg, 1575 in Genf und Basel auf. In ersterer Stadt nahm der Rath Edelsteine im Werth von 14,000 Thalern in Obhut, welche Condé bei verschiedenen Bürgern gegen ein Anleihen von 10,000 Thalern versetzt hatte. Der Rath von Basel sah sich veranlaßt, an den Prinzen die Mahnung zu richten, nichts unternehmen zu wollen, was dem Bündniß mit Frankreich, dem Hause Oesterreich und Burgund nachtheilig sei. Zu gleicher Zeit legen sich auch die 13 Orte der Eidgenossenschaft dazwischen, daß er nicht mit einem Heerzug durch die Grafschaft Burgund nach Frankreich aufbreche. Hinwieder wendet sich der Prinz von Basel aus an Zürich mit der Bitte um Verwendung bei der Königin von England durch ein Schreiben, daß Frankreich den Evangelischen Gehör gebe, und um Botschaft an Savoyen zu gleichem Zweck. Während seines Aufenthaltes in Basel zählte er sich zu den Mitgliedern der dortigen französischen Gemeinde. In seinem Wohnhaus, dem „Engelhof", brachte er sein Wappen an mit der Ueberschrift: „Heinrich von Bourbon, Prinz von Condé, Herzog von Enghien, Pair von Frankreich, Beschützer der französischen Kirche. 1575. Unter dem Wappen das Motto: „Für Christo und das Vaterland ist die Gefahr süß." Im Dankschreiben nach der Abreise unterzeichnet er sich: „Euer bester Freund allezeit."⁴⁷

Die Noth jener der Pariser Bluthochzeit entronnenen Flüchtlinge fand namentlich auch in Bern und im Waadt=land ein hülfreiches Mitleid, daher eine große Zahl sich dort=hin wandte. Demnach sah Bern sich veranlaßt, seine in Stadt und Land erhobene Steuer, welche über 1000 Kronenthaler be=trug, zum dritten Theil für die im eigenen Gebiet aufge=nommenen Flüchtlinge zu verwenden, während Beza Genf allein zum Mittelpunkt der Wohlthätigkeit machen wollte. Aber auch in der Ostschweiz erprobte sich die erbarmende Theilnahme, daher wurde 1573 den 4. Jän. eine allgemeine Steuer in der Stadt und den 11. Jän. auf der Landschaft Schaffhausen erhoben, und den 22. Jän. verdankt der Rath von Genf 400 Kronenthaler, welche Zürich den Kirchenvorstehern von Genf zur Vertheilung eingehändigt hatte. Ferner richtet Bullinger seine Bitten an St. Gallen, Appenzell und Graubünden um Beisteuern. Zu gleicher Zeit erläßt der Rath von Zürich ein allgemeines Verbot gegen das Reislaufen nach Frankreich, da zu besorgen, daß der König Knechte werbe, „um die Christ=gläubigen in seinem Rych, die noch vorhanden, zu schädigen und um Leib und Leben zu bringen.“ Im Frühling des Jahres 1575, nachdem Heinrich III. die Regierung ange=treten hatte, und die Aussichten für die Hugenotten günstiger zu werden schienen, sehen wir wieder eine Gesandschaft der vier evangelischen Städte, an ihrer Spitze Bürgermeister Kambli von Zürich, welche bei dem Könige sich um Frieden für die evangelischen Glaubensgenossen verwendet. Als dieser im folgenden Jahre wirklich zu Stande kam und den Pro=testanten Sicherheit und beträchtliche Vortheile gewährte, so daß der größte Theil der Flüchtlinge nach Frankreich zurück=kehrte, glaubten die französischen Hugenotten, daß die Verwen=dung der evangelischen Städte der Eidgenossenschaft wesentlich zu diesem Erfolge beigetragen habe, daher dieselben in einem Schreiben der Kirchen von Languedoc, Dauphiné, Pro=vence und Vivarais an Zürich vom 20. Chstm. 1576 unter die ersten und hauptsächlichsten Werkzeuge ihrer Befreiung ge=

ȝ䄤lt werben. — „Car non seullement les fidelles françois
ont esté humainement et seurement reculhis en vos terres:
mais aussi par votre charité et liberalité entretenus, voire
mesmes ceux qui estoyent hors de vos pays, et cella en tel
temps, et si à propos qu'il semble qu'ils ont maintenus la
vie de vos Excellences. Il y a encore d'aultres beneffices
plus grands, et les quells sont aussi plus généreaux, pre-
mieroment quand il vous a pleu pourchasser par messieurs
vos ambassadeurs la paix pour nos églises avec une grande
peigne et despances, et finallement pour le comble de vos
bienfaits avez tellement épousé et embrassé notre cause,
qu'y avez employé non seullement vos bien, mais vos propres
vics."⁴⁸

Allein wenn Heinrich III. im mannigfaltigen Wechsel seiner
Politik den Proteſtanten zu verſchiedenen Zeiten Zugeſtänbniſſe
zu machen gezwungen war, ſo hielt er doch eben ſo feſt wie
ſeine Vorgänger an der ausſchließenden Erhaltung des katholiſchen Bekenntniſſes, daher die verſchiedenen Bemühungen der
evangeliſchen Städte für ihre franzöſiſchen Glaubensbrüder ſtets
fruchtlos blieben. Ungeachtet dieſer Fruchtloſigkeit verdient der
Brief der vier evangeliſchen Städte an den König vom 31.
Jän. 1577 volle Beachtung. Unter den zwei demſelben em-
pfohlenen Punkten betrifft der erſte die Amneſtie. „L'autre
poinct est, que la Religion et l'exercice d'icelle demeure
libre, sans laquelle liberté certes nulle payx pourra estre
assourée et permanente. Car au fait de Religion, il n'est
question n'y du corps n'y des biens et fortunes temporelles,
ains de l'ame et conscience. Laquelle ne sera iamais con-
trainctе et forcéо par armes ou extericure violence. Ce que
plusieurs exemples aduenus de notre temps quasi partout
en la chrestienté nous enseignent et tesmoignent. Et telle
liberté, Sire, ne pourra redonder à aulcum preiudice de uotre
digneté Royale, comme si c'estoit chose nouuelle, iniuste,
et au paravant non ouye. Estant l'exercice de l'une et de
l'aultre Religion permis et souffert en plusieurs Royaulmes

et endroicts de la chrestienté, mesmes au St. Empire en la nation Germanique la Religion chrestienne est laissée libre a chascun. Comme aussi toutes les fois qu'on entreprist quelque chose à l'encontre ceux de la Religion par force ou armes. Il s'ensuyuirent mortelles inimitiéz, haines, noises et partialitéz, contraires à l'équité et charité chrestienne, avec seditions et mutineries ouuvertes ainsi que V. M. sans doubte sait tres bien. Und dennoch ließ sich Bern bei der Erneuerung des Bundes der Eidgenossen mit Frankreich 1582 verführen, demselben beizutreten, weil ihm von Frankreich der Besitz des von Savoyen immer wieder angefochtenen Waadt- landes zugesichert wurde. Zürich allein blieb dem alten Grund- satze treu, indem es in Folge der Bartholomäus-Nacht schon den 3. Horn. 1573 ein Mandat wider das Reislaufen in allen Kirchen verlesen ließ. „Nachdem man die Christgläubigen in Frankreich gemordet, und der König eine Anzahl Knecht werben will, ohne Zweifel um die Christgläubigen in seinem Rych, so noch vorhanden, zu schädigen und um Leib und Leben zu bringen, und unsere Herren besorgen, daß unter den Ihren etliche so lichtvertig und unbedacht seien, daß sie sich auch in solchen un- erhörten und unbilligen Krieg begeben möchten, so ist ihr Ge- bot, daß menklicher anheimsch bleibe, uf sy und sein Vaterland acht habe und warte." Als jedoch die Mannschaft Berns zur Bekämpfung und Unterdrückung der Protestanten gemißbraucht wurde, verlangte Bern und mit ihm die übrigen evangelischen Stände Entlassung ihrer Angehörigen. Diese waren mit ihren Regierungen einverstanden, und Frankreich, zufrieden, daß die evangelischen Schweizer nicht zu den Hugenotten übergehen, bezahlte ihnen den Sold auch für die Heimkehr. Die fran- zösischen Protestanten fanden aber in den evangelischen Kan- tonen eine solche Theilnahme, und gerade darum um so leb- hafter und wärmer, weil viele von ihren Angehörigen in Frankreich selbst Gelegenheit gehabt hatten, mit den Glaubens- brüdern, deren Familien und ihrer Sache bekannt zu werden: namentlich ergriff eine große Anzahl Berner die Waffen für die Hugenotten. Daher erschien der französische Gesandte von Fleury in Bern, um dagegen Vorstellungen zu machen, weil man ihm versichert, daß in diesem Ort „das Fundament solcher Praktik werd entworfen." Bern aber wies den Gesandten an die sämmtlichen evangelischen Städte, weil die Sache diese eben so wohl berühre wie sie. Die neuen freundlichen Bemühungen dieses Gesandten vermochten die evangelischen Städte abermals zum Beschluß vom 7. Horn. 1586 einer Gesandtschaft nach Frankreich, „einen Frieden zu mittlen, ohne zu wissen, ob die deutschen Fürsten dasselbe thun, in Betrachtung, daß der König auf die deutschen Fürsten nit so viel als auf die evangelischen Stände seine Bundesgenossen sehen und sie zu gütlicher Unterfahung des Friedens zulassen werde, um so mehr, als der französische Adel dies auch gern sähe. Sollte es auch nichts fruchten, so wäre es doch rühmlich und ehrlich, daß man sehe, daß die evangelischen Städte gern ihr bestes gethan; welches mithin auch den Gläubigen in Frankreich einen Trost und Herz gebe, wann sie sehen, daß man sich ihrer solcher Gestalt annehme und belübe." Die Gesandtschaft erhielt die Instruktion: „Als Neutrale zu handeln, und nicht als vom König von Navarra sollicitiert; eher Frieden und Ruhe im Allgemeinen, als den Frieden für die Kirche zu begehren. Aber mit Fleiß zu verstehen zu geben, wann den Conscienzen nicht Fürsehung gethan werde, so lasse sich nicht ansehen, daß die erwünschte Ruhe erlangt werden möge. Denn die Gewissen zum Widerruf zu nöthigen, sei der Weg, eben so viele Gleißner zu schaffen, oder letztlich unzahlbar viele Personen in Verzweiflung zu bringen oder zu Atheisten zu machen. Der König werde nie zu Wege bringen, in seinem Reiche nur Eine Religion zu haben. Wie aber der König seinen Unterthanen nicht davor sein könne, dem Theil, so ihnen gefällig, anzuhangen: also gehe es auch ihnen in der Eidgenossenschaft. Deßhalb sie vermeinen, daß sie eine große Anzahl ihres Volkes nicht verhindern mögen, daß sie den Evangelischen Hülfe beweisen, sonderlich da sie sich bereden, die Erhebung und Empörung reiche zur Austilgung der fürnehmsten Fürsten des französischen Hauses."

Nebst den Gesandten der vier evangelischen Städte erschienen zugleich diejenigen sämmtlicher protestantischen Fürsten und Reichsstädte Deutschlands in Paris, so daß der König in Verlegenheit gerieth, und lange auf eine Audienz warten ließ. Der Gesandte von Bern, Bonstetten, berichtet: nach langem Nachreiten habe ihm endlich der König eine geheime Audienz ertheilt. Allein er habe auf sein Gesuch keine Antwort empfangen. Die endliche schriftliche Antwort erfolgte 1587, den 11. Weinm. im bisherigen Tone. Dem allerchristlichsten König sei von jeher eben so viel an der Religion, als an der Ruhe seines Reiches gelegen; allein er müße am Besten wissen, durch welche Ordnungen und Gesetze er für seine Unterthanen zu sorgen habe: „pour satisfaire à la droite et sincère Intention que dieu a engrauée dans son coeur de regner tranquillement et conserver en union ses peuples que dieu a commis sous sa charge, le faisant Roi du premier Royaume de la Chrestienneté. Also schon zur Zeit Philipp II. von Spanien wagte der schwache Heinrich III. Frankreich das erste Königreich der Christenheit zu nennen! Unter diesen Umständen mußte es den Bemühungen des Königs Heinrich von Navarra nicht schwer fallen, bei den evangelischen Ständen der Eidgenossenschaft Eingang und bereitwillige Hülfe zu finden. Am letzten Tage des Jahres 1586 berichtet er von Rochelle an einen angesehenen Mann in Zürich, nachdem sieben bis acht Heere des Königs nichts gegen die Evangelischen ausgerichtet, habe man eine Zusammenkunft der Königin-Mutter mit ihm veranstaltet. Aber der Ausgang der Verhandlungen sei gewesen, daß der König darauf bestehe, keine andere Religionsübung zu gestatten, als die seinige, was jeder Friedensunterhandlung den Weg abgeschnitten habe. „J'en ay voullu advertir les gens de bien et vous entre aultres, pour vous faire congnoistre de plus en plus les desseints de nos ennemis! Et combien le monde est partout bandé et ligué contre dieu. Lequel

comme je m'asscure benira nos droittes intentions et labeurs,
et delivrera son église. Je vous prie, Monsieur, vous em-
ploier à l'endroit de Messicurs les Cantons de tout votre
pouvoir à ce que nous recepuions d'eux faveur et assistance,
leur representant la conjonction de ma cause, les desseins
des ennemys comungs, l'importance dont la convocation
des églises de France est pour toute la chrestienneté et
l'obligation que chascung y a. Je me recommande a vos
bonnes prières et de vous assurer de plus en plus de l'im-
muable volonté de votre affectionné et asscuré amy."

Welchen Erfolg die Werbung Heinrichs von Navarra
bei den evangelischen Ständen hatte, zeigt am besten die Klage
des französischen Gesandten von Sillery unter dem 18. Aug.
1587, indem er hervorhebt, daß von Zürich, Bern, Glarus,
Basel und Schaffhausen dem König von Navarra Zuzug geschehe. „So viel Zürich belange, so seien diese vor vielen
Jahren durch ihren Lehrer, den Zwingli, dermaßen unterrichtet
worden, daß sie so geistlich gewesen und zu Vermeidung Blut-
vergießens sich des Kriegs nicht annehmen wollen, sondern sich
desselben noch bisher entschlagen. Jetzt aber einsmals, ungeachtet Zwinglis Lehr und unangesehen, daß sie weder beruft
noch erfordert, seien sie ofgewütscht und so kriegsch worden. Die
von Bern aber, als an Volk mächtige und riche Lüth, da ihnen
dabei wohl sein möchte, stellen nach Unruh und stecken sich in
ein Spiel, das ihnen übel erschießen und vschlahen werde."
Als der Gesandte auf Abhülf drang, die eibgenössischen Boten
jedoch fragten: „Aber wenn die Leute nicht folgen?" antwortete
Jener: „So habt Ihr das Euere gethan!" Der Bescheid der
evangelischen Orte vom 30. Aug. lautete demnach folgender
Maßen: „Wenn das Edikt gehalten worden wäre, so hätte
Niemand Ursache gehabt, ihr Volk solcher Gestalt aufzuwiegeln.
Auch sei ihr Volk nicht wider den König, sondern wider dessen
Betrüber des Königreichs und der Christenheit aufgebrochen.
Der Abmahnung würde keine Folge gegeben, ehe die Bezah-
lung erfolgt. Auch seien Zugewandte und Deutsche darunter,

welche nicht gehorchen." Denn Zürich hatte sich ausdrücklich
gegen das Verbot der fünf Orte erklärt, welche den gemeinen
Herrschaften das Reislaufen zum König von Navarra wehren
wollten; und Basel wie Oesterreich gestatteten einer Heerab-
theilung des Bearners den Durchzug durch die österreichischen
Vorlande. So kam es denn, daß nicht einzelne Reisläufer,
sondern drei Regimenter, gegen 16,000 Mann stark, der evangelischen Sache in Frankreich zu Hülfe zogen.⁴⁹

Merkwürdiger Weise fanden die französischen Könige nicht
nur Hülfe durch die kräftige Mannschaft der Schweiz, sondern
auch durch die Kassen der haushälterischen evangelischen Städte.
Zugleich sehen wir mit Bedauern, daß, während diese Städte
ihre Mannschaft nicht zum Verderben der Glaubensgenossen her-
geben wollten, sie mit ihrem Gelde weniger gewissenhaft um-
giengen, und diese französischen Anleihen nur von der Seite
des gewinnbringenden Geldgeschäftes ansahen. Bern mit seinem
einträglichen neuen Gebiete war zunächst im Fall, Darleihen
machen zu können. Es läßt freilich auf sehr zerrüttete Zustände
schließen, wenn das reiche Frankreich bei der armen Schweiz
Geld erheben muß. Während die ältern Valois die großen
Mittel des Reiches wohl zu Rathe zu halten und dadurch ihre
Kriege glücklich zu führen wußten, vertieften sich Katharina von
Medicis und ihre Söhne bei sinnlosem Aufwand und schlechter
Wirthschaft der Günstlinge immer mehr in Schulden. Daher
erhebt der Hof unter Karl IX. 1570 bei Bern 50,000 Kronen
zu 25 Batzen mit einem jährlichen Zins von 2500 Kronen.
Weil aber der Zins nicht erfolgte, wuchs derselbe in siebzehn
Jahren zu einer Summe von 42,500 Kronen. Im Jahre
1571 folgte ein neues Anleihen von 12,000 Kronen, wovon
der nicht bezahlte Zins in sechszehn Jahren auf 9600 Kronen
heranwuchs. Karl verpflichtete sich, an seiner Schuld jährlich
4000 Franken abzuzahlen: allein nichts erfolgte. Heinrich III.
sollte angehalten werden, eine jährliche Rückzahlung von 10,000
Franken zu bewerkstelligen. Nicht nur konnte er weder viel
noch wenig zurückzahlen, sondern Bern ließ sich herbei, ihm im

letzten Jahre seiner Regierung 1589 ein neues Anleihen von
100,000 Kronen zu machen, wovon allein die Schuld der nicht
bezahlten Zinsen im Laufe der Jahre auf 90,000 Kronen an-
stieg. In demselben Jahre erhob er ein Anleihen von 30,000
Kronen bei Zürich, welches aber in Abrechnung einer frühern
Schuld nur 20,000 Kronen ausbezahlte. Als Garantie für
eine andere hängende Schuld von 25,000 Kronen an Zürich
versetzte er seine Einkünfte. Auch Basel machte schon 1570
ein Anleihen von 60,000 Kronen. — .

Aber auch die evangelische Parthei nahm zu der Schweiz
ihre Zuflucht. Wir haben schon gesehen, wie Condé und Chatillon sich um Anleihen bemühten. Auch Heinrich von Navarra erhebt durch Beza's Vermittlung in Genf 1588 bei
einem Graubündner, Baptist Rota, 3000 Goldkronen gegen
Versatz von Edelsteinen, und erhält im folgenden Jahre von
demselben ein neues Anleihen. Als Heinrich den französischen
Thron bestieg, giengen auch die Verpflichtungen der französischen
Krone gegen die Städte der Schweiz auf ihn über; allein sogleich
schickte er seinen Vertrauten, Herrn von Sancy, nach Zürich,
um, angeblich zum Besten von Genf, ein neues Anleihen zu
erhalten, wogegen er die Einkünfte einiger Städte zum Pfand
setzte. Aber erst nach der glücklichen Schlacht und dem vollständigen Sieg bei Jvry hatte man zu seinem Sterne hinlängliches Vertrauen. Auch hatte er die Klugheit gezeigt, die
Schweizer-Regimenter, welche ihm dort gegenüber gestanden
und allein unerschütterlich Stand gehalten, nicht nur zu schonen,
sondern mit Speise und Trank zu laben, jedem Mann eine
Krone zu geben, und ihnen mit Ueberlassung ihrer Fahnen
freien Abzug in die Heimat zu gestatten. In Folge dessen
stand Zürich nicht an, dem französischen Gesandten Brulart,
Herrn von Sillery, den 1. Brachm. 1590 12,000 Kronen
zu verabfolgen, wogegen Zürich für diese Summe und den
früheren Rückstand von 25,000 Kronen die Einkünfte der anerbotenen Städte in Versatz nahm. Leider zeigt sich, als Genf
zu dieser Zeit Zürich um Geld und Hülfsmittel für den Krieg

gegen Savoyen angieng, daß der Vorort sich mit den beträchtlichen Anleihen an den König von Frankreich entschuldigte, so
daß es jetzt weder Korn noch Geld habe, da seine Bürger zudem arm seien. Zum Schlusse des Jahres gieng Zürich so
weit, Heinrich IV. zwei Fähnlein zu bewilligen, „dieweil wir
J. M. als eines christlichen und redlichen Fürsten Sachen in
guter Förderung zu sehen hohen Verlangens sind, wofern es
auch Bern und Basel gefällig und die Hauptleute aus unsern
Räthen und Bürgern genommen werden."[50]

10. Das Edikt von Nantes.

Mit Heinrich IV. hörten zwar die Verfolgungen der
Protestanten nicht auf, allein es war doch nur eine Parthei
im Lande, die katholische Ligue, von der diese Bedrängnisse
ausgiengen. Als dann Heinrich der katholischen Mehrheit und
dem Frieden seinen Glauben zum Opfer brachte, war das
Edikt von Nantes, vom 13. April 1598, nicht etwa ein
Beweis der Treue und des Edelmuthes gegen seine vorigen
Glaubensgenossen, sondern ein Gebot der Nothwendigkeit gegen
die noch immer so mächtige evangelische Parthei, welche ohne
die weitgehenden Zugeständnisse die Waffen nicht niedergelegt
hätte. Es blieb den Protestanten allgemeine Gewissensfreiheit
gewährt, dagegen Ausübung des evangelischen Gottesdienstes
nur an denjenigen Orten, wo solche 1597 gestattet war, in
den Vorstädten, auf den Schlössern der Herren mit hoher Gerichtsbarkeit, und für den niedern Adel mit Beschränkung
auf ihre Familien und 30 Personen ihrer Angehörigen. Die
Protestanten erhalten wieder Zutritt zu den Aemtern, Aufnahme ihrer Kinder in die Schulen, ihrer Kranken in die Spitäler und ihre Armen Antheil an den Almosen; das Recht, an
gewissen Orten ihre Bücher drucken zu lassen; in mehrern
Parlamenten zwischen beiden Konfessionen halbgetheilte Kammern;
vier Akademien für wissenschaftliche und theologische Bildung;
endlich mehrere Sicherheitsplätze, darunter Rochelle. Freilich

mußten zugleich die Güter der katholischen Geistlichkeit zurück erstattet, die Ausübung des katholischen Gottesdienstes überall wieder hergestellt und den Priestern auch von den Protestanten der Zehnten bezahlt werden. Daher beruhigte Heinrich IV. den zürnenden Pabst mit der Erklärung: „Ich werde dafür sorgen, das Edikt, welches ich für die Ruhe des Reiches gemacht habe, so zu handhaben (ménager), daß die katholische Kirche davon den meisten Nutzen zieht." Und die Memoiren des Kardinals Richelieu messen ihm die Aussage bei: „Da die Hugenotten ihm ein wenig gedient hätten, so habe er Vieles von ihnen geduldet; aber sein Sohn werde sie einst für ihre Insolenz züchtigen."[51]

Wenn die Protestanten in Frankreich vom Edikt von Nantes bis zur Uebernahme der Regierung durch Ludwig XIV. von 1598 bis 1660, zwei Generationen hindurch, erträgliche Zustände durchlebten, und daher die Auswanderungen fast ganz aufhörten, so hatten hinwieder die evangelischen Städte der Eidgenossenschaft doch immer wieder Anlaß und Aufforderung, bedrängten und nothleidenden Glaubensgenossen Theilnahme und Hülfe zu schenken. Zunächst nahm das Ländchen Gex ihre Aufmerksamkeit in Anspruch. Dasselbe war 1536 mit der Eroberung der Waadt nebst Chablais und Faucigny gewonnen und reformirt worden. Als aber Bern 1564 auf Verwendung sowohl der katholischen Stände der Eidgenossenschaft als Frankreichs sich bewogen sah, zur gewährleisteten Behauptung des Waadtlandes Chablais und Faucigny wieder an Savoyen zurück zu erstatten, traf dasselbe Schicksal auch Gex. Die abgetretenen Landschaften erhielten, ungeachtet der dringenden Bemühungen Berns, nur bedingte Gewährleistung des Schutzes ihres evangelischen Bekenntnisses. Doch blieb Gex in seinem Glauben im Allgemeinen nicht angefochten, bis im Kriege zwischen Frankreich und Savoyen Genf nach Aufforderung der erstern Macht ebenfalls die Waffen ergriff und Gex eroberte, den 7. April 1589. Aber bald erschien der Abgeordnete Heinrichs IV., Harlay de Sancy, mit der Erklärung, daß der König von

Bern 100,000 Thaler empfangen, gegen Abtretung von Chablais und Gex, daher Genf ihm behülflich sein möchte, daß der König sein Wort halte und demnach Gex an Bern überlasse. Allein das von Bern schwach besetzte und beschützte Land Gex wurde nach einem halben Jahre wieder von Savoyen eingenommen und die evangelischen Pfarrer aus dem Lande vertrieben, die indessen in Genf Aufnahme und bei den evangelischen Ständen der Eidgenossenschaft Hülfe fanden. Doch das benachbarte Ländchen und dessen glaubenstreue Bewohner waren Genf zu theuer, als daß letzteres nicht immer wieder die größten Anstrengungen gemacht hätte, sich in den Besitz dieses für die eigene Vertheidigung so wichtigen Gebietes zu setzen, daher es in mehrjährigen Kämpfen in Verbindung mit Heinrich IV. wiederholte Vortheile über Savoyen errang und seinen Einfluß auf Gex behauptete. Weil Genf im Krieg mit Savoyen über 300,000 Thaler aufgewendet hatte, ließ es sich als Ersatz für die Kriegskosten vom Könige den Besitz des Landes Gex und der östlich von Genf gelegenen Vogtei Gaillard zusichern. Aber im Frieden von Lyon den 27. Jan. 1601 opferte der König die Wohlfahrt von Genf und Gex seinem eigenen Vortheil, indem er, um Gex nebst andern Gebieten für Frankreich zu gewinnen, die Herrschaft Saluzzo und die Vogtei Gaillard an Savoyen abtrat. Als die Genfer gegen diesen Wortbruch Vorstellungen machten, antwortete der König: „Ich weiß wohl, daß ich es versprochen, aber ich bin endlich zu dem genöthigt worden, was ich gethan; ich werde bei einer andern Gelegenheit für ihre Dienste erkenntlich sein." Doch bemühte er sich eben so wenig, Genf erkenntlich zu sein, als der Schweiz überhaupt, deren Beistand an Geld und Mannschaft er so viel verdankte, und kümmerte sich daher im Krieg gegen Spanien nicht um die für die Schweiz so wichtige Neutralität des Herzogthums und der Freigrafschaft Burgund, bis die Schweiz dieselbe durch Kriegsandrohung von Neuem erzwang.[52] — Für Gex, das durch die Bemühungen der Genfer und Berner wieder zur freien Ausübung des evangelischen Gottesdienstes

gelangt war, trat mit der Vollziehung des Edikts von Nantes
eine nachtheilige Aenderung ein, indem die in frühern Zeiten
dem katholischen Gottesdienste gewidmeten Kirchen zu gleichem
Zwecke wieder abgetreten und die ehemaligen Güter der katho=
lischen Kirche zurückerstattet werden mußten. Franz von Sales
hätte immerhin mit seinem Eifer und seiner Beredsamkeit über
die seit achtzig Jahren standhaft gebliebene Bevölkerung wenig
vermocht, wenn nicht durch Kollekten aus Frankreich die an den
abgetretenen Kirchen angestellten katholischen Geistlichen hätten
unterhalten werden können, welche durch Vorschub des Hofes
allmählig Boden gewannen.

Das kleine Genf mit seinen bedeutenden Flüchtlingen
blieb dem großen und mächtigen Frankreich gegenüber immer
ein Mahner und Warner, dessen Stimme man überhören
konnte, dessen strafender Ernst aber weithin einen Wiederhall
fand. Das Wohlwollen, mit dem Beza von Heinrich IV. be=
ehrt worden, hinderte jenen nicht an der strengen Rüge über
seinen Abfall. Und Simon Goulart, Beza's nächster Ge=
hülfe und Nachfolger im Amte der Kirchenleitung, verdienstvoll
als Prediger, Exeget und Kirchenhistoriker, scheute sich nicht,
als Heinrich IV. in der Nähe der Gränze erschien, die Obrig=
keit von Genf auf der Kanzel vor der Schmach zu warnen,
der den König begleitenden Geliebten die Ehre anzuthun, durch
welche benachbarte französische Städte sich erniedrigt hätten.
Aus Furcht vor dem Könige legte der Rath den kühnen Pre=
diger ins Gefängniß, und behielt ihn darin, als er nicht wider=
rufen wollte. Erst auf die Verwendung der schweizerischen Ge=
sandten bei Heinrich IV. wurde Goulart wieder freigegeben.
In welchem Ansehen Goulart stand, geht daraus hervor, daß
Agrippa d'Aubigné sich durch denselben bei dem Rath von Genf
zur Aufnahme in der Stadt empfehlen ließ, und der Rath
ihm während seines Aufenthaltes in Genf ein besonders Ver=
trauen schenkte, wie denn überhaupt die Flüchtlinge fortwährend
des höchsten Ansehens genossen, und zwar allmählig nicht nur
die Geistlichen, sondern in gleichem Grade die Rechtsgelehrten

und Mathematiker, wie u. a. Jaques Lect, der Professor der Rechte. Dafür zeigten sich die Flüchtlinge in der Stunde der Gefahr auch besonders dankbar: denn nachdem Genf 1603 die Escalade namentlich auch mit der Beihülfe der Eingewanderten abgeschlagen, eilten tausend bis zwölfhundert französische Hugenotten herbei, um Genf gegen neue Ueberfälle zu schützen. Merkwürdiger Weise ließ sich 1596 sogar eine Anzahl österreichischer Familien in Genf nieder, welchen ein deutscher Prediger gestattet wurde.[63]

11. Zustände Frankreichs unter Heinrich IV.

Auch unter Heinrich IV. und trotz des Ediktes von Nantes machte die katholische Restauration in Frankreich solche Fortschritte, daß von der im J. 1597 bestehenden Zahl von 2000 protestantischen Kirchen im J. 1611 nur noch 500 dem evangelischen Bekenntnisse angehörten. Ungeachtet der Bestätigung des Ediktes von Nantes durch die Regierung von Heinrichs Wittwe, Maria von Medicis, während der Minderjährigkeit ihres Sohnes Ludwigs XIII., wurde der Aufenthalt für freie und edle Geister in Frankreich allmählig unerträglich. Daher wanderte Theodor Agrippa d'Aubigné 1620 nach Genf aus. Er hatte als Knabe zwei Jahre daselbst zugebracht, wo er sich, ungeachtet seiner muthwilligen Streiche, der Gunst Beza's zu erfreuen hatte, und Luise Sarasin, die Tochter seines Kostherrn, die ihn im Griechischen unterrichtete, in dankbarem Andenken behielt. Damals von der Enge und Strenge Genfs wenig befriedigt, gieng er nach Lyon und trat mit sechszehn Jahren unter die Soldaten, um für seine Glaubensgenossen zu kämpfen. Er war der treueste, tapferste und geistreichste Anhänger Heinrichs IV., aber dessen Leichtsinn und Abfall und d'Aubigné's trotzige Unabhängigkeit brachten es mit sich, daß dieser sich immer wieder mit seinem Herrn überwarf. Unter andern richtete er einmal folgendes Schreiben an seinen König: „Sire, votre mémoire vous reprochera douze aunées

de mes services et douze plaies sur mon corps, elle vous
fera souvenir de votre prison, et que la main qui vous écrit
en a rompu les verouils et est demeurée pure en vous servant,
vuide de vos bienfaits et exempte de corruption, tant de
votre ennemi que de vous-même. Par cet écrit je vous recommande à Dieu à qui je donne mes services passéz et à
vous ceux de l'avenir, par lesquels je m'éfforcerai de
vous faire connaitre, qu'en me perdant vous avez perdu
votre serviteur le plus devoué." Wie sehr dieser Diener, trotz
seines unbequemen Tadels, vom Könige geschätzt wurde, geht
aus dem Worte hervor: „La parole d'Aubigné mécontent
vaut mieux que la reconnaissance des autres." Wenn aber
Heinrichs glänzende Eigenschaften seine Schwächen immer wieder
wieder so weit aufwogen, daß der ungestüme Mann bei ihm
aushalten mochte, so wurde hingegen seine Stellung unter
Heinrichs ränkevoller und von Spanien beeinflußter Wittwe
so unerträglich, als er ihr durch seine Verbindungen mit den
Hugenotten verdächtig und gefährlich: daher war seines Bleibens
nicht mehr in Frankreich. Mit vier Begleitern und zwölf
Pferden, unter deren Sätteln er 30,000 Thaler verborgen
davon trug, brach er auf, und es gelang ihm, unter mancherlei Abenteuern durch alle Truppencorps und bis zur Grätze
sich durchzuarbeiten. Ende Herbstmonats 1620 langte er in
Genf an, wo er eine ehrenvolle Aufnahme fand. Als Bern
den edeln Flüchtling gerne nach dem Waadtland gezogen hätte,
begünstigte Genf den Ankauf des Schlosses Crest auf seinem
Gebiete und schenkte ihm für seine Besitzung die Abgabenfrei-
heit, wogegen d'Aubigné versicherte, daß er auf die alten Schloß-
mauern keine Festung, sondern nur ein Haus mit Zugbrücke
und Eckthürmchen erbauen wolle, um sich gegen einen Ueberfall und gegen Räuber und Mörder zu sichern. Als im folgenden Jahre Venedig ihn zur Vertheidigung von Graubünden in
seine Dienste nehmen wollte, erklärte er dem Rathe von Genf,
daß er diese Stadt von nun an als seine Heimath betrachte
und ihr vor andern aus wie ein Bürger zunächst zu Diensten

stehe. Dagegen übernahm er in demselben Jahre die Leitung
des Baues der Festungswerke in Bern, wovon er selbst ur=
theilen zu können glaubte: „Dieser mit Eifer zur Ausführung
gebrachte Festungsgürtel gilt heute für eines der schönsten und
vollkommensten Festungswerke in Europa." Voll Dank und
Vertrauen wollte Bern auch den Oberbefehl über sein Heer,
das d'Aubigné auf 48,000 Mann angiebt, in seine Hand legen,
was er aber ablehnte wegen seines Alters und der Unbekannt=
schaft mit der Landessprache. Auf seinen Vorschlag wurde dann
ein andrer edler Flüchtling, der Graf La Suze, ein ausgezeich=
neter Ingenieur, zum Oberbefehlshaber des Heeres von Bern
ernannt. Auch Basel gieng ihn um seine Beihülfe für die
Befestigung der Stadt an; daher er einen ausführlichen Plan
entwarf, mit dem Grundriß von zweiundzwanzig Bastionen,
von denen indessen nur vier zur Ausführung kamen. Die
Aufnahme d'Aubigné's in Genf war vom französischen Hofe
übel angesehen, daher in Betreff seiner Reden und Schriften
öfters Einsprache geschah. Namentlich beleidigte er durch seine
„Confession de Sancy", eine schneidige Satyre, in welcher er
seinen alten Waffengefährten, den Günstling Heinrichs IV.,
den Obersten der Schweizergarde, geißelte, der schon dreimal die
Religion gewechselt hatte. d'Aubigné charakterisirt in ihm den
den ehrlosen Höfling, indem er ihn redend einführt und ihn
die niedrigen Beweggründe seines Religionswechsels aufzählen
läßt. Die Schrift hat bleibende Bedeutung durch das richtige
Urtheil über die Zustände seiner Zeit; namentlich ist die frei=
müthige Schilderung der damaligen Hugenotten berühmt. „Je
vis en France que les Huguenots avoyent une ame agitée
au gré de leurs ennemis; qu'ils cherchoient leur seureté
ailleurs que chez eux et en eux mesmes; prenoient leurs
résolutions chez leurs ennemis et non pas chez eux memes
comme font les Suisses: tenoient la paix parfaite avant
qu'elle fust bien commencée à traitter et se despoulloyent
de leurs advantages et distinctions premier qu'elle fut exe-
cutée: par ainsi n'estant ni en guerre ni en paix ni en

trève, ils s'imaginoyent un quatrième estat qui ne fust jamais et bransloyent un pied en l'air, qui n'est pas pour faire une bonne démarche. Il y en avoit parmi eux qui croyent haut ces choses. Les autres n'y vouloient pas remedier, que les grands, qui estoient gaignés par le roy, ne rentrassent avec eux pour enfler leur party de pièces hétérogènes, l'aymant mieux gros que sain. Ils apprehendèrent leur foiblesse sans considérer les distinctions des affaires de l'estat: de là ils commencèrent de traitter avec respect pour conclure sans seureté. Ils ne faisoyent assès pour offense, non pour defence; pauvres gens en leur simple fidélité, condamnés à estre le jouet des plus grands advisés aux affaires du roy, divisés entre eux, cousus dans leurs cuirasses comme tortues dans leurs coquilles." (Liv. II. Chap. 1.)

Im höchsten Alter gab d'Aubigné in Genf von Neuem und vermehrt die „Aventures du Baron de Fæneste" heraus, worin er in herber und strafender Satyre die Verderbniß des französischen Adels seiner Zeit züchtigt. Der Rath von Genf gerieth durch die in dieser Schrift aufgeführten skandalösen Schilderungen, welche einen von dem religiösen Ernst und der Sittenstrenge der Stadt weit abweichenden Ton anschlugen, gegenüber Frankreich in Verlegenheit, bezeugte daher dem Verfasser sein Mißfallen und bestrafte den Buchdrucker. Doch ließ sich Genf durch die Ränke Frankreichs gegen den edeln Flüchtling nicht einschüchtern, welcher mit den damaligen gelehrten Theologen Genfs, wie Goulart, Tronchin, Diodati, Benedikt Turretini, im innigsten Vertrauen lebte; und als der Hof, in ohnmächtiger Rache, gegen den freimüthigen Edelmann das Todesurtheil aussprach, reichte die edle Wittwe Bourlamachi ihm in zweiter Ehe die Hand, worauf er die Edelleute, welche bisher seine Umgebung gebildet, entließ und fortan als schlichter Bürger in Genf lebte. d'Aubigné hat sich namentlich auch durch seine allgemeine Geschichte einen Namen gemacht, welche indessen in Genf nicht gedruckt werden durfte, und er ist als der genialste Dichter unter den Calvinisten gefeiert. In seinem Testamente setzte er für französische Studierende in Genf und für französische Soldaten der Garnison von Genf 2000 Gulden aus. Sein Schloß Crest ist noch in der Hand der Familie Tronchin, welche daselbst seinen Nachlaß bewahrt. Die Tochter seines ungerathenen und daher enterbten Sohnes Constant war die Frau von Maintenon. Die in Genf verbürgerte Familie b'Aubigné entstammt dem außerehlichen, aber von seinem Vater Agrippa anerkannten und um seiner vorzüglichen Eigenschaften willen geliebten Sohne Nathan, einem ausgezeichneten Arzte, zu dessen Nachkommen der bekannte Merle b'Aubigné gehört.[54]

Ein Haupt der französischen Hugenotten war vermöge seines Glaubens und nach dem Zug seines Herzens auch mit der evangelischen Schweiz verbunden. Wie wir solches beim edelsten Führer derselben, dem Admiral von Coligny, gesehen haben, so fand es auch bei dessen preiswürdigstem Nacheiferer statt, dem Herzog Heinrich von Rohan. Rohans Vater war durch seine Mutter ein naher Verwandter des königlichen Hauses von Navarra und ein Vertrauter Heinrichs IV., so daß dieser in der Mordnacht im Gemache Rohans Schutz suchte. Rohans Mutter dankt nach dem Tode ihres Gatten in einem Briefe aus Rochelle, in dessen Mauern sie hochbetagt vierzig Jahre später bei der letzten Belagerung in heldenmüthiger Ausdauer verharrte, am Neujahrstage von 1587 an Bern für die ihrem Manne erwiesene „Affection", und bittet diese Anhänglichkeit auf ihre Kinder überzutragen. Diesen Brief überbrachte ein Schweizer, welcher dem Hause Rohan achtzehn Jahre lang Waffendienste geleistet. Der junge Herzog trat schon mit sechsundzwanzig Jahren in ein nahes und ehrenvolles Verhältniß zur Schweiz, indem Heinrich IV. ihn 1605 zum General-Obersten der Schweizergarde erhob. Als der König durch Mörderhand mitten aus seiner Thätigkeit gerissen wurde, stand Rohan an der Spitze von 6000 Schweizern und war stark durch das besondre Vertrauen der Hugenotten, daher er von nun an der standhafteste Verfechter der Sache der

Protestanten und der Großen des Reichs gegen die Intriguen des Hofes war. Mit der neuen Bedrohung des Protestantismus unter der Regierung der Königin Mutter hatte Genf immer wieder zunächst den feindlichen Angriff zu gewärtigen, deshalb erhielt die Stadt aus Frankreich nicht nur Geld für Ausdehnung der Festungswerke, sondern mehrere Edelleute eilten herbei, um ihre persönlichen Dienste anzubieten, u. a. Rohans Bruder, der Herzog von Soubise und die Neffen Sully's, Bethune und Desmarets. Und die Herzogin von Rohan, die Mutter, versichert den 4. Mai 1611 die Stadt Genf, „daß ihre Söhne von ihrer Geburt an stets bereit gewesen, der Sache zu dienen, für welche sie Alle kämpfen, und daß sie wohl wissen, wie wichtig die Erhaltung der Stadt Genf für ihre Sache sei." Zu gleicher Zeit schrieb auch Heinrich von Rohan aus Fontainebleau an den Rath von Genf: „Messieurs, Vos affaires ne vous sont point si particulières que la plus part de la France n'y prenne part et que de l'interest particulier de votre seule Eglise toutes les ames bien marquées n'en facent leur cause générale. Plusieurs vous ont désja tesmoigné leur zelle en ceste occasion. Mais sy de ce nombre j'ay esté l'un des derniers je ne céderay néantmoins à personne en ce qui est du debvoir général et do l'affection qu'on doibt avoir à la foy et à votre bien. à quoy je ne puis davantage engager que tout ce qui peut despendre de moy et fusse aller joindre ma vie avec celle de mon frère pour les offrir ensemble à vostre conservation, n'eust esté que j'ay creu vous pouvoir servir en ceste cour où me contentant pas seulement de toucher par la vive voix les cuœurs des gens de bien j'ay escript en Allemagne à plusieurs lesquels tesmoignent les justes ressentiments qu'ils doibvent avoir pour vous."

Im Jahre 1613 verlor Rohan wieder den Oberbefehl über die Schweizergarde, und noch mehr zu bedauern ist, daß dieser edelste Sohn Frankreichs nun seine schönste Zeit und Kraft im heldenmüthigen, aber hoffnungslosen Kampf für die

Sache seiner Glaubensgenossen opferte. Ueber die Gründe seines Kampfes gegen die Regierung giebt uns ein Brief vom 24. Febr. 1629 aus Nismes an Zürich klaren Aufschluß, indem der Herzog hervorhebt: „Seit acht oder zehn Jahren seien die blühendsten Kirchen Frankreichs unmenschlich unterdrückt worden: daher haben sie sich in Waffen erhoben und ihre Rechtfertigung gefunden bei Fürsten und freien Regimenten, die uns durch die heiligen Bande gleichen Glaubens zugethan. Der Krieg allein brachte Erleichterung, der Friede hatte die Leiden stärker und strenger als zuvor erneuert: da weder das Wort des Königs, noch die Heiligkeit der Edikte, noch unsere Klagen dem Unheil Einhalt gethan." Nach Aufzählung der Gewaltthätigkeiten gegen die evangelischen Sicherheitsplätze Montpellier und Rochelle fährt er fort: „Viele Kirchen sind niedergerissen worden, Kinder gefangen und getödtet, Gläubige auf die Galeere geschleppt, gehängt, ihre Güter konfiscirt. Das Elend wurde erst im Frieden recht hart, die Friedensvermittler haben uns nur geschadet, nun erst wurden die Gläubigen zur Messe gezwungen, Tausende von Kirchen geraubt, Bibeln verbrannt. „Sur quoi je me donnerai la liberté de vous dire, qu'il me semble que vos Seigneuries doivent faire bonne considération, de prester leurs meilleurs hommes et soldats les plus aguerris à ceux, desquels la main est teinte de nostre sang, et qui se glorifient de l'oppression de vos frères, et poursuivent hautement la dernière et totale ruyne de l'Eglise de Dieu en ce royaume." St. Simon sagt von ihm: „Ce grand homme fut le dernier chef des huguenots en France; c'est lui qui se distingua tant à la tête du parti abattu et laissa la reputation d'un grand capitaine et d'un grand homme de cabinet." Und Voltaire zeichnet ihn folgender Maßen:

„Avec tous les talents le Ciel l'avait fait naître;
Il agit en héros, en sage il écrivit;
Il fut même grand homme, en combattant son maitre,
Et plus grand lorsqu'il le servit."

In seiner freiwilligen Verbannung zu Venedig erntete

Rohan die Lorbeeren des Schriftstellers, und Richelieu war
unbefangen genug, ihm zur Wohlfahrt Frankreichs auch die
kriegerische Siegespalme zu gönnen, und ihm den Oberbefehl
in Graubünden gegen Oesterreich und Spanien zu übergeben.
Allein die Intriguen des französischen Hofes und das wilde
Partheigetriebe in Bünden brachten Rohan auch hier um die
Früchte seiner Anstrengungen, dagegen hatte er sich die Liebe
und Verehrung der evangelischen Stände erworben und von
Genf hatte er sich während seines Aufenthaltes im Veltlin
Theodor Tronchin als Prediger erbeten. Während einer Zeit
der Ungnade von Seite Richelieus 1633 brachte Rohan längere
Zeit in Baden zu und verfaßte daselbst seinen Traité du
gouvernement des 13 Cantons. Oefters erfreute er Zürich
mit seiner Gegenwart, wo er den beiden Ulrich, dem Obersten
und dem nachherigen Antistes, besonderes Vertrauen schenkte,
und noch bewahrt die Zürcher Stadtbibliothek von ihm das
Geschenk einer hebräischen Bibel in zierlicher Pergamenthand-
schrift. Nachdem endlich Mißtrauen und Eifersucht des Hofes
ihm den Oberbefehl in Graubünden und die Gesandtschaft in
der Schweiz entzogen, wählte er als Ort der Ruhe für seine
letzten Tage Genf, wo er im Hause der ehrwürdigen Wittwe
d'Aubigné's wohnte, und schrieb daselbst die Geschichte seines
Feldzuges im Veltlin. Allein Richelieu wollte den gefürchteten
Mann nicht in der Nähe der französischen Protestanten dulden,
und befahl ihm, sich nach Venedig zurückzuziehen. Um Genf
und sich selbst den Feindseligkeiten des mächtigen Ministers zu
entziehen, traf er mit der Würde des Helden seine Wahl. An
den Ufern des Rheins kämpfte Bernhard von Weimar an der
Spitze eines Heeres in Frankreichs Namen, aber auch für die
protestantische Sache gegen den Kaiser; unter Weimars Fahnen
beschloß Rohan, Sicherheit gegen Frankreichs König oder den
Tod für Frankreich und für seinen Glauben zu suchen. Im
Januar 1638 verließ er Genf, kam noch einmal nach Zürich,
ehrenvoll bewillkommt vom Rathe, wie früher, verweilte hier
acht Tage und verfügte sich dann in Weimars Hauptquartier

vor Rheinfelden. Mit offenen Armen empfieng Herzog Bernhard den ihm in jeder Beziehung so ebenbürtigen, an Jahren
überlegenen Feldherrn, und als wenige Tage später die Kaiserlichen unter Savelli und Johann von Werth zum Entsatze von
Rheinfelden heranrückten, ward Rohan zu Theil, was er suchte.
Während Weimars Hauptmacht auf dem linken Rheinufer die
belagerte Stadt bedrängte, ordnete Herzog Bernhard auf dem
rechten Ufer, bei Beuggen, den übrigen Theil seines Heeres
zum Widerstand gegen den nahenden Feind, am 28. Februar
1638. Er bot Rohan die Ehre des Oberbefehls im bevorstehenden Kampfe an; allein dieser erwiderte lächelnd: „Lassen
Sie mich's heut' einmal mit der Faust, statt mit dem Kopfe,
versuchen!" und nahm in den Reihen des Reiterregimentes
Nassau Platz. Ein blutiges, unentschiedenes Treffen entstand.
Rohan, von drei Schüssen in Achsel und Schenkel verwundet,
von einem feindlichen Reiter aufgehoben und zu Pferde als
Gefangener fortgeführt, wurde durch einen neuen Angriff der
Seinigen wieder befreit, dann aber ins Kloster Königsfelden
gebracht, wo er sein Gefolge und sorgsame Pflege fand. Auf
Genfs Glückwunschschreiben zu Sieg und Lebensrettung hatte
der Herzog von Laufenburg aus den 15. März geantwortet:
„Lorsqu'on ne peut estre au gouvernail il faut servir au
cordage, et il n'importe quelle qualité on soustienne quand
c'est pour une bonne cause. Quant à mes blessures elles
sont peut de chose, et l'appareil que vous y apportez est
plus grand que la playe." Gleichwohl erlag Rohan den 13.
April seinen Wunden. Sein Wunsch war, daß seine Leiche an
dem Orte bestattet würde, wo er eine zweite Heimat gefunden.
Es wurden seinen Ueberresten auf dem Wege nach Genf die
höchsten Ehrenbezeugungen zu Theil. Die ehrwürdige St.
Peterskirche enthält das Grabmahl des Helden, das einzige,
welches die strenge Einfachheit der Stadt Calvins einem Verstorbenen bewilligt.[55]

Um diese Zeit konnten nur große und hochstrebende Geister,
wie d'Aubigné und Rohan, sich veranlaßt finden, die schöne

Heimat mit allen ihren Vortheilen und eine hervorragende Stellung um des Glaubens und der persönlichen Freiheit willen zu verlassen. Denn seit dem Falle Rochelle's die politische, der Republik sich nähernde Machtstellung der Hugenotten gebrochen war, zugleich aber das von Richelieu ihnen bewilligte sogenannte Gnadenedikt von 1629 die freie Religionsübung und die selbständig organisirte Kirchenverfassung mit ihren Synoden und General-Abgeordneten den Protestanten zugesichert hatte, begann für die evangelischen Kirchen Frankreichs ein längerer Zeitraum der Ruhe und der friedlichen Entwicklung. Wenn der politische Einfluß und der Zutritt zu höhern Staatsämtern den Hugenotten verschlossen blieb, so sahen sie sich dagegen in die glückliche Unmöglichkeit versetzt, durch Wohlleben und Müßiggang zu verarmen. Zu einer nützlichen Arbeit genöthigt, verwendeten sie ihre Kräfte aufs Beste. Die Güter der Protestanten waren vorzüglich gut bestellt, namentlich zeichneten sie sich durch Wein- und Gartenbau aus. Die Städte, wo Protestanten ihren Wohnsitz hatten, thaten sich durch Gewerbe und Handel hervor, daher der grimmige Protestantenfeind Baville bekennen muß: „Im Allgemeinen sind die Neubekehrten wohlhabender, fleißiger und betriebsamer als die alten Katholiken." Besonders verdankte ihnen Bordeaux und Rochelle den raschen Aufschwung des Seehandels, und die sichere Vertrautheit mit dem Meere lieferte der französischen Kriegsflotte Protestanten als die geschicktesten und kühnsten Seeleute. Während im Norden durch protestantischen Gewerbsfleiß die Woll- und Leinwand-Webereien zu allgemeiner Blüthe gelangten, gewannen in Tours und Lyon die Evangelischen durch die ausgezeichneten Kunsterzeugnisse ihrer Seidenweberei in Taffet, Sammt und Bändern einen unbestrittenen Vorrang. Richelieu und Mazarin waren zu ausgezeichnete Staatsmänner, um die Vortheile nicht anzuerkennen, welche die Protestanten dem Reiche leisteten; nachdem sie dieselben als Parthei unschädlich gemacht, warteten sie geduldig die günstigen Umstände ab, um diese Abtrünnigen in den Schooß der allein seligmachenden Kirche zurückzuführen.

12. Anfang neuer Verfolgungen unter Ludwig XIII.

Bald wurden Versuche im Kleinen gemacht. So glaubte Ludwig XIII. seine Regierungsgewalt damit eröffnen zu sollen, daß er Bearn, das Stammland seiner Väter, mit Waffengewalt zur Rückkehr zum alten Glauben zwang. Das gleiche Schicksal hatte auch das Ländchen Gex. Nach dem Tode Heinrichs IV. wurden, ungeachtet der Armuth der Bewohner, von den Evangelischen 21 Kirchen gebaut, zudem enthielten Sergy, Fernex und Crassier adelige Schloßkapellen, und zu Collex hatte ein vierter Adeliger eine Kirche gebaut. So hatten die Protestanten in Gex wieder wie vor 1601 25 Kirchen, welche eilf Gemeinden bildeten, mit 12 Pfarrern, davon zwei in der kleinen Hauptstadt Gex. Genf, die fruchtbare Pflanzschule von Verkündigern des Evangeliums für einen großen Theil Frankreichs, war zunächst für das Nachbarländchen bedacht. So finden wir daselbst im Anfang des 17. Jahrhunderts als Abgesandte Genfs u. a. die Pfarrer Jacques Gautier und Abraham Du Pan. Oder die hülfreiche Stadt wird gebeten, den Nachbarn wenigstens einen Prediger zu leihen, „damit Niemand des Gottesdienstes entbehre." Nachdem die frühern Güter der katholischen Kirche 1612 wieder an dieselbe hatten zurückgegeben werden müssen, bezog die evangelische Konfession vom Staate jährlich die ärmliche Summe von 3600 Franken. Dieser Staatsbeitrag hörte 1621 auf und wurde dem Lande 1626 durch förmlichen Beschluß entzogen. Von nun an mußten die Evangelischen ihre Pfarrer durch Steuerumlage erhalten. Da solches in dem armen und zudem durch langen Krieg erschöpften Ländchen eine zu schwere Last war, wurde die Zahl der Pfarrer auf 9 beschränkt. Ohne Genf hätten diese Gemeinden überhaupt nicht bestehen können, welches, ungeachtet der allgemeinen Opfer für die bedrängten Nachbarn, in Ermunterung und Hülfe unermüdlich war und ihnen oft die Unterstützung französischer Kirchen zuwandte. Allein grade um Genf zu kränken, scheint Gex als erstes Versuchsfeld aus-

erwählt worden zu sein, um die Evangelischen mit unaufhörlichen und wachsenden Bedrängnissen heimzusuchen. 1634 ergieng das Verbot an die Pfarrer, an einem andern Orte zu
predigen als an ihrem Wohnorte: was die Hälfte der Kirchen
der Predigten beraubt hätte, wenn es nicht dem Glaubensmuth
der Geistlichen gelungen wäre, diese Hindernisse zu vereiteln.
Der Hauptort Gex, wo seit 1620 das Provinzial-Archiv der
evangelischen Kirchen von Burgund niedergelegt war, wurde
der Kirche beraubt und die Gemeinde versammelte sich lange
in einer Scheune, bis 1659 mit Hülfe Genfs der Bau einer
neuen Kirche gelang. Und dem Eifer des jungen Cäsar Rey
aus Dauphiné wurde es möglich, den Gottesdienst in den drei
seinem Amte anvertrauten Gemeinden Collex, Fernex und Versoix aufrecht zu erhalten. Das Gebot, die katholischen Fest-
tage zu feiern, der Besuch der Mönche bei Kranken, der gewaltthätige Schluß von Kirche und Schule zu Gex konnte die
Standhaftigkeit der Gläubigen nicht erschüttern; denn die Zahl
der Katholiken mehrte sich nicht, vielmehr fanden noch immer
einzelne Uebertritte von diesen zum Evangelium statt. Und
die brüderliche Liebe war so groß, daß außer der Sorge für
die Förderung der eigenen Kirchen auch noch Kollekten für
fremde Glaubensbrüder und für die Gefangenen auf den Galeeren möglich wurden.

Mit Mazarins Tod trat eine strengere Verfolgung der
Protestanten ein, deren Vorboten sich wieder zuerst in Gex
einstellten. Bisher waren die Begünstigungen des Katholizismus von Seite des Hofes machtlos gewesen. Die wieder in
ihre Kirchen und Pfründen eingesetzten katholischen Geistlichen
mußten sich in den meisten Gemeinden mit vereinzelten über-
getretenen Familien begnügen, indem kaum der zwanzigste Theil
der Bevölkerung von Gex ihrem Bekenntnisse zugethan war,
daher jene häufig müde wurden und ein so undankbares Arbeitsfeld verließen. Nun aber ernannte Ludwig XIV. für jede
Provinz zwei Kommissäre, einen katholischen und einen reformirten, welche die Verletzungen des Edikts von Nantes unter-

suchen und den Frieden zwischen den beiden Bekenntnissen her-
stellen sollten. Der katholische Kommissär sprach für die Staats-
religion im Namen des Königs und war gewiß, seiner Ansicht
bei Hofe Eingang zu verschaffen; der reformirte Kommissär, ein
verdächtiger Mann, welcher sich für eine mißbeliebige und ver-
abscheute Sache verwendete, fand nur selten Gehör. Dieser
war für Gex Marc Chevalier, der arme Herr von Fernex;
jener Bouchu, ein mächtiger Amtmann in Burgund, ein gewaltthätiger Mann und Freund der Jesuiten. Da fanden
die Klagen der katholischen Geistlichen des Landes, welche der
Bischof von Annecy, der finstere Nachfolger des edeln Franz
von Sales, eifrig unterstützte, günstigen Eingang bei Hofe und
bald erschien Bouchu, um den Willen des Königs zu vollbringen. Er erklärte: die Landschaft Gex, vier bis fünf Stunden lang und zwei und eine halbe Stunde breit, hat in 25
Pfarrgemeinden 17 katholische Geistliche, die Ausübung der
sogenannten reformirten Religion kann also nur in zwei Kirchen
stattfinden. Die bedrohten evangelischen Gemeinden verordneten
als Abgesandte an den König den Pfarrer Cäsar Rey und
den Advokaten Philipp Roch, um ihre unter dem Schutze
des Edikts von Nantes bisher behaupteten Rechte und Freiheiten vor dem Könige zu vertheidigen. Dieselben wurden
aber Monate lang hingehalten, ohne vor dem König erscheinen
zu dürfen, so daß sie dem Lande nichts heimbrachten, als
Schulden. Unterdessen ließ Bouchu 23 evangelische Kirchen
schließen, die Glocken wegnehmen, die Kirchenstühle zertrümmern
und die Thüren vermauern. In Sergy und Fernex wo der
Gottesdienst gestattet wurde, befanden sich keine Kirchen, sondern nur kleine Schloßkapellen, welche die Menge der Gläubigen
nicht faßten. Eben so durften noch zwei evangelische Schulen
bestehen, die Begräbnisse nur Nachts und ohne Gebete statt-
haben, die Hälfte der Gemeinde-Güter wurde den wenigen
Katholiken zugetheilt. Keine außer Gex wohnenden Geistlichen
durften kommen und daselbst gottesdienstliche Handlungen verrichten.

9*

In dieser traurigen Lage konnte das stets bereitwillige
Genf, nun selbst erschöpft und machtlos, nicht helfen, daher
wandten sich die noch übrigen Pfarrer an die evangelische Kirche
von Lyon. Diese schreibt den 18. Chstm. 1661 an Zürich,
sie könne wegen der vielen Durchzüge und der großen Zahl
andrer verfolgter Franzosen für Gex nichts thun. „Die Ihrigen
haben täglich zu steuern und viele Kranke zu unterhalten, weil
man wegen Religionszwang sich des Spitals nicht bedienen
könne. Die Handlung geht je länger je schlechter, da Viele
nicht zu arbeiten haben: so wird unser Seckel gänzlich ausge-
leert. Obwol wir evangelische Teutsche insgesammt, sammt
etlichen gutherzigen Franzosen, deren aber wenig, nach unserm
beßten Vermögen das Unsrige thun. Daher müssen sich die
Nothleidenden anderswo umsehen, und besonders bei den Herren
in Zürich, in Betrachtung, daß so viele junge Burger allhie,
die da Religions-Uebung genießen, und für alle Fäll Krankheiten allen Bysprung haben, wie es neulich gegen einer euerer
Soldaten-Frauen geschehen." — Die Trümmer der Kirche von
Gex wenden sich zu gleicher Zeit selbst an Zürich und empfehlen sich zur Hülfe durch Absendung Samuel Bernards,
des von Crozet verjagten Pfarrers, dem Bouchu als einem
entschlossenen Genfer besonders aufsätzig war. Bernard reichte
dem Rathe von Zürich ein weitläufiges Memorial ein, worin
er die Geschichte der Kirchen von Gex und deren mannigfaltige Leiden erzählt (den 22. Chrstm.), und zum Schlusse anführt, der Nothleidenden seien 12,000. Sie dürfen um so
mehr auf Erhörung ihrer Bitte hoffen, da sie die evangelischen
Städte zuvor niemals angefleht. — Zu Anfang des folgenden
Jahres 1662 setzte der Advokat Peter Loride die protestantische
Welt durch eine merkwürdige Druckschrift von den Drangsalen
der Landschaft Gex in Kenntniß: wie man sich denken kann,
ohne Erfolg. Während Zürich und Basel je 100 Thaler,
Bern 150 Thaler für die bringendsten Bedürfnisse nach
Gex übersandten, und St. Gallen ebenfalls einen Beitrag
aus obrigkeitlichen Mitteln verhieß, nachdem dessen „nach Frank-

reich negotierende Kaufleute aus gemeinsamem Beschluß" von
Lyon 400 Fr. nach Gex überschickt, verwendeten sich die evangelischen Stände noch beim König und bei dem zum Schutze
der Protestanten vom König verordneten General-Deputirten,
dem Herrn von Ruvigny. Die Wahl der General-Deputirten
für die reformirten Kirchen stand anfangs den politischen Versammlungen und nach deren Unterdrückung den National-
Synoden zu. Schon unter Ludwig XIII. verloren die Synoden dieses Recht, und der König ernannte den Generaldepu-
tirten, welchen die Synode bestätigte. Nach dem Tode d'Ar-
zilliers wurde Ruvigny ernannt und der Synode nur die
Anzeige gemacht. Ruvigny führte sich bei den Kirchen von
Burgund und Lyon den 22. Aug. 1653 mit folgendem Schreiben ein: „Der König hat mich auserwählt, um mir ein Amt
zu übergeben, welches seinen Dienst und den eurigen angeht.
Ich glaube, es werde mir nicht schwer werden, mich dieser
beiden Pflichten wohl zu entledigen, wozu ich mich durch mein
Gewissen verpflichtet fühle." Ueber diesen auch von der evangelischen Schweiz oft angerufenen Mann giebt Guizot folgendes Urtheil: „Ruvigny s'acquita de cette ingrate mission
avec un zèle habile, souvent désagréable et même suspect
aux deux partis; mais également fidèle au roi et à son
église, et s'inquiétant peu de leur déplaire tour à tour
pourvu qu'il réussît à maintenir entre eux le droit et la
paix." — So wenig Ruvigny im Fall war, den Schweizerstädten günstige Aussichten für ihre Verwendung zu eröffnen,
so gaben seine Schreiben wenigstens den Ernst wohlwollender
Theilnahme kund. Dagegen fällt der Unterschied der schweizerischen Verwendungsschreiben aus dieser Zeit gegen die frühern
unangenehm auf: während letztern das Vertrauen auf eine gute
und heilige Sache Wärme und zuversichtliche Freimüthigkeit verleiht, macht die nunmehr eingetretene Hoffnungslosigkeit auch das
Wort kraftlos. Freilich fühlte sich Bern noch besonders verpflichtet, die Verträge, unter welchen es seiner Zeit Gex abgetreten hatte, zu Gunsten der Bedrängten anzurufen. Allein

jeder Weg der Nachsicht und des Erbarmens sollte abgeschnitten
werden. Bouchu erhielt den Auftrag, die Kirchen in Gex zu
zerstören. Weil er aber im Lande selbst keine Schergen fand,
welche ihm bei dem Zerstörungswerk Hand geleistet hätten,
brachte er anfangs Winters 1662, nebst den Soldaten zum
Schutze des Frevels, auswärtige Sträflinge mit, unter deren
Hammerschlägen 21 Kirchen fielen; und während dieser Arbeit
waren die Werkzeuge der Vernichtung bei den evangelischen
Bewohnern einquartiert. Die ihrer Kirchen und ihrer Pfründen beraubten Pfarrer hielten redlich bei ihren treuen Gemeinden aus, und thaten in der Nacht und an abgelegenen
Stätten nach, was sie am Tage und öffentlich im Dienste des
Herrn nicht vollbringen durften. Viele Bewohner von Gex
besuchten den ihnen in der Heimath verwehrten Gottesdienst
im Gebiete von Genf und Bern. Die ihrer höchsten Güter
beraubten Protestanten von Gex klagten ihre Noth sämmtlichen
Glaubensgenossen Frankreichs; allein unter 21 der angesehensten
französischen Gemeinen erhielten sie von 19 zwar Trost und
Versprechungen, aber nur von zweien wirkliche Hülfe. In der
evangelischen Schweiz war die Theilnahme wärmer und thatkräftiger. Namentlich zeichneten sich der Antistes J. J. Ulrich
in Zürich und der Professor Franz Turettini in Genf durch
ihre lebhaften Bemühungen in Wort und That aus, indem sie
mit den nothleidenden Pfarrern und Gemeinden in langjäh-
rigem Briefwechsel standen und sich für die Verfolgten bei
Regierungen und Privatpersonen verwendeten. So vernehmen
wir aus einem Berichte Ulrichs, daß die Jesuiten außer den
nach Gex berufenen Missionären von Paris auch noch Nonnen
kommen ließen, welche, von Damen der Hauptstadt mit Geld
ausgerüstet, zur Verlockung der Frauen und Töchter verwendet
werden sollten. Es sei aber nur ein Weib gewonnen worden,
die man zu Genf nach Verdienen ausgepeitscht habe; und im
ganzen Lande seien nur 12 Personen abgefallen, außer den 15
Familien, die in Divonne mit Gewalt zum Uebertritt gezwungen
worden. Während nur noch in Fernex und Sergy die Schulen

beſtanden, unterrichteten an andern Orten Frauen; und die
vertriebenen Pfarrer wagten ſich immer wieder über die Gränze,
um Kinder zu taufen und zu unterweiſen. Ein weiterer Bericht Ulrichs vom 28. Auguſt 1663 meldet, daß Bern 500,
Zürich 400 und Baſel und Schaffhauſen je 300 Thaler nach
Gex geſchickt haben.

Bald ſollte ſich eine günſtige Gelegenheit darbieten, ſich
unmittelbar an der höchſten Stelle für die verfolgten Glaubensbrüder zu verwenden. Der junge König verlangte zum Behuf
ſeiner Eroberungspläne eine feierliche Bundeserneuerung mit
der Schweiz und lud daher die Geſandten ſämmtlicher Stände
zu ſich nach Paris ein, im Herbſt 1663. Neben den Auf-
trägen für Bezahlung von Soldgeldern, Zollfreiheiten und
allerlei ſonſtigen Begünſtigungen, ſollten die Geſandten ſich auch
für Gex verwenden. Vor dem Bundesſchwur brachte eine Abordnung der evangeliſchen Geſandten dieſes letztere Anliegen
vor den König, welcher ſie mit einer Antwort durch ſeinen
Miniſter vertröſtete. Als dieſer, der Marquis von Lyonne,
acht Tage auf die Antwort warten ließ, erſchienen der Bürgermeiſter Waſer von Zürich und der Genfer Franconi, der
Schreiber der ſchweizeriſchen Geſandtſchaft, vor dem Miniſter
und verlangten die verheißene Antwort. Aber ſtatt einer Antwort fertigte der Hofmann die ſchweizeriſchen Fürſprecher mit
der Auskunft ab, er werde mit dem Könige reden, dieſer
würde es jedoch vielleicht nicht gerne ſehen, daß andre Herren,
als die aus den Kantonen, Kundſchaft einziehen, was er mit
den Unterthanen ſeines Reiches vornehme; indeſſen, da ſolches
von ſeinen guten Bundesgenoſſen ausgehe, ſo werde er gut
aufnehmen, was von ihnen komme. Einige Tage ſpäter fanden
ſich ſämmtliche evangeliſche Geſandte bei Lyonne ein und ließen
ihm durch Franconi ausführlich die gewaltthätige Verletzung
der lange genoſſenen Rechte und Freiheiten der Evangeliſchen
von Gex vorſtellen. Lyonne entſchuldigte ſich, er ſei über die
Thatſachen nicht gehörig inſtruirt, aber er werde Jemanden
finden, der ihnen antworte, denn der König habe gegen ſeine

Unterthanen nur gethan, was recht sei und nach reiflicher Ueberlegung. Er halte so viel auf die Herren Schweizer, daß er Niemanden, als ihnen erlauben würde, in seine Sachen zu reden. Hierauf wendete er sich an die Berner, mit der Frage, ob sie es gut fänden, daß der König Kundschaft einzöge über das, was sie in ihrem Gebiete vornehmen, und daß er sich widersetzte, wenn sie eine andre Religion einführen wollten? Uebrigens seien alle diese Gesuche nur von Genf angestiftet. Nach weitern geduldigen und demüthigen Unterhandlungen ließen die Herren sich von Lyonne mit dem Berichte heimschicken, er glaube, man solle mit diesem Geschäfte nicht in den König bringen, aus Furcht, ihn zu erzürnen; wenn man seinem Rathe folgen wolle, so rede man nicht weiter von der Sache. Die klugen und gehorsamen Schweizer folgten diesem Rathe, denn sie waren vom Könige und seinem Hofe mit Ehren überhäuft, mit köstlichen Mahlzeiten bewirthet und mit schweren goldenen Ketten und glänzenden Geschenken entlassen worden. Allein die Noth und der Jammer der Bedrängten war mit solcher Klugheit weder gehoben, noch beschwichtigt, zumal da immer wieder flehende Hände sich erhoben, um die Hülfe der Eidgenossen anzurufen, und eben ein angesehener Mann, der Advokat Duval, vor der Tagsatzung erschienen war, um dieselbe von den Leiden seiner Landsleute in Gex genau zu unterrichten.

Es ist der Segen des Freistaates, daß die verwirrenden Schlangenwindungen der Politik und der Welt- und Geldgötzendienst immer nur Einzelne in Fesseln schlagen, während die öffentliche Meinung unbefangen und ehrlich bleibt und ein gesundes Urtheil sich Bahn bricht. So konnte sich die protestantische Freiheit und das evangelische Gewissen in Bern nicht zufrieden geben, daß die von ihr gepflegte Glaubenssaat in Gex schutz- und erbarmungslos vom Fuß tyrannischer Gewalt zertreten werden sollte; daher drang Bern, trotz der schnöden Abfertigung von König und Minister, doch auf neue Verwendung. Zum Behuf genauer Erkundigung über die

Zustände in Gex wurde ein Vertrauensmann dahin abgeordnet, welcher die Zahl und Namen der den Evangelischen noch zustehenden Kirchen, die Seelenzahl sowohl der Evangelischen als der zur katholischen Kirche Uebergetretenen, die Zahl ihrer Schulen, ihre gottesdienstlichen Einrichtungen und Uebungen, nämlich Kinderlehre, Begräbniß, Taufe, die Zahl der bei Ueberlassung von Gex an Savoyen und bei Vertauschung an Frankreich vorhandenen Kirchen, die Namen der gegenwärtigen Landes- und Gerichtsherren verzeichnen sollte. Darauf wurde im Frühling 1664 ein neuer eidgenössischer Gesandter, der Oberst Hans Jakob von Wattenwyl, mit einem Schreiben der evangelischen Orte und mit mündlichem Auftrage an den König abgeordnet. Nachdem er sich bei dem englischen und dem holländischen Gesandten zur Unterstützung seiner Aufgabe empfohlen, ließ er auch die amtlichen Schreiben an die Minister Seguier, Le Tellier, Colbert und de la Barde übergeben, worin verlangt wurde: „daß der solennisch aufgerichtete und von der Krone Frankreich selbst bestätigte und mehrmals bekräftigte Traktat von 1564 fürbas mänteniert und demselben nach diese hochbetrübten Leute wiederum in vorigen Ruhstand kommen, und des ununterbrochenen, hundertjährigen Herkommens ihrer Religion halber auch wieder erfreulich genießen mögen." Den 16. Brachm. fand sich Wattenwyl bei Lyonne ein. Nachdem er drei bis vier Stunden im Vorzimmer gewartet, empfieng ihn der Minister sammt seinem amtlichen Schreiben und hörte sein mündliches Anliegen. Sonderbarer Weise berief sich der schweizerische Gesandte auch bei dieser Gelegenheit auf die durch Savoyen und Frankreich gewährleistete Religionsfreiheit für Gex, während beide Staaten sich vorsichtig jeder Garantie enthalten hatten. „Als Lyonne merkt, warum es zu thun, hat er sich mit Zurückwendung seiner Person, als ob er ob meinem Anbringen ein Mißfallen hätte und um etwas ungeduldig wäre, gestellt, auch geredt, die Leute von Gex haben sich der Freiheiten unwürdig gemacht; was der König gegen sie erkannt, sei anders nüt, denn recht und billig. Obwol gespürt, daß er dieser Sach nicht gewogen, erbat ich mir doch Acceß zum König; was er kalt zugesagt und einem Andern Audienz ertheilt." Der freundliche Empfang bei Colbert, Seguier und Le Tellier trug unterdessen nichts zur Förderung seines Anliegens bei. Endlich wurde Wattenwyl dem Könige vorgestellt, als dieser zur Messe vorüberschritt. Auf den Vortrag des Gesandten und dessen Bitte um gnädigen Bescheid, war die kurze Antwort des Königs, er werde die Expedition durch Lyonne empfangen, worauf Wattenwyl in den König drang, er möge keine Entscheidung treffen, ehe er die mitgebrachten Denkschriften eingesehen und geprüft, was dieser zwar bewilligt, aber ihn über das endliche Ergebniß an Lyonne weist. Nach mehrern vergeblichen Nachfragen soll Wattenwyl den endlichen Bericht aus der Hand von Lyonne's Schreiber in Empfang nehmen und zudem versiegelt. Der edle Berner erklärte, er sei als diplomatischer Gesandter der Eidgenossenschaft mit einem offenen Schreiben gekommen und er verlange auf die gleiche Weise eine offene Antwort. Allein von Lyonne wiederholt zurückgewiesen, ruft Wattenwyl im Vorzimmer, er wolle den Minister sprechen, und wenn er sechs Monate warten müßte. Nun wurde er sogleich vorberufen und mußte vernehmen, der König habe ihm keinen Auftrag ertheilt, sich auf das Memorial weiter einzulassen. Es nehme ihn Wunder, warum Bern so stark an die Sache setze: ob sie es gestatten würden, wenn man ihnen zumuthete, die Messe in ihren Landen zu dulden? Der Herzog von Savoyen habe in andern Gebieten die evangelische Religion abgeschafft, warum man den König binden wolle? Als Wattenwyl auf weitere Erörterung eintreten will, erwiedert Lyonne, er könne ihm keine andere Satisfaktion geben, als die der König ertheilt. Die Weigerung, das verschlossene Schreiben zu empfangen, die neue Berufung an den König nahm der Minister mit gelassenem Hochmuth auf. Auf die endliche Klage und Anzeige, die Eidgenossenschaft werde die Sache weiter durch eine ansehnliche Gesandtschaft betreiben, hieß es, sie mögen thun, was sie wollen. Der König habe einen Mann in die

Schweiz geschickt, wenn ihnen etwas angelegen, so können sie es diesem anzeigen. Damit wandte sich Lyonne von dem schweizerischen Gesandten. Nicht nur nahm dieser doch noch das versiegelte Schreiben, sondern er empfahl zum Abschied die evangelischen Orte zur Konsideration des Ministers. Das Einzige, was verfangen hätte, die Drohung der Abberufung der Truppen der evangelischen Kantone, wagte der Schweizer nicht, und das wußte der Höfling nur zu gut. Die Folge war, daß der bisherige Druck fortdauerte und zudem die Evangelischen von Gex von den Richterstellen ausgeschlossen und die beiden begabtesten und thätigsten Geistlichen, Cäsar Rey und Gabriel Heliot, ins Gefängniß gelegt wurden. Nun glaubten die geduldigen Schweizer sich wiederum auf die Fürbitte legen zu sollen. Hauptsächlich durch die Verwendung Ruvigny's und auf die Vorstellung, daß den Gutsherren von Ferney und Sergy freie Religionsübung gestattet worden, bewilligte endlich der König die Erbauung geräumiger Kirchen an diesen beiden Orten, durch einen Befehl an Bouchu vom 12. Chstm. 1665. In Folge dessen machte sich Rey auf, um in der Schweiz Beiträge für diese Bauten zu erheben. Die evangelischen Kantone bewilligten 1000 Thaler und Bern erlaubte zudem in allen Städten und Schlössern seines Gebietes die Erhebung einer Kollekte. Deutschland und Holland halfen getreulich mit, so daß eine Summe von 10,000 Franken zusammengebracht wurde, welche unter der Hand theils in Genf, theils in St. Gallen an Zinsen gelegt werden konnten, bis nach verschiedenen Hindernissen die hinlängliche Summe für den Bau erreicht war, was erst 1675 möglich wurde. Dieser Freude nach langer Bedrängniß sollte jedoch bald völliger Untergang folgen.[56]

13. Savoyen verfolgt die Waldenser.

Seit der Reformation bestand eine innige Gemeinschaft zwischen der evangelischen Schweiz und den Waldensern. Wir haben oben gesehen, wie die evangelischen Städte auf die Verwendung Calvins bei Franz I. um Schutz für die Waldenser in der Provence nachsuchten. Die Antwort darauf war die Zerstörung von Merindol und Cabrieres und die Ausrottung des größten Theils der Bewohner. Das Gemetzel in Frankreich war auch die Losung zur Verfolgung der Waldenser in Savoyen. 1648 im Spätjahr bittet der Pfarrer und Professor Anton Leger in Genf den Professor Christof Luthard in Bern um Verwendung für seine Landsleute, und den 15. Weinm. wendet sich der durch heldenmüthige Ausdauer bekannte Johann Leger, der Pfarrer von St. Johann, ebenfalls an Bern, welches sogleich zu kräftiger Hülfe bereit ist; und auch Zürich sendet durch Bern 100 spanische Louisd'or an Professor Anton Leger. Als die Verfolgung nachhaltiger und schärfer wurde, gieng im Hornung 1655 von der evangelischen Konferenz zu Aarau aus ein Verwendungsschreiben an den Herzog von Savoyen ab, und man bat auch den englischen Residenten Pell, eine Zuschrift in demselben Sinne von dem Protektor Cromwell auszuwirken. Den 6. April gieng die Antwort auf die eidgenössische Intercession ein: wie er im Bauernkrieg sich gegen die Eidgenossen in Beziehung auf die Empörer verhalten, „de ne leur donner aucune aide ni faveur", so erwarte er nun von ihnen ein Gleiches. Die evangelischen Städte nahmen jedoch die Leiden der Waldenser zu sehr zu Herzen, um sich von fernern Schritten abhalten zu lassen. Daher wurde den 4. Mai der Oberst Gabriel Weiß von Bern abgeschickt, welcher sich in Genf bei Leger und unterwegs nach Turin über den Zustand der Waldenser erkundigen und dem Herzog das amtliche Schreiben übergeben sollte, mit der Bitte um Schonung und um Freilassung der Gefangenen. Die

Waldenser vertheidigten sich gegen ihre Bedränger, mit den Waffen in der Hand. Der Herzog muthete dem schweizerischen Abgesandten zu, er solle die Waldenser zur Ablegung der Waffen bereden, aber dieser weigerte sich, da er ihnen nicht zum Voraus die Versicherung des Friedens überbringen konnte, und trat die Rückkehr an. Unterdessen hatte Zürich die ganze evangelische Schweiz zu einem Buß- und Bettag aufgefordert und die Hülfe aller protestantischen Staaten für die Unglücklichen in Anspruch genommen. Die Steuer der Stadt Zürich an dem allgemeinen Bettag warf 700 Louisd'or, gleich 4200 Franken, ab, und Bern überlieferte durch Jakob Grenus in Genf für die Waldenser 4000 Thaler.

Die evangelischen Stände waren tief erbittert, daß eine so kleine Macht wie Savoyen ihre dringenden Gesuche und wohlbegründeten Vorstellungen so hochmüthig von der Hand wies: daher forderten sie von Neuem alle protestantischen Mächte auf, sich für die tapfern Waldenser zu verwenden, welche mit den Waffen in der Hand in kleinen Häuflein sich gegen die Uebermacht hatten vertheidigen können, ehe es zu spät sei. Schweden, die Pfalz, Brandenburg und Hessen zeigten sich bereitwillig; aber besondern Eifer legten England und Holland an den Tag und ordneten Gesandtschaften ab. In rühmlicher Theilnahme sandte die Eidgenossenschaft eine feierliche Gesandtschaft ab, ehe die fremden Bevollmächtigten eintrafen. 1655 im Heumonat gelangten nach Turin Statthalter Salomon Hirzel, der Sohn des gleichnamigen Bürgermeisters von Zürich, Karl von Bonstetten von Bern, Benedikt Socin von Basel und der bekannte Stadtschreiber J. Jakob Stockar von Schaffhausen, welcher sich vor zwei Jahren durch Beförderung des Friedens zwischen England und Holland den Dank der beiden Staaten erworben hatte. Da Frankreich sich eben um Erneuerung des Bündnisses mit der Schweiz bewarb, die evangelischen Stände aber Zugeständnisse für ihre Glaubensgenossen zur Bedingung machten, so war Mazarin mehr geneigt, dieselben durch einen Druck auf Savoyen zu bethätigen, als Be-

bingungen für das eigne Land einzugehen. Wenn Mazarin die
Schweizer am Ende mit Geld abfertigen zu können gewiß war,
wie er denn in seinem Schreiben vom 2. Brachm. an die 4
evangelischen Städte sich darauf steifte, so mußte er dagegen
den entschiedenen Willen Cromwells für die Sache der Waldenser mehr berücksichtigen, und zudem Gefahr laufen, daß
sämmtliche protestantische Mächte sich in die Angelegenheiten
von Savoyen mischen. Es erschienen Abgeordnete der Gemeinden der Thalleute in Turin bei der schweizerischen Gesandtschaft
und erklärten, daß sie nur mit Rath und Einwilligung der
Schweizer Frieden machen wollen. Diese konnten jedoch die
Einwilligung des Hofes nicht erlangen, die Thäler zu besuchen,
obgleich auch England für die Schweiz Theilnahme und Mitwirkung bei den Friedensverhandlungen verlangte. Als nun
aber Frankreich gerathen fand, sich einzumischen, und Savoyen
dessen Vermittlung annahm, wurden die Schweizer von den
Friedensverhandlungen ausgeschlossen und hatten für ihre treuen
Bemühungen nicht einmal die Befriedigung, daß im Friedens-
instrument der schweizerischen Gesandtschaft Erwähnung gethan
worden wäre. Wenn man freilich die Gesandtschaftsberichte
des Karl von Bonstetten betrachtet, welche mit einer in jeder
Beziehung primitiven Schreibkunst abgefaßt sind, so möchte
man kaum glauben, daß die diplomatische Geschicklichkeit der
Schweizer derjenigen der Franzosen gewachsen gewesen wäre;
denn an der Spitze der französischen Gesandtschaft stand Ser-
vien, der eine der geschickten Unterhändler beim Frieden von
Osnabrück. Ueberdies bezeugten die katholischen Orte ihre
Mißbilligung über die Einmischung der evangelischen Gesandt-
schaft in fremde Händel. Immerhin hatten die theilnehmenden
Schweizer sich das allgemeine Vertrauen erworben, denn Crom-
well ließ den Waldensern durch die Hand der evangelischen
Städte 2000 Pfund Sterling, die Provinz Utrecht 10,000
Franken, Neuenburg 372 Thaler zukommen. Allein mit dem
Frieden von Pignerol, durch welchen die evangelische Schweiz
beigetragen zu haben glaubte, „den Thalleuten Leibs- und

Seelenfreiheit gesichert zu haben," war es weder von Seiten Savoyens noch Frankreichs ernst und redlich gemeint. Davon überzeugte sich auch England, welches mehrere Jahre den Residenten Johann Pell nach der Schweiz und Savoyen abgeordnet hatte, um der Vollziehung des Friedens Nachdruck zu verschaffen. Daher zeigte Pell im Heumonat 1658 den evangelischen Ständen seine Heimberufung an, und legte denselben zugleich die Abschrift eines Schreibens von Cromwell an Frankreich zu Gunsten der Waldenser vor, worin sich der Protektor über die Nichtbeachtung des Vertrags von Pignerol und die fortgesetzte Verfolgung beklagt und an die von Heinrich IV. den Thalleuten gegebene Zusage erinnert. Pell erhält zum Abschied eine goldene Kette nebst einer Schaumünze mit dem Wappen der vier Städte im Werth von 500 Gulden.

Doch selbst in den traurigsten und hoffnungslosesten Zuständen blieb ein Mann aufrecht, welcher den Muth der tapfern Waldenser in ihren Bergen und die Theilnahme ihrer Glaubensgenossen in der Fremde immer wieder von Neuem zu wecken verstand. Es war Johann Leger, der vertriebene Pfarrer von St. Johann, der, verschiedene Male in harter Gefangenschaft gehalten, sich kaum in Freiheit sah, um sogleich wieder zu seinen Landsleuten eilen und ihnen den Trost des Wortes Gottes zu bringen: selbst dann furchtlos unter den Seinigen, als er zum Tode verurtheilt und auf seinen Kopf ein Preis gesetzt war. Oder wenn er, verfolgt wie ein gehetztes Wild, keine Sicherheit mehr in seiner Heimat fand, so eilte er hinaus, um in fernen Landen die Herzen für seine leidenden Brüder zu erwärmen. So erschien er den 22. Chrstm. 1661 bei einer Konferenz von Zürich und Bern zu Fraubrunnen, um die Verwendung der evangelischen Mächte für Aufrechterhaltung des Friedensvertrages zu erbitten, und in der gleichen Angelegenheit bei der evangelischen Konferenz zu Aarau, den 14. Brachm. 1662. Zunächst sorgten die evangelischen Stände für den heldenmüthigen Prediger, indem Zürich und Bern für ihn und seine acht Kinder ihn je mit einer jährlichen Unterstützung von

150 Gulden bedachten und die übrigen Stände mit angemessenen Beiträgen; für die Waldenser Prädikanten im Allgemeinen wurden bei Rocca in Genf 600 Dukaten niedergelegt. Zugleich wurde Oberst Diethelm Holzhalb von
Zürich nebst einem Sekretär nach Savoyen geschickt, um schnelle
Verwendung eintreten zu lassen: Wenigstens wurden auf seine
Fürsprache einige Gefangene ledig gelassen. Man verwundert
sich über diese jährlichen Verwendungen, auf welche die genüg-
samen Schweizer sich mit Worten abspeisen ließen, während
die Zustände immer dieselben blieben. Im Sommer 1663
wurde Bonstetten abermals nach Turin geschickt, zunächst um
dem Herzog zur Verehelichung zu gratulieren, und nebenbei
auch wieder vergebliche Bitten für die Waldenser anzubringen.
Dessen ungeachtet fanden sich im Frühling 1664 der Zürcher
Stadtschreiber Kaspar Hirzel und Oberst Gabr. Wyß von
Bern schon wieder in Turin ein, und glaubten nun vom er-
freulichen Erfolg ihrer Verwendung beim Herzog berichten zu
können, indem, freilich mit Unterdrückung von St. Johann, der
Gemeinde Legers, den Thalleuten der Friede zugesichert wurde.
Der Herzog war durch den schnell aufeinander folgenden Tod
seiner Gattin und der den Evangelischen feindseligen Mutter,
der Tochter Heinrichs IV., etwas milder geworden. Zum Zeugniß des Erfolges richteten die Vorsteher der Waldenser unterm
4. April ein Dankschreiben an die evangelischen Stände. — — —
„Surtout nous reconnaissons, que Dieu a fait estre V. E.
des puissants Instruments en sa main pour nous garantir
de l'entière ruine et dissipation, qui nous menaçoit na-
guerre, ayants eu la bonté d'envoyer à S. A. R., notre Souverain, messieurs Leurs Ambassadeurs, qui après de longs et
grands travaux, nous ont par le moyen de leur efficace Intercession, procuré la paix telle, que les mauvaises con-
jonctures l'ont peu permettre."
Wenn uns diese unerschütterlich schmiegsame Geduld der
evangelischen Stände verwundert, so erweckt dagegen die Theilnahme des ganzen Volkes für die bedrängten Glaubensgenossen

um so mehr unsern warmen Beifall. In den übrigen evangelischen Staaten waren es die Regierungen, oder einzelne
Städte, welche zur Hülfe bereit waren; in der evangelischen
Schweiz aber bewährte sich zu allen Zeiten und in allen Theilen
des Landes beim ganzen Volke ein opferwilliges Erbarmen.
Wir führen beispielsweise die Berner Kollekte für die Wal-
benser an vom 18. Winterm. 1664. In der Stadt Bern
fielen 672 Gulden; in den vier Landgerichten (Seftingen,
Sternenberg, Konolfingen und Zollikofen), 325; im Oberland
523; im Emmenthal 135; im Ober-Aargau 294; im Nieder-
Aargau 328; in den vier Städten (Aarau 101, Brugg 67,
Zofingen 59, Lenzburg 41) 270; in den vier Grafschaften
(Büren, Nidau, Aarberg, Erlach) 220; in der Waadt (Lausanne
207) 982: zusammen 3779 Gulden 22 Batzen. Diese Steuer
fiel in den Genfer Fond, welcher unter der Verwaltung des
Professors Turettini stand. Aus demselben erhielten die ge-
flüchteten Pfarrer und Gemeindeältesten ihren Unterhalt, so
neben Johann Leger der Hauptmann Josua Janavel.
Bei Legers häufiger Anwesenheit in Zürich fand er stets eine
freundliche Herberge bei Statthalter Salomon Hirzel. Dieses
Wohlwollen gegen einzelne Dulder zu bezeugen, war eine kleine
Beruhigung bei der Kränkung, im Allgemeinen nichts ausrichten zu können. Der Schmerz aber war um so größer, da
das kleine Savoyen, in Nachahmung der Gewaltthätigkeiten
Frankreichs, sich dabei mit einem kleinlichen und niederträchtigen
Uebermuth benahm. Wollten die Thäler irgend eine kleine
Begünstigung erlangen, so mußte dieselbe mit irgend einem
größern Opfer erkauft werden; so das eine Mal die Freilassung von Gefangenen mit der Abtretung der besten Wein-
berge, welche den Zugang in die Thäler erleichterten, und wieder
die Erhaltung einer Gemeinde mit der Abtretung eines Platzes
für den Bau einer Zwingburg. Bei neuer Verwendung wieder
der alte Satz: „Au reste nous n'avons jamais cru d'en avoir
besoin d'aucune de vos Ambassades pour ce qui concerne
nos vallées de Lucerne".

Wir laſſen noch zum Schluſſe der frühern Periode der
Waldenſer-Leiden das zwar allzu farbenreiche, aber dennoch
nicht unrichtige Bild folgen, welches Michelet von Joh. Leger,
dem erſten Helden jener Zeit, entworfen hat. „Dans la persécution de 1655, tout le petit pays étant couvert de trouppes, écrasé, sauf les hauts sommets neigeux, inhabitables,
l'intrépide pasteur Léger s'y maintint, résolu à ne pas
quitter son troupeau. Plusieurs hivers durant, sans abri
que les antres, vivant du peu que des hommes hardis y
portaient à grand risque, toujours il échappa à la poursuite
des dragons. Mais il n'échappait pas à la nature terrible
de ces lieux. Plus d'une fois, la tourmente l'enleva, le jeta
demi-brisé dans les torrents. Plus d'une fois, sur de pentes
rapides, il fut roulé (!) par l'avalanche. Souvent, couvert de
givre, la barbe et les cheveux hérissés de glaçons, il perdait
figure d'homme. On le priait en vain d'abandonner cette
vie impossible. Il s'obstinait. Mais il devenait sourd, aveugle
par la neige, et ses membres roidis lui refusaient le mou-
vement. Il fallut donc descendre. Il arriva en Suisse et
sur le Rhin, n'ayant rien que sa Bible, dévasté, ruiné, une
ombre d'homme, hélas! une ombre douloureuse, ne faisant
un pas sans gémir. Il était dans son lit quand une lettre
lui vint de Hollande, la lettre d'une dame veuve. Cette
dame, fort riche, lui écrivait que, s'il n'était malade, elle
n'eût pas osé s'offrir à lui, mais que, dans cet état, elle
croyait pouvoir le prier d'accepter sa main. Cette char-
mante bonté eut l'effect d'un miracle. Notre homme, hier
dans les affreux glaciers, tombe dans une bonne ville de
Hollande. Son antre est maintenant une opulente maison,
un nid chaud, partout tapissé. La dame qu'à sa lettre il
croyait vieille, voici que c'est une jeune sainte, qui veut
le servir à genoux. Il remercie Dieu, ressuscite. Son
grand coeur et sa gratitude, son amour le refont. Le
voilà un autre homme plus vivant qu'il ne fut jamais,
plus chaleureux. On le sent à son livre, à cette oeuvre

admirable, la brûlante histoire des Martyrs." Diese, zu sehr auf den Effekt und daher nicht immer zuverlässig geschriebene Geschichte der Leiden der Waldenser bewegt jetzt noch die Gemüther, wie sie damals die ganze protestantische Welt mit mitleidigem Erbarmen erfüllte. Die evangelischen Stände belohnten dieses ihnen vom Verfasser gewidmete Werk mit 100 Reichsthalern.

Dritter Abschnitt.

Die Aufhebung des Edikts von Nantes.

---

14. Vor Aufhebung des Edikts.

Nachdem Richelieu die Macht der Protestanten in Frankreich gebrochen, dieselben zum Gehorsam gebeugt und somit
den ganzen Reichthum des Landes an Menschen und Erzeugnissen zur Machtentfaltung des Staates verwenden konnte, entwickelte sich Frankreich durch diese Centralisation aller seiner
Kräfte zu einem politischen Einfluß, wodurch es bald alle
andern Staaten überragte. Richelieu sowohl als Mazarin
waren staatsklug und unbefangen genug, um den gedemüthigten
und nun gehorsamen Protestanten in den bescheidenen Gränzen
des kirchlichen Glaubens Freiheit und Schutz zu gewähren, und
ihre geistigen und sittlichen Eigenschaften zum Besten des
Reiches zu verwerthen. Auch Ludwig XIV. war anfangs ge-
sonnen, dem Vorbilde seiner ausgezeichneten Minister zu folgen:
denn er war weder grausam noch geistig beschränkt. Aber
mangelhafte Bildung, unbegränzter Herrscherstolz und fanatischer
Eigenwille trieben ihn dazu, neben der überlieferten politischen
Einheit seines Reiches auch diejenige des Glaubens zu Stande
zu bringen. Er glaubte dieses Ziel durch schonende Klugheit,
durch Belohnungen an Geld und Ehre ohne Schwierigkeit zu
erreichen. Darin bestärkten ihn nicht nur die Ordensgeistlichen,
an ihrer Spitze die mächtigen Jesuiten, sondern auch die den

höchſten Ständen angehörigen Biſchöfe, wovon Boſſuet und
Fenelon keine Ausnahme bildeten, und ſelbſt die frommen
Janſeniſten machten ſich die Vernichtung des reformirten Be-
kenntniſſes zu einer ganz beſondern Aufgabe. Das niedrige
Volk war nicht nur durch den Einfluß ſeiner Prieſter von
Vorurtheil und Haß gegen die Hugenotten erfüllt, ſondern der
Lebensernſt, der Fleiß, die Geſchicklichkeit, die ſittliche Strenge
der Evangeliſchen war für die katholiſchen Kreiſe eine ſtete
Urſache zu bitterm Neid und unverſöhnlicher Abneigung. Demnach bezeichnet A. Sayous Geſinnung und Stimmung des
franzöſiſchen Volks und ſeines Königs mit folgenden ſprechen-
den Zügen: „Austère en général était le réformé dans sa
vie domestique, roide et fière son attitude en public; et sa
gravité importunait comme une marque de confiance superbe
en lui même, comme un signe d'orgueilleuse indépendence.
Renfermé dans un cercle borné d'habitudes domestiques,
et obligé de se surveiller lui-même, il ne cédait que lente-
ment et en moindre mesure au luxe qui allait croissant
autour de lui. L'ordre et l'économie régnaient ainsi naturellement dans sa famille et faisaient prospérer ses affaires; la simplicité même de son culte, la rareté des fêtes
qu'il célébrait lui étaient encore un avantage temporel dont
s'irritait le peuple catholique: à qui laborieux et industrieux
les réformés avaient l'air de reprocher continuellement sa
moindre diligence, son défaut d'industrie et sa pauvreté.
Depuis que Richelieux avait mis les protestants hors d'état
d'être redoutables, leur condition plus humble n'avait point
calmé cette antipathie: au contraire, elle faisait ressortir
d'autant, aux yeux prévenus des populations catholiques,
une supériorité matérielle trop évidente et mise soigneusement à profit; elle rendait plus irritantes les différences de
mœurs, d'habitudes et de manière de sentir, que les hommes
supportent avec tant d'impatience. Voilà le secret de l'im-
pulsion populaire à laquelle Louis XIV. obéit, prévenu qu'il
était, comme aurait pu l'être le dernier de ses sujets, contre

cette race huguenote, odieuse à la fois et antipathique à
ses instincts d'autorité, déplaisante enfin à son amour tout
français de l'éclat de la gloire conquérante, des graces
majestueuses et des plaisirs magnifiques de la royauté."[58]
Es wird ihm der Ausspruch über die Protestanten in den
Mund gelegt: „Le Roi mon grand père (Heinrich IV.) vous
aimoit et ne vous craignoit pas; le Roi mon père vous
craignoit et ne vous aimoit pas; mais moi je ne vous crains
ni ne vous aime."

Mit dem Regierungsantritt Ludwigs XIV. beginnt daher die systematische Bedrückung der Protestanten, welche 1660
durch das Verbot der General-Synode eingeleitet wurde. 1661
hatten die Protestanten vor königlichen Kommissionen ihr Recht
auf die von ihnen benutzten Kirchen zu beweisen: in Folge
dessen viele ihrer Beweise ungenügend gefunden und eine große
Zahl von Kirchen ihnen entzogen wurden. Der erste vom König
geführte Hauptschlag war 1662 jene schon erzählte Zerstörung
der 21 Kirchen in Gex, womit er hauptsächlich das diese
Landschaft beeinflussende Genf verwunden wollte. In demselben
Jahre wurde den Protestanten befohlen, ihre Todten vor oder
nach Sonnenuntergang zu begraben. 1663 wurden abgefallene
Protestanten der Bezahlung der Schulden gegen ihre vormaligen
Glaubensgenossen entbunden. Wer hingegen vom katholischen
zum evangelischen Glauben zurückkehrte und die Sterbesakra-
mente von sich wies, dessen Leiche wurde auf der Hürde hinaus-
geschleift. 1664 wurde den Protestanten der Zutritt zu den
Gemeindebeamtungen und das Recht zur Meisterschaft in den
Handwerken entzogen. 1665 erhielten die katholischen Priester
den gesetzlichen Zutritt zu den sterbenden Protestanten und das
Recht, dieselben zu bekehren; Knaben mit 14, Mädchen mit
12 Jahren hatten das Recht, sich zum katholischen Glauben zu
bekennen, bald wurde den Kindern mit 7 Jahren der Uebertritt gestattet und in diesem Falle hatten die Eltern die Unter-
haltungskosten des ihnen entzogenen Kindes zu bezahlen. Als
mit diesem Zwange die Auswanderung den Anfang nahm,

wurde den französischen Unterthanen 1666 das Verlassen des Reiches ohne königliche Erlaubniß unter Androhung der Gefangenschaft und Verlust des Vermögens verboten. In den folgenden Jahren wurde den Kirchen untersagt, sich für den Unterhalt ihrer Geistlichen Steuern aufzulegen, und den reichen Kirchen die Kollekten für die armen; die Schulmeister durften die Kinder nur lesen, schreiben und rechnen lehren; die Buchdrucker kein religiöses Buch ohne Erlaubniß der katholischen Behörden drucken. Eine Menge Kirchen wurden den Protestanten entrissen und den Katholiken gegeben, oder, wo diese fehlten, zerstört: so wurden die bedeutendsten protestantischen Städte ihrer Gotteshäuser beraubt, und deren Bewohner gezwungen, solche zehn bis zwanzig Stunden weit aufzusuchen. Es ergieng aber auch der noch grausamere Befehl, daß nur im Weichbild einer reformirten Kirche eine Schule bestehen durfte, wodurch die Protestanten, welche bisher gerade durch die große Zahl ihrer Schulen und den daduch gewonnenen allgemeinen Unterricht sich ausgezeichnet hatten, aufs schmerzlichste beeinträchtigt wurden. Noch mehr: alle reformirten Akademien wurden aufgehoben und deren Gebäude und Einkünfte den Jesuiten übergeben; in den noch bestehenden reformirten Kollegien wurde der Unterricht im Griechischen und Hebräischen, in Philosophie und Theologie untersagt, um die Bildung der evangelischen Geistlichen auf den niedrigen Grad des untern katholischen Klerus herabzudrücken. Den Einfluß der Geistlichen zu schwächen, durfte einer nicht länger als drei Jahre an einem Orte bleiben. Im Heer wurde den Protestanten die Beförderung abgeschnitten, den alten Soldaten und den Wittwen der für das Vaterland Gefallenen nur dann Pensionen bewilligt, wenn sie abschwuren. Der Beruf eines Advokaten oder Notars, eines Arztes oder Buchdruckers war den Protestanten verschlossen. Selbst die Gerichte wagten nicht mehr den Anders-Gläubigen die Wohlthat des Gesetzes zu Theil werden zu lassen; man entblödete sich nicht, den ungerecht Verurtheilten den frechen Trost entgegenzuhalten:

„Ihr habt das Hülfsmittel in euerer Hand: Belehrt euch!"

Da diese mittelbaren Zwangsmaßregeln nur mit geringem Erfolge begleitet waren, griff der König zu unmittelbaren und wirksamern. Es wurden unter der Leitung des Proselyten Pelisson in ganz Frankreich Belehrungsbureaux aufgestellt, wo den Abgefallenen auf königliche Kosten Prämien ausgesetzt waren: die gemeinste käufliche Waare erhielt sechs Franken; der Oberverwalter war aber auch zu sehr beträchtlichen Angeboten und Kaufpreisen bevollmächtigt. Der Hof belustigte sich an den Mirakeln Pelissons und behauptete, Pelissons goldene Beredsamkeit sei wirksamer als diejenige Bossuet's. Als diese silberne und goldene Mission den Erwartungen gleichwohl nicht entsprach, nahm der König die Dragonaden zu Hülfe. Eine Provinz nach der andern, wo die Protestanten in großer Zahl vorhanden waren, wurden mit Truppen belastet, und dabei ausschließend die Häuser der Protestanten mit Soldaten zu Pferd oder zu Fuß angefüllt, um die Leute zum Abfall oder zum Ruin zu bringen. Die Bedränger durften den Belasteten alle Qualen anthun, außer Schändung und Tod. Ein ausgesuchtes Foltermittel war die Widerspänstigen durch alle möglichen Drangsale am Schlafen zu hindern. Wer nach Tage und Nächte langer Qual sich endlich dazu bringen ließ, das verlangte Kreuz zu schlagen, wurde als ein Uebergetretener bebetrachtet; und wenn er nachher, über seine Schwäche trauernd, dieselbe wieder gut machen wollte, verfiel er, als ein Abgefallener behandelt, der grausamsten Strafe. Hofgunst, Aemter und Ehren bei den Großen, Geld und Beredungskünste, Schmach und Qualen bei den Kleinen, hatten im Laufe der Zeit ihre Wirkungen nicht verfehlt. Zudem wurde der König durch übertriebene Berichte über die Zahl der Uebergetretenen getäuscht, so daß er mit dem letzten Fußtritt die Brut der Ketzerei zertreten zu können wähnte: und so erfolgte den 18. Weinm. 1685 die Aufhebung des Edikts von Nantes. Demnach war der evangelische Gottesdienst in ganz Frankreich untersagt, alle protestantischen Kirchen wurden zerstört; bei Galeerenstrafe mußten die Geistlichen in Zeit von vierzehn Tagen abschwören oder auswandern; die protestantischen Schulen wurden geschlossen; die Kinder in der katholischen Kirche getauft; das Verlassen des Landes war den Männern bei Galeeren-, den Frauen bei Gefängnißstrafe verboten, für beide mit Verlust des Vermögens verbunden.

15. Die allgemeine Flucht der Protestanten.

Man weiß, mit welcher Anhänglichkeit die Franzosen ihrer Heimat zugethan sind, wie schwer es ihnen fällt, ein anderes Land gegen ihr schönes Frankreich zu vertauschen, wie sie sich überall fremd und unheimlich fühlen, und die Sehnsucht nach den französischen Zuständen und der französischen Gesellschaft nie überwinden können. Daher sagt Michelet: „Ces braves gens tenaient excessivement à leurs maisons. Ils ne demandaient rien qu'à travailler là tranquilles, y vivre et y mourir. La seule idée du départ, des voyages lointains, c'était un éffroi, un supplice." Wie unerträglich mußten daher die Zustände sein, daß die Franzosen mehrere Menschenalter hindurch in außerordentlicher Zahl und Bedeutung ihr geliebtes Vaterland verließen, eine Auswanderung, schrecklicher und umfangreicher, als die Mauren unter Ferdinand dem Katholischen und die Engländer unter der blutigen Maria erfahren hatten. Dieser Schmerz um das verlorene Vaterland vergrößerte das Unglück der armen Flüchtlinge und erschwerte ihnen das Einwurzeln in den gesicherten Zufluchtstätten und das Verschmelzen mit den opferwilligen Glaubensbrüdern. Daher war es überall das angelegentlichste Bemühen der Ausgewanderten, in größerer Zahl zusammen zu bleiben, und für sich eine gesonderte und abgeschlossene Gemeinde mit eigener Vorsteherschaft und Verwaltung zu bilden, um die erste günstige Gelegenheit zu benutzen, insgesammt nach der ersehnten Heimat zurückzukehren. Es gab kein noch so gesegnetes Land Gosen, aus dem sich die

Flüchtlinge nicht nach ihrem französischen Canaan zurückgesehnt
hätten. Und gerade darum klammerte sich eine Schaar der
Ausgewanderten nach der andern so beharrlich an die Schweiz,
weil sich von hier aus der kürzeste Weg nach der Heimat öffnete. Daher kam es auch, daß die Ausgewanderten so hartnäckig an den heimischen Sitten und Gebräuchen in Lebensweise, Kleidung und Vergnügung festhielten, und nicht davon
abzubringen waren, auch wenn sie ihren theilnehmenden Freunden an den Zufluchtstätten dadurch Anstoß gaben. Ungeachtet
der kleinen und engen Verhältnisse, der strengen und ernsten
Sitten und Gewohnheiten, der einfachen Lebensweise und des
haushälterischen Fleißes galt die Schweiz für ein besonders
bevorzugtes Land. Und selbst die Geldgier, womit die Schweiz
ihre Söhne dem Soldbienste Frankreichs überlieferte, setzte den
Werth der Schweiz in der öffentlichen Meinung nicht herab,
viel trug gerade die Bekanntschaft mit den einfachen, tapfern,
treuen und ehrlichen Schweizern dazu bei, daß die Franzosen
Anhänglichkeit und Achtung für dieselben gewannen. Es ist
daher von Bedeutung, welches Urtheil Jean de Silhon in
seinem der „Staatsminister" betitelten Buche um die Mitte
des siebzehnten Jahrhunderts über die Schweiz fällt. „L'union
des Suisses ne peut périr ni se dissoudre que par une violence qui vienne de dehors. Ella a un fondement éternel,
qui est la jalousie de la Liberté: et bien qu'ils n'habitent
presque que des Rochers et que la pauvreté ne sorte point
de chez eux, ils ne voudroient pas pour cela changer leur
condition, ils ne la trouvent pas si laide, qu'elle ne leur
donne bien fort de l'Amour, ils croyent que l'oppulence
que la Nature a refusée a leur païs, est largement reparée
par l'Indépendance où ils sont mis, et par la Franchise
sous laquelle ils vivent."[59] Daher folgten auch bei der
zweiten Auswanderung, welche vor und nach der Aufhebung
des Ediktes von Nantes achtzig Jahre lang dauerte, die edelsten
Franzosen dem Beispiele d'Aubigné's und Rohans und ver-
weilten längere oder kürzere Zeit auf dem Boden der freien

Schweiz. Freilich jene große Zahl der Edelleute, welche Frankreich mit den Waffen oder in den Staatsämtern gedient hatten,
und jene auserwählte Schaar, der das freie Wort im Dienst
der Kirche und der Wissenschaft entzogen war, diese richteten
meistens ihre Blicke nach England, Holland und Preußen, und
fanden in diesen Ländern großentheils eine neue Heimat. Der
Schweiz aber wendeten sich zunächst jene gesinnungstreuen Gewerbsleute, Handwerker und Arbeiter zu, welche nach Verlust
ihrer Güter mit redlicher Arbeit ihr Brot verdienen wollten.

Wir lassen uns gerne durch einen Franzosen in die innern
und äußern Zustände der Flüchtlinge versetzen, welche Michelet
also schildert: „La fuite du protestant est chose volontaire.
C'est un acte de loyauté et de sincérité, c'est l'horreur du
mensonge, c'est le respect de la parole. Il est glorieux pour
la nature humaine qu'un si grand nombre d'hommes aient,
pour ne pas mentir, tout sacrifié, passé de la richesse à la
mendicité, hasardé leur vie, leur famille, dans les avantures
périlleuses d'une fuite si difficile. On a vu là des sectaires
obstinés; j'y vois des gens d'honneur qui par toute la terre
ont montré ce qu'était l'élite de la France. La stoique
dévise que les libres penseurs ont popularisée, c'est juste-
ment le fait de l'émigration protestante, bravant la mort
et les galères, pour rester digne et véridique: Vitam impendere vero. La vie pour la vérité! — Voilà pourquoi les
chemins de passage, ces défilés, ces forêts, ces montagnes
sont sacrés de leur souvenir. Que de larmes y sont versées.
Il était rare que l'on partît ensemble. La famille se sé-
parait parfois pour émigrer par des lieux différents ou bien
par l'impossibilité de fuir des malades, des faibles, des
femmes enceintes qui trainaient de petits enfants. On se
quittait, le plus souvent, pour des destinées bien diverses.
Tel périssait, telle était prise, enfermée, perdue pour toujours. On ne se revoyait qu'au ciel." Weiß vervollständigt
die Schilderung folgender Maßen: „Tous ceux qui haïssaient
la servitude se hâtèrent de fuir le sol de France. Ils par-

taient déguisés en pélerins, en courriers, en chasseurs qui marchaient le fusil sur l'épaule, en paysans qui conduisaient leur bétail, en portefaix qui roulaient devant eux leur charrette ou semblaient porter quelque ballot de marchandise, en valets revêtus de la livrée de quelque riche seigneur, en soldats se rendant à leur garnison. Les plus riches avaient des guides, qui pour 1000 à 6000 francs, les aidaient à passer la frontière. Les plus pauvres partaient seuls et prenaient des routes impraticables, ne marchant que la nuit et passant le jour dans des forêts, dans des cavernes, quelque fois dans des granges où ils restaient cachés sous des morceaux de foin, jusqu'à ce que le retour de l'obscurité leur permit de continuer leur voyage avec sureté. Les femmes se servaient des mêmes artifices. Elles s'habillaient en servantes, en paysannes, en nourrices; elles trainaient des brouettes; elles portaient des hottes et des fardeaux. Les plus jeunes se noircissaient le visage avec de la terre ou même avec des teintures, pour ne pas attirer les regards; d'autres prenaient des habits de laquais, et suivaient à pied, au travers des boues, un guide à cheval qui paraissait leur maître. — Heureusement pour les réfugiés, ceux qui étaient chargés de garder les frontières n'exécutaient pas toujours fidèlement les ordres du roi. Soit compassion, soit avidité, ils contribuaient souvent à faire évader les fugitifs. Les gardes servaient quelquefois eux-mêmes de guides à ceux qu'ils devaient arrêter."[60]

Ueber die Leiden der Flucht theilen wir die Erzählung des Stammvaters der Genfer Familie Huber mit, welche dessen Tagebuch entnommen ist: „Nous arrivâmes un soir dans un petit bourg, enchainés, ma femme et mes enfants, pêle-mêle avec 14 galeriens. Les prêtres vinrent nous proposer la délivrance moyennant l'abjuration. On avait convenu de garder le plus grand silence. Après eux vinrent les femmes et les enfants, qui nous couvrirent de boue. Je fis mettre tout mon monde à genoux, et nous prononçâmes la prière que tous les fugitifs répétaient: „Bon Dieu, qui vois les injures où nous sommes exposés à toute heure, donne-nous de les supporter et de les pardonner charitablement. Affermis nous de bien en mieux." Ils s'étaient attendus à des injures, à des cris; nos paroles les étonnèrent. Nous achevâmes notre culte en chantant le psaume CXVI. — Ce entendant, les femmes se mirent à pleurer. Elles lavèrent la boue dont le visage de nos enfants était couvert, obtinrent qu'on nous mît dans une grange séparément des galériens. Ce qui fut fait." [61]

Genf war bei dieser zweiten großen Auswanderung wieder das nächste und ersehnteste Ziel für die französischen Flüchtlinge, nicht weniger als zur Zeit Calvin's. Denn unterdessen hatten in einer langen Reihe von Jahren Hunderte von Franzosen aller Stände in Genf ihre schönsten Jugendjahre zugebracht und den Grund zu ihrer Bildung gelegt. In Genf hatten sie an der Spitze der Kirche und des Staates eine Auswahl hochverdienter Landsleute gefunden, welche, indem sie dem schützenden Asyl dankbare Dienste leisteten, zugleich in alter Liebe ihrer Heimat gedachten und glücklich waren, in den Herzen der jungen Franzosen den Geist evangelischer Freiheit und opferwilligen Glaubensmuthes zu erwecken. Manche Franzosen, welche in der Kirche Genfs den ersten Waffendienst in der Predigt des Evangeliums gethan und bewährt erfunden worden, wirkten nachher um so kräftiger in den ausgezeichnetesten evangelischen Städten Frankreichs. So waren. Augen und Herzen der französischen Hugenotten immer wieder auf jene Pflanzschule im Schoße der Berge gerichtet, wo jede Noth und Gefahr den lebendigsten Wiederhall fand. Und als nun das Unglück mit Aufhebung des Edikts von Nantes noch allgemeiner und schrecklicher hereinbrach als mit der Bartholomäus-Nacht, steuerten die armen Flüchtlinge getrost jenem Leuchtthurme am Genfersee zu, in der Gewißheit, dort, wenn nicht eine neue Heimat, doch Rettung und Rath zu finden. Es nahm aber die hülfreiche That des Augenblicks der Noth

fo alle Kräfte in Anspruch und die mitleidige Bevölkerung
Genfs gieng fo auf in der Ausübung der Pflicht, daß die
gleichzeitigen Berichte über die Liebesbeweise nur fehr fpärlich
fließen. Es ift aber dennoch ein wahres Bild, wenn die
fpätere Geschichte uns jene Vorgänge zu fchildern bemüht ift.
Zunächst foll uns Gaberel auf die Gränzen führen, wo die
Flüchtlinge brüderliche Aufnahme fanden.

„Dans les forêts du Jura français, au col de St. Cer-
gues, au lac de Joux, les municipalités de Nyon, de Rolle,
de Morges et d'Yverdun entretenaient des bûcherons et des
pâtres qui, „sous ombre des travaux de leur état," sur-
veillaient les sentiers et guidaient les voyageurs. Leurs
excursions s'étendaient à plusieurs lieues sur le territoire
du royaume. — Vers le midi de la vallée, près du fort de
l'Ecluse, les paysans Genevois accomplissaient une tâche
analogue. Les habitants des villages voisins du Rhône,
Chancy, Avully et Cartigny, se distinguaient par leur charitable intrépidité. Aux pieds de leurs abruptes moraines
se trouvaient deux bacs solidement amarrés. Les guides
conduisant les réfugiés attendaient la nuit pour franchir
les derniers ravins du pays de Gex. A l'approche du grand
fleuve, des signaux prévenaient les Genevois; des flambeaux,
un instant allumés sur la rive suisse, annonçaient le départ
des embarcations. Bientôt le courant impetueux était
franchi, et les fugitifs, désormais en sûreté, entonnaient
l'hymne d'action de grâces sur la terre de la liberté de
conscience." Und Chambrun, der Flüchtling, bezeugt: „Leur
coeur fondait en larmes et ils commençaient leurs actions
de grace à leur divin protecteur par ce verset du psaume
XXVI: „Le saint et sacré lieu où tu te tiens, mon Dieu,
m'est précieux jusques au bout."⁶²
Ueber die Leistungen Genfs für die armen Flüchtlinge
mag wieder das Zeugniß des Franzosen Michelet dienen:
„L'exemple que la petite Genève donna alors est le plus
grand, je crois, qu'on puisse trouver dans l'histoire de la

fraternité humaine. Cette ville de seize mille âmes, pendant près de dix ans, reçut, logea, nourrit quatre mille fugitifs. Enorme éffort, excessive dépense, et soutenue avec une persévérence admirable. Augmenter sur-le-champ d'un quart sa population, sa consommation, c'est ce qu'aucune autre ville n'aurait supporté. Ajoutez que, de ce côté, venait la partie la plus pauvre de l'émigration. Nos braves paysans du Jura, avec des dangers incroyables, par les sapins, le précipices, en plein hiver, par les sentiers des chèvres, les faisaient passer un à un, mais dénués et sans bagages. Comme de naufragés ou comme l'enfant qui vient de naître, ils abordaient nus à Genève n'apportant que leur corps mal vetu, affamé, souvent martyrisé. Toujours de nouveaux arrivants. Ils s'écoulaient, d'autres venaient. C'était un torrens de fantômes; on eût dit la marche des morts vers la vallée de Josapat."

„Les maisons de Genève ne sont pas grandes. La famille d'alors était serrée et close, d'une certaine roideur pour l'étranger et d'un aparté puritain. Tont cela disparut. La piété et la charité changèrent violemment ces choses de forme. Les portes s'ouvrirent grandes. On mit des lits partout, cinq ou six dans chaque chambre. Telle maison en eut quarante-cinq! Toutes les habitudes changées, complet bouleversement. La dame genevoise, concentrée jusque-là, un peu prude et méticueeuse, prend chez elle, avec elle, au saint des saints de la famille, ces pauvres inconnues. Elle coupe ses robes à leurs taille, se dépouille pour couvrir des enfants presque nus. Grande table et petite chère. Pour nourrir tout ce monde, elle accepte, elle impose aux siens une sobriété rigoureuse. Elle vuide los greniers et les caves. Elle prend l'eau pour elle et réserve le vin pour ces malheureux épuisés."

„Nos Français du midi, sous la bise de Genève, au souffle du mont Blanc, dans ces grands courrants froids que le Rhône, que l'Arve, ces furieux torrents, amènent

là de toutes parts, supportaient avec peine le cruel hiver de
1686. Leurs hôtes non contents de manger avec eux tout
ce qu'ils avaient, s'endettèrent généreusement. De leur
crédit chez les marchands, ils enlevèrent du drap, du linge,
des chaussures, habillèrent tout ce peuple. Nos Français
discrètement, pour ménager le bois de la maison et soulager leur hôtes, allaient presque tous chercher un peu de
soleil sur la pente abritée que depuis on appela le Petit
Languedoc. Cette rampe domine le beau Jardin des Plantes
que Rousseau, Candolle et Saussure rendent tellement
illustre. Mais ce grand souvenir de la charité genevoise
glorifie plus encore ce beau lieu et le rend sacré." [63]

Die Verbannten selbst bezeugten: „Il semblerait que
les murailles de leurs appartements se reculent à volonté,
tant ils sont habiles à loger de nouveaux venus, lorsqu'ils
arrivent à flots pressés; il est vrai qu'on en met jusqu'à
vingt dans la même chambre. La maladie et les souffrances
de la route font de terribles ravages parmi nous, et les
salles de l'hopital genevois ne peuvent abriter tous nos
frères, dont la plupart ne se reléveront pas." [64]

Wir haben oben vorausgeschickt, daß die Opfer der kleinen
Schweiz für die evangelischen Flüchtlinge denjenigen der protestantischen Mächte an Umfang und Größe von ferne nicht
gleichkommen. Aber die Schweiz hat einen Vorzug, wodurch
sie alle andern Staaten übertrifft, die allgemeine Bereitwilligkeit des Volkes. Ein freies, und darum einfaches und genüg-
sames Volk ist empfänglicher und theilnehmender für Anderer
Schicksal und darum bereitwilliger zur Hülfe. Weil der Werth
jedes kleinen Mannes für sich gilt, so gewinnt der Einzelne
Selbstvertrauen und freudige Zuversicht, da er weiß, daß was
sein Herz bewegt, in seinen Mitbürgern gleichen Anklang findet.
Darum ist seine Freude, geben und helfen zu können, größer
als das Bedenken über das Opfer; und die Gewißheit, daß
Viele die gleiche Gesinnung theilen, und daß die Gabe und
Hülfsbereitwilligkeit der vielen Kleinen erklecklich ins Gewicht

fällt, bringt Muth und Lohn. Während die reichen Staaten Holland und England, je nach den politischen Konstellationen, bisweilen jahrelang für die Bitten der Flüchtlinge blind und taub waren, behielten in der Schweiz sowohl die Regierungen als die Privaten zu Stadt und Land stets offene Hände. Freilich läßt dasjenige, was die Städte der Schweiz thaten und thun konnten, sich mit den Hülfsgeldern namentlich der holländischen Städte nicht vergleichen: aber die Schweiz bietet die einzig bastehende Erscheinung, daß die gesammte Landschaft stets mit den Städten wetteiferte, und zwar nicht nur in den Landschaften der regierenden Kantone, sondern auch in den landvögtlichen Gebieten und den gemeinen Herrschaften, nicht nur im französisch redenden Waadtland, sondern namentlich auch im Thurgau und im Rheinthal. Dabei versteht es sich, daß die haushälterischen und sorgsamen Schweizer stets eine sehr genaue Rechnung führten und die zu liefernden Beiträge unter sich aufs pünktlichste ausmittelten. Bei einem Geld-Betrag von 100 wurde 1661 ausgemacht, daß die einzelnen evangelischen Stände sich dabei folgendermaßen zu betheiligen hatten: Zürich 25, Bern 30, Basel 14, Schaffhausen 13, St. Gallen 6, Appenzell 5, Glarus 3, Mülhausen und Biel je 2. 1674 vereinigten sich die evangelischen Orte zu folgender Repartition auf · 100. Bei einer Theilnahme aller neun evangelischen Städte und Orte fiel auf Zürich 23, Bern 32, Basel 14 $\frac{1}{2}$, Schaffhausen 13, St. Gallen 7, Appenzell 3 $\frac{1}{2}$, Glarus 3, Mülhausen und Biel je 2. — 100 auf 7 Orte vertheilt: Zürich 23 $\frac{1}{2}$, Bern 33 $\frac{1}{2}$, Basel 15, Schaffhausen 13 $\frac{1}{2}$, St. Gallen 7 $\frac{1}{2}$, Glarus 3 $\frac{1}{2}$, Appenzell 3 $\frac{1}{2}$. — Unter 5 Orten: Zürich 25, Bern 35 $\frac{1}{2}$, Basel 16, Schaffhausen 15, St. Gallen 8 $\frac{1}{2}$. — Unter 4 Orten: Zürich 26 $\frac{1}{2}$, Bern 37 $\frac{1}{2}$, Basel 18 $\frac{1}{2}$, Schaffhausen 17 $\frac{1}{2}$. Bei dem immer größern Zudrang · der Flüchtlinge und den dadurch gesteigerten Anforderungen, welche bald über die Kräfte der Schweiz giengen, läßt es sich denken, daß die Kantone unter und gegen einander über ihre Pflichten und Lasten in sehr einläßliche Erörterungen eintraten. Dagegen fanden die Kantone in der Theilnahme und Bereitwilligkeit ihrer Bevölkerungen eine unerschöpfliche Beihülfe und Ermunterung. Schon 1670, vor der überwältigenden Fluth der Flüchtlinge, enthält eine Zürcher Rechnung folgende Angaben an Steuern für die französischen Glaubensgenossen: die Steuer der Stadt Zürich betrug 6362 Gulden, 39 Schilling, 8 Heller; der Landschaft Zürich, inbegriffen Winterthur, Stein, Bülach und Eglisau, 3405 Gulden, 38 Schilling (dabei fehlten noch die Steuern von 19 Gemeinden); aus dem Thurgau 1140 Gulden, 22 Schilling, 10 Heller (ausstanden noch 22 Gemeinden); die Steuer des Rheinthals wurde noch erwartet: der eingegangene Betrag belief sich auf 10909 Gulden, 20 Schilling, 6 Heller. Auch über die sorgfältige Vertheilung dieser Steuern wurden die besten Maßregeln getroffen, wie wir im Verfolg häufige Beispiele anzuführen im Falle sein werden. Daher wurden den eidgenössischen Behörden sowohl als den Privaten theils allgemeine, theils besondre Güter zur Verwaltung anvertraut. So kam schon 1674 Genf bei der evangelischen Konferenz mit dem Wunsche ein, daß eine den piemontesischen Glaubensgenossen zuständige Summe von ungefähr 30,000 Thalern, welche größtentheils als Steuern der evangelischen Eidgenossenschaft für die Kirchen- und Schuldiener in Piemont zusammengebracht und bisher in Genf angelegt gewesen, zu eidgenössischen Handen übernommen werden möchte. [65]

16. Die Ungarn.

Zu dieser Zeit erwuchsen den evangelischen Eidgenossen neben den Franzosen und Piemontesen neue Sorgen und Opfer für die verfolgten Glaubensgenossen in Ungarn, welche von 1672 an zugleich mit jenen beiden in die öffentliche Fürbitte eingeschlossen wurden. 1674, den 16. Jänner wurden vom Erzbischof von Gran 250 Prediger augsburgischer und 57 helvetischer Konfession nach Preßburg berufen und vor nur katholischen Richtern des Aufruhrs angeklagt und zum Tode, zu Berluft der Güter und Entehrung verurtheilt. Der Kaiser bestand jedoch nicht auf der Todesstrafe und ließ den Verurtheilten die Wahl zwischen Selbstverbannung und Selbstentehrung. Die meisten Kirchen- und Schuldiener augsburgischer Konfession fristeten sich durch Unterzeichnung eines entehrenden Reverses. Standhafter bezeigten sich die Reformirten, welche, der deutschen Sprache wenig fähig, um so schwerer im Auslande ihr Fortkommen hätten finden können, und die Unterzeichnung einer entehrenden Schrift verweigerten. Nur zwei derselben unterzeichneten, keiner aber wanderte aus. Anfangs wurden die Dulder in verschiedene Gefängnisse vertheilt, in Ketten gelegt und zu den niedrigsten Diensten genöthigt. Im Schlosse zu Buccari am abriatischen Meere wurden alle in dasselbe Gefängniß eingeschlossen, wo sie achtzig Tage weder Sonne noch Mond sahen und fünfzehn Tage lang kein Brot. Als Spanien in den kaiserlichen Erblanden Soldaten warb, um den Aufruhr in Sicilien zu stillen, wurden 41 dieser Kirchen- und Schuldiener zu Fuß und gefesselt nach Triest geführt, wo man sie plünderte und ihnen die Köpfe glatt rasirte. Von hier wurden sie zu Fuß mitten durch Italien geschleppt und litten in Ställen und schlechten Kerkern Hunger und Durst, so daß vier unterwegs den Mühsalen erlagen, drei aber flohen. Die übrigen dreißig gelangten den 8. Mai 1675 nach Neapel, wo sie Mann für Mann für je 50 bis 55 Scubi verkauft, nach den Galeeren gebracht und mit türkischen Sklaven und Verbrechern auf die Ruderbänke geschmiedet wurden. Die Unglücklichen fanden in ihrem Elend treue Theilnahme bei den deutschen Kaufleuten Georg und Philipp Welz, welche sie alle drei Tage besuchten und ihnen Nahrung zukommen ließen. Um die Armen mit Geld und Kleidungsstücken versehen zu dürfen, beschenkten sie den Gefangenwärter und gewannen den General Stahrenberg. Die Gefangenen sandten Bittschriften an ihre Glaubensgenossen in Neapel und an den holländischen Residenten in Basel. Besonders verwendete sich der Arzt Niklaus Zaffius von Nürnberg in Venedig durch Schreiben an die Kirchenvorstände der Schweiz, Hollands, Englands und Deutschlands, worauf die Professoren Heinrich Heidegger von Zürich und Franz Turettini von Genf ihre warme Theilnahme bezeugten. Hierauf verwendete sich Georg Weltz beim Vicekönig und bot für jeden Gefangenen hundert Dukaten Lösegeld, aber vergeblich. Bald darauf erschien die holländische Kriegsflotte zur Hülfe Spaniens in Neapel, und Admiral Ruyter verlangte, auf die Verwendung von Heidegger und Weltz, die Erledigung der Ungarn: nun bequemte sich der Gerichtshof, die Gefangenen für unschuldig und frei zu erklären. Den 11. Horn. 1676 nahmen Officiere und Prediger der holländischen Flotte die Prediger und Professoren von den Galeeren in Empfang. Unter Psalmengesang nahmen diese von den Ruderbänken und den Ketten Abschied, und mit Lobgesang betraten sie das holländische Admiralschiff. Ruyter empfieng sie mit dem Gruße: „Von allen seinen Siegen habe ihm keiner so viele Freude gemacht, als die Befreiung dieser Diener Gottes.“ Zunächst ließ er die Befreiten durch Weltz kleiden. Durch das Bemühen des holländischen Gesandten in Wien wurde vom Kaiser die Freilassung bestätigt.

Die Schweiz, welche sich mit so warmer Theilnahme für die Befreiung der Ungarn verwendet, war nun auch bereit, für die Befreiten zu sorgen und dieselben zu beherbergen, daher in den evangelischen Städten Kollekten für deren Unterhalt auf der Reise nach der Schweiz erhoben wurden. In St. Gallen angelangt, wurden die Ungarn durch Dr. Wegelin mit einer Rede empfangen. Als die 30 vielgeprüften Männer den 20. Mai 1676 in Zürich anlangten, bewillkommte sie zuerst der Stiftsverwalter Rudolf Hospinian. Darauf hieß sie der Professor J. Heinrich Heidegger auf der Chorherren-Stube in lateinischer Rede willkommen. Die bei der Begrüßung anwesenden Pfarrer und Professoren der Stadt Zürich nahmen nun sogleich je zwei und zwei der armen Heimatlosen mit sich nach Hause, und behielten sie während ihres fast anderthalbjährigen Aufenthaltes bei sich unentgeltlich

zur Herberge und am Tische. Das Wenige, was wir von den
Ungarn während ihrer Anwesenheit in Zürich wissen, und
namentlich auch die Denksprüche, mit welchen sie von ihren
edelmüthigen Gastgebern Abschied nahmen, macht einen günstigen
Eindruck und beweist, daß sie ein gutes Andenken zurückließen,
obgleich einer derselben, zur Beschämung und Trauer der
Uebrigen, durch ein fleischliches Vergehen im Hause seines edelmüthigen Gastgebers demselben mit bittern Undank lohnte.
Nach langen Bemühungen, in protestantischen Ländern Unter-
kunft zu finden, konnte die eine Hälfte der Ungarn in Holland,
die andere in verschiedenen deutschen Gebieten Aufnahme erlangen. Beim Abschiede im Herbste 1677 richtete S t e p h a n
S e l l y e i, der gewesene Pfarrer der reformirten Gemeinde
Papa in Nieder-Ungarn und Superintendent jener Gegend,
eine Rede an die versammelten bisherigen Wohlthäter, aus
welcher wir folgende Mittheilung machen: — — — „Da wir
auf den Neapolitanischen Galeeren an den härbsten und grausamsten Ruderbänken mit Ketten angebunden waren, habt Ihr
durch gute Gönner mit Euerer Sorgfalt allenthalben her und
oftmals uns getröstet. Ihr seid die Ersten gewesen, die den
löblichen reformirten Orten der Eidgenossenschaft unsere Sach
mit höchstem Fleiß anbefohlen. Da wir noch auf den Galeeren gefangen waren, habt Ihr inner und außer der Stadt
Steuern angestellt. Durch Euere Freigebigkeit habt Ihr Andere
angereizet, uns mildreich Gutes zu thun. Als wir in Euere
Stadt gekommen, habt Ihr uns wie Engel Gottes aufgenommen.
Ihr habt je zwei und zwei in fünfzehn Herbergen bei Pfarrern
und Professoren ausgetheilt und zu Tischgenossen großgünstig
verordnet. Ihr habt Euch nicht geschämt, uns vom Wust der
Gefangenschaft und der Galeeren zu säubern und unsere Wun-
den und Streiche zu waschen; Ihr habt die Kranken mit
Aerzten versorgt und es an Vorschuß nicht ermangeln lassen.
Da die Unsrigen in zwei Abtheilungen an die Generalstaaten
und an die evangelischen Fürsten des Reichs abgereist, um
Fürbitte bei dem Kaiser einzulegen, zur Wiedereinsetzung in

die Kirchen nach achtzehn Jahren, deren fünfhundert genommen worden, habt Ihr beide Gesellschaften mit genugsamem Reise-geld versehen. Die Uebrigen habt Ihr unterhalten bis auf diesen Tag, ein Jahr und fünf Monate. Ihr habt acht Männer, vier aus dem Rath und vier aus dem Chorherren-Stift zu Sorg und Fürsehung gesetzt. Nebst einer großen Steuer habt Ihr auch noch solche an drei hohen Festen erhoben. Des Einen Fall habt Ihr die Andern nicht entgelten lassen. Den Vene-tianischen Kaufleuten, welche für Lösung, Kleidung und Unter-halt über tausend Thaler ausgelegt, habt Ihr nebst den übrigen Eidgenossen solches zurückerstattet, und auf unser Anhalten den Doktor Niklaus Zaffen, unserer Sache Beförderer, mit 100 Dukaten beschenkt."

Doch nicht nur Zürich, sondern die ganze evangelische Schweiz bezeigte für die ungarischen Prediger die lebhafteste Theilnahme. Bei der evangelischen Konferenz im Wintermonat 1677 ergab die allgemeine Rechnung folgende Steuern für die Prädikanten aus Ungarn: Zürich 4733 Gulden (mit Inbegriff von Winterthur mit 280 und Stein mit 100), Bern 3600, Glarus 200, Basel 1000, Schaffhausen 700, Appenzell a. Rh. 367, St. Gallen 1108, Mülhausen 250, Biel 90, Neuenstadt 180, Genf 1800, die Landschaft Neuenburg 1032, der Rath zu Neuenburg 600, die Prädikanten zu Neuenburg 180, Frauen-feld 100, Rheinthal 118, Toggenburg 85: im Ganzen 16,146 Gulden, 23 Schilling, 8 Heller. Davon sei für die Befreiung der Männer verwendet worden 2257 Gulden, für den Unter-halt und die Reise 6723, verblieben an Baarschaft 7166 Gul-ben. Von nun an fanden die evangelischen Ungarn in der evangelischen Schweiz theilnehmende Freunde und Helfer und standen mit derselben in genauer Verbindung, nament-lich sorgte die evangelische Schweiz für die Bildung der jungen Ungarn für das Predigtamt, in Verbindung und mit Beihülfe von England, Holland und der deutschen reformirten Kirchen. Von nun an wurden in Zürich drei studierende Ungarn unter-halten, mit einem jährlichen Stipendium von je 102 Thalern;

und bei der Abreise erhielt jeder Student ein Viaticum von 30 Thalern. In Bern erhielten vier Ungarn ein jährliches Stipendium von je 144 Thalern, bei ihrer Ankunft jeder 94 Thaler für Bücher und Kleider, und nach Vollendung der Studien ein Viatikum von 30 Thalern. In Genf erhielten zwei Ungarn nebst einem vollständigen Anzug jährlich 180 Thaler und beim Abgang ein Viatikum von 5 Louisb'or. In Basel wurden zwei Ungarn ins Erasmianum aufgenommen, mit freier Wohnung und Beköstigung. Um dieser engen Gemeinschaft willen, welche sich in einzelnen Fällen immer wieder durch besondere Hülfsleistungen und Wohlthaten an ungrische Gemeinden oder Privaten kund that, nennt sich die reformirte Kirche Ungarns bis auf den heutigen Tag diejenige der helvetischen Konfession, und von Neuem besuchen wieder ungarische Studenten die evangelischen Hochschulen der Schweiz.[66]

Im gleichen Jahre 1677, in welchem Franzosen und Piemontesen fortwährend die Hülfe in Anspruch nahmen, erhielten, außer der außerordentlichen Steuer für die Ungarn, auch die evangelischen Polen 1000 Thaler von den sämmtlichen neun evangelischen Orten, eine ähnliche Summe die durch Brand und Plünderung geschädigten Glaubensgenossen in Zweibrücken von den vier Städten, und 1000 Franken die bedrängten Evangelischen in Burgund. Neben solchen größern Summen wanderten alljährliche kleinere Hülfsbeiträge nach mancherlei evangelischen Gebieten über die Gränze.[67]

17. Einzelne Flüchtlinge vor 1685.

Ehe wir uns mit jenen Hunderten und Tausenden beschäftigen, welche nach der Aufhebung des Edikts von Nantes die Gränzen der Schweiz überflutheten, lohnt es sich der Mühe, Einzelne jener entschlossenen Vorgänger ins Auge zu fassen, welche den Muth hatten, ehe es zum Aeußersten kam, um ihres Glaubens willen Heimat und Wohlstand zu verlassen. So erschien schon 1677 die Wittwe Anna Preveral mit ihren

drei Töchtern, den Kindern des Jacob Borel eines reichen
Kaufmanns in Dauphiné, zu Zürich. Aus Abneigung gegen
den evangelischen Glauben hatte Borel nicht Frau und Kinder,
sondern seine Brüder zu Haupterben seines Kapitalvermögens
eingesetzt, der Frau aber nur den nothdürftigen Unterhalt bewilligt, und den Töchtern, um dieselben an Frankreich zu binden, seine liegenden Gründe, Häuser und Hausrath vermacht,
zudem an Geld jeder nur 5000 Franken, erst bei ihrer Ver-
heirathung zahlbar, und 100 Franken jährlich zu Handen der
Mutter für den Unterhalt jeder der drei Töchter. Nach des
Vaters Tod verließen Mutter und Töchter die Heimat und
Güter, „pour sauver leur ame, et sont venues chercher un
réfuge dans l'état de Zuric, afin de pouvoir servir Dieu
suivant son Saint Evangile et les mouvemens de leur
conscience, dans ces heureuses contrées, où par la bonté
divine on voit regner la Paix et la Justice, et la Pureté de
la Religion." Bald folgte der Schwägerin auch die Frau des
jüngsten der drei Brüder Borel, welcher ihr zurückbleibender
Gatte eine Summe einhändigte, die sich auf mehr als 25,000
Franken belief. Diese Summe wurde in Zürich bei der Salzkammer und bei den Handelshäusern Bodmer, Muralt, von
Escher und Georg Orelli angelegt. — 1681 haben unter andern
zwei ältere Männer, Pierre Flechon und Bernhard
Martres, einträgliche Stellen verlassen und möchten nun in
Zürich ihr Brot verdienen, der eine durch Verwendung seiner
mathematischen Kenntnisse, der andere durch Unterricht in der
französischen Sprache nach einer neuen Methode. — Im Frühling 1682 wurde auf der Chorherren-Stube Daniel Joncez
von Montpellier vernommen, welcher mit Frau, Schwager,
zwei Schwägerinnen und zwei Knaben nach Zürich gekommen
war. Er erzählt, vor einigen Jahren habe er den einen seiner
Söhne seiner Schwester auf deren Begehren zugeführt, da dieselbe die Taufzeugin des Knaben und reich sei und keine eigenen
Kinder habe. Aber vor zwei Jahren sei seine Schwester abgefallen und habe den Knaben dem Bischof überliefert, welcher

denselben im Seminar untergebracht habe. Da weder die Schwester noch der Bischof ihm den Knaben habe herausgeben wollen, so habe er diesen im Seminar aufgesucht und unter vielen andern jungen Knaben gefunden, und dieser sei ihm mit weinenden Augen entgegengeeilt. Beide haben Gelegenheit gesucht zu entkommen. Als sie aber zum Thore gekommen, habe der Pfaffe, der sie gehütet, sie nicht hinauslassen wollen, sondern ihn, den Vater, bei den Haaren gefaßt. Er aber habe dem Pfaffen einen Stoß versetzt, so daß er zu Boden gefallen, worauf sie beide entflohen. Diese That sei ihm als Entheiligung des Seminars und als Angriff auf einen geweihten Priester ausgelegt worden. Daher seien Garden in sein Haus gekommen, ihn gefangen zu nehmen; aber mit Hülfe seiner Frauenzimmer und der übrigen Hausleute habe er sich erwehrt und die Soldaten aus dem Hause gejagt. Weil sie nun in der Heimat nicht mehr sicher gewesen, haben sich Alle in die Sevennen begeben. Von hier seien sie mit Hülfe der Glaubensgenossen von Kirche zu Kirche über Orange nach Lyon geflohen, allwo die Frau eines Töchterleins genesen. Ueber Genf, Lausanne und Bern seien sie hierher gekommen, zu warten, bis sich der Zorn des Königs gelegt. Von Lausanne aus sei er heimlich nach Hause gereist, um zu hören, was für ein Urtheil ergangen und ob sie zurückkehren dürfen. Allein er sei zu einer Buße von 2000 Franken und lebenslänglich auf die Galeeren verurtheilt, und die Frauen, weil sie die Garden aus dem Hause getrieben, seien von Stadt und Land verbannt und sollen, mit Kerzen in der Hand, vor die Stadt geführt werden. Unter solchen Umständen wolle er in Holland eine Niederlassung suchen. Dahin reiste die Familie Foncez nach längerem Aufenthalt in Zürich und Schaffhausen.

Stephan Faure, Kastlan einer Burg und eines Städtchens in Dauphiné, wurde als Protestant vom Parlament zu Grenoble verurtheilt, gebunden und geknebelt zwischen zwei Pferden ins Gefängniß geführt und an Händen und Füßen mit Ketten in ein dunkles Verließ herabgelassen. Nach einiger

Zeit kam er mit einer Buße von tausend Thalern davon. Er hatte sein Gut dem Parlamentspräsidenten von Bona abtreten müssen. Dieser entlehnte von Faure ein Pferd und nahm zugleich dessen Knaben mit, damit dieser das Pferd zum Eigenthümer zurückführe. Allein Pferd und Knabe wurden zurückgehalten und dieser in das Jakobiner Kloster zu Grenoble eingeschlossen. Faure's Bemühungen, die Freilassung seines Sohnes zu erlangen, waren vergeblich, und der Vater wurde mit dem Scharfrichter bedroht, wenn er nicht stille sei. Da nahm dieser Bewaffnete mit ins Kloster, band den Klostervorsteher und floh mit dem Sohne. Als die Mönche ihren Obern am Morgen geknebelt antrafen, eilten sie mit ihrer Klage vor das Parlament. Faure wurde seiner Güter beraubt und Vater und Sohn verurtheilt, lebendig verbrannt zu werden. Beiden gelang die Flucht nach Genf, welches übernahm, den Sohn zu Erlernung eines Handwerks in die Lehre zu geben. Auch die Mutter erreichte mit ihren übrigen acht Kindern Genf. Nun erscheint der arme bekümmerte Vater in Zürich mit der Bitte um Hülfe für seine Haushaltung und um Uebernahme der Berufsbildung für einen zehnjährigen Knaben.

Unter manchen andern jener edeln Vorläufer erwähnen wir noch des Peter Arthaub, des Rechtsanwalts von Grenoble, welcher nicht nur seine Stelle verlor, sondern auch seine Güter, weil solche nicht an Reformirte verkauft werden durften und den Katholiken der Kauf der Güter der Protestanten verboten war; ferner des Stephan de Cursol du Mont, früher Arzt, dann Prediger zu Charenton, der von den Jesuiten befeindet und vom Prinzen von Conty verfolgt, Hab und Gut verließ und nach der Schweiz floh, wo Bern für seine Frau und seine Söhne sorgte, der Vater nun aber Zürich um die Mittel bat, weiter reisen zu können, um eine Anstellung in der Pfalz oder in Holland zu suchen. Diesem wurden, wie manchem andern der angesehenen Flüchtlinge, 25 Louis'or bewilligt. — Längere Zeit hielt sich in Zürich auf Jean Rousseau, gewesener Sekretär der königlichen Schatzkammer,

ein angesehener Bankier aus Paris, welcher St. Galler Kaufleuten bekannt war, die in der Zeit seines Glanzes ihn gesehen
hatten. Nun aber hatte er um des Glaubens willen alle seine
Herrlichkeit verlassen und suchte, 64 Jahre alt, eine Anstellung
als Sprach- und Rechenmeister, um mit seiner kranken Frau
das Leben zu fristen.

Nicht weniger Glaubenstreue und Heldenmuth als die
Männer entwickelten auch die Frauen, so daß bei der Selbständigkeit und Thatkraft, wodurch sich die Französinnen aus-
zeichnen, erhebende Beweise der Entschlossenheit in Menge vorkommen. Michelet giebt folgende allgemeine Schilderung der
hugenottischen Frauen. „La femme protestante, bien plus
que son mari, plus nettement, plus obstinément, montrait
son horreur du papisme. — — — Au premier coup d'oeil
on distinguait la femme protestante. Celle de la bour-
geoisie marchait dans le petit bonnet, la fraise, la jupe
étroite du tems de Louis XIII. Même la dame protestante
se reconnaissait tout de suite à je ne sais quoi de serré, de
modestement fier, si on peut dire. Telle elle était d'en-
fance. Dans une famille sérieuse et très fermée, comme
sont les familles calvinistes, la demoiselle n'est point formée
aux graces mondaines par la société. Elle ne connait
d'homme que son père. Et ce père, qui lui lit le livre saint,
en réalité est son prêtre. Son seul confesseur est sa mère.
Une telle fille reste vierge, même après qu'elle est mariée,
vierge de coeur et de pudeur, — non sans roideur, peut-
être. Elle est austere d'aspect, et plutôt triste. Qui s'en
étonnera après taut de persécutions?“ [68]

Ein merkwürdiges Zeugniß solch einer französischen Glau-
benshelbin bewahrt das Staatsarchiv in Zürich. Isabeaud
de Fourques, die Gattin Jean's d'Arbaub, eines adelichen
Gutsbesitzers aus der Provence, hatte sich 1685 mit sechs
Kindern nach Bern gerettet, wo sie sich längere Zeit aufhielt,
und in Erwartung größerer Hülfsmittel aus ihrer Heimath,
unterdessen mit ihren Kindern das Gnadenbrot aß. Weil sie

Bern nicht länger allein zur Laft fallen wollte, wendete fie fich im Herbste 1685 auch an Zürich, beffen Rath fie ihr Schid= fal folgender Maßen schildert.

— — — „La premiere source de mon malheur est le cruel changement de mon mari qui s'est laissé séduire aux derniers éstats tenus a Montpellier, ou il a fait abjuration le 19. Dec. 1684. Ce qu'ayant appris chez mon frère le marquis de Fourques, ou j'étais pour lors, je partis incon-tinent pour aller joindre mes dix enfans que j'avais laissés dans notre terre à la campagne, pour les garantir du malheur que je prévoyais qui arriverait de ce changement fatal. Et la première démarche que je fis feut d'envoyer - deux de mes garçons les plus ainés, agés de dix-huit à vingt ans, à Genève; et deux de leurs soeurs, agées de treize à quatorze ans, du costé du Dauphiné, où je les mis à couvert auprès de mes parents. Pour les autres filles, qui restoient au près de moi, l'ainée d'entre elles, agée de vingt-un an, feut sollicitée puissamment au mêsme change-ment par la promesse qu'on lui fit de lui donner une place chez madame la Dauphine et dix mille écus en sortant; l'aultre, agée de dix-neuf ans, par un mariage très avan-tageux, et la troisième, agée de dix-sept ans, par d'autres promesses aussi bien que de menaces. Il ne me restoient encore que trois petits enfants qu'on m'avait bien enlevés mais que mon mari me fit rendre, me voyant en éstat de l'abandonner et de tout entreprendre. Accablée de dou-leur je ne perdis pas pour tout cela ma crainte, puisqu'en me rendant mes enfants on mit en mêsme temps un prêtre dans ma maison, pour les instruire et pour estre leur garde, et pour faire auprès de moi tout ce qui dépendroit de lui pour me perdre, n'ayant épargné pour cela ni promesses ni menaces, éstant mêsme venu à toutes sortes d'emporte-ments horribles pendant six ou sept mois, que j'ai resté encore auprès de Ms. d'Arbaud mon mari, qui de son costé fit aussi tout son possible pour me séduire et pour m'inti-

mider, afin pour m'inspirer les mêmes sentiments qu'il
avait pour la conservation et l'agrandissement de sa maison,
ne se contentant pas de ce que dieu lui avait donné de
naissance et de biens. Comme je voyois donc qu'il n'y
avait point de fin à toutes ces violentes persécutions, que
le danger de perdre mes enfants, et de nous voir sans
exercices et dans le dernier malheur, dorénavant tous les
jours, je me vis enfin contrainte de prendre la résolution
de me retirer et de faire mon possible pour sauver mes
pauvres enfants, quoique je feusse pour ainsi dire dans
l'impuissance d'éxecuter mon dessein et de me pourvoir
mêsme de choses nécessaires pour faire mon voyage: ayant
emploié une partie de ce que je pouvois avoir au voyage
et entretien de mes enfants à Genève. Mais enfin m'étant
abandonnée à la providence de mon dieu et resignée à tout
ce qui lui plaisait de m'envoyer (mon mari m'ayant osté
tous les moyens de retirer quelque chose, dans la crainte
qu'il avoit de ma·restraite), fortifiée par la grace de dieu
et par la nouvelle que je venais de recevoir, que mon mari
avec le procureur du roy venait de m'enlever deux de mes
filles, l'ainée et la troisième, qui étaient pour lors à la
campagne, pour les mettre dans le couvent, et pour se
saisir du reste de mes enfants que j'avais auprès de moi,
et pour arrêter ma personne mesme. Je me resolus sans
hésiter davantage avec ce que je pus avoir, n'ayant pas
mesme voulu demander aucun secours à personne qui ait
peu m'aider à mon dessein, de crainte de leur faire des
affaires: me servant de l'occasion de la foire de Beaucaire,
où toute notre petite ville de crismes est en foule et où par
bonheur etait aussi allé nostre prêtre, specieux ennemi de
nostre repos, m'y ayant fait trainer avec mes enfants dans
un pitoyable équipage et deguisée pour n'estre pas recognue.
Mais ce qu'il y a de surprenant et qui marque merveilleuse-
sement la providence de dieu seur mes enfants feut d'avoir
rencontré mon mari en chemin dans son carosse à la veue

de Beaucaire, qui accompagné de Ms le procureur du roy menait mes deux pauvres filles captives, que je recogneus d'abord et auxquelles, après un triste regard et plusieurs larmes repandues d'une mère forte affligée, je ne peus donner autre secours que celui de mes prières et de ma bénédiction, n'ayant osé me donner à cognaistre, de peur de perdre encore les autres. Dieu sait avec quelle amertume de coeur je poursuivis mon chemin, me voyant sans obligation d'abandonner un mari peutestre pour jamais, que j'aimais extrêmement avant la cheute, et deux de mes filles exposées à toutes les plus violentes contraintes et à estre mises le jour mesme dans le couvent. Mais enfin voyant que je n'avais pas du temps à perdre, éstant assurée que l'on me poursuivrait dans ma fuite, je pris au plus viste le chemin le moins dangereux, qui était celui de Marseille, où j'ai rencontré mes deux filles que j'avais auparavant envoyées du costé du Dauphiné, pour les mettre à couvert et qui avaient ordre de s'y rendre. Et de là j'allai jusqu'à crice, jusqu'a Turin, et de Turin à Genève, où j'arrivai avec mes six enfants par la grace de dieu, après avoir esté un mois en chemin, souffert une grande fatigue et consumé ce que je pouvais avoir sur moi. Là j'eus la joie de voir mon fils ainé, l'autre estant parti depuis deux ou trois mois avec Ms. le baron de Frisse, le beaufils de Ms. le compte de Dohna, pour avoir de l'emploi. Et comme l'on n'a pas jugé à-propos que je restasse à Genève, je continuai ma route jusqu'a Nyon, où chacun feut touché de compassion à la veu de ma famille: ce qui m'obligea de me prévaloir de l'offre honnêste que me faisaient des dames charitables de Berne de recevoir deux de mes filles, en attendant que la providence divine y ait pourveu, et de laisser deux petits en pension. Après quoi j'ai pris les deux autres abeilles avec moi, dont l'ainée est partie pour aller joindre Mde. la comtesse de Dohna, et l'autre est encore auprès de moi.

Voici, mes Seigneurs, le recit que V. Exc. m'ont com-

mandé de faire. Estant aussi généreuses et charitables
qu'elles sont, j'ose me promettre de leur bonté qu'elles ne
refuseront point la protection à une femme qui abandonnant tout pour son dieu et qui, estant dépourvue de
tout secours humain du costé de la patrie dans l'estat présent des choses, se jette avec toute la soumission deue
entre leurs bras par y trouver un port tranquille après
tant d'orages éssuyés, les suppliant de vouloir servir de
pères à mes pauvres enfants et d'avoir compassion de leur
mère affligée.

D'Arbaud- de Fourques.

Zürich, aus Theilnahme für die „rühmliche Standhaftigkeit" der Frau d'Arbaud, erbot sich sogleich zur Aufnahme derselben und ihrer Kinder. Aber Bern rechnete es sich zur Ehre
an, ausschließlich für diese edle Dulderin besorgt zu sein, und
wurde auch dann nicht müde, als der große Strom der Auswanderung Tausende von Flüchtlingen über sein Gebiet ergoß.
Das Ansehen d'Arbaud's, Barons von Blossac und Mitgliedes
der Akademie von Arles, war so groß, daß der französische
Gesandte im Namen des Königs die Rücksendung der Gattin
von Bern verlangte. Allein Bern verweigerte die Auslieferung
und verharrte im ausschließlichen Unterhalte der Familie. Mit
desto größerm Gepränge wurde dagegen in der Heimat der
Uebertritt der gewaltsam zurückgehaltenen ältesten Tochter gefeiert, welche die Abschwörung des evangelischen Glaubens in
die Hände des Erzbischofs von Arles öffentlich bezeugte. Die
Flucht der edeln Familienmutter machte unter den Katholiken
ein so peinliches Aufsehen, daß ein eifriger Katholike dem
Schmerze des Gatten in einer Elegie Ausdruck gab, worin es
u. A. heißt:

Que vous avais-je fait pour vouloir me quitter?
Quand de votre amitié je me sentais flatté,
Qui vous a pu donner un conseil si barbare?
Est ce bien pour toujours que le sort nous sépare?
Qui vous fait condamner tous mes sacrés mystères?
Mon culte n'est il pas le culte de mes pères?

Mit gleichem Eifer antwortete ein Protestant im Namen der Gattin, woraus wir folgende Stelle anführen:

Pouvez vous ignorer le sujet de ma fuite?
Malgré notre tendresse, il est vrai, je vous quitte:
Mais puis-je faire mieux que de vous imiter?
Vous quittez le Sauveur, je devais vous quitter,
Qui suivez un object qui vous fera perir:
Moi, pour un époux qu'on ne peut trop chérir,
Qui me promet pour dot une vie éternelle,
N'ai-je pas droit, d'Arbaud, de vous être infidèle?
Vous pouviez avec moi le suivre comme moi;
Mais pouvais-je, sans Lui, vivre sous votre loi?

Zum Schluß:

Plutôt revenez-en; implorez un secours
D'un Dieu plein de douceur et qui revient toujours,
Ah! si vous recherchiez en lui le seule remède
'A vos soucis pressants, au mal qui vous possède,
Mon triste éloignement, celui de vos enfants
Ne vous causeraient plus des ennuis si cuisants.
Loin de plus m'accuser d'une injustice extrême,
Vous louerez ce grand Dieu qui me regarde et qui m'aime;
Vous enviriez mon sort, et pour le partager
Vous ne connaitriez rien qui soit à menager.

Frau b'Arbaud war 1692 noch in Bern. Ihre Töchter haben unterdessen in Deutschland beim Grafen von Lippe eine Zuflucht gefunden, wohin sie, mit einem Reisegeld von Bern und Zürich ausgestattet, verreist sind. Die treue Mutter hofft daselbst auch für ihre übrigen Kinder eine Versorgung und will sie daher dorthin begleiten. Zürich fügt dem Reisebetrag von Bern noch 50 Thaler hinzu.⁶⁹

Mit dem Jahr 1683 traf die schwere Hand der Verfolgung eine so beträchtliche Zahl der Hugenotten, daß Genf von den Flüchtlingen überfüllt wurde. Aber der nun in Genf bleibend sich aufhaltende französische Resident führte über die Ankömmlinge eine so strenge Aufsicht und drohte so nachdrücklich mit dem Zorne des Königs, daß die Stadt gegen die französischen Einwanderer zu harten Maßregeln genöthigt ward, welche wo immer möglich umgangen wurden, aber doch in manchen Fällen vollzogen werden mußten. Dagegen war es ein großes Glück, daß das mächtige und stolze Bern den französischen König nicht zu fürchten brauchte, und großmüthig die armen Flüchtlinge aufnahm, welche Genf nach wenigen Tagen über seine engen Gränzen senden mußte, oder die ihre Richtung unmittelbar nach dem Gebiete von Bern nahmen, wie ein volles Tausend auf einmal an Berns Gränzen anlangten, denen der Weg über Wasser verwehrt worden, und die daher von Lyon aus über Berg und Thal nach dem Waadtland durchdrangen. Bern hatte zu Anfang des Jahres 1683 in Paris anfragen lassen, ob eine neue Intercession der evangelischen Stände etwas nützen würde. Die Antwort lautete, daß die Intercession sowohl für die Betheiligten als für die Vermittler gefährlich wäre, für Jene, weil sie beschuldigt würden, fremde Hülfe gesucht zu haben, für Diese, weil die Intercession als unbefugte Einmischung in Staatsangelegenheiten aufgenommen würde: jeden Falls aber wäre dieselbe ohne Erfolg, weil die königlichen Räthe und die Geistlichkeit die Unterdrückung des Protestantismus verlangen. Und wieder wurde die Gelegenheit benutzt, als die Stände den neu angekommenen französischen Gesandten Tambonneau begrüßten, indem die evangelischen Abgeordneten anfragten, ob er nicht die Einsendung eines Bittschreibens an den König für die Reformirten in Frankreich übernehmen wolle. Jener schlug es ab, 1. weil er neu sei; 2. weil der König so hochverständig, daß er nichts verordne, als was er selbst vorher wohl überlegt; 3. weil er beredt sei, seine, die römische, sei die allein seligmachende Religion, deren er seine Unterthanen aus Liebe theilhaft machen wolle.

Der schärfste Stachel der Verfolgung richtete sich zunächst gegen die Geistlichen, welche daher auch an der Spitze der Flüchtlinge als Führer und Berather erschienen. Und wenn Genf zu klein und zu bedroht war, um den Flüchtlingen eine

bleibende Zuflucht zu gewähren, so war doch diese Stadt als
die erste Ruhestätte und brüderliche Herberge mit augenblick-
lichem Trost, Rath und Hülfe von höchstem Werth. Daher
selbst die Königin Elisabeth von England der Schweiz 1583
ihre Theilnahme für diese Stadt ausspricht: „Genf ist nicht
mächtig; doch ist es ein Glied eures Bundes, und je größern
Schaden es leidet, desto tiefer wird die Eidgenossenschaft verwundet. Zudem ist Genf euere Marktstätte und das Eingangs-
thor zu euerm Lande, wodurch eure Feinde leicht aufgehalten
werden, euch zu bekriegen. Ist daher Genf erobert, so wißt
ihr, welche Schutzwehr euch mangelt." Genf war und blieb
das Hauptquartier, von wo aus den einzelnen Schaaren die
Richtung und Anweisung für ihren weitern Vormarsch ertheilt
wurde. Der Mittelpunkt der Thätigkeit aber waren stets die
Glieder der „Vénérable Compagnie", an welche sich die Ankömmlinge zunächst zu wenden hatten. Unter den Namen
jener ersten Flüchtlinge der französischen Kirche finden wir
solche, welche sich auch in der Verbannung mit unsterblichem
Ruhme bedeckten, wie Arnaud, Chamier, de la Faye,
Saurin ꝛc. Zum Besten dieser Männer faßten die Kirchen-
diener von Genf den 21. Herbstm. 1683 den Beschluß:
„Chacun des membres de la Compagnie sera exhorté à
leur subvenir selon son pouvoir, et M. M. Turretin, Tronchin et Delesmilières ont été nommés pour s'entendre
avec M. M. de la bourse française et assister ces messieurs."
— Das zur Hülfe angerufene Bern ist den 24. Winterm.
sogleich gewillt, Genf die Ueberzahl abzunehmen, aber es sollte
ein Unterschied gemacht werden zwischen denjenigen Pfarrern,
die, von der Amnestie ausgeschlossen, nicht nach Frankreich zurückkehren können, und denjenigen, die ihre Herden eher aus
Furcht, als aus Noth verlassen. Die ersten wollen sie unterstützen, den zweiten aber keine dauernde Hülfe gewähren, damit sie zurückkehren. Auch unter den Laien soll zwischen kräftigen Leuten und arbeitsunfähigen unterschieden und die ersten
sollen als Militärs oder Handwerker weiter befördert werden. —

Den 9. Chstm. richtet Bern an Genf die Bitte, dieses möchte von den Geistlichen 6 behalten; die übrigen sollen folgendermaßen vertheilt werden: die Stadt Bern nehme die 6 ältesten auf, Lausanne 12, Morges, Bevey nnd Yverdun je 8, Payerne 6, Moudon 4, Nyon, Rolle, Lutry, Cully je 2.

18. Hülfsmaßregeln der Schweiz.

Von 1683 an wurden von den evangelischen Ständen viele Jahre hindurch jährliche Steuern für die verfolgten Glaubensgenossen erhoben. Daher beschloß Bern den 19. Herbstm. „bei dem verspürenden Schwahl der verfolgten französischen Glaubensgenossen werde beliebt in deutschen und welschen Landen Sonntags nach dem Bettag eine Steuer unter den Kirchenthüren." Es findet sich der Betrag dieser Steuer nicht angegeben; aber die Hauptstadt allein hatte eine Ausgabe von 4290 Pfund an Geld und 118 Hemden nebst andern Kleidungsstücken. Die Ausgaben der Landvögte des Welschlandes waren folgende: Bondeli zu Lausanne 621, Wattenwyl zu Chillon 352, Manuel zu Neuws 50, Steiger zu Peterlingen 86, Stürler zu Milden 163, im Ganzen 1274 Pfund 15 Batzen. Zugleich ist die Bemerkung hinzugefügt, daß der größte Theil der sich im Waadtland aufhaltenden Franzosen aus eigenen Mitteln lebte und einen Hauszins bezahlte. Die Zahl derselben war jedoch so groß, daß für ihre Beförderung nicht genug Wagen aufgebracht werden konnten. Diejenigen, welche sich im deutschen Gebiet von Bern aufhielten, wurden größtentheils von Partikularen erhalten, nur höchstens 200 Personen auf öffentliche Kosten.

Unterdessen hatte sich Bern auch an die übrigen evangelischen Stände um Beihülfe gewendet, mit Schreiben vom 17. Chstm. erklärend, man habe gehofft, der große Theil der Flüchtlinge werde theils wieder nach Frankreich zurückkehren, theils über Basel nach Deutschland gehen. Nun aber seien die in Genf sich befindenden Exulanten sämmtlich von der Amneſtie ausgeſchloſſen, zum Theil zum Tode verurtheilt. Die meiſten wollen ſich nicht von Genf entfernen, der Sprache wegen und um von den Ihrigen leichter Nachricht zu erhalten. Diejenigen, welche wirklich nach Deutſchland und Holland zu gehen gedenken, wagen ſich nicht über Baſel, wegen der Nähe des franzöſiſchen Gebietes. Bern macht daher den Vorſchlag, die Durchpaſſierenden mit einem Viatikum der evangeliſchen Städte über Schaffhauſen nach Deutſchland zu inſtradieren, wobei man unter den Leuten einen Unterſchied mache. Ein Edelmann mit Familie ſoll 30 Thaler Reiſegeld erhalten, eine einzelne Perſon von Adel 20 Thaler; in dieſe Klaſſe mögen auch die Geiſtlichen begriffen werden; Perſonen mittlern Standes mit Familie erhalten 15 Thaler, einzelne 10 Thaler; Perſonen geringern Standes mit Familie 6 Thaler, einzelne 2, 3 bis 4 Thaler. Zugleich erhalten die Uebelbekleideten auf Koſten der evangeliſchen Städte eine Kleidung. Die im Lande Bleibenden bekommen für Tiſch und Aufenthalt je nach Kondition 3 bis 6 Thaler monatlich.

Die Kollekte Zürichs vom 5. Winterm. betrug zu Stadt und Land 12380 Gulden. Im großen Münſter fielen 2314, bei den Predigern 1510, bei St. Peter (nebſt Oetenbach und St. Jakob) 1368, beim Fraumünſter 1134, zuſammen 6326 Gulden. Winterthur ſteuerte 974 Pfund. Bei dieſer allgemeinen Opferwilligkeit des Volkes nimmt es ſich freilich bemühend aus, wenn die Obrigkeit ſich zur Mahnung veranlaßt ſah, „in Darſtellung der betrübten Zuſtände in Frankreich durch Zeitungen gewahrſam zu verfahren.“ — Die Kollekte der Stadt Baſel betrug 4125 Pfund, diejenige des Landes 527, zuſammen 4652 Pfund; diejenige von Schaffhauſen den 18. Winterm. in der Stadt 2056 Gulden, auf dem Lande 882, in Dießenhofen 72, zuſammen 3010 Gulden. — Den 21. Wintermonat 1683 bildete ſich in Bern die „Exulantenkammer“, die beſondere Behörde, welche mit der Sorge für die Bedürfniſſe der Flüchtlinge beauftragt war, mit der Beförderung der Weiterreiſenden und der Beauſſichtigung der

Bleibenden. Namentlich standen unter der Exulantenkammer die einzelnen Kolonien und die „bourses françaises" an den verschiedenen Orten und hatten derselben von den jeweiligen Ankömmlingen und Niedergelassenen und von den empfangenen und ausgegebenen Geldern Rechenschaft zu geben. Im gleichen Jahre begann auch die Exulantenkammer in Zürich ihre Thätigkeit. [70]

Diese allgemeine Theilnahme der evangelischen Städte für die französischen Flüchtlinge wurde vom Hofe des Königs übel angesehen, und man ließ es die in Frankreich niedergelassenen Schweizer entgelten, wie denn schon den 23. Dec. 1681 die schweizerischen Kaufleute sich bei der Tagsatzung beklagten, daß sie von der Inquisition angefochten und ihre Kranken und Sterbenden beunruhigt werden. Marseille, seit 1669 zum Freihafen erklärt, zog Engländer, Holländer und Schweizer an, welche im Dorfe Bellaur, fünf Stunden von Marseille und drei von Aix, ihren reformirten Gottesdienst halten durften: jetzt sollten sie desselben beraubt werden. Daher bitten die protestantischen Kaufleute der drei Nationen ihre Regierungen um Verwendung bei dem König. Den 23. Aug. 1684 richten Georg und Bartholomäus Zollikofer von St. Gallen im Namen der reformirten Kaufleute in Marseille ein zweites Schreiben an Zürich, worin sie melden, daß dem Pfarrer das Predigen nun wirklich verboten, und daß der Helfer verhaftet worden sei. England antworte nicht auf die dahin gelangte Bitte und Holland' wage keine Verwendung für die Evangelischen, weil es befürchte, Frankreich verlange für seine Angehörigen einen katholischen Gottesdienst auch in Holland. Dabei wird bemerkt, sie haben den Handelsstand der Seestadt gegen sich, weil die fremden Kaufleute einen stärkern Handel treiben als die Einheimischen. Der Erfolg der Verwendung ist nicht berichtet; allein die schweizerischen Kaufleute verblieben in Marseille, und es werden uns namentlich St. Galler begegnen, welche sich muthig und aufopfernd der armen Galeeren-Sträflinge annahmen.

Wie viel einzelne französische Gemeinden sich gefallen ließen, ehe die Verfolgten sich zur Auswanderung entschlossen, lehrt folgendes Beispiel. Den 2. Jänner 1684 erschienen in Zürich die Abgeordneten von Saillans, einer evangelischen Gemeinde der Dauphiné, Paul Noir und David Souvion, mit Kreditiv der Aeltesten und des Konsistoriums, vor dem zur Kollekte obrigkeitlich verordneten Verwalter Wirth und den Professoren Müller und Fries. Dieselben erzählten, wie sie im verflossenen Jahre vom 27. August bis zum ersten September mit zwölf Kompagnien eines Regimentes zu Fuß belästigt worden, und nach Abzug dieser Truppen am gleichen Tage mit vier Kompagnien eines Dragoner-Regimentes, 21 Tage lang, denen sie über die Zehrung hinaus täglich 150 Franken kontribuiren müssen. Als diese Kompagnien den 22. September abgezogen, kamen desselben Tages vier Kompagnien des frühern Regimentes, welche 44 Tage im Quartier gelegen und neben der Zehrung täglich 105 Franken 10 Sols Kontribution bezogen. Endlich sei den 7. Nov. eine Ordonnanz des Intendanten der Provinz gekommen, daß sie täglich 50 Franken nach Valence zu kontribuiren hätten, was sie bis den 7. Dec. abgestattet. Da sie dadurch in die äußerste Noth gekommen, haben sich Jesuiten eingefunden, welche den Hunger und Mangel leidenden Leuten Geld geboten. Aber bisher sei die Gemeinde standhaft geblieben, sie haben Geld aufgenommen und von den Partikularen seien Seide, Wolle, Ringe, Edelsteine, Hausrath 2c. angegriffen worden. Darum seien sie gekommen, um Hülfe zu bitten, lediglich um Hülfe an Korn für die Armen.

Indem Antistes Hans Heinrich Erni im Namen der Kirchen- und Schuldiener Zürichs dieses Gesuch der Gemeinde Saillans unterstützt, macht er dem Rathe den Vorschlag, es sollten in Genf, Bern, Basel, Schaffhausen und Zürich Kollegien eingerichtet werden, zum Examen der Exulanten und zur Vertheilung der Kollekten, wobei je einer des Raths den Vorsitz führte, wie es in Zürich bei der letzten ungarischen Steuer

1676 gehalten worden. Durch die Kollegien würden die Korrespondenzen und die sichern Attestationen besorgt. Alles würde dabei besser gedeihen, wenn die Werbungen der Einzelnen bei den Behörden aufhörten. Genf bezeugte den 8. Januar, daß es mit einer genauen Prüfung der um eine Unterstützung sich meldenden Flüchtlinge einverstanden sei. Bisher seien zu Genf zweierlei Scheine ertheilt worden: die einen von der Genfer Geistlichkeit, welche den Petenten einfältig bezeugen, daß sie „domestiques de foi" oder Glaubensgenossen seien; die andern, von den zu Genf residierenden französischen Prädikanten unterschrieben und nur den wahren Exulanten zugestellt. — Bern ist ebenfalls mit den zu ergreifenden Vorsichtsmaßregeln vollkommen einverstanden und hat Samuel Herport, Mitglied des Großen Rathes, „expreß dazu bestellt, die vorgewiesenen Attestationen zu examiniren, und wenn's rechte Exulanten sind, dieselben mit einem verschlossenen und mit eigens dazu verfertigtem Siegel bezeichneten Schreiben weiter zu befördern, mit Angabe dessen, was ihnen allhier verordnet und ausgerichtet worden. Die nicht mit verschlossenem Schreiben Versehenen sollen nicht als Exulanten betrachtet, sondern wie gemeine Bettler zu halten sein." — Weil Bern unter den vier evangelischen Städten am meisten belastet war, kamen dieselben mit einander überein, daß die drei übrigen den Sechstel der jeweiligen Kollekte der einzelnen Orte zur Erleichterung an Bern ausliefern sollen. Diese Verantwortlichkeit gegenseitiger Verpflichtungen, so wie die Menge und Mannigfaltigkeit der Ansprüche machte die größte Sorgfalt und Genauigkeit in der Rechnungsführung nothwendig, daher wurden nicht nur aller Orten die Namen der angekommenen Flüchtlinge sammt ihren Familiengliedern verzeichnet, sondern auch die Beträge an Geld, Nahrung, Kleidungsstücken, Miethzins, welche auf dieselben verwendet worden. Leider erlauben die trockenen Angaben von Namen und Zahlen nur selten einen Einblick in die persönlichen Verhältnisse einzelner Flüchtlinge, zum Theil weil die Privatpersonen in den einzelnen Städten, welche manche Flüchtlinge unentgeltlich bei sich beherbergten, in frommer Bescheidenheit ihre Liebeswerke sich nicht zum Verdienst anrechneten. Auch weitgehende und belästigende Ansprüche unverträglicher Personen ließ man sich nicht verdrießen. Als z. B. Johanna Baron, Frau von Villeneuve, in Zürich erkrankte, wurde ihr eine besondere Kammer in der Spanweid angewiesen, sie fürsaus mit Weißzeug versorgt und Katharina Waser, die französisch sprach, angestellt, um der Frau „ohne Verdruß und fleißig aufzuwarten." *)

Unter den Flüchtlingen selbst fanden sich allenthalben solche vor, welche dankbar und dienstfertig den gastfreundlichen Behörden ihre Aufgabe zu erleichtern suchten. Zu diesen gehörte namentlich Isaak Sagnol de la Croix, Pfarrer zu Crest in Dauphiné, welcher, zum Rad verurtheilt, Alles verlassen und auf Reisen zum Besten seiner Schicksalsgenossen das kleine gerettete Vermögen verloren hatte. Um die Theilnahme der evangelischen Stände zu erwecken, verfaßte er eine ausführliche Beschreibung und Vertheidigung der französischen Kirche, ganz ausgezeichnet sowohl durch die geschichtlichen Thatsachen, als durch die Beweisführung. Wir theilen aus der gleichzeitigen Uebersetzung folgende Stelle mit. „Man stimmt überein, daß eine Provinz, so Privilegien und Conditionen hatte, denen sie unterworfen, das Recht habe, die Bestätigung derselben, wo es nicht durch gütliche Mittel geschehen könnte, mit Gewalt zu fördern, weil die Autorität ursprünglich bei dem Volk steht, und weil die Autorität der Obern allezeit ihre gewissen Schranken hat. Zudem weil die Gebote nichts anderes als Bündnisse sind, so sollen sie gleichfalls von der Widerpart auch gehalten werden, sonst wäre es umsonst, Edikte machen und diese mit dem Eid bestätigen. Man müßte auf diese Weise Alles dem gänzlichen Willen des Fürsten überlassen, wenn man kein Recht erhalten könnte, ihn anzuhalten, daß er sein Wort

---

*) In der Anmerkung 71 folgt ein Verzeichniß der 1684 in Zürich anwesenden Flüchtlinge.

auch halten solle. Wir haben Exempel vieler weisen Völker, welche in Fällen der Freiheit, betreffend die Güter und Personen, selbige wider ihre Obern behauptet. Ja sie haben auch dafür gehalten, daß sie von ihrer Unterthanschaft befreit seien, weil man die Bedingungen zerstört. Denn wenn man die Unterthanen angreift, indem man sie der Freiheit und des Lebens beraubt, so können sie mit gutem Gewissen Gewalt mit Gewalt hintertreiben, mit der Bedingung, daß sie nichts weiter thun, als sich beschirmen. Denn die Könige sind um der Unterthanen willen, und nicht die Unterthanen um des Königs willen. Der Könige Ansehen ist beschränkt durch Verträge und Eid." Er erhielt von Bern den Auftrag, ein Verzeichniß seiner geflüchteten Landsleute aufzunehmen und Vorschläge über zweckmäßige Unterstützung derselben einzureichen. Seine Vorschläge sind zunächst ein Zeugniß dankbarer Anerkennung der von der evangelischen Schweiz gebrachten Opfer, und beweisen den einsichtsvollen und praktischen Geschäftsmann. Der Hauptinhalt ist folgender:

1. Qu'il est beaucoup mieux dans les reigles de la politique qu'il soit dit en France, que les Cantons évangéliques n'ont fait qu'une charité passagère à des pauvres, que de faire des pensions à des gens qu'on y traite comme criminels d'estat. 2. pour éviter d'attirer hors du royaume une plus grande quantité de personnes, qui en sortent sur le bruit, qu'il y a un fond de collecte en ce pays pour ceux qui y viendront; au lieu qu'ils cesseront d'en avoir la pensée, quand ils entendront dire, que ces fonds sont distribués. 3. vos hautes puissances se délivreroient d'un grand détail de soins fatiquans et de dépenses, auxquelles les pensions les engagent. 4. plusieurs s'arrêtent dans les pays de vos h. p. qui ayant un peu de quoi se soutenir et oser entreprendre, en sortiront d'autant plus volontiers qu'ils n'y attendront plus rien, les autres se tireront de l'oisiveté où ils se plongeront sur la foy des pensions. En effet on supplie encore très humblement vos h. p. de bien peser ces

dernières considérations et de regarder la distribution de
la collecte dans ses plus naturelles suites, qui sont que la
plupart des pasteurs s'attacheront à enseigner soit en
divers villages, où l'on a besoin d'écoles particulièrement
de celles de la piété, soit dans des maisons particulières,
ce qui tournera à l'instruction et à l'édification de tout le
pays. Les autres en sortiront pour aller chercher des
établissements ailleurs; les autres imitant S. Paul travaille-
ront de leurs mains, et se joindront avec des Laiques pour
faire valoir l'argent, qu'il aura plus à vos h. p. de leur faire
distribuer. Et à l'égard des Laiques il est certain qu'ils ~
s'appliqueront à quelque métier et profession pour subsister
du profit qu'ils tireront de l'argent, qu'ils auront à négotier,
et par ces moyens vos h. p. introduiront dans leurs pays
des marchands qui transporteront ce qu'il y a de trop
dans un endroit, pour le faire abonder dans ceux où il
manque. Ce qui pourra encore tirer de l'oisiveté plusieurs
personnes du pays par l'émulation et les désirs de gaigner
du bien: mais si la collecte se consume en pensions, on ne
saurait rien éxécuter de pareil. Hierauf läßt er ein sorg-
fältiges Schema von verschiedenen Klassen der zu vertheilenden
Unterstützungen folgen, je nach Stand, Verdienst und Bedürfniß. In Wirklichkeit giengen die evangelischen Städte gewöhnlich
über diese Vorschläge hinaus, indem, anfangend mit 2 Thalern,
der Unterstützungsbetrag für Einzelne sich bis auf 50 Thaler
und mehr steigern konnte. De la Croix wirkte bis in den
Anfang des 18. Jahrhunderts hinein zu Morges im Segen
für seine Gemeinde und im weitern Kreise für seine Landsleute, und hinterließ der Stätte seiner Wirksamkeit ein Vermächtniß von 12,000 Franken zur Gründung einer dritten
Pfründe.[71]

19. Schaaren der Flüchtlinge in der französischen Schweiz.

Im allgemeinen Schreckensjahr 1685 waren die Bewohner
der Landschaft Gex wieder die Vorläufer der großen Aus-

wanberung. Den 27. März erschien Harlay, der Intendant
von Burgund, mit Truppen zu Fuß und zu Pferd, und der
Bischof von Annecy mit vielen Priestern, um die beiden letzten
Kirchen in Gex, zu Sergy und Ferney, welche vor kaum
zehn Jahren mit großen Kosten erbaut worden waren, von
Grund aus zu zerstören. Harlay befahl sogar, die unter der
Oberherrschaft von Genf gelegenen, an das Gebiet von Gex
stoßenden Kirchen von Moens, Chancy und Russin zu vermauern, ohne daß der König den Klagen Genfs Gerechtigkeit
zu Theil werden ließ. Im Herbst verbreitete sich die Nachricht,
daß die Banden, welche den protestantischen Süden mißhandelten,
im Anzuge seien. Daher geschah den 21. Herbstm. ein allgemeiner Aufbruch mit Habe, Vieh und Früchten nach Genf,
welches die erschrockenen Haufen weder zurückweisen wollte
noch konnte. Der Anzug der Truppen war nur ein falsches
Gerücht gewesen; gleichwohl kehrte ein Theil der Flüchtlinge
nicht zurück und zwei begaben sich in ihre Heimat, um ihre
Häuser anzuzünden. Nun wurde allerdings die Landschaft Gex
militärisch besetzt und die Ausfuhr von Lebensmitteln nach
Genf völlig untersagt. Den 19. Weinm. erließ der König
folgendes Schreiben an Dupré, seinen Residenten in Genf:

„J'ay approuvé la deffence que le S. de Passy (Statthalter in Gex) a faite de laisser sortir du Pays de Gex les
blods et denrées appartenants à la ville de Genève. Et
mon intention est que Vs. declariés une seconde fois encore
aux magistrats que s'ils n'obligent tous ceux de mes sujets
de la Religion Prétendue Reformée, qui se sont retirés
depuis le commencement de cette année dans leur ville do
s'en retourner incessament dans les lieux où ils demeuroyent
auparavant, et que s'ils n'obligent mesme tous les ministres
de la d. R., qui ne s'y sont retirés que depuis trois ans,
pour entretenir des commerces et des intelligences sedi-
tieuses avec quelques uns de ceux qui sont encore demeurés
dans leur obiniatreté, à sortir au plustost de la d. ville, et
passer dans des pays plus esloignés de mes frontières, je

pourray bien prendre des resolutions qui Les feront repentir
de m'avoir déplû et donné do si justes sujets de mécontentement de leur conduite. J'ai été informé de ce que contient le mémoire des magistrats de Genève: mais tout ce
qu'ils avancent pour leur justification ne nous doit point
empêcher d'éxécuter l'ordre; et je differeray à prendre mes
resolutions sur l'interruption du commerce jusqu'à ce que
vous m'ayés informé de ce qu'ils auront resolu et éxécuté
pour satisfaire ce que je désire etc."

Darauf wurde durch öffentlichen Ausruf unter Trompeten=
klang die Aufnahme der Leute aus Gex verboten und diese
fortgewiesen. Nichtsdestoweniger wurde Ende Weinmonats der
Strom der Auswanderung erst recht groß. Ganze Dörfer
wanderten aus, so daß Gex zwei Drittheile seiner Bevölkerung
verlor. Die Schweiz ehrte das Andenken und die Verdienste
von Cäsar Rey, indem sie dessen Wittwe und Kinder mit
400 Franken bedachte. Während der größere Theil der aus
Gex Geflohenen in der Schweiz Aufnahme fand, blieb ein
Theil auf den Landgütern der Genfer zurück, und als sich der
König darüber beklagte, erklärte Genf, sie haben zu jeder Zeit
aus der Landschaft Gex ihre Knechte und Mägde bezogen, und
wüßten sie anderswo kaum zu finden. Mit dem Ende des
17. Jahrhunderts war der Protestantismus im Ländchen Gex
völlig unterdrückt. Ein talentvoller und unternehmender Flücht=
ling aus Gex, Philipp de Choubens de Gremma, mit einer
Fatio aus Genf verheurathet, wurde preußischer Hofrath und
außerordentlicher Gesandter in der Schweiz, um seinen fran=
zösischen Landsleuten zur Auswanderung und Ansiedelung in
Preußen behülflich zu sein. [7][2]

Genf fühlte sich aufs schmerzlichste verletzt und gebe=
müthigt, daß durch den gewaltthätigen Hochmuth des Königs
Herzen und Hände gegen die verfolgten Glaubensbrüder in
solchem Grade gebunden sein sollten. Mit allem Eifer be=
festigten daher die Bürger ihre Stadt, unter Beihülfe der In=
genieure des Prinzen von Oranien, verstärkten ihre Besatzung

und rüfteten dieſelbe mit neuen Gewehren aus. Und als im
folgenden Jahre der König dem Herzog von Savoyen Hülfe
ſandte zur Unterdrückung der Waldenſer Thäler, erklärten die
evangeliſchen Städte ſich bereit, mit 30,000 Mann jeden Angriff des Königs auf Genf abzuwehren. Geſtützt auf dieſen
Rückhalt der evangeliſchen Orte ließ es zwar Genf nie an
kluger Vorſicht gegenüber dem in ſeinen Mauern befindlichen
franzöſiſchen Reſidenten fehlen, aber es wagte in muthiger
Theilnahme für einzelne Flüchtlinge, die Bürgerſchaft mit
neuen edeln Zweigen zu bereichern. Aber auch die Genfer
Landſchaft wetteiferte mit der Stadt. Als nämlich bei der Er-
ſchöpfung der Stadt 1688 ein Aufruf an die Landgemeinden
ergieng, antworteten dieſe: „Helas! nos villages sont depuis
longtemps pleins de refugiés. Mais nous prendrons toujours assez soin de nos pauvres. Disposez de notre argent,
et si tout se dépense, celui qui envoie l'épreuve y pour-
voira. Darauf ſteuerte die Landſchaft 4700 (Genfer-) Gulden.
Unter der beträchtlichen Zahl der neuen Stadtbürger mögen folgende erwähnt werden. Jacques Eynard wurde der Stammvater einer Reihe verdienter Bürger, vorzüglich im Kaufmanns-
ſtande; Claude Claparède rettete ſich mit 80,000 Franken
aus Nismes und hinterließ ein nachmals durch Gelehrte, Staatsmänner und Krieger ausgezeichnetes Geſchlecht; die Mallet
aus der Normandie beſchenkten ihre neue Heimat in langer
Reihe bis auf den heutigen Tag mit glänzenden Namen in der
gelehrten Welt; die Naville, de Sellon, Boiſſier fanden
um dieſe Zeit in Genf eine fördernde und für künftige Ge-
ſchlechter ſegensreiche Heimat; Jakob Spon von Lyon wurde
nach langen Reiſen durch die ſchönſten Länder der Erde von
Genf, deſſen Sitten und bürgerlichem Leben ſo gefeſſelt, daß
er daſſelbe zur Wohnſtätte auserwählte und den Dank für
dieſe neue Heimat durch die erſte des Gegenſtandes würdige
Geſchichte Genfs entrichtete; er ſtarb 1685 in Zürich, wo
ſeine Familie verbürgert war. Die Familie Huber, ur-
ſprünglich von Schaffhauſen, welche ſich unter großen Müh-

salen von Lyon nach Genf durchgewunden, fand hier eine so
ruhige und erfolgreiche Zufluchtstätte, daß nicht nur männliche
Glieder, sondern auch ein weibliches sich durch rühmliche Pflege
der Wissenschaft einen Namen bereiteten. Der weise Abauzit,
durch seine Mutter jnach Genf gerettet, diente seiner neuen
Heimat zur bleibenden Zierde. Daß die Familie Odier
in Genf eine neue Heimath und eine fördernde Bildungsstätte
gefunden, gereichte dem Mutterlande wieder zum Gewinn, indem zwei Mitglieder derselben als französische Abgeordnete sich
Verdienste erwarben. Auch an Künstlern fehlte es nicht, welche
den mit ihrem Berufe verbundenen Vortheil und Ruhm ihrem
Glauben zum Opfer brachten. Theod. Turquet, der gewesene Leibarzt Heinrichs IV., ist der Schöpfer der neuern
Emaillierkunst, der Erfinder des nach ihm genannten, in der
Porzellan-Malerei angewendeten Blau. Der mit Beza be-
freundete Bildhauer Saul Petitot vertauschte Rom mit Genf,
welches ihm das Bürgerrecht schenkte, in Rücksicht der Dienste,
„die man von seiner Kunst für die öffentlichen Gebäude erwartete." Dessen Sohn, Johann Petitot, war der berühmteste Emailmaler seiner Zeit, eben so geschätzt am englischen,
wie am französischen Hofe. Zu der künstlerischen Vollendung
seiner Bildnisse trug namentlich bei, daß er und sein Schwager,
Jacques Bordier, die Arbeit unter sich theilten, indem
Petitot Gesicht und Fleischparthien, Bordier Haare, Kleider
und Hintergrund ausführte. Nach der Aufhebung des Edikts
von Nantes wollte Petitot mit seiner zahlreichen Familie hochbetagt in seine Vaterstadt zurückkehren. Allein der König erlaubte es nicht, erzürnt, daß Petitot eine Ausnahme von der
allgemeinen Regel beanspruche, dem nach seinem langen Aufenthalt in Frankreich die Entfernung nicht gestattet werden dürfe.
Selbst Bossuet bemühte sich, den berühmten und liebenswürdigen Künstler zu bekehren. Als dieser Versuch vergeblich war,
sollte Gefängniß- und Klosterzwang den Greis mürbe machen,
wogegen auch Genfs Verwendung nichts fruchtete. Als der
alte Mann mit den Galeeren bedroht wurde und eine Krank-

heit hinzukam, ließ er sich zur Unterschreibung der Abschwörung bewegen. Er benutzte die erlangte Freiheit nur, um mit seiner Familie nach Genf zu fliehen, wo er in tiefster Reue die Sünde des Abfalls bekannte und denselben zurücknahm. Noch ist ein von Petitot verfaßtes handschriftliches Gebetbuch vorhanden, mit Zeichnungen aus dem Leben Christi versehen und seinen Kindern gewidmet. Wir theilen daraus folgende Stelle mit. „Ne soyez point convoiteux des richesses de ce monde; et ne faites pas cas des hommes selon qu'ils sont riches, mais selon qu'ils sont vertueux. Cette convoitise est la perte des ésprits et la racine de tous les maux; c'est une sangsue insatiable qui ne dit jamais: C'est assez. La nature se contente de peu, et la piété encore de moins; mais la convoitise n'a point de fin. Les biens de ce monde sont une glace qui ne porte pas et se fond entre les mains. La fallace des richesses enveloppe plusieurs et les perd. Le monde passe et ses convoitises, mais qui fait la volonté de Dieu, demeure éternellement. Soyez donc saintement avaricieux, amassans de bons oeuvres qui vous suivront quand vous sortirez de ce monde. Et combien que vous soyez pauvres ne laissez pas de donner l'aumosne; car Dieu ne regarde pas tant à la grandeur du don, qu'il regarde de combien il est pris et à la charité sans feintise, par laquelle l'homme craignant Dieu croit recevoir quand il donne, et estime qu'il y a un grand gain en la diminution de son argent, pour ce que Jesus Christ se constitue debiteur de nos aumosnes, et que celuy qui donne aux pauvres preste à usure à Dieu. Par ce moyen, vous consacrerez à Dieu toute l'amasse de vos biens, et l'usage en deviendra légitime, de mesme que sous l'ancien Testament toute la récolte de l'année étoit consacrée par les prémices. — Soyez débonnaires et affables, et non contentieux, soyez officieux envers tous, mais familiers et intimes avec peu de personnes, et qui soyent vertueuses, des quelles l'exemple vous serve et l'amitié vous soit en consolation." — Zu dieser Zeit war

Genf eine Stätte geworden, in welcher ein Mann nicht nur für seinen Glauben Schutz fand, sondern die ihn auch als Künstler zu fördern im Stande war. Daher von den Brüdern Liotard der eine, Michel, als Kupferstecher, der andere, Stephan, als Maler sich auszeichnete; und aus dem Geschlechte der Auriol machte sich später ein Landschaftsmaler bekannt. Einer der ausgezeichnetesten französischen Bildhauer des neunzehnten Jahrhunderts, James Pradier, entstammt einem in Genf niedergelassenen Flüchtling. Zu diesen gehört auch der Stammvater des Generals Rath, der durch die Gründung des gleichnamigen Kunstmuseums in Genf seinen Namen verherrlicht hat. Vaucanson und Jaquet-Droz thaten sich durch ihre mechanischen Kunstwerke hervor.

Auf die Flüchtlinge zu Genf findet der Gruß besondere Anwendung, welchen der Zeitgenosse F. Bidal an dieselben richtet:

> O proscrits glorieux! qui portiez au Refuge
> Vos arts, votre industrie et vos nobles labeurs,
> Relevez vous: l'Histoire, incorruptible juge,
> De sa voix immortelle adjuge
> La gloire à Vous, l'honte à vos persécuteurs! [73]

Während jedoch Genf mit seinem geringen Gebiete zu dieser Zeit nur einer kleinen Zahl der Flüchtlinge eine bleibende Zufluchtstätte gewähren konnte, erwies sich das von Bern eroberte und durch die Reformation umgestaltete und veredelte Waadtland als ein für die protestantische Welt gewonnener Schatz, und es war von Seite Berns eben so wohl glaubenseifrige Großherzigkeit als politische Klugheit, wenn es sich die Aufnahme der französischen Flüchtlinge zu Stadt und Land im ganzen welschen Gebiete zur besondern Aufgabe machte: denn die Einwanderer bildeten eine dem hülfreichen Bern äußerst dankbare und ergebene Bevölkerung, welche auch auf die gegen ihre Eroberer mehr oder weniger feindlich gesinnten Waadtländer einen versöhnenden Einfluß ausübte. Daher bezeugt der französische Gesandte Tambonneau seiner Regierung:

„Messieurs de Berne ont fait un mandement qui n'est pas
tout à fait un ordre exprès, mais une exhortation très-
pressante à tous les baillages de leur Etat, pour obliger
tous leurs paysans non seulement à contribuer par des aumônes à la subsistance des refugiés, mais même à les
prendre chez eux, les nourrir et leur donner tous les secours dont il peuvent être capables." Wie gerne ließen sich
die Franzosen in dem schönen Lande nieder, dessen Sprache
und dessen Glauben ihnen vertraut waren. Jenen ersten
Ankömmlingen aus Gex folgten daher bald die größern Schaaren aus Dauphiné und Languedoc und andern Provinzen des
Südens. Der Zudrang war so groß, daß man an Einem
Tage in Lausanne 2000 Flüchtlinge zählte. Spottend berichtet
daher Tambonneau an den Hof: „Les religionnaires fugitifs
continuent à se rendre en foule à Zurich. J'en ai trouvé
quantité sur le chemin de Bâle à Soleure. Un peu de temps
apportera du changement au zèle de ces charitables hôtes
par la dépense qui augmente à proportion de l'empresse-
ment qu'ils ont à donner retraite à ceux qui la leur deman-
dent." Gerade was Lausanne that, widerlegte diese Hoffnung aufs Beste. Den 30. Winterm. 1685 beschloß der
Stadtrath, es sollen die Herrschaften und Meister sämmtliche
Papisten des Dienstes entlassen; widerspänstige Meister sollen
gestraft werden. Die weiter Beförderten erhielten von der
Stadt 1 bis 4 Thaler, und der Spitalwagen diente zur Weiterförderung. Die Armen und Kranken wurden in dem bischöflichen Hofe aufgenommen, der fortan zum Spital diente.
Handwerker wurden besonders begünstigt: ein Leistenschneider
erhielt unentgeltlich Erlen- und Eschenholz; einem Chirurgen
gab man eine Geldunterstützung. Höhere und schwierigere Gewerbe, deren Erzeugnisse man bisher von Genf, Bern oder
Zürich bezogen hatte, wurden beträchtlich gefördert: Tuchfabri-
kanten erhielten für ein oder zwei Jahre eine Werkstatt angewiesen; Strumpfweber, die Brüder Cremier, bekamen einen
Vorschuß von 200 Thalern.

Auch der Akademie von Lausanne kam die neue große
Auswanderung zu Gute. Elias Merlat, Pfarrer von Saintes
an der Charente, hatte die Schrift des großen Jansenisten
Anton Arnauld, Le renversement de la morale de Jesu
Christ par les erreurs des calvinistes widerlegt. Er wurde
verurtheilt, seine hier ausgesprochene Ketzerei zu bekennen, und
neben Verbrennung des Buches zu einer Buße von 3000
Franken. Als er an das Parlament von Bordeaux appellirte,
wurde er zur Buße in Ketten und dann zur Verbannung verurtheilt, 1679. Er floh nach der Schweiz, wo er in Lausanne
Pfarrer und Professor wurde; noch bewahrt die dortige Bibliothek dessen Schriften. Wenn er seine Freunde bei sich be-
wirthete, so verwendete er stets einen gleichen Betrag für die
Armen seines Quartiers. — Unter den Geistlichen der Waadt
zeichneten sich die Flüchtlinge Bernard und Barbeyrac aus,
dessen Sohn Johann, Professor des Rechts und Rektor, eine
Zierde der Akademie war, aber weil er den Consensus nicht
unterschreiben wollte, nach Holland auswanderte. — Die Familie Constant, aus welcher namentlich eine Reihe vorzüg-
licher Officiere hervorgieng, ließ sich in zwei Linien in Genf
und Lausanne nieder, der letztern gehörte der in unserm Jahrhundert viel genannte geistreiche und liebenswürdige Abenteurer
Benjamin Constant an, der Freund der Frau von Stael und
vorübergehend der Günstling Napoleons.

Freilich, den Verlust solcher kleinen Leute, mochte er
auch in die Tausende gehen, ertrug der große König leicht,
nachdem der hohe und niedere Adel sich seinem Willen fast
ohne Ausnahme gebeugt hatte. Doch war die Schweiz auch
jetzt noch so glücklich, einzelnen Ausnahmen jener Hochgestellten
und Auserwählten eine Zufluchtstätte bieten zu können. Der
Admiral Abraham Duquesne, welcher Frankreich zu einer
Seemacht ersten Ranges erhoben und den Holländer Ruyter
besiegt hatte, wurde nach seiner siegreichen Heimkehr vom Könige
mit folgendem Gruße empfangen: „Je voudrais bien, M. D.,
que vous ne m'empêchassiez pas de récompenser les ser-

vices que vous m'avez rendus comme ils méritent de l'être; mais vous êtes protestant, et vous savez quelles sont mes intentions là-dessus." Worauf der Kriegsmann erwiederte: „Quand j'ai combattu pour Votre Majesté, je n'ai jamais songé si elle était d'une autre religion que moi." Es blieb dabei. Kein Denkmal bezeichnet das Grab des verdienten Mannes. Als dann der Sohn Heinrich, welcher unter seinem Vater mit Ruhm zur See gedient hatte, nach dem Widerruf des Edikts von Nantes nach der Schweiz geflohen und die Herrschaft Aubonne gekauft hatte, errichtete er dem Vater ein Denkmal in der Kirche von Aubonne, in welchem er das Herz seines Vaters niederlegte, das ihn auf der Flucht begleitet hatte, mit folgender Inschrift: „Ce tombeau attend les restes de Duquesne. Passant, interroge la cour, l'armée, l'église, et même l'Europe, l'Asie, l'Afrique et les deux mers; demande-leur pourquoi l'on a élevé un superbe mausolée au vaillant Ruyter, et point à Duquesne, son vainqueur? Je vois que, par respect pour le grand roi, tu n'oses pas rompre le silence." — Thatenbegierig begab sich der junge Duquesne mit seinem Bruder Abraham 1689 nach Holland, wo ihn die Generalstaaten ermächtigten, zehn Schiffe auszurüsten, um auf der Insel Bourbon eine Kolonie von Refugiés zu gründen, eine Art Republik unter der Oberherrschaft von Holland. Duquesne erließ einen Aufruf an sämmtliche Flüchtlinge der Schweiz, Deutschlands und Hollands, um sie zu einer Fahrt nach einer fernen Insel einzuladen, deren Namen er nicht nannte, dieselbe aber als ein Eden beschrieb. Die Schiffe lagen anfangs 1690 im Texel zur Abfahrt bereit. Als aber Frankreich von dem geheimen Plane Kunde erhalten, rüstete es Kriegsschiffe aus, um die Landung auf Bourbon zu verhindern. Da Duquesne seinem Vater versprochen hatte, nie gegen Frankreich zu dienen, gab Heinrich nun das Vorhaben auf und verkaufte die Schiffe.

Nach seiner Rückkehr in die Schweiz rüstete sich eben Bern, um gegen das feindselige Savoyen zu Wasser und zu

Land kriegsbereit zu sein. Duquesne erhielt daher von Bern den Auftrag, eine Kriegsflotte auf dem Genfersee zu errichten. Er ließ in Morges einen Seehafen ausgraben und mehrere Fahrzeuge ausrüsten. Dieselben waren 70 Fuß lang, führten zwölf Ruder mit 20 Ruderern, 3 Kanonen und 6 Doppelhacken. Die Schiffsmannschaft war mit Flinten, Beilen und Enterhacken versehen und jedes Schiff konnte 400 Mann aufnehmen. Schon war aus dem waadtländischen Schiffsvolk die Mannschaft geworben. Da indessen Bern den Krieg abzuwenden verstand, so blieb die Ausrüstung der Kriegsflotte ohne Erfolg.

Um diese Zeit kam nicht als Flüchtling, aber als Beschützer der Flüchtlinge der Burggraf Friedrich von Dohna, der im Auftrage Brandenburgs Statthalter des Fürstenthums Orange gewesen war, nach dem Waadtland, kaufte die Schlösser Coppet und Prangins und erhielt das Bürgerrecht von Bern, viele Jahre im Namen Preußens für die Flüchtlinge thätig.

Eine besonders freundliche Aufnahme fanden die Flüchtlinge auch im schönen Vevey, dessen Geistliche, W. Collet, Abr. Dapples und P. Dubosson, 1685 den 17. Herbstm. an Bern berichten, daß 161 Personen aus den Dauphiné-Thälern Pragelas und Cluzon über Savoyen und Wallis zu ihnen gekommen, „persécutés à cause de la Religion et ésvitant les barbares cruautés des Gens de guerre du Roy. Ils sont venu avec leur corps seulement, n'ayant apporté la plupart que leur seul habit et la chemise qui s'est trouvé sur leur corps, à cause de leur fuite précipitée qui s'est faicte de nuit." Manche dieser Flüchtlinge hatten bessern Verhältnissen angehört, daher hinterließ in demselben Jahre ein Herr von Montlune ein Vermächtniß von 4000 Franken zum Unterhalt eines geflüchteten französischen Geistlichen in Vevey.

Es wird berechnet, daß während der Jahre der großen Flucht 60,000 Protestanten sich kürzere oder längere Zeit in der romanischen Schweiz aufhielten, von denen 22,000 als hülfsbedürftig aufgezeichnet wurden, 27,000 aber keiner Hülfe bedurften und etwa 12,000 bald weiter zogen.[74]

20. Die Flüchtlinge in Bern.

Die deutsche Hauptstadt Bern stand ihrem französischen Gebiete stets mit entschlossenem Vorgang und theilnehmender Ermunterung zur Seite. Schon vor dem Spruch
des Königs faßte der Rath von Bern den 5. Weinmonat
1685 den Beschluß: Sollte der König gegen Aufnahme und
Beherbergung seiner Unterthanen, welche mit Mitteln und
Mobilien anlangen, Einspruch thun, so solle eine Gesandtschaft solches entschuldigen und die Haltung des Bündnisses
versprechen. „In alleweg aber haben die H. Ehrengesandten
sich gegen einander Eydt- und Religions-genössisch neuwer
Dingen erklärt, daß man gemeiniglich wegen Beschirmung der
köstlichen Leibs- und Seelenfreiheit nach den bewußten Verab-
scheidungen, sonderlich de A. 1682, mit göttlichem Bystand
alles dasjenige zu gemeiner Wohlfahrt ehrlich und getreuwlich
aufzuopfern gesinnt seie, was in jedes Standes äußerstem Vermögen.“

Nach der Aufhebung des Ediktes erschienen den 29. Weinmonat zu Aarau vor der Tagsatzung Jean de la Porte,
Pfarrer in den Sevennen, und Claude Broussen, Advokat
beim Parlament zu Toulouse und Aeltester der Gemeinde, mit
der Bitte um Hülfe und um Empfehlung an die deutschen
Fürsten. Dagegen eröffnete der französische Gesandte Tambonneau den Auftrag des Königs, sich gegen die Aufnahme
der Exulanten zu erklären, unterstützt von den katholischen
Orten, in Folge des 4. Artikels im Bunde mit Frankreich,
welcher laute, daß man des Andern Unterthanen nicht in
Schirm noch Landrecht aufnehme, des Andern Feinde und
Banditen nicht aufnehme noch dulde, weder Paß noch Sicherheit gebe, sondern vertreibe und aus dem Lande jage. Berns
von Zürich unterstützter Gegenantrag lautete folgender Maßen:
„Wir haben einhällig befunden, daß mit gesundem Verstand
diejenigen, so allein von des Glaubens wegen, umb sicherheit

willen ihres gewüssens, Frankreich als ihr Vatterlandt, auch
Haus und Heimath, weib, Ehr, Hab und Guth verlassen und
ganz keiner Missethat bezüchtiget, in diesem Artikul der Ursachen halber nit wol können begriffen sein; weilen bei Auf-
richtung desselben die Evangelischen in Frankreich Freiheit der
Religion und gänzliche Sicherheit des Gewissens gehabt, und
wol Niemanden dazumalen zu sinn gekommen, daß mitler
Zeith, Ihnen sowohl die Freiheit des Glaubens als Sicherheit des Gewissens solte entzogen werden: In welchem Fahl
Gott mehr zu gehorsamen als den Menschen. Auch soll dabei
noch erinnert werden, daß auch zu andern Zeiten des Königs
Unterthanen von des Glaubens und Gewissens wegen in die
Eidgenossenschaft kommen und aufgenommen worden ohne eine
Ahndung." Wenn fernere Instanz gemacht werden wollte, so
solle eine Gesandtschaft an Frankreich abgeordnet und eine Erklärung an die katholischen Orte erlassen werden. „Im Fahl
bei so mißlichen Zeiten eine Stadt Bern oder eine andere
evangelische Stadt von Jemanden mit Gewalt sollte angefochten werden, erklärt man sich gegen einander einhellig, angesehen unser Wohl- oder Uebelstand gänzlich an einander
hanget, zur Rettung der angefochtenen Stadt oder Landts, Ehr,
Leib, Gut und Blut, auch alles Vermögen einzusetzen, und mit
Gottes Hülfe einander tapfer und mannlich retten, schirmen
und erhalten helfen." Bern schlägt zugleich vor, von Seite
der evangelischen Orte in Paris einen Agenten zu halten und
die Kriegsstellen zu ergänzen. Durch diese Vorstellungen ließ
sich der französische Gesandte begütigen, und eben so die katholischen Orte, denen man die Versicherung zugehen ließ, daß
der größte Theil der Exulanten nur Durchreisende seien, daher
keine Theurung verursachen und sich jedenfalls nicht in den
gemeinen Herrschaften niederlassen. Demnach erhielt der Landvogt im Thurgau den Befehl, „daß solch landfremd Volk kein
Unterschlauf noch Aufenthalt bekomme bei hochobrigkeitlicher
Straf." Nachträglich wurde den 16. Winterm. von den evangelischen Orten dem französischen Gesandten noch zu Gemüthe

geführt, schon 1572 haben sich viele Familien, auch aus könig-
lichem Geblüt, in die Eidgenossenschaft geflüchtet. „1635 haben
die evangelischen Orte die rings um ihre Gränzen verjagten
arme Lüt aus dem. Suntgau, Elsaß, Frickthal, Schwabenland,
Waldstätten, Burgund u. a. Orten, aus lebigem Mitleiden,
ohne Unterschied der Religion und zwar bei theuren Zeiten
mildiglich getröstet, aus keinem andern Absehen, als die Weil
die Barmherzigkeit zu üben. Daher bleibt es beim Beschluß
von Aarau." Dabei beschwichtigt Bürgermeister Hirzel von
Zürich die bedenklichen katholischen Orte mit der Vorstellung,
„daß diese Leute guten Theils künftigen Frühling ihre Gelegenheit anderswo von selbst suchen werden, weil sie anderer Orten
weit besser als in unserm engen, und ohne das mit mehrerem
Volk versehenen Lande, als es ernähren kann, unterkommen
können."

Allein zur menschlichen und religiösen Theilnahme kam
bei Bern noch das Bestreben hinzu, durch Aufnahme der
Flüchtlinge zum Gedeihen und zur Wohlfahrt des Landes beizutragen. So faßte der Rath den 22. Weinm. 1685 den Beschluß, solchen Exulanten, „so die Wollenwäberei und in specie
die Tapetzereyen zu machen wol verstehen und nur arbeit begehren, sich selbst zu erhalten und solches andern zu lehren,"
Stoff, Instrumente und Platz zu verschaffen, um ihren Beruf
auszuüben. Noch bewahrt das Rathhaus in Bern einen kunstreich gestickten seidenen Teppich, auf welchem zwei französische
Schwestern neben dem doppelten Standeswappen die Wappen
der beiden Schultheiße und der Rathsglieder in dankbarer Ergebenheit ausgeführt haben. Den 17. Winterm. geschah im
Rathe der Antrag, „daß nach dem Exempel anderer Stände,
diejenigen, so in Manufakturen und guten Handwerken erfahren
sind, allhier behalten und Ihnen arbeit verschafft werden sollte,
dadurch dann sie nit allein sich selbsten und noch andere durch-
bringen, sondern der schon lang gesuchte Zweck mit intro-
duction der Manufakturen und Handelschaft erreicht werden
könnte." In Folge dessen ward den 17. Horn. 1686 Ge-

werbsleuten aus Valence ein Darleihen zur Anlegung einer Tuchfabrik bewilligt. Ein an die französische Kirche stoßendes Gebäude wurde in ein Kommerzienhaus umgewandelt und den Franzosen eingeräumt, um darin Manufakturen zu betreiben. Durchreisende Kaufleute wurden aufgesucht, um von ihnen zu vernehmen, „ob sie nicht im Land zu bleiben Lust hätten, und ihre Handthierung treiben wollten, um in solchem Fahl Ihnen zu allerlei Hülf und Handreichung Hoffnung zu machen." Einem andern Flüchtling aus Montpellier wurde Platz zur Anpflanzung vieler Maulbeerbäume angewiesen, die er aus Frankreich mitgebracht hatte.

Freilich traten wieder einzelne Umstände und Verhältnisse dazwischen, welche für die Niederlassung gewerbsamer Franzosen weniger einladend waren. So berichtet den 5. Jänner 1686 der Landvogt von Morsee S. Stettler an seine Regierung: „Ich hätte die Marchands manufacturiers, welche mit ihren Conducteurs, Wullenwebern, Kämmern und Spinnerinnen beisammen waren und nach Deutschland berufen sind, aufhalten und nach Bern senden können. Aber etliche Berner hätten daran keinen Gefallen, da Castagnet, der jetzt eine schöne Handlung zu Genf eingeführt, von Euch aliquo modo abgewiesen worden. Aber eins hat sich zugetragen, daß Euch wohl akkommodierte: fünf Kaufleute kamen vor zwei Monaten zu mir, sie haben 80,000 Reichsthaler in Wechselbriefen davon gebracht. Der Ort gefalle ihnen, eine Handlung zu etablieren, wozu sie alle nothwendigen Handlanger, 40 Webstühle und Seide bei der Hand hätten; sie begehren nur obrigkeitliche Protektion und ein gelegenes Haus. Aber als sie sich umsahen, wurden sie nach Lausanne gezogen. Besonders von Zürich habe man ihnen angedeutet, sie würden daselbst am sichersten sein, Bern und das Welschland seien ohnehin überzogen."

Wie wenig überhaupt das Geschäfts- und Verkehrsleben zu jener Zeit in Bern eingebürgert war, ergiebt sich aus folgender Thatsache. Als im Frühling 1686 mehrere Flüchtlinge namhafte Geldsummen in Bern an Zins legen wollten, wurden der Deutsch-Seckelmeister und die Venner vom Rathe mit einem Gutachten beauftragt. Dasselbe lautete: „1. Nach dem rothen Buch soll der Stand sich nicht zinspflichtig machen; 2. weil das Geld den Herren unfruchtbar auf dem Hals läge und der Zins verloren gienge, der von 100,000 wenigstens 3000 betrüge; 3. weil die verschiedenen Summen und daher die kleinen Zinse viele Mühe machten; 4. weil es unbeliebige Suiten hätte; 5. weil viel Andere ins Land kämen: daher würden die Summen wieder entzogen, und die Restitution aus dem Schatzgewölb wäre nachtheilig. Die Leute seien darum anzuweisen, bei andern Ständen, als Zürich, Basel, Genf, da die Commercia in mehrerm Gang und mehrere Gelegenheit, das Geld anzuwenden, sich anzumelden; oder aber durch Errichtung von Manufakturen das Geld fruchtbar zu machen, wozu man ihnen zu Nutzen des Landes Vorschub thun wolle."

Da Bern den Handelsspekulationen und der Gewinnsucht so fern war, erhalten seine menschenfreundlichen Bemühungen, an denen sich die ganze Bürgerschaft betheiligte, um so mehr Werth. Den 12. Weinm. 1686 wurde beschlossen, „vier Alt-Amtleute sollen in den vier Vierteln der Stadt Bern herum gehen, Altvogt Weiß, Altschultheiß von Bonstetten, Altlandvogt Ferdinand von Wattenwyl, Altvogt Hackbrett. Die Durchreisenden sollen in der Kehr bei den Burgern loschiert werden. Die Herren sollen vernehmen, ob sie lieber loschieren, oder ein Jährliches oder Monatliches erlegen wollen, und wie viel. Meister Hegg, der Weinrufer, hat Platz in seinen Häusern, auch Stephani und Spitalmeister Herport: diese haben Platz für Kranke. Besonders ist für Betten zu sorgen. Es soll auch Getraide, Wein und Holz als Bezahlung angenommen werden." — Den 16. Wintermonat bezieht die Obrigkeit aus den Aemtern Romainmotier, Iferten und Milden 304 Säcke Korn. — Frau Du Noyer erzählt uns folgendes Erlebniß: „Quand nous fûmes arrivés aux portes de Berne (c'était en mars 1686) les gardes arrêtèrent notre chariot. Nous ne savions d'abord ce que cela

voulait dire; mais un moment après, un d'eux marcha devant, et nous conduisit au logis du Faucon qui est le meilleur de la ville, et je ne saurais assez louer ici la charité
de messieurs les Suisses, qui défrayoient ainsi tous les refugiés qui passaient dans leur pays. Nous nous reposâmes
huit jours dans cette bonne auberge, aux dépens de Messieurs de Berne, et quand nous en voulûmes partir, on nous
fournit des voitures jusques à Zurich, et on donna ordre à
nos conducteurs de nous défrayer sur la route. — Quand
nous entrâmes dans la ville de Zurich nous trouvâmes,
comme à Berne, des gens qui nous menèrent dans un ca-
baret, au dépens du canton."

Allein um für die Besorgung der ganzen Masse der heran-
bringenden Flüchtlinge gewachsen zu sein, mußte das ganze
Gebiet von Bern in Anspruch genommen werden. Begreiflicher Weise war die Bereitwilligkeit der stamm- und sprach-
verwandten Waadtländer größer, als in dem deutschen Landes-
theile. Als aber zwei deutsch-bernerische Municipalstädte mit
der Aufnahme der Exulanten verschont zu werden wünschten,
schrieb die Regierung den 4. August 1686 an die dortigen
Amtleute: „Obwohl wir darüber dieselben gern verschont
hetten, so ist doch bißmalen die grausame Verfolgung so stark,
und die Noth dieser guten lüthe so groß, daß diese lüth, die
bald in unbeschreiblicher Anzahl ankommen, dennoch nicht trost-
und hülflos gelassen werden dürfen. Demnach sollen die Städte
bei ihren schönen mittlen von diesen frommen Glaubensgenossen,
so nothwendig in landt behalten werden müssen, nach dem
Byspiel anderer Unserer tütschen und weltschen Stette, so viel
annehmen, und biß der Allerhöchste es anderst schicket, unterhalten, so weit das Vermögen ihrer Statt und Burgerschaft
sich immer erstrecken mag." [26]

Leider fehlen im Staatsarchiv von Bern die Rechnungen
sowohl über die allgemeinen Kollekten, als über die allgemeinen
und besondern Ausgaben und Opfer der Behörden und Privaten.
Wir lassen daher in den Anmerkungen eine Skizze folgen,

welche dem Zürcher Staatsarchiv enthoben ist. Dieselbe enthält vom 31. Mai 1684 „Steuer für die verfolgten Franzosen in der Stadt Bern und in den Teutschen und Welschen Landen 18863 Kronen."[76]

Wenn diese und andere Summen geringfügig erscheinen möchten, so darf man nicht vergessen, daß nach dem gegenwärtigen Geldwerth der fünf- bis sechsfache Betrag anzunehmen ist, um ein Urtheil über die jeweiligen Opfer zu gewinnen, welche zudem in einer langen Reihe von Jahren alljährlich wiederkehrten. Noch ein größeres Opfer als das Geld war die Mühe und Sorgfalt, welche der tägliche Zu- und Abgang der Hunderte von Flüchtlingen mit ihrer Noth und ihrem Elend, ihrem Jammer und ihren Leiden im Ganzen, namentlich aber denjenigen verursachte, welche sich die Theilnahme für die verfolgten Glaubensbrüder zur besondern Aufgabe machten. Wie oft waren die einzelnen Städte im Fall, bei einem Ueberdrang armer Flüchtlinge, für deren Zahl weder Herberge noch Hülfsmittel ausreichten, die Schwesterstädte dringend um Entlastung anzugehen! In dieser Beziehung ist es wahrhaft erhebend, wie Bern und Zürich in unermüdlicher Aufopferung mit einander wetteiferten. Gleich zu Anfang des großen Zudrangs entschuldigt sich Bern gegen Zürich, daß sie, nachdem nun die armen Leute „schwal- und haufenweise" kommen, dieselben den übrigen Städten zusenden müssen, mit der Bitte um ein „Gutachten, damit wir nicht zu viel oder zu wenig an der Sach thügind, wie sich etwa bei so betrübten Dingen zu verhalten."

Schon den 9. Jänner 1684, als die Vorboten der allgemeinen Flucht sich einstellten, begegneten sich Bern und Zürich im Entschluß, die Flüchtlinge zu behalten und zu beherbergen, während Basel und Schaffhausen dieselben „spedieren" wollten. Aber sämmtliche Stände vereinigten sich darin, einen Kollekten-Fond von 30,000 Gulden anzulegen, aus dem die ersten Bedürfnisse der Flüchtlinge bestritten werden sollen. Für den ersten Beitrag von 2200 fl. wurden die einzelnen Stände folgender Maßen belastet: Zürich mit 495, Bern 715, Basel 286, Schaffhausen 286, St. Gallen 176, Appenzell 110, Glarus, Müllhausen und Biel je 44 Gulden. Zur Erleichterung der Aufnahme von Personen erhöhten die beiden großen Orte ihr Kontingent und setzten dasjenige der Schwesterstädte herab, so daß nun von 100 Personen Zürich 30, Bern 50, Basel 12, Schaffhausen 8 trafen. Allein Zudrang und Noth verschoben und überschritten immer wieder dieses Zahlenverhältniß. So ist berichtet, daß den 16. Wintermonat 1685 die Zahl der Flüchtlinge sich folgender Maßen stellte: in Zürich 500, in Bern 1486, in Basel 50 Haushaltungen; den 5. Chstm. in Zürich 458, in Bern 764, in Basel 184, in Schaffhausen 122 Personen. In viel höherm Maße war das Waadtland belastet; an dem angegebenen Tage waren in Lausanne 664, Vivis 262, Morges 244, Aelen 174, Neuws 123, Jferten 61 Personen. Freilich bemerkt darüber Zürich an Bern unter dem 7. Chstm., in Zürich und andern Orten befinden sich 800 Personen, „außer 12 alles arme Leute; während namentlich im Welschland ziemlich viel Bemittelte sich aufhalten: die Ueberzahl könnte wohl in die Aargauischen Städte vertheilt werden." Auf eine zweite Klage Zürichs vom 17. Chstm. über die Zusendung einer Ueberzahl von Leuten, die im Gebiet von Bern ihr Vermögen aufgebraucht, lautete Berns Antwort: „Aber Bern ist zuerst beladen, und wir vermöchten es nicht zu tragen, wenn nicht Bürger und Unterthanen, ohne daß sie mit ihrem Vermögen zu Rathe gehen, das Ihrige reichlich beitragen würden." Den 29. Chstm. berichtet Bern einläßlicher: „Der Zulauf ist immer groß, daher wir gezwungen, nach Proportion der Angekommenen uns in die übrigen Ort zu entschütten, der Zuversicht, ihr werdet über euer Ratum, über welches wir euch keine zuschicken, die aber mit Gewalt dahin wollen, euch nicht aufhalten, sondern zu Gemüth führen, wie die meiste Last auf uns liegt, und was unsern Unterthanen in deutschen und welschen Landen für Nachtheil widerfahrt. Die euch und den übrigen Orten zugesandten wurden sämmtlich eine Zeit lang bei uns unterhalten und bis zu euerm Territorium versorgt. Wie auch die uns übrig bleibenden meistentheils Prädikanten, Adeliche und alte Leute sind, die zu keiner Arbeit tauglich; hingegen die Eurigen, nach sichern Berichten von Euch und Euern Burgern selbst berufen, Euch in euern Manufakturen und Handlungen so dienstlich, auch ihre Nahrung zu gewinnen tüchtig sind, und eigentlich an euerm Kontingent keineswegs sollten gerechnet werden, gleich wie wir die nicht a Conto setzen, die eigene Mittel salviren und sich eine Zeit lang erhalten können, obschon sie uns endlich auch auffallen werden. Ein einziger ist in unserer Stadt, der ein besonderes Haus wegen starker Familie verzinset, aber er wird mit 63 Fr. monatlich assistiert. Betreffend die 60 groß und klein jüngst zu euch Geschickten haben sie sich darauf berufen, daß sie von euch berufen worden." Im Frühling 1686 berichtet Bern, es seien immer viele Exulanten bei ehrlichen Burgern, „jetzt noch, nachdem viele abgereist, über Hundert." Vom 9. Winterm. 1683 bis Ende Mai 1686 haben sie an Reisegeldern ausgegeben 10,274 Gulden, für Kleider und Fuhrwerk 7031, für neun Wirthshäuser 5478, an Auslagen im Ganzen 26,245 Gulden. [77]

21. Die Flüchtlinge in Zürich.

Wenn das aristokratische Bern der allgemeinen Wohlthätigkeit durch den Einfluß und das Machtwort der Magistratspersonen und durch obrigkeitliche Mahnung und selbst Strafandrohung zu Hülfe kam, so hatte dagegen das demokratische Zürich den guten Willen und die Berufsinteressen seiner „Burger" vorsichtig und sorgfältig in Rechnung zu bringen. Die Regierung in Zürich war eben so weitherzig und opferwillig wie diejenige Berns; in der Zwingli-Stadt kam derselben aber noch ein anderes wirksames Element zu Hülfe, nämlich das kirchliche. Die Kirchen- und Schuldiener Zürichs, an ihrer Spitze das unabhängige und hochansehnliche Chorherren-

Stift zum Großen Münster, standen mit den auswärtigen
Kirchen in regelmäßiger und weitverzweigter Verbindung, und
waren sich von Anfang an gewohnt, für bedrängte Glaubensgenossen mit Rath und Hülfe bei der Hand zu sein. Es hat
daher an zahlreichen Beweisen nicht gefehlt, mit welcher Theilnahme von Bullingers Zeit an die Kirche Zürich die traurigen
Schicksale der französischen Protestanten sich zu Herzen genommen: um so eifriger war nun die Kirche beflissen, bei zunehmender Noth in Verbindung mit dem Staat alle Hülfsmittel aufzubieten. Dabei stand es aber den Nachfolgern Zwingli's
wohl an, neben den äußern Bedürfnissen der verfolgten Brüder
zugleich und voraus für die innern Bedürfnisse derselben Sorge
zu tragen.

Zunächst galt es die Einrichtung eines geordneten und
regelmäßigen Gottesdienstes. Unter den zahlreichen Flüchtlingen aus der französischen Geistlichkeit war Paul Reboulet
1683 nach Lausanne gekommen, wo er sich den dortigen Geistlichen empfohlen hatte, so daß er als Gehülfe an die französische
Kirche nach Basel berufen wurde. Von hier, durch Peter
Werenfels empfohlen, kam er im Frühling 1685, 30 Jahre
alt, nach Zürich, wo er bei Professor J. Rudolf Hofmeister
eine liebreiche Aufnahme und mehrjährige Herberge fand. Man
erlaubte ihm im großen Hörsaale des Kollegiums beim Großen
Münster zu predigen. Er erwarb sich solchen Beifall, daß er
den 12. Herbstm. dieses Jahres einhellig zum bleibenden Pfarrer
der französischen Gemeinde erwählt wurde. Den 27. gleichen
Monats kamen die Häupter des Rathes und des Kirchen-
Konventes auf der Chorherrenstube zusammen, und verordneten,
daß der französische Gottesdienst am Sonntag um eilf Uhr
durch eine Glocke beim Fraumünster eingeläutet werden solle.
Ferner soll ein Gottesdienst am Dienstag zur gewöhnlichen
Stunde stattfinden, die Predigt mit besonderm Text soll namentlich enthalten Warnung des Volkes vor Abfall, Vorstellung der
Greuel des Papstthums und Darstellung der Noth in Frank-
reich. Für diese besondern Gottesdienste verfaßte Professor

J. Heinrich Schweizer „etliche ingründige Gebete." Bis
Ende des Gottesdienstes sollen die Verkaufsladen geschlossen
bleiben. Ferner wurde berathen, wie Brandenburg, Lüneburg,
Braunschweig und andere lutherische, der französischen Kirche
nicht ungeneigte Fürsten und Stände für Aufnahme der Exulanten disponiert werden könnten, namentlich Würtemberg für
Feldarbeiter; „füraus aber wie man einen Verweis des
Königs wegen Beherbergung seiner Unterthanen, auch sogar
mit Gab und Gut, verantworten wolle." — Für Aufnahme
und Beherbergung der Exulanten wurden bestimmt das Selnau und der neue Zuchthof, welche mit allem Nothwendigen
versehen werden sollen, jenes für das „gemeine Volk", dieser
für die „Angesehenern". Daneben kam in Frage, ob dem Selnau nicht ein Anbau für die durchreisenden armen Leute gemacht werden solle. Ferner sollen den Flüchtlingen eingeräumt
werden das Haus zum Röslibad, der Schützenplatz und
das Bogenschützen-Haus. Zudem haben die Geistlichen die
Aufnahme „in ihre ohnehin großen Häuser freiwillig anerboten."
Die Inspection von Selnau und Neuhof wurde dem Obmann
Eßlinger übertragen, welcher nebst seiner Familie viele Jahre
lang die Sorge für die Flüchtlinge sich auf die menschenfreundlichste Weise angelegen sein ließ. Eßlinger sollte, den „Unterhalt zu regulieren, besonders mit Pfarrer Reboulet Raths
pflegen und H. Blaß fragen, wie man sich in Genf gegen die
Leute verhalte. Für Selnau sollen nach dem Muster von
Straßburg Matratzen gemacht werden, wovon Spanweid und
St. Jakob je die Hälfte bezahlen. Besonders aber rechnet
man auf das Mitleid der Burgerschaft. Daneben ist zu trachten,
wie die Exulanten zu ehrlicher Arbeit und Gewinnung ihres
Stucks Brot anzuhalten seien, und wie die Handwerksleut
ohne Nachtheil der Burger ihre Handthierung treiben können."
Zur Oberleitung des Ganzen zeigten sich die obersten Magistrats-
personen bereit, indem die jeweils „ruhenden", d. h. nicht im
Amte befindlichen, derselben ein besonderes Kollegium bildeten,
bestehend aus dem Bürgermeister, Seckelmeister, Statthalter,

Obmann und den zur Kollekte Verordneten. Der am meisten
beschäftigte Beamte war der Schreiber der Exulanten-Kammer,
wozu gewöhnlich ein angesehener und hoffnungsvoller junger
Bürger gewählt wurde, welcher sich durch diese aufopfernden
Dienstleistungen zu höhern Würden empfahl. Der erste war
Johannes Rahn, dann Ulrich Bodmer, David Oeri,
Wilhelm Hofmeister.

Der aus den genannten Magistraten bestellte „geheime
Rath" beschied den 5. Weinm. vor sich Reboulet, Eßlinger und
Kaspar Thomann, den Verwalter im Selnau, und eröffnete
die getroffenen Anstalten. Für diejenigen Flüchtlinge, welche
im Selnau untergebracht werden, hat das Obmannamt Gelieger,
Salz, Holz, Feuer und Licht bestritten, dazu empfängt jede
Person täglich 5 Schilling an baar. Wo mehrere in einer
Haushaltung zusammen leben, etwas weniger. Das Brod
liefert das Kornamt, im Gewicht wie ein zweipfünbiges
„Bogenzger-Brot" zu 2 Schilling; den Wein giebt das Obmann-
amt ab, „einen gesunden alten Wein, der wohl 3 Gulden der
Eimer gilt", die Maß zu 1 Schilling 6 Heller für die Exulanten, aber „sonst niemanden". Die Brühen wird vom Spital
dargereicht; die nöthigen Schuh und Hemden liegen dem
Almosenamt ob. Meister Kaspar Thomann hat die Aufsicht
über dieser Leute Verhalten, auch über Hausrath, Wein und
Brot, „das er ihnen allein um baar Geld verkauft". Seine
Herberge ist der untere Boden, wo er ein Jahr lang zu verbleiben hat, mit Feuer und Licht und eigenem Hausrath. Für
seine Mühe erhält er wöchentlich 5 Pfund aus der Kollekte
und hat sich Raths zu erholen bei Obmann Eßlinger. Diesem
haben zur Einrichtung im Selnau Konstafel, Zünfte, auch Gesellschaften zu liefern je ein halb Dutzend zinnerne Teller,
1 Tischlachen, 1 Handzwählen, 1 Kerzenstock nebst Abbreche,
sammt anderm Hausrath und Plunder, „alles an sauberem,
gutem und währhaftem Zug, darunter auch etwas Küpferis."
Ferner kauft Eßlinger einen Zentner Anken und einen Zentner
Käs, eben so Sester, Gläser, Becken 2c. Für den Neuenhof

hat er die nöthigen Bettstatten, nach Art derjenigen in Selnau, bei verschiedenen Meistern machen zu lassen. Das Spitalamt liefert für den Neuenhof 13 der besten Betten, welche es seiner Zeit wieder bezieht. Für das Selnau wird ein der französischen Sprache verständiger, ehrlicher Abwart, zu 5 Schilling täglich, bestellt. Pfleger Straßer richtet die Spanweid und das Rößlibad für die Exulanten ein, welche Anstalten Zunftmeister Steiner und Obmann Eßlinger in Augenschein nehmen. Niemand wird im Selnau oder an andern Orten aufgenommen ohne authentische Bolletten, d. h. jene oben genannte amtliche Attestate. Künftig wird Jeder in den Wirthshäusern nicht höher als um 12 Schilling, ein Kind um 6 Schilling traktiert. Die Wirthe und Gastgeber wollen dergleichen Leute um den Nachtschilling in ihren Häusern aufnehmen, den Donnerstag ausgenommen, wegen des Wochenmarktes.

Das den 30. Herbstm. 1685 begonnene Manuale der Exulanten-Kammer enthält zudem folgende nähere Bestimmungen. „Die Verordneten sollen wo möglich alle Tage zusammenkommen. Wollen Bürger Exulanten an Tisch nehmen, so empfangen sie für die Haushaltung 50 Gulden, 3 Mutt Kernen und 3 Eimer Wein. Aber es sollen keine Betten aus dem Selnau in Bürgerhäuser abgegeben werden. Die französischen Minister sollen bei den Geistlichen beherbergt werden. Vornehme Leute, die nicht aus eigenen Mitteln leben und in einem Bürgerhaus sich vertischgelten, denen soll nebst ordentlichem Wein wöchentlich ein Thaler oder eine Krone verabreicht werden. Ihre Pferde bringt man bei Müllern unter, wöchentlich zu 20 Batzen. Andere Pferde und Esel von Exulanten werden verkauft und den Eigenthümern der Werth zugestellt. Man soll trachten, die Exulanten bis auf den Frühling zu behalten, und ihnen zu arbeiten geben. Die Weiber sollen zum Spinnen und Nähen angehalten werden, und wenn fleißig, soll ihnen 3 Schilling des Tags über das Taggeld verabreicht werden. Gesunde und Starke sollen mit Freundlichkeit zur Abreise angehalten, Alte und Kranke geduldig gepflegt werden. Wer Frau und Kinder aus Frankreich abholen will, dem soll jedesmal 3 Thaler Reisegeld gegeben werden."

So kleinlich diese Einzelheiten sind, so beweisen sie doch in hohem Grade die treue und liebevolle Sorgfalt für die armen Flüchtlinge. Diese einläßliche Beflissenheit ist um so werthvoller, da sonst die kleinen schweizerischen Republiken vor dem gewaltthätigen Zorn des großen Königs einen gemessenen Respekt hatten. Daher wurde beliebt, daß der von Reboulet eingeholte Bericht über den Zustand von Frankreich nicht in der Synode verlesen werden solle, dagegen werde Bürgermeister Escher daselbst mündlich berichten. Auch soll der Konvent sorgfältig prüfen, was den Dekanen zu Handen der Kapitularen mitzutheilen sei. Ebenso wurden die Zeitungen angewiesen, mit den Nachrichten gewahrsam zu verfahren.

Reboulet kam beim Konvent mit dem Gesuch ein, daß der französischen Genossenschaft ein Konsistorium bewilligt werden möchte. Darüber trat das Kollegium mit Reboulet und Paul Terasson, Dr. Med. und gewesenem Aeltesten zu Die in Dauphiné, („der sich um viele Schweizer, die sich der Studien halb in Frankreich aufgehalten, verdient gemacht") in Berathung. Nach dem Wunsch der Franzosen und nach dem Vorschlag des Konventes sollte das Konsistorium unter der Leitung und Aufsicht des Rathes stehen und daher drei aus den Mitgliedern des kleinen Rathes, von den Häuptern Statthalter Escher, einer der drei weltlichen Examinatoren und der französische Steuerverwalter, aus dem Konvente Examinator Holzhalb, Verwalter Wirth und Archidiakon Geßner ersehen werden; aus der französischen Gemeinde, neben Reboulet und Terasson, du Collet, ein Edelmann aus Grenoble, und Luisier Kaufmann, „zu welchen unter den sieben hier befindlichen französischen Kirchendienern noch zwei eine Zeit lang auch auf Abwechslung kommen könnten, Neid abzulehnen, unter sich durch das Loos gewählt."

a. Anfangs steht das Präsidium und die Umfrag bei Reboulet.

b. Der Ort des Konsistoriums ist die Chorherrenstube.

c. Wie oft, an welchen Wochentagen nebst andern Umständen ist dem Konsistorium überlassen.

d. Die Aufgabe des Konsistoriums ist die Ordnung beim Gottesdienst in den Hauptpredigten, Kinderlehren, Abendgebeten und Betstunden, und daß das Wort Gottes lauter und rein, nach der Schrift und nach der französischen, mit unserer eidgenössischen übereinstimmenden Konfession gelehrt werde. Die Zahl der Gottesdienste und die Zubienung der heiligen Sacramente stellen wir dem Konsistorium anheim, mit Genehmigung des Rathes. Die christliche Kirchenzucht wird gehandhabt allein nach Gewohnheit und Brauch unserer Kirche, gemäß den Zürcherischen Satzungen. — Den 14. Winterm. genehmigte der Rath das Konsistorium und obige Organisation desselben, und erlaubte zugleich, daß der Kandidat J. Konrad Wernbli von Zürich bisweilen beim Gottesdienste aushelfe und zur Seelsorge gebraucht werde.

Den 7. Christm. stellte das Konsistorium dem Rathe vor, „weil sich viele französische Kinder in Zürich befinden, die in der Religion unterrichtet werden sollten, wäre nothwendig, daß die Kinder in unsere Schulen geführt, oder aber von einer bequemen Person, die zugleich französisch und deutsch reden und schreiben würde, diese unterrichtet würden.“ Das jährliche Schulgeld betrug einen Gulden; für Kinder der Armen bezahlte der Kirchenfond. Wenn Kinder von Bürgern in die französische Schule geschickt werden wollen, haben sich die Eltern nach Gebühr mit dem Schulmeister abzufinden. Ein Landvogt Heß vergabte 500 Gulden für die französische Schule. Ferner sollte wöchentlich eine französische Katechisation statt haben, damit nicht allein die Kinder, sondern auch die alten Leute desto besser in der Religion unterrichtet würden. „Bei der Nähe des heiligen Weihnachtsfestes habe man sich dahin verstanden, daß am Weihnachtstag bei dem Kreuz die Morgenpredigt und zugleich die heilige Kommunion nach ihren Kirchengebräuchen, allem Aergerniß vorzubeugen, mit ordinari Brot und rothem Wein

14*

(da es ihnen gleich sein werde, ob in hölzernen oder gläsernen Bechern) dargereicht werde; darnach die Danksagungsprebigt auch daselbst. Am Nachtag geschieht die Predigt ebenfalls beim Kreuz ohne Kommunion, und das Abendgebet beim Frauen= münster; Sonntags dem ordinari Gebrauch nach Predigt und Gebet beim Frauenmünster."

Bald darauf sah sich der Konvent veranlaßt, dem Rath zu Handen des Konsistoriums Folgendes zu belieben: Rebou= let soll nicht nur predigen, sondern auch katechisieren; denn es soll kein Katechet oder Vikar angestellt werden, sondern wo Aushülfe nöthig, ihm die übrigen in Zürich befindlichen fran= zösischen Geistlichen helfen. „Darnach soll er mit Zuziehung der übrigen französischen Kirchenältesten je lieber je mehr dar= nach trachten, das Volk zu solcher Ehrbarkeit und Ordnung vor, in und nach ihrem Gottesdienst anzuleiten, wie sie bei uns gewahren."

In Folge dessen schlug das Konsistorium folgende Orga= nisation des Unterrichtes in Kirche und Schule vor, unter Vorbehalt der Genehmigung des Rathes: „1. Die Ka= techese findet Sonntag Morgens bei St. Anna statt, zur Zeit der deutschen Predigt, dergestalt, daß man sich nach Schluß der= selben zur französischen Predigt begeben kann. 2. Man erklärt in dieser Katechese die christliche Lehre, wie sie im Zürcherischen Katechismus enthalten ist. 3. Der Kantor Bose und Ravanel lehren in dem Zimmer unter dem obern Kollegium lesen und schreiben. Sie lehren auch rechnen und besonders die Anfangs= gründe der Religion, nach dem deutsch=französischen Zürcherischen Katechismus. Das Alles ohne von unsern Herren Bezahlung zu erwarten. 4. Die Schule wird Dienstag, Mittwoch, Frei= tag und Samstag um 7 Uhr Morgens eröffnet, und geschlossen, wenn die Kinder der Stadt das Kollegium verlassen. Nach= mittags begiebt man sich um 1 Uhr in dasselbe Lokal, und um 3 Uhr geht es zum Gebet. Mittwochs um 2 Uhr ver= fügt man sich zur Predigt, indem man immer in der Ordnung einhergeht, wie es Brauch der Stadt ist. Nach Predigt und

Gebet ist Urlaub. Montags und Donnerstags Morgen wird
die Schule erst um 9 Uhr eröffnet, im Winter gar nicht.
5. Die französischen Lehrer tragen Sorge, daß die Kinder
keinen Lärm machen neben dem Kollegium, um den Unterricht
in den Klassen nicht zu stören. 6. Mittwochs von 1 bis 2
werden die Kinder in der Schule über den Katechismus sorgfältig geprüft. 7. In der französischen Kirche nehmen die
Kinder während der Predigt und Katechese die Plätze ein, welche
für die Schulen der Stadt bestimmt sind, gegenüber der Kanzel,
hinter den Bänken der Geistlichen. 8. Das Konsistorium bittet
Ludwig Chambon, den Katechismus und die Stelle des Ka-
techisten zu übernehmen, so lange er hier bleibt." Dieser hatte
nach langer Gefangenschaft mit Einbuße seiner Güter nebst
einem Theil seiner Familie sich nach Zürich gerettet, wo er
im Hause von Archidiakon Geßner mehrere Jahre liebreich gepflegt wurde. Er hatte die deutsche Sprache erlernt und den
Zürcher Katechismus sammt dem Fragstücklein ins Französische
übersetzt. Neben dem Religionsunterricht besuchte er die kranken
Landsleute in den Privathäusern und im Spital. Im Frühling 1687 waren 14 französische Geistliche längere Zeit in
Zürich, welche Predigten, Kinderlehre und Krankenbesuche ab-
wechselnd unter sich vertheilten.

Da in der ganzen Zeit der achtziger Jahre in Zürich
stets 500 bis 800 Personen unterhalten und beherbergt wurden,
so bemühte sich die Stadt, den Flüchtlingen auch außer ihren
Mauern Aufnahme zu verschaffen, zunächst in den im Stadt-
bann befindlichen vier Wachten. Zu diesem Behuf wurde über
den Winter für eine Mannsperson 40 Gulden nebst drei
Mutt Kernen und drei Eimer Wein angeboten, für eine Weibs-
person 30 Gulden. In Oberstraß ist man bereit, zu den
bisherigen 30 Personen noch 26 aufzunehmen, wofern man
etwas mit Betten aushilft. Unterstraß ist schon voll Volks,
indem sich über 100 Wollkämbler daselbst aufhalten, so daß
die Gemeindskinder keinen Unterschlauf finden können. In
Fluntern sind bereits 39 Wollkämbler, Hottingen könnte

ungefähr 20 Personen aufnehmen. Wipkingen entschuldigte sich,
da weder Raum noch Betten vorhanden seien. Alle aber erklären, daß es ihnen nicht möglich sei, solche Leute umsonst zu
nehmen, sondern nur unter der Bedingung, daß man ihnen
mit dem gemeldeten Tischgeld begegne. „Daneben werden von
den Gemeinden und namentlich von Hottingen die schönen
Güter und Häuser vorgeschlagen, welche die Herren Bürger
bei ihnen haben, und diese armen Leute mit minderer Beschwerde, denn sie bei ihren Lehenleuten logieren könnten." —
Wie ernst die Stadt Zürich die Theilnahme für die verfolgten Glaubensgenossen auffaßte, geht daraus hervor, daß der
Rath am Ende des Jahres 1685 die „Einstellung der Neu-
jahrsergötzlichkeiten auf Zünften und andern Orten" beschloß;
auch „Unterlassung der Stubenhitzen außer der Bibliothek und
Musik-Gesellschaft."

Wenn dasjenige, was die Municipalstädte des Standes
Zürich für die Flüchtlinge thaten, weit hinter dem zurückbleibt,
was diejenigen des durch Nachbarschaft und Sprache mit Frankreich verwandten Welsch-Berner Gebietes boten, so ist doch
auch ihre unverdrossene Nacheiferung bemerkenswerth. Namentlich zeichnete sich das damals kleine Winterthur durch unermüdliche Bereitwilligkeit aus, indem es alle die Jahre hindurch
ungefähr einen Sechstheil der jeweilen in der Hauptstadt Aufgenommenen beherbergte, und in gleichem Grade sich auch an
den Steuern für die Flüchtlinge betheiligte. Indem Winterthur den 19. Christm. 1685 einen Steuerbetrag von 1152
Gulden nach Zürich sendet und bemerkt, daß man viele Durchreisende aus der Herberge löse und mit einem Zehrgeld be-
gabe, fügt es hinzu: „Es thut uns weh, daß man schimpflich
redt und solches auf der Kanzel angezogen worden, daß wir
nur 4—500 Gulden gesteuert, und zur Straf dessen uns so viel
Volk zugesendet hat." Viele Jahre lang wurde für die beherbergten Exulanten ein Pfarrer und ein Schulmeister unterhalten. — Das kleine Städtchen Eglisau am Rhein, der
Rastort in der Mitte zwischen Zürich und Schaffhausen, an

der Heerstraße, welche der größte Theil der Flüchtlinge auf dem großen Wanderzuge nach Deutschland einschlug, zeigte sich auf die angelegentliche Verwendung des dortigen Landvogtes Christof Werdmüller besonders freundlich. Den 19. Christ= monat berichtet der Landvogt an den Bürgermeister in Zürich: „Die Exulanten werden in zwei weite und kommliche Gemach abgetheilt, da an einem Ort 12, am andern 7 Personen bei= sammen hausen, ein Weib mit ihrem Kind besonders. Täglich wird auf die Person ein Pfund Brot und eine Maaß Wein aus dem Stadtkeller und dem Spendamt verabreicht, und den Vornehmern auch an einigen Tagen Fleisch. Für Betten und Hausrath und Licht wird gesorgt. Für Prädikant Terasson (Bruder des in Zürich weilenden Arztes) mit Haushaltung ist ein neues Haus mit Bettzeug und Hausrath nebst einigem Geld bestellt. Zur Erleichterung der Unkosten soll von haben= den Leuten, weil sie der Herbergung entlastet, auf Weihnachten in den 4 Kirchen der Herrschaft eine Steuer gesammelt wer= den. — Auch das damals Zürich angehörige Stein am Rhein beherbergte fortwährend Flüchtlinge. Da es bei den Bürgern an guten Betten mangle, so haben sie die Exulanten in den Wirthshäusern untergebracht und dieselben mit dem Mangeln= den an Kleidern, Hemden und Schuhen versehen. Die Person empfange täglich eine Maß Wein und 12 Kreuzer. „Prädi= kant Roman mit den Seinigen hat eine angenehme Stube und einen feinen Saal erhalten, ist von Fuß auf neu bekleidet und nebst den Seinigen mit Bett, Gewand und anderm er= forderlichen Weißzeug und Hausrath versehen und für seinen täglichen Unterhalt ein Gewisses verordnet." — Auch Elgg war eine fortwährende Flüchtlings=Herberge, wo Simon Dalbiac von Nismes über 6 Jahre Prediger seiner Lands= leute war. Als derselbe nach Elgg abging, erhielt er 3 Louisd'or und wurde in einer Kutsche dahin gefördert. [78]

22. Die Flüchtlinge in Basel.

Wenn Basel als Kanton in seinem Einflusse und seinen Leistungen weit hinter Bern und Zürich zurücksteht, so nimmt es dagegen als Stadt eine nicht minder bedeutende Stellung ein, indem keine andere Stadt der deutschen Schweiz unter ihren Bürgergeschlechtern eine so große Zahl evangelischer Flüchtlinge zählt, wie Basel. Die Nähe Frankreichs, der alte Ruhm der Universität und das Ansehen des Reichthums und der Wohlthätigkeit zog von Anfang an die verfolgten französischen Protestanten herbei. In Basel eröffneten Farel und Calvin ihre reformatorische Thätigkeit. Kühne und strebsame Geister wie Castellio und Peter Ramus fanden in Basel eine bleibende oder wenigstens vorübergehend schützende Herberge, daher der letztere seinen warmen Dank ausspricht für das, was er gesehen und gehört in dieser „gastfreundlichen und wahrhaft königlichen Stadt, wo man sich aus allen Gegenden Europas versammelt." Wie diese mit Calvin im Kampf befindlichen Männer wagte das selbständige Basel auch den gelehrten Piemontesen Curio in seiner vieljährigen Thätigkeit an der Universität zu schützen, wo er zahlreiche Zuhörer aller Länder um sich versammelte und namentlich auch den anziehenden Mittelpunkt für die Italiener bildete, unter denen die Socin aus Siena, die Zannoni aus Vicenza, die d'Annoni aus der Lombardei, die Werthemann aus Plurs bald zu großem Ansehen gelangten. Und der Arzt Wilh. Gratarolus von Bergamo befand sich so gut in Basel, daß er von Marburg dahin zurückkehrte und erklärte, er wolle „hier lieber ohne Besoldung sein, als dort mit 200 Gulden." Benedikt Socin kam 1555 zugleich mit der Auswanderung der Locarner von Bellinzona nach Basel. Auch die Locarner ließen sich nebst Zürich vornemlich gerne in Basel nieder, wo die Verzasca, die Appiani und Rosalini sich für ihre Geschäfte einer ermunternden Aufnahme zu erfreuen hatten. Diesen folgten im Anfang des siebzehnten Jahrhunderts nach dem Veltliner Mord die Paravicini und Stuppani aus dem Engadin und die Fatio aus Chiavenna. Basel weist die älteste französische Kirche der deutschen Schweiz auf, da, wie wir gesehen haben, die edlen Flüchtlinge nach der Pariser Mordnacht, im Hause der Frau von Faulny sich zum Gottesdienste versammelten. Hier fand Franz Hotmann sein letztes Arbeitsfeld und sein Grab. Bald folgten die in der Kulturgeschichte ihrer neuen Heimat ausgezeichneten Battier und Passavant. Der Arzt Johann Bauhin von Amiens war um seines Glaubens willen zum Feuer verdammt, wurde jedoch von der Königin Margaretha von Navarra gerettet, die er von einer schweren Krankheit geheilt hatte. Da er sich aber in der Heimat nicht mehr sicher fühlte, floh er nach den Niederlanden. Doch in Antwerpen von der Inquisition bedroht, begab er sich nach Deutschland und dann nach Basel, wo er, 32 Jahre alt, von allen Mitteln entblößt, als Korrektor bei Hieronymus Froben eintrat, bald aber zutrauensvoll unter die Aerzte aufgenommen wurde. Konrad Geßner schätzte seine Kenntnisse hoch, er selbst aber bekennt: „Seine Gebete haben mehr bewirkt als seine Heilmittel." Noch berühmter war dessen Sohn Kaspar, der Botaniker.

Nach einem anfangs auf die Predigt beschränkten Gottesdienst wurden den französischen Flüchtlingen vom Jahre 1588 an auch Taufe, Abendmahl und Eheeinsegnung nach dem Gebrauch der französischen Kirche in einem Saale des obern Kollegiums erlaubt. Da sich die Italiener an die Franzosen anschlossen, so zählte die französische Kirche schon 1591 300 Mitglieder, daher Turenne im Namen Heinrichs IV. dem Rathe von Basel in einem verbindlichen Schreiben die menschenfreundliche Aufnahme der reformirten Franzosen verdankte, „als Franzose und als Mitglied der Kirche Gottes", welcher er freilich nach dem Vorgange seines Herrn ebenfalls untreu wurde. Während die guten Theils wohlhabenden und gewerbsamen Franzosen ihre Kunstfertigkeiten und ihre Betriebsamkeit nach

Basel brachten und so zu einem fördernden und belebenden Elemente wurden, blieben dagegen ihre freiere und fröhlichere Lebensanschauung und die daraus hervorgehenden Sitten und Gewohnheiten für die einfachen Verhältnisse der Bürgerschaft nicht ohne Störung. Der Rath ließ daher die französischen Geistlichen auffordern, ihre Gemeindegenossen zu ermahnen, den Bürgern auf dem Markte nicht das Beste vorweg zu nehmen, sondern jenen den Vorgang zu lassen und sich überhaupt der Kleiderpracht und der üppigen Mahlzeiten zu enthalten. Selbstverständlich galt auch im demokratischen Basel die Regel, daß die Eingewanderten nur solche Handwerke und Gewerbe einführen durften, welche nicht schon von Bürgern betrieben wurden. Allein ungeachtet im siebzehnten Jahrhundert die Aufnahme ins Bürgerrecht erschwert wurde, vermehrte sich doch die Zahl der französischen Einwanderer, so daß allmählig der Saal des obern Kollegiums zu enge wurde, namentlich an Festen, an denen Gläubige aus dem Bisthum Basel sich einstellten. Daher bewilligte der Rath 1614 die Dominikaner-Kirche, welche Vallier Heitzmann durch die erste Predigt für den französischen Gottesdienst einweihte, der Nachfolger von Leonhard Constant und Jakob Couet, welche zusammen abwechslungsweise, von Lyon und Paris an Basel für einige Zeit geliehen, durch ihre ausgezeichneten Gaben die Kirche von Basel besonders gehoben hatten. Der erstere hinterließ der Gemeinde 1610 ein Vermächtniß von 1000 Gulden. Heinrich IV. hatte Couet zu seinem Hofprediger berufen, „sachant votre suffisance, fidelité et capacité à traicter la Parolle de Dieu." Die Kosten ihrer Kirche bestritten die Franzosen lange durch Steuern, wobei die Geistlichen sich mit Wenigem begnügen mußten: denn Constant hatte 150, Couet 100 Gulden Jahrgehalt. Anfangs wurden die Geistlichen durch sämmtliche Glieder der französischen Gemeinde gewählt. Von 1682 an fand die Wahl auf den Wunsch der französischen Gemeinde unter dem Vorsitz des Antistes der Kirche Basel durch das Konsistorium der französischen Gemeinde, vereint mit

den vier städtischen Schulherren, statt. Es fehlte der französischen Kirche in Basel nie an vorzüglichen Geistlichen, so um
die Mitte des 17. Jahrhunderts Daniel Toussaint und
Jean de la Faye, welche sich als Prediger wie als Schriftsteller einen Namen machten. Auch des letztern Sohn hielt
sich in Basel auf, den Rath versichernd, schon seien drei Bücher
von ihm gedruckt, er habe aber noch sieben bis acht andere
geschrieben, welche, wenn gedruckt, der ganzen Erde zeigen werden,
daß er nützlich arbeite, darunter Histoire de la vie de tous
les savants qui ont fleuri à Bâle. Der erweckende Zustand
der Gemeinde trug wesentlich dazu bei, daß angesehene Familien der französischen Flüchtlinge sich in Basel niederließen.
Dem siebzehnten Jahrhundert gehören an die Bernoulli,
Sarasin, Christ, Legrand, Miville, Maillard, Lachenal, Forkart, welche theils in der Wissenschaft, theils im
Geschäftsleben durch verschiedene Zweige mehrere Generationen
hindurch bis auf unsere Tage ihrer Heimat zu großer Ehre
gereichten. „Doch kommt keine in wissenschaftlicher Berühmt-
heit der Familie Bernoulli gleich; ja es steht dieselbe nicht
nur in unserer einheimischen Gelehrtengeschichte, sondern in der
Gelehrtengeschichte im Allgemeinen als unerreichtes Beispiel
da. Acht Mitglieder der Familie haben sich durch ihre Leistungen
in der Mathematik einen rühmlichen Namen erworben, und
darunter sind drei, Jakob, Johann und Daniel, Mathematiker ersten Ranges." (P. Merian.) Achilles Werthemann, der Fabrikant von Seidenbanden, lernte auf der Straß-
burger Messe den Johann de Bary kennen, dessen Familie
ursprünglich von Tournay in Belgien sich zu Frankfurt niedergelassen hatte, und welcher in Geschäften seines Hauses auf
einem von denselben befrachteten Schiffe die Reise nach Guinea
gemacht hatte. Werthemann faßte für den jungen Mann eine
väterliche Zuneigung, veranlaßte ihn zur Niederlassung in
Basel und nahm ihn 1632 als Antheilhaber in sein Geschäft
auf. Durch Jakobea Battier wurde er Werthemanns Schwager,
und derselbe Geschäftszweig, in welchen ihn sein Gönner ein-

geführt, blieb in der Familie de Bary bis in die neueste Zeit. Neben den Werthemann und de Bary verdankt Basel Th. **Battier**, R. de Lachenal und Fatio die Einführung der Bandweberei durch die Kunststühle (Bändelmühlen) 1661—1681.

Es ist ein besonderer Vorzug von Basel, daß die daselbst niedergelassenen Flüchtlinge weniger Schwierigkeiten fanden, in das Bürgerrecht aufgenommen zu werden, als in andern Städten der deutschen Schweiz. Dazu trug wesentlich bei, daß die Aufgenommenen entweder durch Gelehrsamkeit ausgezeichnete Männer waren, wie die Bauhin und Bernoulli, oder dann neben ihrem Gewerbsfleiß durch herbeigebrachte, muthig und geschickt gerettete Vermögen und Güter sich empfahlen. So weiß man zufällig, daß eine Wittwe Bose von Lyon, die Enkelin des Matthias Spon, Kaufmanns von Lyon, Bürgers in Zürich, bei Johannes Schönauer von Basel die Bezahlung einer Schuld von 25,000 Franken, und bei der Wittwe des Johannes Frey daselbst von 10,000 Franken beanspruchte, welche aus der Verbindung dieser beiden Geschlechter mit französischen Flüchtlingen herrührten. Aus diesem Beispiele ist zu ersehen, daß die im Durchschnitt wohlhabenden Familien der evangelischen Flüchtlinge in Basel sich mit denjenigen der alten Bürger leichter und schneller verschmolzen, als es sonst in den übrigen Städten der deutschen Schweiz der Fall war.

Gleichwohl tritt eine unter diesen Umständen auffallende Erscheinung zu Tage. Während Basel in neuerer Zeit durch die Großartigkeit und Vielseitigkeit seiner Wohlthaten sich vor andern Städten der Schweiz auszeichnet, wird damals geklagt, gekargt und gemarktet. Diese Stadt, doppelt so groß als Schaffhausen, mit einer um einen Dritttheil größern Bevölkerung ihrer Landschaft, begnügt sich in den Leistungen für die evangelischen Flüchtlinge häufig, sich auf gleiche Linie mit Schaffhausen zu stellen. Allein wie Zürich und Bern durch den Vortheil ihrer Officiere im französischen Kriegsdienst gebunden waren, und daher nie wagen durften, diesen zu künden, um ihrer Verwendung für die Glaubensgenossen Nachdruck zu geben, so war auch Basel, die Gewerbsstadt an der Gränze Frankreichs, durch die Interessen ihres Handels und ihrer Fabrikation vom Nachbarlande abhängig und dadurch gehemmt, weil der Verkehr mit Frankreich ihre beträchtlichste Einnahmequelle bildete, der französische Hof aber sogleich bereit war, mißbeliebige Schritte von dieser empfindlichsten Seite zu bestrafen. Die wider alle Vorstellungen der Schweiz im Bereich der Stadt Basel um diese Zeit erbaute Festung Hüningen enthielt in der Inschrift über dem Schweizerthor einen deutlichen Fingerzeig: Sociis tutelam, hostibus terrorem. (Den Freunden zum Schutz, den Feinden zum Trutz.) Dazu kam, daß ein großer Theil der Einkünfte der Universität und der Geistlichkeit in den Gefällen bestand, welche aus dem Sundgau zu beziehen waren, mit deren Zurückhaltung Frankreich wiederholt drohte.

Es war daher ein Beweis muthvoller Unabhängigkeit, daß unter solchen Umständen die juridische Fakultät der Universität Basel die Frage, „ob die evangelischen Stände die französischen Refugianten aufnehmen dürfen," den 5. Wintermonat 1685 durch ein Rechtsgutachten in bejahendem Sinne beantwortete, unter folgender Begründung: „1. Wir sind des Gewissens halben schuldig, unseren Glaubensgenossen, die um keiner andern Ursache als um der Religion willen aus ihrem Vaterland vertrieben worden, beizuspringen, und keine politischen Bündnisse und Verträge erlauben uns, die Religions-Genossen preiszugeben. 2. Die evangelischen Eidgenossen haben nie eingewilligt, dem Artikel des Bündnisses gegen Aufnahme von Unterthanen den Sinn zu geben, den Frankreich darunter verstanden haben will. 3. Der Religion wegen Verfolgte haben von jeher in anderm Gebiet Aufnahme gefunden. 4. Der Artikel bezieht sich auf den Frieden von 1516 vor der Reformation. 5. Der Artikel ist von solchen zu verstehen, die wegen Uebelthat oder wegen Ungehorsam landflüchtig geworden, um sich der gebührenden Strafe zu entziehen. 6. Der Artikel hatte diese Observanz seit hundert Jahren, daher Calvin nicht vom König ausgeliefert verlangt worden. Nach dem Blutbad von 1572 haben sich viele Familien in die Eidgenossenschaft salviert, zumalen von den Vornehmsten des Königreichs, als der Prinz von Condé, der Herzog von Nemours, des Admirals von Chatillon Söhne u. a., die sich zu Basel Jahr und Tag aufgehalten, ohne Verhinderung. Aus welchem Anlaß damals die Franzosen mit obrigkeitlicher Bewilligung eine besondere Gemeinde formirt und eine Kirche aufzurichten angefangen, welche bis dato erhalten und mit französischen Prädikanten versehen worden." — Am gleichen Tage gab auch die theologische Fakultät ein ähnlich lautendes Gutachten ab.

Die Kollekte von Basel betrug 1685 aus der Stadt 8645 Pfund, aus der Landschaft 1223, zusammen 9868 Pfund; 1686 in der Stadt 6389 Pfund, auf der Landschaft 956, zusammen 7346 Pfund. Dazu hatten gesteuert der Pfarrer zu St. Peter 15 Pfund, derjenige zu St. Leonhard 30, zu St. Theodor 14, der Helfer Seiler 22, der Rector der Universität 40, der theologische Dekan 46, der Verwalter des Spendfonds 28, aus den geistlichen Fondationen 158 Pfund, zusammen 353 Pfund. In diesem Jahre verabreichte das Spital an durchreisende Flüchtlinge in sechs Monaten 2525 Mahlzeiten, wobei 2516 Pfund Brot, 608 Maß Wein und 1244½ Pfund Fleisch aufgewendet wurden. In demselben Halbjahre standen 45 Personen, darunter 5 Weiber, zu Basel im Lohn und verdienten zusammen 524 Pfund. — Wenn Basel an der Gränze von Frankreich vom großen Wanderzug der Flüchtlinge verschont zu werden wünschte, so hatte es sich dagegen zu beklagen, daß es von vielen Vaganten heimgesucht werde, welche lieber betteln als arbeiten. Namentlich kehren manche aus Hessen und andern Provinzen Deutschlands zurück, denen die dortige Gelegenheit nicht gefalle. „Solche sollen sparsamer traktiert, ja nach Gestalt abgewiesen werden, weil sonst die ganze Last zurück käme und uns zur Last fiele." [79]

23. Die Flüchtlinge in den übrigen evangelischen Städten und Ländern.

Eine ganz besondere Last fiel auf die Stadt Schaff=
hausen. Es fehlte in der Schweiz an Raum, Mitteln und
Arbeit für die Ueberzahl der Flüchtlinge. Allein der größte
Theil derselben entfernte sich schon darum schwer aus der an
Frankreich grenzenden Schweiz, weil die französischen Pro=
testanten längst darauf verzichtet hatten, Glaubensfreiheit und
Landrecht mit Gewalt der Waffen zu erkämpfen, und daher
hofften, der König werde endlich das Unrecht der Verfolgung
gegen gehorsame und fleißige Unterthanen erkennen und ihnen
die Rückkehr in die Heimath gestatten. So sehr es daher
Genf und Bern bemühte, so waren sie doch von Tag zu Tag
genöthigt, den Ueberschwall der Flüchtlinge abzuschieben und
aus ihrem Gebiet zu entfernen. Die Schwierigkeit war um
so größer, weil die Schweiz ringsum von katholischen Völker=
schaften umgeben war, und diejenigen Staaten, welche bereit
und geeignet waren, evangelische Glaubensgenossen bei sich auf=
zunehmen, in weiter Ferne lagen und nur auf mühsamen
Wegen erreicht werden konnten. Die evangelischen Stände
hatten sich daher gleich anfangs der großen Auswanderung be=
müht, die protestantischen Fürsten reformirten Bekenntnisses
in Deutschland für Aufnahme der französischen Flüchtlinge zu
gewinnen, und empfiengen von Brandenburg, Bayreuth, Hessen
und Würtemberg die beßten Zusicherungen. Diese Alle waren
beflissen, ihre in Folge des dreißigjährigen Krieges erschöpf=
ten und entvölkerten Gebiete durch Hülfe der gewerbsamen
Franzosen wieder empor zu bringen. Schon 1683 sandte
Friedrich Wilhelm, der große Churfürst von Brandenburg,
den Entwurf der „Kapitulations=Artikel wegen der französischen
Exulanten" an Zürich. „In Erwartung, daß ich Euch die
Kapitulation schicke, könnt Ihr die Leuth unserer Religion ver=
gewissern, daß man sie sämmtlich grad Anfangs für ein Jahr

ober zwei beherbergen wird: daß man ihnen Wein, Korn und
andere Nothwendigkeiten zum Unterhalt für ein Jahr vorstrecken wird: daß man denselben zur Erbauung einiger Häuser
Holz und andere Materialien umsonst abfolgen lassen wird:
daß man ihnen alsbald eine Kirche erbauen wird: daß man
dem Haupt jeder Haushaltung, so dessen mangelbar wäre, 50
Gulden zu seinem Behelf auf die Reis vorstrecken wird, und
jeder Partikulär Person 10 Reichsthaler: daß sie innert 10
Jahren Exemption und Befreiung genießen sollen: daß sie so
viele Seelsorger als ihnen beliebig haben werden: daß weder
sie noch die Seelsorger von dem Lutherischen Consistorio einigen
Wegs nicht dependieren sollen: zusammt unterschiedlichen andern
Vortheilen, deren in der Capitulation Meldung geschieht, u. a.
daß alles Geld, so man ihnen wird vorstrecken können, wie
auch andere Sachen, deren sie um beßerer ihrer Kommlichkeit
willen bedürftig, ihnen wieder zu bezahlen nicht auferlegt
werden solle, als nach vielen Jahren, je nachdem die Beschaffenheit ihres Zustandes es zugeben wird."

Der Kaiser zeigte sich willfährig, den französischen Flüchtlingen den Durchpaß durch die vordern Erblande auf dem
Wege nach Ulm zu gestatten. Daher bildete Schaffhausen
die große Ausgangspforte und drängten sich dort die Schaaren der Flüchtlinge zusammen. So berichtet der Rath den
12. Winterm. an Zürich, sie haben schon viele Hunderte von
Durchreisenden verpflegt, und 50, die hier zu bleiben gewillt,
mit aller Nothwendigkeit versorgt. Und weiter den 9. Christ-
monat, zu den 108, die ihnen über Zürich und Winterthur
zugekommen, seien andere gerabwegs von Baden, nicht weniger
aus dem Elsaß und gar wieder zurück von Heidelberg anhero
gelangt, zum mindesten in allem 160 Personen, die wir ohne
alle Weigerung angenommen und bisher möglichst verpflegt.
Aber schon den 23. Christm. muß Schaffhausen erklären, sein
Kontingent sei schon überschritten, daher es die 52 Exulanten,
die Bern hersenden wolle, glatt zurückweise, weil die Stadt
nicht mehr fassen und die Kollekt nicht mehr ertragen könne.

Zugleich muß über den „häßlichen Mißbrauch" geklagt werden, daß etliche, die in Zürich ein erkleckliches Viatikum, Kleidung und ein hinlängliches Stück Geld empfangen, nochmals bei ihnen Kleidung und langwierigen Unterhalt verlangen." Am letzten Tag des Jahres 1685 hat Schaffhausen einer neuen Noth zu erwähnen: „Nach Brandenburg reisende Exulanten seien zu Rottweil von Soldaten und Straßenräubern angegriffen und geschädigt worden, daher sie nach Schaffhausen zurückgekehrt seien, und ferner nur in größerer Zahl sich auf den Weg wagen." Und doch hatte der Herzog von Würtemberg kurz vorher versichert, die Exulanten dürfen ohne Furcht durch sein Land nach der Pfalz oder nach Brandenburg ziehen und werden aufs freundlichste traktiert, freilich mit dem Anhang, „aber sie länger zu behalten und zu ernähren verbietet die Nähe von Straßburg." Den 18. August 1686 hat Schaffhausen an Zürich zu melden: „Wir haben 13,963 Gulden mehr ausgesäckelt, als unsere Quota belauft. Unsere gesammt Auslage übersteigt 30,000 Gulden, was über unsere Kräfte. Alle Exulanten reisen hier durch, oft im Winter, von Frost und Ungewitter, Hunger und Blöße, von starken Reisen und überstandenem Ungemach aller Kräfte erschöpft, daher zur Fortsetzung der Reis untüchtig, darum sie viel Tage, Wochen, Monate hier verbleiben, so daß eben 2000 der Abreise warten." Dabei muß der Pariser Alexander Previgny an Zürich zur Hülfe empfohlen werden, der nach Schaffhausen wegen Augenkrankheit zu Dr. Wepfer gekommen, welcher sich aber an entfernte Höfe begeben. Die Anstrengungen von Schaffhausen waren ganz besonders groß. Denn im November 1683 betrug die Kollekte der Stadt 2056 Gulden, diejenige der Landschaft 882, von Dießenhofen 72, zusammen 3010 Gulden. 1685 den 3. December fielen in der Stadt 6465, auf dem Lande 1892, in Dießenhofen 350, zusammen 8708 Gulden, wozu 9000 aus den Stadtämtern kamen; 1686 den 15. April von der Stadt 4666, vom Land 1617 Gulden. Im Ganzen von 1683 bis 1686 27,003 Gulden, 31 Kreuzer.

St. Gallen lag zu ferne ab, um vom Wanderzug der Flüchtlinge stark belästigt zu werden, die Geneigtheit, Opfer zu bringen, beschränkte sich jedoch auf Erfüllung der auferlegten Pflicht. Demnach wird den 23. Weinm. an Zürich berichtet; „Unsere Stadt ist nicht in dem Stand, daß wir den Exulanten gleich andern evangelischen Städten Herberg und Unterhalt geben können, daher nehmen wir das vorgeschlagene Expedient an, daß die vier Städte solche aufnehmen und wir für die Zahl der uns betreffenden Personen eine Summe Gelds entrichten und werden daher wieder eine Collekt erheben." Ein späterer Bericht lautet: „Wir finden die Hülfe für die französische Kirche bedenklich wegen unserer verburgerten, in Frankreich sich aufhaltenden Kaufleute und wegen der Bedrängniß selbst." Was indessen die Stadtbehörde nicht thun konnte oder wollte, wurde reichlich durch dasjenige ersetzt, was die in Frankreich niedergelassenen Handelsleute von St. Gallen, namentlich für die armen Dulder auf den Galeeren zu thun wagten.[80]

Auch Glarus und Appenzell entrichteten auf bringende Mahnungen von Zürich und Bern ihre sie treffenden Beiträge; ersteres hat im Jänner 1686 an Zürich zu übersenden, von der alten Steuer 280, von der neuen 1600 Gulden, und zudem 61 Gulden von der Gemeinde Wartau im Rheinthal. Mülhausen übersendet als Steuer von 1685 800 Gulden, und als diejenige vom 3. Jänner 1686 weiter 1000 Gulden, hinzufügend, wie viel sie die Durchreisenden kosten. Sie haben von General Montclar, Gubernator des Elsaß, einen Verweis empfangen, lautend: „Je suis surpris d'apprendre que vous fournissiez des moyens aux fugitifs de France pour se retirer du Royaume: comme cette affaire pourrait vous attirer des suites facheuses" etc. Aber sie haben den Verweis abgelehnt, weil sie Almosen den Durchreisenden geben ohne Unterschied der Religion. — Aus Chur geht den 26. Jänner 1686 der Bericht ein, daß es sich Mühe gebe, daß in allen evangelischen Gemeinden Graubündens Kollekten erhoben werden. Aber die Beherbergung der Exulanten sei unmöglich, „indem

unsere Gemeinden und Oerter ganz in Gebirgen und ent=
legenen Thälern bestehen, auch gar vil von der widerwärtigen
Religion vermischt, also daß sie unvermeidlich sich wieder mit
großen Unstatt zurück begeben müßten, da dann die Collect für
die Reiskosten consumiert würde."

Für die französischen Flüchtlinge war auch das an der
Gränze Frankreichs gelegene Neuenburg von besonderer Wich=
tigkeit. Die Fürsten von Neuenburg, französische Prinzen,
waren zwar aus sich selbst und um des Hofes willen den
Ausgewanderten nicht günstig. Allein weil sie gegen die Ge=
lüste des Königs vorzüglich durch die Eidgenossenschaft und
namentlich Bern wiederholt im Besitze ihrer Herrschaft erhalten
und geschützt worden waren, durften sie die Schützlinge Berns
nicht unbedingt ausschließen. Daher schon im 16. Jahrhundert
die Familien Gélieu, de Perrot und Ravenel sich im
Neuenburgischen niederließen und mehrere Generationen hin=
durch sich um Stadt und Land verdient machten. In der
Bartholomäus=Nacht hatte sich der bei Heinrich IV. beliebte
Gabriel d'Amour, Pfarrer von Paris, nach Neuenburg ge=
rettet, wo er Pfarrer von Boudry und Dekan der Klasse
wurde. Auf eine frühere Berufung nach Rochelle folgte 1582
diejenige nach Paris, welche Neuenburg nicht verhindern zu
dürfen glaubte. Als jedoch die Pest in seiner Gemeinde aus=
brach, blieb d'Amour. „Nous éstimons qu'il a faict et conti-
nue chose très digne et recommandable de s'arrêter et
séjourner comme notre bon pasteur, en s'exposant à beaucoup de graves et apparens dangiers, avec ses pauvres
ouailles pour leur consolation en leur urgente necessité."
Erst nach 1584 kehrte er nach Paris zurück. Auch vor der
Aufhebung des Ediktes von Nantes werden unter mehrern
andern Familien die b'Echerny, Riviere und Lefevre als
Niedergelassene genannt. 1684 werden die Namen der franzö=
sischen Geistlichen Séar, Gautier, Peyrol, Cluzel und Morin
angeführt, welche von Neuenburg unterstützt wurden, und
Dekan Chaillet empfieng im Weinmonat dieses Jahres 800

Thaler für die Flüchtlinge. 1685 sollen sich 300 Familien nach Neuenburg geflüchtet haben und der in diesem Jahre eingeführte Kirchenbeutel lieferte lange Zeit seinen Ertrag ausschließlich für die Flüchtlinge. In dieser Zeit langte die angesehene Familie Faure in Neuenburg an. Ein ausgewanderter Apotheker, Joh. Lagagerin, erhielt ein Anleihen von 500 Fr. Zwei Jahre später nahm sich Neuenburg besonders der Waldenser an, und beherbergte zunächst Henri Arnaud und seine Familie. [81]

24. Großer Zudrang.

Der größte Zudrang der Flüchtlinge geschah in den Jahren 1686 bis 88, indem zu den Franzosen sich auch noch die vertriebenen Piemontesen gesellten. Von diesen wird später im Zusammenhang berichtet werden. Gegenwärtig folgt noch die Fortsetzung in Betreff der Franzosen.

Zürich berichtet den 7. Jänner 1686 an Bern: „Wir haben seit dem September vorigen Jahres 1800 Exulanten sorgfältig verpflegt, und aus denselben 800 noch mit Speis und Trank, mit ehrlicher Kleidung und einem Viatikum von 3—20 Thalern in die Fremde abgefertigt. Nur 23 Personen konnten sich aus eigenen Mitteln erhalten, 800 wurden in obrigkeitlichen und bürgerlichen Häusern beköstigt, jeder monatlich zu 6 Gulden berechnet." Den 22. Horn. meldet Zürich weiter, „wir haben gegen 1000 Exulanten." Worauf Bern den 27. folgende theilnehmende Erklärung ergehen läßt: „Wir können wol ermessen, wie die Beschwerd der zunehmenden Zahl der Exulanten Euch empfindlich zu fallen beginnt, sonderlich weil Ihr über letztgeschehem Department noch 200 Personen mehr zu verpflegen übernommen, und nun also bei 1000 Personen auf obrigkeitliche und gutwilliger Burger Pflege unterhaltet: welcher Vorschuß so weit nicht bekannt gewesen, wol aber, daß Viele, unter dem Titel, nach Brandenburg zu reisen, mit viaticis hier abgeschieden, die aber nicht aus unserer Verordnung, sondern aus eigenem Vorsatz zu Euch kommen, glauben auch, daß viele neben unserer Stadt einen andern Weg reisen.

Aber es haben sich seit letzter Vertheilung noch 1260 Personen den Winter durch in unsern welschen Landen aufgehalten, worüber sich unsere Angehörigen von Lausanne, Morges, Rolle, Nyon empfindlich genug erwiesen, mit fleißiger Bitte, sie zu entladen. Was wir längst fürgenommen, wenn nicht ein Theil aus etlichen salvierten Mitteln sich durchgebracht und so ihre Erhaltung erleichtert. Jedoch haben wir die am Paß gelegene Stett evacuiert und theils in die Hauptstadt und andere Ort angegangen, so daß zu den in voriger Vertheilung uns zugefallenen 1300 Personen noch über 700 uns zugelegt worden, zu geschweigen der Beschwerde und Verköstigung des Durchzugs, da nicht nur die uns zufallenden, sondern alle insgesammt, nachdem sie sich in unserm Land erholet und etwas aufgehalten, theils assistiert und versoldet werden müssen, welches unsere andere Collect bald consumiert. Wünschen Euch zu entsprechen, zweifeln aber nicht, daß Ihr uns entschuldigen und die Euch zukommenden mitleidig annehmen werdet." — Bern wagte die große Zahl der mit ansteckenden Krankheiten behafteten Flüchtlinge nicht mehr im Insel-Spital unterzubringen, sondern verlegte sie in „den obern Spital und die Holiebe (Hoche Liebe)". Am Ende des Jahres 1687 waren jedoch die Spitäler und „andere zu dem destinierte Häuser so voll, daß wir zu Loschierung der Exulanten noch mehrere Gebäude fabricieren lassen", u. a. wegen seiner Wärme den „Reuterstall". Wenn für die Verbleibenden wie für die weiter Reisenden alle Sorgfalt verwendet wurde, so ist dennoch ein Unglück zu berichten, indem den 8. September 1687 ein Schiff, auf welchem sich 130 Exulanten befanden, zwischen Bern und Aarberg versank, so daß nur 28 Personen gerettet werden konnten.

Der größte Zudrang fand im Herbst 1687 statt, so daß die Stadt Zürich allein 1073 Personen beherbergte. Im folgenden Jahre kamen von August bis Weinmonat noch 4207 Personen daselbst an, für welche 19,431 Gulden ausgegeben wurden. Das amtliche Verzeichniß der in Zürich angekommenen Flüchtlinge giebt vom 3. December 1683 bis 1. Januar 1689 folgende Zahlen:

1683, Dec. 3. bis 1685, Nov. 8. . . . . 1359.
1685, Nov. 8. bis 1686, Apr. 18. . . . . 3944.
1686, Apr. 18. bis 1686, Dec. 19. . . . . 3565.
1686, Dec. 19. bis 1687, Oct. 10. . . . . 7827.
1687, Oct. 10. bis 1688, Nov. 5. . . . . 5580.
1688, Nov. 10. bis 1689, Jan. 1. . . . . 1070.

                                        23,345.

In diesen Zahlen sind nur diejenigen Flüchtlinge begriffen, welche sich um Unterstützung angemeldet, nicht hingegen
diejenigen, welche keine Hülfe nachgesucht, oder solche bei theilnehmenden Privaten gefunden haben.

General-Rechnung der Steuern in Zürich
von 1683, Dec. 3. bis 1689, Jan. 1.

1683, Dec. 3. Steuer von Zürich zu
    Stadt und Land, Glarus,
    Thurgau, Rheinthal . . . 12,590 fl. 37 Sch. 7 H.
1685, Nov. 8. Zürich, St. u. L.,
    Glarus, Appenzell, St.
    Gallen, Bünden, Toggenburg,
    Mülhausen . . . . . 36,279 fl. 2 Sch. 1 H.
1686, Apr. 18. Zürich, Stadt u. Land 13,879 fl. 6 Sch. 7 H.
    Vom Seckel- u. Obmannamt 8,000 fl.
1686, Dec. 19. Zürich, Stadt u. Land 17,724 fl. 30 Sch. 5 H.
    Vom Seckel- u. Obmannamt 13,492 fl.
1687, Nov. 24. Zürich, Stadt u. Land
    und gemischte Herrschaften 19,604 fl. 10 Sch. 5 H.
    Vom Seckel- u. Obmannamt 8,400 fl.
    Von St. Jakob u. Spanweid 206 fl. 10 Sch.
    Aus Kleidern erlöst . . . 3,085 fl. 39 Sch. 1 H.
1688, Jan. 20, Zürich, Stadt u. Land 9,406 fl. 39 Sch.
    An obrigkeitlichen Geldern 5,000 fl.

                              147,463 fl. 5 Sch. 6 H.

Es folgt in den Anmerkungen eine Ueberſicht der Ausgaben. [82B.]

Da die Rechnungen von Bern fehlen, ſo haben wir nur
den allgemeinen Bericht der deutſchen Vennerkammer an den
Rath vom 26. Nov. 1691 anzuführen: „Wie hoch und viel
ſeit angefangener Verfolgung in Frankreich und Piedmont die
alhar gekommene Flüchtling M. G. H. gekoſtet, iſt leicht aus
deme abzunehmen, daß nach gemachten ungefahrlichen Calcul
J. Gn. an Pfunden und Getreid bis in 50,000 Pfund jährlichen ertragen, und alſo ſeit 6 Jahren auf 100,000 Reichs-
daller ſteiget.“ Wie groß dieſe Opfer waren, wird am Beſten
daraus erſehen, daß die Einkünfte des Standes Bern in obigen
ſechs Jahren insgeſammt nur 1,689,746 Pfd. betrugen. [82A.]

Ehe wir den Auszug der evangeliſchen Flüchtlinge in ferne
Lande verfolgen, ſollte es unſere nächſte Aufgabe ſein, zu erzählen, was die Glaubensgenoſſen bei uns gelebt und gearbeitet
und welchen Einfluß ſie auf Gewerbe, Sitten und öffentliches
Leben ausgeübt. Die Aufnahme der erſten Verfolgten aus
den italieniſchen Vogteien war für dieſe und die gaſtfreundlichen
Städte ſo lohnend und erfolgreich, daß auch die Beherbergung
der franzöſiſchen Glaubensbrüder zur Feſthaltung und Einver-
leibung derſelben hätte ermuntern ſollen. Wir haben ſchon
gezeigt, daß die Zahl derſelben ſo groß war, daß die Aufnahme
eines beträchtlichen Theiles derſelben für die Schweiz zur reinen
Unmöglichkeit gehörte. Aber Manche hatten einen Theil ihres
Vermögens gerettet, und brachten, was noch von weit größerm
Werth war, ausgezeichnete Kenntniſſe, Künſte und Gewerbs-
fertigkeiten mit ſich, welche ſie gerne zum eigenen Lebensunterhalt wie zum Vortheil der Zufluchtſtätten verwendet haben
würden. Manche, welche die Heimat arm und entblößt verlaſſen hatten, erhielten durch Weinſendungen, die von theilnehmende Freunde und Verwandte nach dem Auslande geſchahen,
einen Theil ihres zurückgelaſſenen Vermögens. Wohl gereichten
die mit Vorliebe auf die äußere Erſcheinung gerichteten Sitten
und Lebensgewohnheiten der Südländer den einfachen, häus-

lichen und nüchternen Schweizern bisweilen zum Anstoß; allein
es ist sehr bemerkenswerth, daß bei den vielen Hunderten von
Franzosen, welche zu verschiedenen Zeiten Monate und Jahre
lang bei Magistraten, Gelehrten, Geistlichen und ehrbaren Bürgern gastfreie Aufnahme gefunden, keine Spur von Unzufriedenheit oder Klage über diese Gäste sich kund thut: vielmehr bewährte sich gerade bei diesen im evangelischen Glauben Geschulten
und Geübten die den Franzosen eigenthümliche fröhliche Genüg-
samkeit, liebenswürdige Verträglichkeit und schmiegsame Anbe-
quemung; das Glück, mit den Wohlthätern in Gesinnung und
Glauben Eins zu sein, beförderte die alles Uebrige ausgleichende
Herzensgemeinschaft. Während jene Locarner ihre Heimath
ohne alle Aussicht auf die Rückkehr dahin verloren hatten und
völlig darauf verzichteten, wurde dagegen bei den Franzosen der
Schmerz um das verlorene Vaterland und die Sehnsucht nach
demselben um so tiefer, je größer das Unrecht und die Gewalt-
that war, welche sie desselben beraubte. Wir sehen daher überall
das Bestreben, in den evangelischen Städten der deutschen Schweiz
eine selbständige Genossenschaft zu bilden, welche mit den Glaubensgenossen der Heimat im engsten Verbande blieb, nur selten
hingegen das Bemühen, in den bürgerlichen Verband der Zufluchtstätten aufgenommen zu werden. Und während es auffallend ist, wie frühe die Flüchtlinge, auch diejenigen der untern
Klassen und welche der öffentlichen Unterstützung genießen, zur
Ehe schreiten, sind die Ehen zwischen Franzosen und Einheimischen äußerst selten, und in diesem Falle mehr Folge einer
Verirrung als wohlbedachter Wahl. Namentlich ist uns kein
Beispiel bekannt, daß ein Sohn der seit der Aufhebung des
Ediktes von Nantes in der deutschen Schweiz niedergelassenen
größern Gewerbsleute in Verbindung mit einer Tochter aus
angesehenem Bürgergeschlechte getreten wäre, oder eine solche
Verbindung auch nur gesucht hätte; erst in den folgenden
Generationen ergaben sich solche Verschmelzungen.

25. Gewerbe der Flüchtlinge.

Während das französische Volk im sechszehnten und siebzehnten Jahrhundert an der Spitze der europäischen Kultur stand und namentlich ein bedeutender Antheil dieser Kultur den Protestanten angehörte, wurde mit der Verfolgung derselben Frankreich eines beträchtlichen Theiles seiner geistigen und gewerblichen Kräfte beraubt, welche den Ländern zu Gute kamen, in denen die Flüchtlinge eine neue Heimat fanden. Man hat mit Recht das Verdienst und die Wohlthat dieser Kultur-Beiträge für das geistige und gewerbliche Leben der von den evangelischen Flüchtlingen bezogenen Gegenden hoch angeschlagen, allein man ließ sich den Irrthum zu Schulden kommen, den frühern Zustand der Länder und Städte, in welchen die Franzosen sich niederließen, zu roh und unbebaut sich vorzustellen, und den neuen Ankömmlingen die Begründungen mannigfaltiger neuer Erwerbszweige beizumessen, während es oft nur bei Anfängen oder Versuchen blieb, oder sich auf Verbesserungen in bereits bestehenden Geschäften beschränkte. Das ausgezeichnete Werk von Ch. Weiß, die Geschichte der protestantischen Flüchtlinge Frankreichs, erörtert die umfassenden Verdienste der Franzosen sowohl um die Wissenschaft als um das Gewerbswesen. Dagegen ist zu bedauern, daß die großen Sammelwerke, die sich seither mit der protestantischen Kirche Frankreichs beschäftigt, ihre Aufmerksamkeit fast ausschließlich der Wissenschaft, und nur in untergeordnetem Maße den industriellen Bestrebungen und Leistungen der frühern Zeit zugewendet haben. Daher hat namentlich die neuere Geschichtforschung in Genf energische und begründete Protestationen dagegen erhoben, daß Calvin und den Franzosen nicht nur die Umgestaltung des Glaubens, sondern auch die ganze industrielle Blüthe dieser Stadt beigemessen werden wollte. Da zur Zeit noch die nähern Angaben über den Antheil der Flüchtlinge an der Einführung neuer Industriezweige fehlen, so läßt sich doch so viel annehmen,

daß die feinern Gewerbe, welche eine großstädtische Betriebsamkeit voraussetzen und seit der Religionsverfolgung entstanden
sind, ihren Ursprung den Eingewanderten verdanken. Was zunächst Genf betrifft, so haben wir schon gesehen, daß die
große Menge der Buchdruckereien daselbst dadurch geschaffen
wurde, daß diese Stadt die Hauptpflanzstätte für den französischen
Protestantismus bildete. Die Verfertigung der Taschenuhren
begann in Genf um 1587, wo der Burgunder Ch. Cusin der
erste Uhrenmacher war, dem bald eine große Zahl von Gewerbs-
genossen folgte, welche Genf zum Mittelpunkt der Uhrenfabri-
kation erhoben. Den Seidenhandel in Genf verdankte man
den Italienern, allein die Seiden- und Sammtweber und
Posamenter wanderten vorzüglich aus dem südlichen Frankreich
ein. Jakob Felix von Nismes errichtete 1688 eine große
Strumpfwirkerei und Thelusson brachte die Passamenterie in
besondren Aufschwung. Namentlich zeichneten sich die Franzosen
in der Fabrikation von Gold- und Silber-Borten aus. Die
Familie Fazy aus Nantes führte die Kattun-Druckerei
ein, und daneben erwiesen die Eingewanderten eine besondere
Geschicklichkeit in der Färberei der Baumwollengewebe. Die
Goldarbeiter und Juweliere kamen größtentheils aus
dem Norden Frankreichs, deren sich um 1685 bereits 200 in
Genf aufhielten. Durch die engen Verbindungen der Flüchtlinge mit der Heimat bahnte sich auch ein ausgebreiteter Handel an, welcher freilich mit Umgehung der Zölle oft zum
Schleichhandel wurde, worüber sich Tambonneau beim König
beschwerte. Das schöne, fruchtbare Waadtland hatte den französischen Flüchtlingen die Vervollkommnung des Garten- und
Weinbaues zu verdanken, und die Einführung einiger Industriezweige, so weit es sich unter einer fast ausschließend der
Landwirthschaft ergebenen Bevölkerung thun ließ. Der größte
Vortheil für die ganze Zukunft der Waadt lag jedoch darin, daß
durch die genaue Verbindung mit ausgezeichneten Franzosen der
ganze Bildungsstand gehoben, die Sitten verfeinert, der Gesichts-
kreis erweitert und somit jene Kultur begründet wurde, welche die

französische Schweiz zu einer europäischen Bildungsstätte geeignet machte, der man die Söhne und Töchter im weitesten
Kreise anvertraut, oder woher Erzieher und Erzieherinnen nach
allen Ländern verlangt werden. Ein Waadtländer belehrt uns:
„Tout ce qui a fleuri dans le pays de Vaud dans l'industrie
et le commerce est d'origine française: les Mercier, Fran-
cillon, David, Compart, Renou, Gély, Fabre, Bessières et
tant d'autres. Enfin les gentilshommes et les notables en
assez grand nombre (sur 41 noms de directrices de l'hôpital on trouve 19 noms nobiliaires) qui, avec les pasteurs,
servirent de centre de refuge, introduisirent dans les mœurs
lausannoises cette urbanité et cette culture de l'ésprit qui
rendirent Lausanne célèbre dans la seconde moitié du 18.
siècle et qui lui donnent encore aujourdhui une valeur si
supérieure au chiffre de la population.

Wenn in der deutschen Schweiz die Bevölkerung nicht
in gleichem Grade wie in der französischen durch die evangelischen Flüchtlinge geäufnet und bereichert wurde, so dient
zur Erklärung, neben der Verschiedenheit der Sprache und
Sitten, die schon berührte genossenschaftliche Abgeschlossenheit
der französischen Protestanten und das damit verbundene, Generationen hindurch fortdauernde Verlangen und Bemühen zur
Rückkehr nach der Heimath. Die Regierungen der evangelischen
Orte, namentlich diejenigen von Zürich und Bern, welche so
unermüdlich sowohl in der Verwendung für ihre Glaubensbrüder, als in der Unterstützung derselben waren, zeigten sich
auch für die Aufnahme und Niederlassung derselben geneigt und
wohlwollend, aber der Bürger- und Zunftzwang der Handwerker und Gewerbsleute legte ihnen die früher schon bezeichneten Schranken auf. Die Aktenstücke fehlen in dem Archive
von Bern gänzlich und in demjenigen von Basel theilweise,
welche uns über die dortigen Gewerbsverhältnisse der Flüchtlinge belehren könnten. In Zürich dagegen sind dieselben in
bemerkenswerther Unbefangenheit aufbewahrt worden. Hier
wie überall tritt die Furcht vor der Ueberlegenheit der Einsicht

und des Gewerbsfleißes der Franzosen hervor. 1665 begegnen wir einem Peter von Metz, welcher in Zürich seine Aufnahme gefunden zu haben scheint, allein in Verbindung mit dem Zürcher Bürger Hans Holzhalb in Feuerthalen eine Fabrik und Färberei von Floret- und Taffetbändern errichtete. Dagegen erhob nun Schaffhausen bei der Tagsatzung Einsprache, weil dieses Geschäft zum Nachtheil der Stadt eingerichtet sei.

Doch bei der großen Flucht finden französische Geschäftsleute bereitwillige Aufnahme in Zürich. Den 30. Weinmonat 1685 bewirbt sich Gabriel Bruguier, Seidenhändler von Nismes, nebst seinem Neffen Roustan Bruguier um die Niederlassung in Zürich und um die Erlaubniß, in der Stadt Tafft und andere Seidenstoffe fabrizieren zu dürfen, welche hier nicht verfertigt werden. Er verlangt nur en gros zu verkaufen, an die Kaufleute Zürichs sowohl als an Fremde, und begnügt sich mit der Ehre des obrigkeitlichen Schutzes. In einer andern Eingabe erklärt sich Bruguier auch bereit und geschickt, schöne rubans zu fabrizieren, erwartet aber über diesen Artikel noch den Bericht der Meister Posamenter. Den 4. Jänner 1686 erhielt Gabriel Bruguier die Bewilligung zur Einrichtung einer Fabrik, wenn er „Taft mit Lustre, nach Güte und Form wie in Frankreich" fabriziere, und zugleich mit der Bedingung, „daß er sich bei solcher Manufaktur unserer Verburgerten und Angehörigen vor andern aus, sonderlich auch mit dem Seidenfärben bediene und seine Waaren nur en gros verkaufe." — Den 22. Januar melden sich die Gebrüder Johann und Jakob Bourguet, ebenfalls von Nismes, und bitten um Erlaubniß, eine Fabrik von Strümpfen von Seide, Floretseide und Wollgarn nach englischer Façon errichten zu dürfen. Schon den folgenden Tag erhalten sie die Bewilligung durch eine Pergament-Urkunde, „mit Condition, daß sie sich der verburgerten Handwerksleut in der Manufaktur bedienen, nur en gros verkaufen; auch wenn zu der Fabrikation nothwendiges Geschirr zu machen, daß sie unsere verburgerten Handwerksleut, so etwan der Ausarbeitung beizuwohnen verlangen, zuschauen lassen sollen, damit sie ihnen hernach mit ehrlicher Arbeit selbst bedient sein können." Johann Bourguet errichtete 1689 eine zweite Fabrik zu Castasegna in Graubünden, wohin er seinen Sohn Ludwig zog, obgleich derselbe im Kollegium von Zürich große Fortschritte gemacht hatte. Doch ein unwiderstehliches Verlangen nach den Wissenschaften führte diesen 1690 nach Zürich zurück, wo er sich neben der Beaufsichtigung der Fabrik mit neuem Eifer den Studien widmete, namentlich der Alterthums- und der Münzkunde. Im Jahre 1697 machte er mit seinem Vater eine Geschäftsreise nach Italien, wobei er zugleich die Bibliotheken von Mailand, Verona und Venedig benutzte. Auf einer zweiten Reise nach Italien lernte er von einem Juden hebräisch. Auf sieben folgenden Reisen von 1701 bis 1714 erwarb er sich nicht nur ausgebreitete Kenntnisse im Umgang mit italienischen Gelehrten, sondern auch werthvolle Handschriften, Alterthümer aus Aegypten, Syrien und China, griechische und römische Münzen und Medaillen und slavische und morgenländische Bücher. Nach einem vierjährigen Aufenthalt zu Venedig kehrte er nach Bern zurück, wo sich seine Familie seit 1700 niedergelassen hatte. 1709 durchstreifte er als Naturforscher den Jura und 1710 und 1715 die Apenninen. Dann ließ er sich in Neuenburg nieder, nahm indessen weder hier noch in Lausanne den anerbotenen Lehrstuhl an, weil seine schwache Brust ihn an einem öffentlichen Lehramt hinderte, sondern beschränkte sich auf sein Arbeitszimmer. Seine Schriften erschienen in Tempe helvetica und im helvetischen Merkur. Im Jahr 1686 erhielt ein zweiter Strumpffabrikant Peter Jerussien die Erlaubniß zur Niederlassung in Zürich, welcher mehrere andere seiner Landsleute beschäftigte. — Nach einiger Zeit sah sich die Exulanten-Kammer zu der Rüge veranlaßt, die „Bourguet und Bruguier sollen mit den Exulanten mehr Mitleid zeigen als bisher, und Lehrknaben ohne köstlichen Lehrlohn umsonst annehmen, sonst werde ihnen der Schutz entzogen." Die Franzosen durften ihre Waaren im Kaufhause

niederlegen, gleich den Bürgern, und bezahlten den gleichen Zoll
wie diese, von einem Ballen Wollenzeug von 2 Zentnern 1 Gulden, von einem Ballen seidener Stoffe 2 Gulden. Nach den
sehr engen Gränzen des Verkehrs jener Zeit machten auch die
Franzosen nur kleine Geschäfte; so vernehmen wir aus den
vom Waagmeister Marx Werdmüller geführten Kaufhausbüchern,
daß die Bourguet im letzten Jahrzehent des siebzehnten Jahrhunderts anfangs jährlich nur 20 bis 30 Zentner Roherzeug-
nisse für ihre Fabrikation bezogen, und ihre Fabrikate in den
ersten Jahren fast gänzlich nach dem Auslande versandten.
Mit der allmähligen Ausdehnung des Geschäftes, bei welcher
die bezogenen Rohstoffe gegen 100 Zentner betrugen, vermin-
derte sich die Versendung der Fabrikate nach dem Ausland, und
in gleichem Maße stieg der unmittelbare Verlauf derselben in
Zürich, was bei dessen Kaufmannschaft eine steigende Unzufriedenheit herbeigeführt zu haben scheint.

Zu gleicher Zeit mit den Bruguier und Bourguet meldete
sich Mathieu de la Court von Tours, marchand ouvrier
de Soye. „Je puisse trouver les moyens de gaigner ma vie
et entretien, s'il plait à Dieu de bénir mon labeur, sans
que cela puisse nuire n'y préjudicier à Ms. les bourgeois,
n'y en ayant aucun, qui sache fabriquer les ouvrages sui-
vans: taffetat, tabit, moire, Gros de Tours, pou de soye,
sarge, satin, Gasze plaine et à fleurs, broquart, moire d'argent et d'or, et plusieurs autres sortes de soye, fleuret, laine
et fil, ainsi que l'occasion s'en rencontrera. Je sais aussi
fort bien apprêter les soyes au moulin en filage, organsin
et traime: mais comme cet apprêt de Soye se fait icy,
V. Exc. m'accordera ce qu'elle jugera à propos.“ Die Abweisung dieses Gesuches ist nicht verzeichnet, obgleich weitere
Nachrichten über diesen Mann fehlen. — Jeremias Frere
hatte theure Lebensgewohnheiten, Vermögen und Familie verlassen und sich mit zwei Töchtern nach Zürich gerettet, wo er
sich um die Erlaubniß bewarb, eine Garnzwirnerei, verbunden
mit Färberei und Bleiche, errichten zu dürfen. Er wurde aber

abgewiesen, „weil arme Burger ihr Brot mit dem Garngewerbli verdienen, beßgleichen wegen Anstoß mit Färben und Bleichen." Ein gleiches Schicksal hatten Daniel Burgnat aus Chalons in der Champagne, welcher in Zürich eine Tuchhandlung zu gründen beabsichtigte, Raymond Boschier aus Nismes, welcher das Geheimniß besaß, Baumwollenzeug nach türkischer oder indischer Art, mit den besten Farben, deren man sich im Orient bedient, zu färben; Paul Veiret und Daniel Sau= clieres, welche eine Fabrik baumwollener und seidener Strümpfe, und Stephan Marchier und Honore Decoulle, die in Winterthur eine Zeugfabrik errichten wollten. Glücklicher waren Jacques Vernet und Stephan Fermignac aus Languedoc, denen die Fabrikation einer weichen Seife bewilligt wurde, welche Woll= und Leinwand=Stoffe eben so gut reinige wie Tafel=Seife und um fünf auf Hundert billiger zu stehen komme. Mit der Bewilligung war jedoch die Bedingung verbunden, nicht weniger als einen halben Zentner auf einmal verkaufen zu dürfen.

Zur Bereitwilligkeit für die Aufnahme mehrerer Fran= zosen trug wesentlich bei, daß ein Theil derselben sich mit be= trächtlichen Geldsummen einfand, welche theils den Geschäfts= leuten Zürichs anvertraut, theils bei der „Salzkammer" nieder= gelegt und zu 3 p. C. verzinset wurden. Mit löblicher Wachsamkeit sorgte die Obrigkeit dafür, den Flüchtlingen das gerettete Vermögen zu erhalten und zu sichern; und es kommen mehrfache Fälle vor, daß lange Zeit unterstützte Familien, denen unterdessen ein Erbe zufiel, dasselbe durch das Wohl= wollen der Behörde ohne Abzug erhielten. Die Hinterlassen= schaft verstorbener Exulanten wurde amtlich inventiert und den Erben verabfolgt oder zu ihrem Besten verwendet. Die Schuld eines verauffallten Bürgers von Zürich an die Waisen eines Flüchtlings wurde allmählich aus dem Weibergut des Schuld= ners entrichtet. — Daniel Gautereau aus Pons in Sain= tonge, von Kindheit an blind, hatte sich in Paris aufgehalten. Seines Glaubens wegen verfolgt, hatte er sich aufgemacht und als Geiger sich von Ort zu Ort durchgeholfen. In Gex hatte er einen Knaben als Führer angenommen. Nun bittet er, die von ihm geretteten 800 Thaler in Empfang zu nehmen, ihn daraus zu erhalten und den Knaben in das Waisenhaus aufzunehmen: beides wurde bewilligt.

Unter den in Zürich niedergelassenen Flüchtlingen befand sich wenigstens ein großer Geschäftsmann, Salomon Negret, dessen Vermögen bei seinem Tode sich nahe an 300,000 Franken belief. Er handelte mit Seide, Leinen und Wolle und stand namentlich mit sämmtlichen größern Handelsplätzen Italiens in Verbindung, aber auch mit Antwerpen, Amsterdam, Nürnberg, Memmingen und Schwabach. Daß er in Zürich selbst Ansehen und Vertrauen genoß, sehen wir daraus, daß er mit einer großen Zahl von Zürchern Geschäfte machte, von denen namentlich angeführt sind: Rudolf Wirz, Heinrich Scherer, Kaspar Schultheß, Felix Orell, Konrad Lavater, Rudolf von Birch, Hartmann Meiß, J. Heinrich Schultheß, Christof Balber, Heinrich und Johannes Römer, Paul Usteri, J. Wilhelm und Kaspar Schinz, J. Heinrich Heß, Johannes und J. Konrad Scheuchzer, Johannes Abegg, Färber. Ferner stand er in Verbindung mit Georg Rietmann und David Bridler von Bischofzell und Thomas Zwöcker und Am Stein in St. Gallen. Da ein damaliges Zürcher Haus kaum über solche Mittel zu gebieten hatte und so große Geschäfte gemacht haben wird, so ist es begreiflich, wenn Negret dem Neid seiner Berufsgenossen anheimfiel. Darum wurde er den 2. Herbstmonat 1688 vor die Verordneten der Exulanten-Kammer beschieden und ihm vorgehalten, „daß er mit seinem Handel den Burgern großen Schaden thue; daher solle er inskünftig davon ablassen, und sich des Schirms vergnügen." — Den 2. Jänner 1695 traf er in seinem Testamente u. a. folgende Bestimmungen: Die Exulanten von Zürich bedenkt er mit einem Vermächtniß von 1000 Franken, die französische Kirche in Zürich mit 1000 Fr., diejenige in Chur mit 1000 Fr., die Exulanten der Kirche der Stadt und des Kantons Bern mit 3000 Fr.,

die Kirche der französischen Exulanten in Genf mit 2000 Fr.,
den Pfarrer Paul Reboulet in Zürich mit 100 Fr. Seiner
Gattin vermachte er 20,000 Fr. und den Hausrath und beauftragte sie mit der Erziehung der beiden Töchter, welche als
Haupterben des übrigen großen Vermögens eingesetzt waren.
Von allen übrigen Verwandten, welche, außer den im Testament
bedachten, Ansprüche machen, soll einem Jeden 5 Sous verabreicht werden.

Wenn große Kaufleute mit ungewöhnlichen Mitteln und
ausgezeichnete Fabrikanten mit neuen Gewerbszweigen nur mit
großen Schwierigkeiten ihre Geschäfte zu betreiben vermochten,
so läßt sich denken, daß den Flüchtlingen aus dem Hand-
werksstande noch größere Hindernisse in den Weg gelegt
wurden, und daher aus der großen Zahl der Ankömmlinge
solcher Art nur Wenige Gnade fanden. Zur Erklärung und
Entschuldigung dient, daß Zürich sich von alten Zeiten her eines
ausgezeichneten Handwerkstandes zu erfreuen hatte. Zürichs
Waffenschmiede standen im Ausland, namentlich in Italien, in
großem Ansehn; die Arbeiten der Schlosser erwiesen sich als
bemerkenswerthe Muster des Kunsthandwerks; die Glocken- und
Stückgießerei behauptete namentlich in der Familie Füßli Generationen hindurch ihren ausgebreiteten Ruhm; unter den
Gold- und Silberarbeitern befanden sich wahre Künstler; die
Gerberei und die Weberei in Wolle und Leinwand stand
in hohem Flor, und auch die Seidenweberei, schon früher in
Zürich blühend, verdankte die Betreibung einiger Branchen den
Eingewanderten, noch mehr aber namentlich der Familie Werdmüller ihren Erfolg und Aufschwung. So wird es begreiflich, wenn nur einer kleinen Zahl französischer Handwerker
Gewerbefreiheit gestattet wurde. Zu diesen Glücklichen gehörte
Isaak Gallot von Lyon, welcher mit seiner Familie, worunter
eine neunzigjährige Schwieger, sich nach Zürich gerettet hatte
und Gold- und andere Waagen verfertigte. Er kam den
7. April 1686 mit der Bitte ein: „weil unter dero Burgern
sich niemand befindet, der mit dergleichen Arbeit umzugehen

weiß, hingegen gar viele, denen ich ihre Goldwaagen abjustiert, verlangen, daß jemand solche Arbeit allhier mache; so möge man ihm die Gnade erweisen, daß er sein Handwerk hier betreiben und sich und die Seinigen damit ernähren dürfe, ohne der Herren und Burger Beschwerd und Ungelegenheit."

Eine gleiche Gunst gewann ein Zweiter durch Darlegung eines liebenswürdigen Selbstgefühls und naive Anpreisung seiner der Bürgerschaft unnachtheiligen Künste. Der Brunnenmacher Jean Rousset richtete den 12. April 1686 folgenden Brief an den Rath: „Natif et bourgeois de Sedan, depuis établi à Lyon, où j'ai été reçu bourgeois et demeuré le temps de 35 années, il m'a fallu abandonner femme et enfants, le bien, la boutique, marchandises et tous mes beaux outils pour la cause de notre religion, étant persécuté tous les jours par ceux qui me témoignaient leur amitié. Et pourtant j'ai sorti avec honneur en disant adieu à mes magistrats et parents et amis, disant m'en aller à Nuremberg pour faire emplette de laiton pour mon travail, ayant avec moi bon certificat de Ms. l'archevêque de Lyon et de Mess. les prévôts et les échevins, deux attestations que j'ai mises en main de Ms. votre secrétaire. Etant à Zuric j'ai été chez un boutonnier par votre bonté et charité où j'ai été deux semaines. De là j'ai eu l'honneur d'estre cognu de monsieur et honnète homme et conseillier J. J. Eberhart, où il y a 4 mois que je demeure. Je lui ai fait une fontaine à sa maison de campagne qui donne de l'eau à quatre endroits par le moyen d'une chaine sans fin, où des pots de laiton sont attachés que la rivière fait aller par un rouage qui va jour et nuict. Puis j'ai regardé qu'il n'y a personne à Zuric qui travaille de mon métier, qui est de faire plusieurs sortes de fontaines de source et de les conduire à la hauteur que l'on veut, et pour faire des grottes et beaucoup de sortes de jets d'eau pour orner les fontaines artificielles en laiton qui se peuvent transporter où l'on veut et où l'on peut ajouter huit sortes de jets d'eau: ils jouent deux heures. Je fais aussi beaucoup de sortes de lampes pour les personnes qui étudient, pour le Cabinet, pour faire cuire la viande, pour la tenir chaude sur la table et pour distiller. Les lampes de cabinet se nomment lampes de Cardan de laiton avec de belles moulures, un garde-vue, un miroir pour renvoyer la lumière: elle dure 40 heures sans décliner de sa lumière et sans la moucher. Je fais beaucoup d'autres besognes et faits curieux, que je ferais avec le temps, si j'ai l'honneur de demeurer en cette ville par votre bonté et autorité. Mon travail ne choque personne, au contraire je fais travailler d'autres ouvriers, pour faire ce que je ne peux faire, comme le fondeur, le serrurier et charpentier. Votre serviteur ne vous demande que la permission de louer une petite boutique, pour y travailler et pour avoir l'honneur de vous rendre mes très humbles et très obéissants services."

In einer ungünstigeren Lage befand sich der Handschuh= macher Abraham Robert von Vitry, welcher ungeachtet aller Hindernisse, die ihm die Seckler der Stadt in den Weg legten, doch ein Jahr zu Zürich in seinem Beruf arbeitete. Allein die Seckler ruhten nicht, bis sie den Ausweis des Franzosen erlangt hatten. Hierauf zog Robert „mit dem Rath und der Bewilligung der Herren" nach Eglisau, wo er den Secklern nicht schaden konnte, „die selten Handschuhe machen und sich auf dieses Geschäft nicht verstehen, auch die Märkte mit dieser Waare nicht besuchen." Aber auch hier wußten die Gegner ihm das Handwerk zu legen, obgleich er seinen Beruf zum allgemeinen Nutzen hätte betreiben können, da er mit Werk= zeug, Leder und Handschuhen wohl versehen war. — Selbst der Arzt Isaak Bataillard hatte Mühe, seinen Beruf aus= zuüben und damit sein Brot zu verdienen. Die Aerzte der Stadt, Steinfels und Siegler, hatten die Pflicht, die nicht ge= ringe Zahl der im Spital aufgenommenen kranken Franzosen zu besorgen. Diesen Dienst besorgte 1689 schon seit beinahe einem Jahre Bataillard, wofür er von den Aerzten monatlich

einen Thaler und wöchentlich eine Flasche Wein erhielt. Nun
stellt er den Herren vor, daß er unter diesen Umständen sein
kleines Vermögen aufbrauche und bittet, daß man die Aerzte
anhalte, ihm wöchentlich einen Thaler und zur Flasche Wein
noch ein Brot zu geben, da er gegenwärtig noch 45 Kranke
zu besuchen und zu besorgen habe. Wirklich beschloß der Rath,
die beiden Aerzte sollten entweder die Kranken selbst besorgen,
oder dem Gehülfen das begehrte Salär entrichten. — Besser
hatte es der Fechtmeister Peter Boucoiran von Nismes,
welcher um die Erlaubniß nachsuchte, in seiner Kunst zu unterrichten „les jeunes Cavaliers qui seront amateurs pour la
défence de la patrie, tant de l'épée que du drapeau." Es
wurde ihm zur Eröffnung der Fechtschule der Werkhof eingeräumt und bis an sein spätes Lebensende fand er in Zürich
seinen bescheidenen Unterhalt.

Selbst diejenigen, welche ein wissenschaftliches Lehramt
ausübten, hatten Mühe sich durchzubringen. Der Geistliche
Heinrich Bousanquet war bei seiner Ankunft in Zürich
vom Verwalter des Chorherrenstifts Wirth an den Tisch aufgenommen und „wie ein Kind geliebt worden". Er gab Unterricht in der französischen und italienischen Sprache und
predigte zudem den piemontesischen Glaubensbrüdern, welche
sich in der Anzahl von mehr als 200 in Zürich befanden, und
„mehr und besser die italienische als die französische Sprache
verstanden," und besuchte ihre Kranken, und nach der Abreise
von L. Chambon besorgte er in der französischen Kirche die
Kinderlehre oder an deren Statt die Sonntag-Abendpredigt.
Nach einem Aufenthalt mehrerer Jahre erhielt er vom Konvent die Erlaubniß, im Winter-Kollegium zum Großen Münster
wöchentlich drei französische und drei italienische Lektionen zu
ertheilen, mit einer bescheidenen Besoldung. Unter seinen 45
Schülern befanden sich neben Zürchern Schaffhauser, Glarner
und Bündner. Gleichwohl sah sich Bousanquet veranlaßt, Zürich
nach einem mehrfachen Dienste von 14 Jahren zu verlassen,
wobei er ein Reisegeld von 40 Thalern erhielt. Mit dem

französischen und italienischen Sprachunterricht beschäftigte sich auch Franz Pons, welcher 1681 in Zürich eine italienische Grammatik drucken ließ, und dem Rath 1691 seine veröffentlichten Episteln dedicierte.

Der angesehenste und gebildetste Mann unter den französischen Flüchtlingen, welche sich für längere Zeit in Zürich niedergelassen und daselbst gearbeitet hatten, war der Rechtsgelehrte Anton Teissier von Nismes, welcher 1685 daselbst angelangt war. Im Frühling 1690 richtete er folgendes Schreiben an den Rath. „Seit meiner Ankunft in Zürich bis 1689 im April bin ich durch die mildreiche Freigebigkeit des Herrn Bürgermeisters Escher, meines großen Patrons und Beschirmers, mit Weib und Kind erhalten worden. In einer solchen Zeit habe ich mich beflissen, gute, dem gemeinen Wesen und der Kirche Gottes nützliche Bücher zu schreiben, deren die einen bereits in offenem Druck ausgegangen und E. G. u. W. gehorsamlich zugeschrieben worden; die andern aber mit ehestem an das Licht kommen sollten. Ich hab auch nicht unterlassen, dazumal viel junger Herren aus dero Burgerschaft zu Vergnügen derjenigen, so meine Zuhörer sein wollen, in den Staatswissenschaften zu unterrichten. Demnach ich nach Bern berufen worden, die französische Zeitung zweimal in jeder Wochen und andere Werk zu machen. Aber diese Arbeit strengt mich zu sehr an und bedroht mein Leben. Da die g. Herren vor meiner Abreise durch das reiche und ansehnliche Kennzeichen ihrer Gunst und Gnade mit einem schönen guldenen Pfennig (einer Medaille im Werthe von 15 Dukaten) mich beschenkt, deßwegen erkühne ich mich, um Rückkehr nach Zürich zu bitten, welches ich billig als mein anderes Vaterland betrachte, damit ich nach dem Wunsch der Bürger, welche ihre Kinder und Verwandte in nützlichen Wissenschaften und Staatslehren unterrichten zu lassen begehren, entsprechen möge. Wogegen ich um Unterhalt für mich und meine Familie bitte, damit ich den Studien und der Unterweisung junger Leute zum Dienste des gemeinen Wesens allein mich widmen könne:

womit ihr eine Schul zu namhaftem Nutzen des löblichen Re-
giments und der Burger hochrühmlich stiftet." Zur Gründung
dieses frühzeitigen Anfangs eines „politischen Instituts" in
Zürich bewilligte der Rath Teissier eine Besoldung von 46
Gulden, 6 Mutt Korn, 4 Eimer Wein und 2 Klafter Holz.
Allein da sich im Laufe von zwei Jahren nicht die erforderliche
Zahl der Schüler zur Aufrechthaltung der Anstalt einfand, erklärt Teissier den 2. Juli 1692, er wolle Zürich nicht belästigen, worauf ihm ein Reisegeld von 80 Thalern bewilligt
wurde. Er fand in Preußen ehrenvolle Aufnahme und wurde
vorzüglich zur Uebersetzung historischer Werke ins Französische
verwendet.

Der Rath von Zürich hatte sich von Anfang an in der
Aufnahme und Besorgung der evangelischen Flüchtlinge frei-
sinnig und großherzig gezeigt, aber zugleich auch klug und vorsichtig die Interessen der Bürger zu wahren gesucht und daher
bei den Bewerbungen der französischen Gewerbsleute und Handwerker in jedem einzelnen Falle das Gutachten der Berufsgenossen eingeholt. Wenn die religiöse Theilnahme und das
menschliche Erbarmen anfangs bei allen Schichten der Bürgerschaft dem Wohlwollen des Rathes billige Nachsicht zu Theil
werden ließ, so erwachte und wuchs im Lauf der Zeit die Unruhe und der Unwille über die Einsicht und Geschicklichkeit,
welche die Franzosen in der Betreibung ihrer verschiedenen
Geschäfte an den Tag legten. Den Zünften der Handwerker
ließ freilich der Rath von Anfang an die gehörige Rücksicht zu
Theil werden; denn er beschied schon den 19. Oktober 1685
die Meister, Obmänner und Pfleger der Handwerksleute vor
sich, um dieselben anzufragen, ob sie die Exulanten beschäftigen
wollen, oder von denselben Schaden für das Handwerk befürchten. Wenn die schriftlich eingereichten Berichte der einzelnen Gewerke von der Engherzigkeit der Gesinnung Zeugniß
geben, so bezeugen sie eben so sehr einen gar geringen Grad
der damaligen Schulbildung. Keine Zunft gestattet einem
Flüchtling die Betreibung eines selbständigen Berufes als

Meister, sondern es handelt sich nur um die Anstellung der Fremden als untergeordnete Arbeiter. Die Zimmerleute, die Dreher und die Hafner erklären sich bereit, Exulanten als Gesellen und Lehrjungen anzunehmen. Die Maurer, die Hufschmiede und die Messerschmiede wollen neben ihren einheimischen Gesellen auch Exulanten anstellen. Die Küfer nehmen nur Lehrjungen an. Auch die Steinmetzen finden, die Anstellung von Gesellen könnte nicht ohne Nachtheil des Handwerks geschehen, „in Betracht, daß in Frankreich die Lehrzeit nur zwei bis drei Jahre währt, in Deutschland aber fünf Jahre: auch haben die Gebräuche, Ordnungen und Freiheiten des Handwerks mit den welschen keine Gemeinschaft. Hätte aber ein Knabe von 15 Jahren Lust zum Handwerk, will er fünf Jahre lernen und eine Garantie von 20 Gulden leisten, so könnte er zugelassen werden." Schneider und Schuster scheinen keine Aufnahme gefunden zu haben, denn im Anfang des Jahres 1686 wird die „Abschaffung eines französischen Schneiders verordnet, der dem hiesigen Handwerk Eintrag thut." Dasselbe Schicksal hatten die Hutmacher, Handschuhmacher und andere Krämer, „welche einer ehrlichen Bürgerschaft einen empfindlichen Schaden zufügen." 1691 den 23. Mai kam es zum wirklichen Beschluß, daß alle französischen Handwerksleute, welche dem hiesigen Handwerk Eingriff thun, fortgewiesen werden sollen, und daß den Exulanten alles Weinschenken und Brotverkaufen abgestrickt sei.

Längere Zeit blieben die französischen Fabrikanten in dem beschränkten Kreise der ihnen bewilligten Berufsarten unangefochten, denn sie hatten unbedingte Freiheit in Anstellung ihrer Landsleute für ihre Geschäfte, und es war keine Verminderung dieser Freiheit, wenn sie später verpflichtet wurden, bei Ulrich Bodmer, dem Schreiber der Exulanten-Kammer, die Namen und die Zahl ihrer Angestellten anzugeben. Vielmehr genossen dieselben anfangs Zollfreiheit, und erst 1690 wurden sie zur Entrichtung des gleichen Zolles angehalten, den die Bürger bezahlten. Eine beträchtliche Anzahl der Flüchtlinge arbeitete bei den bürgerlichen Fabrikanten der Stadt, dagegen aber erhoben die Posamenter Klage, daß Joseph Orell durch einen französischen Exulanten in Weiningen eine Taffetband-Fabrik eingeführt; die Herrschaft Weiningen aber, unter der Oberhoheit der Grafschaft Baden stehend, war vom Zunftzwang Zürichs unabhängig. Ferner beschwerten sich die Goldschmiede den 11. Juli 1691, daß die Exulanten hausieren und nicht nur Silber- und Goldwaaren verkaufen, sondern ihnen auch durch Ankauf von Silber und Gold beschwerlichen Eintrag thun, und nicht weniger durch ihren Handel mit Kupfer, Blei und Pulver. Dagegen war es zur Zeit zunehmender Theuerung im Jahr 1693 eine vorsorgliche allgemeine Maßregel, wenn sowohl die in Zürich verbürgerten als die fremden Fabrikanten erinnert wurden, keine neu angekommenen Exulanten in Arbeit zu neh-men, „anders, wenn sie gesinnet, damit zu continuiren und selbige so weit zu versorgen, daß den obrigkeitlichen Häusern und gemeinen Aemtern bei steckendem Verdienst kein Nachtheil erwachse." Doch wurde in demselben Jahre einer Anzahl fran-zösischer Arbeitsleute, welche aus der Westschweiz nach Zürich kamen, die Bewilligung ertheilt, sich haushäblich daselbst nieder-zulassen, indem sie in den Wollgewerben Beschäftigung fanden, und so sich und ihre Familien durch ihrer Hände Arbeit durch-bringen konnten.

Gegen Ende des 17. Jahrhunderts wurden die Verhält-nisse viel schwieriger. Die Aussichten zur Auswanderung, welche England eröffnet hatte, waren vergeblich; zur Ueberzahl der französischen Flüchtlinge kamen 1698 noch diejenigen aus den Waldenser Thälern Piemonts. Daher brachten die Theuerung und die großen Kriege im letzten Jahrzehent des 17. Jahr-hunderts der Schweiz wirklich Noth und allgemeine Geschäfts-stockung. Demnach sah sich die Schweiz zur Ausweisung der Fremdlinge genöthigt. Der Anstoß gieng zwar von Bern aus, aber Zürich folgte. Als nun die Verhandlungen mit den pro-testantischen Fürsten Deutschlands für die Flüchtlinge günstige Ergebnisse zeigten, wurde nicht nur der große Haufe zur Abreise aufgefordert, sondern auch die Reichen, die Kaufleute, Fabrikanten, Wollkämbler und Handwerker, weil von Seite Deutschlands namentlich Arbeiter gesucht wurden, welche sich selbst erhalten. Daher erließ die Exulanten-Kammer den 3. Juli 1698 folgende Aufforderung: „Weil die französischen Exulanten allhier kein beständiges Verbleiben, Etablissement, noch Aufnahme in das Bürgerrecht, Zunft- und Handwerksgesellschaften zu verhoffen haben, hingegen von allen protestantischen Fürsten und Ständen ihnen liebreiche Aufnahme in ihre Städte und Länder, dazu treffliche und vortheilhafte Leibs- und Seelenfreiheiten anerboten; dieser Zeit auch reichliche und erkleckliche Steuern für die aus dem Schweizerland reisenden französischen und piemontesischen Exulanten eingesammelt werden; dießmal auch alle guten Veranstaltungen gemacht, Kommissäre, Schiffe und Fuhren auf den Routen bestellt sind; wenn aber der große Abmarsch einmal geendet, zu besorgen ist, daß dann zumalen solche gute Veranstaltungen nicht mehr so leichter Dingen einzurichten seien: derentwegen nothwendig befunden worden, an alle französischen Exulanten eine starke Erinnerung zu thun, wann die französischen Exulanten von Bern abgereist sein werden, sie sich zum Verreisen auch fertig machen sollen." Darauf erschienen sämmtliche Handelsleute, Fabrikanten, Strumpfweber und Wollkämbler mit der Bitte um weitern Schutz und Aufenthalt. Solches schien um so eher möglich, da, nach Allem zu schließen, die Geschäfte der Flüchtlinge sich in sehr engen Gränzen bewegten. Denn nach dem Tode des Salomon Negret und der Entferung der Bruguier thut sich unter den Franzosen kein größerer Geschäftsmann mehr hervor. Allein es ist zugleich offenbar, daß Gewerbe und Handel der Stadt Zürich zu damaliger Zeit sich ebenfalls in einem engen Kreise bewegen mußten, um in den Stellvertretern derselben eine so ängstliche und enge Gesinnung zu erzeugen, wie sich diese in den „Beschwerden der verburgten Kaufleuten von Zürich" ohne Datum, aber ohne Zweifel zum Schlusse des Jahrhunderts kund thut Die Beschwerdeschrift lautet also:

„Die Herren haben vor einigen Jahren den Exulanten
erlaubt, 1. sich hier eine Zeit lang aufzuhalten, doch sich aller
Handwerke und Negotien, so hiesige Burger treiben, zu enthalten; wann aber ein Refugiant einige allhie ungewohnte
Manufakturen einführen und treiben wolle, so werde nach
Eröffnung seines Vorhabens an die Gn. Herren ihm mit der
Erlaubniß begegnet werden. 2. Und als hierauf einige zu
weit um sich greifen wollen, ist (vermittelst hochobrigkeitlichen
in ihrer Gemeinde verlesenen Mandats) Ihnen nachmalen befohlen worden, allen burgerlichen Manufakturen sich zu enthalten; hingegen ward ihnen erlaubt, en gros zu handeln:
Alles nach der Zeit Beschaffenheit, welche sich ihrenthalben, sowohl in Ansehung Frankreichs als den Orten, da sie etabliert
werden können, gänzlich geändert. 3. Wie denn auch seither
der meiste Theil sich von hier weg und anderswo begeben.
4. Es befinden sich noch hier von negocierenden Refugianten:
les frères Bourguet, Pierre Jerussien (hat sein Vermögen durch Fallimente allhier und außer Lands verloren),
André Espagnac, Dav. Estienne, Jean Fesquet, André
Gaß, les frères Guiot. 5. Welche unter Pretext oben ange-
zogenen Mandats hiesigen burgerlichen Handlungen schaden
thun in a. Geltern und Wechslen, b. Kaufen und Verkaufen
pr. proprio und in Commission, c. Ausforschen und Vertragen
der Fabriquen und Manufakturen, d. ungewohnte Manieren
zu Handlen ins Gemein, da von diesen Leuten einer oben, der
andere unten im Lande sich aufhält, correspondiert, commentiert,
tauschet, alles expisciert, mit einem Wort, so lang handelnde
Refugianten allhier seßhaft sein werden, so lang wird hiesige
Kaufmannschaft geplagt sein: denn sie sind industrios, sparsam,
tragen keine burgerlichen Beschwerden; hingegen wann sie außert
Lands wären, könnten sie nit alles so genau ausforschen und besorglich dermaleins gar aus dem Land vertragen, wie sie bessen
schon einige Unterfangungen gethan" rc.

In Folge dieser Beschwerde fand die Obrigkeit, wie es
scheint, sich außer Stande, den fremden Fabrikanten den bis-

herigen Schutz angedeihen zu lassen. Demnach wurden die Bourguet den 19. Februar 1700 vor den Rath beschieden und ihnen eröffnet, sie können nicht länger in Zürich bleiben. „Auch sei es ihr Nutzen, wenn sie fortziehen und sich um ein sicheres Domicil umsehen. Zugleich erfordere die christliche Liebe, daß sie ihren armen Landsleuten aus ihrem Reichthum helfen; zudem klagen die Potenzen, daß nur Arme zu ihnen kommen, die Schweiz aber die Bemittelten behalte." Die Bourguet erwiederten, sie wollten beweisen, daß sie sich keine Uebertretung der Verordnung haben zu Schulden kommen lassen: „ihr Handel gehe meistens nach Italien, so daß eine größere Entfernung ihnen Schaden bringe. Weil sie alten, solle man sie in Zürich bleiben lassen: denn für ihre Kinder begeben sie sich von selbst. Aber die Herren deuteten ihnen die Ohnmöglichkeit kräftig an." Die Bourguet baten um Frist bis künftigen Juli. Wirklich verließen sämmtliche französische Geschäftsleute, welche selbständige Geschäfte betrieben hatten, mit dem Jahre 1700 die Stadt Zürich. Allein fortwährend beschäftigte man gerne französische Flüchtlinge in den Manufakturen der Bürger von Zürich. So erwarb sich eine der fleißigen und geschickten Französinnen 600 Franken, eine andere 1000 Fr., welche dieselben als Heirathsgut einbrachten. Noch lieber beherbergte man französische Kapitalisten. U. a. hielt sich viele Jahre Barthelemy de Marolle in Zürich auf, welcher 1692 der Salzkammer 4000 Fr. lieh, auf Jahre zu 3 p. C. verzinslich, und in demselbem Jahre 649 Thaler an Christof Werdmüller. Derselbe lieh 1694 Jah. Christof und Leonhard Ziegler zum Pellikan 1500 Fr., und J. 1701 Ludw. Schneeberger 6300 Fr. — Noch im J. 1711 hatte der Rath die in Zürich befindlichen Strumpfweber Joh. Belon und Steph. Bernet gegen zünftige Berufsgenossen der Stadt zu schützen. Denn jene erklärten, nachdem sie früher mit zwölf Stühlen gearbeitet, führen sie deren, nach der Abreise ihrer Gehülfen, nur noch vier, auf denen Niemand arbeite als sie und ihre Frauen. „Es seien ja im Kirchengebet die Worte enthalten,

daß Gott uns sichere Ruh- und Freistatt zeigen wolle, darum
bitten sie, daß die Herren gegen sie gutthätig seien und ihnen
nicht wehren, ihre Nahrung bei ihnen zu suchen, so lang es
dem Herrn gefalle, sie im Exil zu lassen. [84]

Es ist ein geringer Trost, daß Basel zu gleicher Zeit
und in gleicher Gesinnung denselben Weg einschlug. Als Ueberdrang und Theurung die evangelischen Stände zur Entlabung
des größten Theils der Flüchtlinge nöthigte, war besonders
Basel zu einer durchgreifenden Maßregel geneigt. Daher richtete
die Kirche von Genf den 31. Jänner 1699 folgendes Schreiben
an diejenige von Basel: „Wann wir die großen Gutthaten bedenken, die Gott der Herr Euerer und unserer Kirche erzeiget,
und den wundersamen Frieden und Wohlstand, dessen wir von
langer Zeit her genießen, da hingegen über anderen Gemeinden alle Wetter zusammenschlagen, so finden wir nicht, daß wir
Gott ein angenehmeres Dankopfer bringen können, als wann
wir die frommen und standhaften Seelen aufnehmen, die um
des Namens Jesu willen Verfolgung leiden. Und wenn schon
einige unter ihnen dem Evangelium nicht gemäß leben, oder
uns beschwerlich sind, so erachten wir doch nicht, daß man deßwegen von den übrigen allen die Hand abziehen, sondern vielmehr die Fehlbaren allein bestrafen und austreiben, und die
Unschuldigen behalten solle. Wir unsers Ortes haben auch zu
unterschiedlichen Malen mit Kaufleuten, Handwerkern u. a.,
die um ihres Gewinns willen die Vertriebenen wollten aus-
geschafft haben, uns erkämpfen müssen. Aber die christliche
Liebe, deren Pflichten wir ihnen aus dem Evangelium vorgehalten, mit Hülfe der uns beifallenden H. Obrigkeit, hat doch
allezeit überwunden und das Feld behalten." Als dessen ungeachtet eine allgemeine Entfernung der Flüchtlinge ins Werk
gesetzt werden sollte, ergieng an den Rath eine „Vorstellung
der Refugianten in Basel, gegen die wegen Theurung des
Korns Beschluß gefaßt worden." Dieselbe enthält folgende
Punkte: „1. Mehrere der Refugianten sind in den Manufakturen angestellt und nothwendig, wie die Arbeitsgeber bezeugen

können, statt deren man Andere und Papisten anstellen müßte.
2. Die sur l'État und vom Beschluß ausgenommenen Familien
sind die zahlreichsten; der andern sind nur 15 mit wenigen
Kindern. 3. Von den andern wohnen mehr als 14 Familien
in der Stadt und von dem geretteten Vermögen, das angelegt
ist. Es erforderte Zeit, dasselbe zurückzuziehen und sich anderswo niederzulassen. 4. Andere Kranke und Bresthafte haben
hier Verwandte und Bekannte, welche ihren Unterhalt erleichtern. Sie wollen bescheiden im Ankauf der Lebensmittel sein."
— Nachdem gleichwohl der größte Theil der über Bern und
Neuenburg nach Basel gekommenen Flüchtlinge weiter befördert
worden, enthält ein Verzeichniß vom 21. September 1699 über
die Zurückbleibenden folgende Angaben: 21 Familien befinden
sich in Basel, die sich selbst erhalten. Andere arbeiten in den
Strumpfwebereien der Rathsherren Heusler und Gernler;
9 jüngere Leute in der Strumpffabrik von Teichert; 7 andere in derjenigen von Werthemann; 9 bei Strumpfweber
Brenner älter. In Allem 104 Personen.

Allein dieser theils nützliche, theils unschädliche Rest er-
regte gleichwohl noch die Unzufriedenheit des Handwerkstandes.
Schon 1691 beklagten sich die 70 Küfer-Meister von Basel,
daß sie bisher allein das Recht zur Branntwein-Destillation
gehabt. „Jetzt aber kaufen die Refugianten Treber und Trusen
auf und brennen einen geringern und wohlfeilern Branntwein
und hausieren damit. Solches schlägt in gesegneten Jahren
die Kosten nicht heraus; in diesen herben Zeiten aber ist es
anders." Daher verlangen die Küfer Schutz für ihr Handwerk. Ein noch auffallenderes Beispiel von Strenge gaben die
Schneider. Johann Hainchelin aus Vitry in der Champagne war seines standhaften Glaubens wegen auf die Galeeren
gekommen, aber von seiner Mutter und deren Schwestern mit
Aufopferung ihres Vermögens freigekauft worden. Seit sieben
Jahren befand er sich in Basel und war mit der Tochter des
Sigerists der französischen Kirche verheurathet. Dieser war
alt und dessen Frau krank, so daß die Tochter deren einzige

Hülfe war. Auf die Klage der Zunft der Schneider, daß Hainchelin in ihr Gewerb Eingriff gethan, geschah den 20. April 1709 der Spruch, daß er die Stadt in drei Wochen zu verlassen habe. Der Angeklagte versicherte, aller Schneiderei sich pünktlich enthalten zu haben, ausgenommen zwei Stücke. „Als ein Geschwisterkind nackt und zerrissen aus Frankreich kam, habe ich Tuch zu einem Kleid gekauft und ihm solches um Gotteswillen umsonst gemacht. Er habe nicht viel zu verschenken, aber er habe es nicht über sein Gewissen gebracht, einen so nahen Verwandten in seiner Noth stecken zu lassen. 2. Ein armer studierender Refugiant aus dem hiesigen Kollegium sei zu ihm gekommen und habe ihn gebeten, aus Zeug, das ihm aus Barmherzigkeit zugekommen, ein Kleid zu machen. Er habe gewußt, daß er arm sei und von seiner Mutter rekommandiert. Um ihm den Macherlohn zu ersparen, habe er ihm das Kleid umsonst gemacht. Das sei sein ganzes Verbrechen: sonst habe er weder Burgern noch Refugianten gearbeitet." Zudem gab ihm die französische Kirche das beste Zeugniß.

Allein nicht nur das gewöhnliche Handwerk, sondern auch die Strumpffabrikanten von Basel erhoben sich den 23. Juni 1717 gegen die Flüchtlinge, welche einen selbständigen Beruf zu betreiben wagten, indem sie sich auf den Rathsbeschluß beriefen, „daß diejenigen, so keinen Aufenthalt haben, innert vier Wochen die Stadt räumen, oder nur für ihre Garanten arbeiten sollen. Mehrere arbeiten für sich, verhausieren ihre Waar, verkaufen viel unter dem Preis, und thun uns in unserm Gewerb und Beruf Eintrag, was wir nicht ferner leiden können. Diese Leute arbeiten nur mit Jungen, leiden keine Beschwerden, zahlen keinen Zoll, verstümpeln mit ihrer liederlichen Arbeit unsre Gewerb: daher obiger Beschluß zu vollziehen."[85] Zum Glück konnte Basel den Fehler im Allgemeinen durch wohlwollende Ausnahmen im Einzelnen wieder gut machen.

Selbst das im 16. Jahrhundert so großherzige Genf wurde am Ende des 17. Jahrhunderts andern Sinnes. Denn 1696 sah sich Genf veranlaßt, bei Bern Klage zu führen, wie die Exulanten Handel treiben. Daher Bern sich bewogen fand, Zürich aufzufordern, gemeinsame Vorstellungen an Genf zu richten, welches „den Exulanten die bisherige Freiheit zucken wolle, mit ihren geringen Handthierungen und Gewerben sich durchbringen zu können." Doch bald darauf war der Neid der alten Genfer gegen die gewerbsamen Neubürger völlig überwunden, wie das oben angeführte Schreiben an Basel beweist.

26. Verfolgung der Waldenser.

Die Verlegenheit und Bedrängniß der von den französischen Flüchtlingen überflutheten Schweiz war um so größer, da sich zu diesen bald auch die flüchtigen Piemontesen gesellten. Beim Beginn der Dragonaden flüchteten sich viele Protestanten des französischen Südostens, namentlich aus der Dauphiné, über die Berge in die Thäler der Waldenser. Damit der strafende Arm die Abtrünnigen des großen Königs erreiche und zugleich die glaubenstreuen Waldenser treffe, nöthigte Ludwig XIV. den jungen Herzog von Savoyen Viktor Amadeus, den Gatten seiner Nichte, zu den gleichen Maßregeln gegen die Protestanten in Piemont, wie solche in Frankreich zur Anwendung kamen. Zu Verhütung des drohenden Unheils sandten die evangelischen Orte den 9. Februar 1686 Kaspar von Muralt von Zürich und Bernhard von Muralt von Bern an den Herzog von Savoyen. Allein schon rückte die bewaffnete Macht, durch Franzosen verstärkt, gegen die Waldenser, welche entschlossen waren, eher ihr Leben, als ihren Glauben zu verlassen. Als die Gesandten solches an die evangelischen Stände berichteten und daß den Waldensern stündlich der Angriff drohe, antworteten diese, die Gesandten sollen ihre Reise fortsetzen: „wann schon dabei nichts zu erhalten, so werden doch die evangelischen Orth vor der ehrbaren Welt entschuldiget, wyl sie gethan, was sich hat thun lassen." Es war vom Herzog wirklich nichts zu erhalten. Zur Entschuldigung brachte einer der Räthe vor, „der König habe heftig auf die Exstirpation der Religion in den Thälern gedrungen und sich erboten, dieselbe allein zu verrichten. Als der Herzog erwiedert, die evangelischen Stände möchten ihm Unruhen erwecken, habe der König geantwortet, dieselben seien in keiner Verfassung und und Postur, zudem werden sie es mit ihm zu thun haben: in Maßen das Laut-Reden dießmalen vergeblich.“ Doch erhielten die eidgenössischen Gesandten Erlaubniß, die Thäler der Waldenser zu bereisen, worauf dieselben berichten: „Wir haben die Thalleut samtlich in sehr starker Resolution sich zu defendieren angetroffen, ihr Zustand aber antwortet nicht ihrer Resolution.“ Demnach riethen die Gesandten den Waldensern den Rückzug, wenn ihnen der Herzog den Abzug mit Leib und Gut gestatte. Die Thalleute legten die Unterhandlung in die Hände der Gesandten; allein der Herzog verlangte auf den Rath Frankreichs, die Waldenser sollen Wehr und Waffen abliefern, Soldaten in die Thäler legen lassen und wegen Ergreifung der Waffen sich auf Gnad' und Ungnade ergeben.

Als der savoyische Gesandte Gavone, unterstützt von Tambonneau, den evangelischen Ständen obige Forderungen eröffnete, antwortete Bern den 26. März 1686 an jenen: „Gleichwie in hievorigen Zeiten, da die Thäler auch etwan umb der Religion willen angefochten worden, unsere Regimentsvorfahren mit uns neben anderen Potentien und Ständen deren sich in so weit angenommen, daß sie durch freundliches intercedieren und anhalten ihnen Ruhe vermittelt: also wird uns niemand verdenken können, daß wir dasjenige erstatten, worzu die christlich und religions gemeinschaftliche Pflicht uns Ermahnet, wann wir in die Fußstapfen unserer Regimentsfordern tretten, und diesen betrübten Leuthen in gleichen Fühlen gleiche Intercessions officia leisten, nicht zur besteifung einichen Ohngehorsams, sondern daß sie Gott nach ihrem Gewissen dienen möchten. Zu welchem Ende, nachdem der leidige Bericht eingetroffen, daß man im Vorhaben begriffen wäre, die Leute des Luzerner Thals von ihrer Religion zu verbringen, haben auch wir neben andern

unsern Ehrenbottschaften an Jhro Königliche Hoheit den Herrn
Herzog von Savoyen gesendet, freundbeweglich intercedendo
dahin einkommen und vermitteln zu helfen, daß Jhro Königliche Durchlaucht in Continuation dero Jhnen hievor erzeigten
Gnaden und beobachtung deren hier umb ihnen ertheilten Con-
cessionen und gewahrsamen, Sie noch vorbas, wie von Ur-
altem her, der theuren gewissens Freiheit trostlichest genießen
lassen wollten: wie wir dann solches von Grund Herzens gerne
sehen und erwünschen möchten. Weilen wir hierin anders nicht
Suchen und verlangen, als was der Gebühr und Acquitet gemäß ist, also geleben wir des vesten Vertrauwens, daß daher
uns nichts ungleiches imputiert werde" 2c.

Den 26. März langten die Deputierten der Waldenser
bei den eidgenössischen Gesandten an und erklärten, daß der
größere Theil zur Unterwerfung geneigt sei, nur die Thäler
Agrone und Bobi wollten weder Vaterland noch Religion verlassen, sondern sich wehren bis in den Tod. Der Hauptmann
Janavel verhieß ihnen die Hülfe einiger Tausende von Franzosen und Geld von Genf. Denn wir haben gesehen, daß eine
für die piemontesischen Glaubensgenossen zusammengebrachte
Summe den evangelischen Ständen zur Obsorge übergeben
worden war, daher die Waldenser rügten, daß wenn vergangenen
Herbst Professor Turretini von Genf ihnen eine genugsame
Summe übermacht hätte, so würden sie sich mit dem nöthigen
Proviant und hinlänglicher Mannschaft aus der Nachbarschaft
haben versehen können. Demnach sahen die Gesandten sich
verpflichtet, den Thalleuten 200 Louisb'or einzuhändigen. Unterdessen war Henry Arnaud, der gewesene Pfarrer von St.
Johann, aus Holland nach den Thälern zurückgekehrt und rief
die Thalleute zum Kampf auf, da der Herzog unterdessen die
weitern Unterhandlungen mit den eidgenössischen Gesandten
verweigerte und unbedingte Unterwerfung verlangte. Jetzt
wurden auch die zum Abzug geneigten Gemeinden wieder wan-
lend, ungeachtet deren Geistliche sich gerne der ihnen zunächst
drohenden Gefahr entzogen hätten, so daß die Gesandten ihnen

die Pflicht ans Herz legen mußten, als gute Hirten bei ihren
Schafen zu verbleiben. Nachdem die Gesandten ihre Bemühungen vereitelt sahen, verabschiedeten sie sich, wobei, zum
großen Aergerniß der eibgenössischen Stände, der Herzog mit
bedecktem Haupte die entblößten Hauptes vor ihm stehenden
Gesandten anhörte und wider allen diplomatischen Gebrauch
ihnen zum Abschied die Hand nicht reichte, wohl aber sie mit
zwei goldenen Ketten beschenkte, welche sie nach üblicher de-
müthiger Gewohnheit nicht ausschlugen.

Während die Waldenser sich zum Kampfe rüsteten, drang
die ganze Kriegsmacht des Herzogs, unterstützt von einem französischen Heere unter Catinat, gegen die Thäler vor, welche,
zu gleicher Zeit von verschiedenen Seiten angegriffen, nach
mehrern anfangs heldenmüthigen und siegreichen Kämpfen, erobert und Land und Leute mit Feuer und Schwert furchtbar
verwüstet wurden. Aus Dankbarkeit für die Hülfe des Königs
von Frankreich schenkte der Herzog demselben 500 Waldenser
auf die Galeeren. Während Tausende der Gefangenen beiderlei Geschlechts in den Gefängnissen verschiedener Festungen zu-
sammengedrängt und gepeinigt wurden, hielten sich einzelne
entschlossene Waldenser auf unzugänglichen Felsen, fielen auf
die einzelnen Haufen ihrer Bedränger, erlegten eine große Zahl
derselben und zogen sich schnell in ihre Berge zurück. Dieser
Rachekrieg der aus der Heimat Vertriebenen machte den Herzog geneigt, den tapfern Männern Freipässe nach dem Auslande zu bewilligen. Diese aber wollten das Land nur dann
verlassen, wenn die Gefangenen freigegeben und ihnen erlaubt
werde, ihre Familien mitzunehmen. Nun legten sich die evangelischen Stände von Neuem ins Mittel; da sie sich jedoch
weigerten, eine fernere Gesandtschaft für unfreundliche und
fruchtlose Verhandlungen nach Turin abzuordnen, sah sich der
Herzog genöthigt, einen Unterhändler nach der Schweiz zu
senden, den Grafen von Govone, welcher zu erklären hatte,
da die Thalleute Rebellen seien, „so komme er wegen dieser
Ungebühr und um die Dignität des Herzogs nicht zu verletzen,

nicht als Ambassador, sondern nur als Mandatar." Zwischen
den beiden Muralt und Govone kam den 11. und 12. Okt.
zu Luzern folgender Vertrags-Entwurf zu Stande. Der Herzog läßt die Waldenser, mit Kleidung gegen die harte Jahreszeit und mit Reisegeld bis an die Schweizergränze versehen,
unter Bedeckung abführen, um dort aufgenommen und vertheilt
und hernach in fremde Länder entlassen zu werden. „Auch
könnte man den Herzog überzeugen, daß die evangelischen Kantone den Leuten weder Waffen, noch Munition, noch Proviant
liefern, um heimzukehren." Während die evangelischen Stände
den Vertrag sofort unterzeichneten, zögerte der Herzog, mißbeliebige Verpflichtungen einzugehen, in der Hoffnung, daß die
Strenge des hereinbrechenden Winters die Bergleute aus ihren
Felsen treiben und zum Abzug nöthigen werde. Wirklich langten die ersten 50 Waldenser in Genf an, ehe der Herzog den
Vertrag unterzeichnet hatte. Auf die Nachricht des Aufbruchs
der Waldenser sandte Zürich Kaspar von Muralt ab, um
über die Vollziehung der Vertrags-Bestimmungen zu wachen.
Den 30. November trafen wieder 80 Personen in Genf ein,
darunter 53 Männer, 25 Weiber und 2 Kinder. Denn viele
Kinder wurden mit Gewalt zurückgehalten, um sie im katholischen Glauben zu erziehen. Ebenso wurden jüngere Frauens-
personen unterwegs gewaltsam zurückbehalten. So nahm Peter
Perret, welcher im obrigkeitlichen Auftrag die Waldenser nach
Genf zu geleiten hatte, eine solche nebst einer gestohlenen
Summe Geldes nach Savoyen mit. Den 3. December kam die
Nachricht, daß die Gefangenen, an der Zahl von ungefähr
4000, endlich freigelassen worden und in vier Abtheilungen auf
verschiedenen Wegen nach der Schweiz aufbrechen werden. Schon
den 6. December traf Bern folgende Anstalten zum Empfang
der Flüchtlinge: 1. Jede Person erhält täglich 6 bis 8 Kreuzer, welche ihnen die Landvögte verabreichen, und Brot zu ²/₃ aus
Weizen und ¹/₃ aus Korn, wie es für das Kriegsvolk bestimmt
ist, aus den obrigkeitlichen Kornhäusern, das Pfund zu 2 Kreuzer. 2. Sie werden von den Landleuten beherbergt. 3. Zu

ihrer Bekleidung werden 5000 Ellen Leinwand für Hemden
verwendet und so viel gering Wollentuch aufgekauft, als man
bekommen kann, auch etliche Hundert Haarschuhe. 4. Die
Alten und Kranken werden von den Landleuten durch Fuhren
befördert. 5. Zum Besten der Leute und der Bewohner werden
verschiedene Routen gewählt, aber möglichst zu Wasser.

Mit Anfang des Jahres 1687 langte die erste Schaar
der von Savoyen Beförderten auf dem Boden der Schweiz
an, 120 an Zahl und bestehend aus den den Gefängnissen von
Turin Entlassenen, welche, da sie den St. Bernhard verschneit
fanden, ihren Weg durch Savoyen hatten nehmen müssen.
Zum Empfang derselben sandte Zürich Jakob Holzhalb als
Kommissär ab und Bern seine waadtländischen Amtleute Roy,
Forestier, Panchaud und Cornilliat, welche die armen
Auswanderer an den verschiedenen Sammelplätzen in Savoyen
und Piemont in Empfang nehmen und denselben mit Geld,
Kleidern, Nahrungs- und Arzneimitteln behülflich sein sollten.
— Den 14. Januar kamen die aus den Gefängnissen von
Vercelli und Trino Entlassenen in Genf an. Bei ihrer Ge-
fangennahme war ihre Zahl 1400 bis 1500. Jetzt waren der
Befreiten nur noch 98, die Uebrigen waren im Gefängniß
umgekommen. Aber auch von den 98 kamen nur 68 in Genf
an, die andern waren unterwegs gestorben, außer 2 Mädchen,
welche weggeführt worden. Den 8. Februar kam eine andere
Schaar in Genf an, bestehend aus den Leuten des Thales
Luserne, welche in den Gefängnissen von Fossan geschmachtet
hatten. Als die des Landes kundigen Bergleute an den Fuß
des Mont-Cenis gekommen waren, kündigten sie einen nahen
Sturm an und baten um Verzug, bis derselbe ausgetobt.
Allein der Führer zwang zum Aufbruch, wobei 86 der Waldenser im Schneesturm zu Grunde giengen, zugleich aber auch
6 der begleitenden Soldaten nebst dem Tambour. Den 9.
Februar langten wieder 240 Personen aus den Gefängnissen
von Fossan in Genf an, welches den Flüchtlingen mehrere
Stunden weit Wagen zur Aufnahme entgegengeschickt hatte.

Bern beauftragte seine Amtleute Roy und Forestier mit der
Sendung an den Herzog, mit der Bitte um Freilassung der
noch zurückgehaltenen Gefangenen, namentlich der Geistlichen,
damit diese zur Unterhandlung für die Niederlassung ihrer
Landsleute in der Ferne gebraucht werden könnten, und damit
die Uebrigen nicht auf die Galeeren verkauft oder in ferne
Länder abgeführt würden. Man verhieß Loslassung der Menge
des Volkes, mit Ausnahme derjenigen, die mit den Waffen in
der Hand gefangen genommen worden, und der den Aufruhr
leitenden Geistlichen, welche erst entlassen werden sollen, wenn
die Vorangegangenen in verschiedene Länder vertheilt sein wer=
den. Kinder seien nur dann zurückgehalten worden, wenn es
nach dem Willen der Eltern oder der Verwandten geschehen sei.
Diejenigen Kinder jedoch, welche nach einem eingereichten Ver=
zeichniß des Predigers Arnaud von ihren ausgewanderten An=
gehörigen herausverlangt wurden, durften die eidgenössischen
Kommissäre in Empfang nehmen. Und die Berner Amtleute
geben den savoyischen Officieren das Zeugniß, daß diese die
Auswanderer gut behandelt und mit Lebensmitteln und Kleidern
gehörig versehen haben Freilich von den gegen 20,000 evangelischen Bewohnern der Waldenser-Thäler, welche sich vor
einem Jahre muthig und kraftvoll ihres Lebens und Glaubens
gefreut, kam nur ein trauriger Ueberrest von etwas zu 3000
Häuptern in der Schweiz an. Die Kommissäre Berns waren
beauftragt, noch in Turin zu verbleiben, um die Erlaubniß zu
erhalten, die 9 gefangenen Geistlichen zu besuchen und ihnen
Geld zukommen zu lassen. Auch erhielten sie einen Kredit, um
den noch zurückgebliebenen Waldensern zur Auswanderung behülflich zu sein. Unterdessen nahmen sich Zürich und Bern
der Familien der gefangenen Prediger, bestehend in 45 Per=
sonen, mit besonderer Sorgfalt an. Die 3324 Waldenser
wurden folgender Maßen unter die 5 Städte vertheilt: Zürich
682, Bern 966, Basel 315, Schaffhausen 218, St. Gallen
143. Basel, stets zur Vorsicht genöthigt, um nicht Frankreichs
Zorn auf sich zu laden, gewann die Landschaft zur Aufnahme

der Waldenser. Während in der Stadt nur 28 Personen verblieben, wurden beherbergt in Mönchenstein 34, in Liestal 40,
in Farnsburg 107, in Waldenburg 66, in Riehen 25, in
Homberg 15. In Gelterkinden und Waldenburg wurden für
die Flüchtlinge Gottesdienste eingerichtet.

So vollständig der Herzog von Savoyen die Thäler der
Waldenser besiegt, durch Mord, Brand und Raub die Stille
des Grabes über dieselben ausgebreitet und das kleine Häuflein der Uebriggebliebenen aus den Gränzen seines Gebiets,
so weit es von ihm abhieng, ins Elend getrieben hatte, bekam
er doch Angst vor dem energischen Heimweh und dem Glaubensmuth der Flüchtlinge. Daher wurde den evangelischen Ständen
mit der Bewilligung des Abzugs auch die Fortschaffung der
Waldenser zur Pflicht gemacht und den katholischen Orten
eingeschärft, weder den Durchzug noch die Niederlassung auf
gemeineidgenössischem Gebiete zu dulden. Die Besorgniß der
Savoyarden vor den Waldensern war sehr begründet. Die
kleine Schaar der unerhörten Leiden und Anstrengungen Entronnenen war vom Geist der Rache und des Muthes der Verzweiflung gegen die Glaubensmörder erfüllt und durfte auf
die Theilnahme und Hülfsbereitwilligkeit der zurückgebliebenen
Landsleute rechnen, welche durch Verläugnung ihres Glaubens
den Fortbestand in der Heimath erkauft hatten, wenn die Vertriebenen mit bewaffneter Hand sich wieder auf ihren schwer
zugänglichen Bergen festsetzen könnten. Mochten diejenigen der
Waldenser Pfarrer, von denen am meisten der Aufruf des
Volkes zur bewaffneten Rückkehr zu befürchten war, gefangen
gehalten sein: der muthvollste und gefährlichste derselben, Henry
Arnaud, hatte sich gerettet und bereitete mit dem feurigsten
Eifer die Mittel zur Schilderhebung gegen den Tyrannen.
Schon war er wieder nach Holland geeilt, um die Hülfsgelder
zum Aufbruch zusammenzubringen. Warnend benachrichtigte
daher Zürich den Herzog, es habe sich zwar ein Theil der
Waldenser bereits aus der Schweiz entfernt, andere aber wollen
nicht abreisen, bevor die gefangenen Geistlichen und die zurück-

behaltenen Kinder ihnen ausgeliefert seien. Den 30. Mai
1687 hatte der Rathsherr Kaspar von Muralt die Piemontesen verhört, ob sie an eine gewaffnete Rückkehr denken. Sie
antworteten, wenn man ihnen ihre 2000 Kinder verabfolgen
lasse, so gehen sie, wohin man wolle. Unterdessen aber verbleiben sie lieber in Zürich, als in Bern oder Basel, wo man
sie bei den Bauern streng arbeiten lasse, und keinen Wein gebe.
In Waadt und Neuenburg zeigte sich unter den Piemontesen
eine unruhige Bewegung. Zürich meldete nach Bern, daß
Manche von denen, welche bereits nach Deutschland abgezogen,
wieder zurückgekehrt seien. Bern und Genf entwaffneten die
Waldenser und wiesen dieselben von der savoyischen Gränze zurück, und Bern besetzte den Uebergang über die Rhone bei St.
Moritz mit einer Gränzwache, um von jener Seite den Einbruch nach Savoyen zu verwehren. Allein die ganze Bevölkerung war mit den Waldensern in Theilnahme und Einverständniß verbunden und denselben mit heimlicher Lieferung von
Waffen behülflich. Janavel, der Anführer, wurde von Genf
verbannt, aber er fand überall heimliche Aufnahme und Beistand. Allein der erste Versuch im Sommer 1687 blieb ohne
Erfolg, weil sich nur 350 Mann und schlecht bewaffnet bei
Lausanne zum Einbruch zusammenfanden und durch den dortigen
Landvogt zurückgehalten wurden.

Unterdessen waren die evangelischen Stände sorgfältig beflissen, den Waldensern eine neue Heimat ausfindig zu machen.
Christof Werdmüller, der Landvogt zu Eglisau, wurde nach
Würtemberg gesendet, wo ihm zunächst die Antwort ertheilt
ward, daß außer den bereits niedergelassenen Franzosen nur
Handwerker Aufnahme finden könnten, welche sich mit ihrer
Arbeit durchbrächten. Zugleich begab sich David Holzhalb
nach der Pfalz, wo man ihm Hoffnung machte, daß 2000 Per-
sonen aufgenommen werden könnten, und weiter erstreckten sich
dessen Bemühungen nach Berlin. Bei einem zweiten Besuch
Werdmüllers in Stuttgart den 10. Mai 1687 legte er ein
Vertrags-Project für Aufnahme der Waldenser in Würtem-

berg vor, welches darum bemerkenswerth ist, weil es wirklich
die spätere rechtliche Grundlage für die Niederlassung der Piemontesen bildete. „1. Etwa 2000 Personen in 200 Haushaltungen werden aufgenommen. 2. Sie sorgen selbst für
Wohnung und Kleidung. 3. Sie hoffen, daß zu den angekauften
Gütern ihnen unbebaute unentgeltlich angewiesen werden.
4. Sie werden den übrigen Unterthanen gleich gestellt. 5. Sie
leisten gleichen Gehorsam. 6. Die Eidgenossen sind für Wohnungen behülflich, voraussichtlich sowohl adelige als Bauern-
Höfe, um billigen Preis. 7. Sie erhalten ein eigen Gericht
unter einem besondern Vogt. 8. Die Eidgenossen erhalten die
Waldenser Kirche, wenigstens 1 oder 2 Pfarrer ohne Beschwerde
der Regierung. Dagegen sollen die Waldenser in Kirchensachen
nur von den eidgenössischen Synoden und Censoren abhangen.
9. Die Geistlichen werden von den evangelischen Eidgenossen
auf Begehren der Gemeinden ernannt. Hat aber der Herzog
gegen das Betragen eines Geistlichen zu klagen, so wird ein
anderer ernannt. 10. Mit obrigkeitlicher Erlaubniß werden
eigene Schulen unterhalten. 11. Die Prädikanten sind in
weltlichen Angelegenheiten den Ortsbehörden unterworfen.
12. Die Prediger werden durch die Kirch-Genossen unterhalten; wofern aber die Kolonie zum Nutzen des Landes gedeiht,
hofft man auf Sustentation durch die Obrigkeit.“ Neben
Werdmüller wurde dieser Vertrag unterzeichnet vom Geheimen
Rath Fr. von Rühle. Dabei sollte für die würtembergische
Niederlassung eine Summe von 110,912 Gulden erforderlich
sein, daher Bern obige Vorschläge „allzu kostbar und beschwerlich, ja gleichsam unmöglich“ fand. Doch machte sich eine Anzahl von Waldensern nach Würtemberg auf den Weg; als
sie aber in Schaffhausen vernahmen, daß sie bis Stuttgart
noch sechs Tagreisen zu machen hätten, kehrte die Hälfte zurück;
die übrigen fanden beim Herzog eine freundliche Aufnahme,
welcher ihnen in Sulzburg und Freudenthal Wohnstätten und
Güter anwies, und Erstellung von Kirchen verhieß. [86]
Die evangelischen Stände fuhren in der redlichen Be-

mühung fort, den Waldensern in den Ländern des reformirten Bekenntnisses eine neue Heimat zu verschaffen, sowohl
um die beträchtlichen Kosten des Unterhaltes zu beendigen, als
um Zerwürfnissen mit Savoyen vorzubeugen. David Holzhalb hatte zu Berlin für Aufnahme der Waldenser eben so
geneigtes Gehör gefunden, als in der Pfalz. Und wirklich
kam der in preußischen Diensten stehende Berner Samuel
Bondely im Frühling 1688 nach der Schweiz, um 900 bis
1000 Waldenser in die am wenigsten entlegene Provinz Brandenburgs, in die Umgebung von Stendal in der Altmark zu
geleiten. Allein umsonst erwartete Remigius Merian von
Basel, der preußische Resident in Frankfurt, die Ankunft der
Auswanderer daselbst, daher er nach Berlin berichten mußte:
„Die armen Leute wechseln täglich in ihren Entschlüssen. Sie
sehnen sich nach der Heimat und ihren Angehörigen. Sie mißbrauchen die günstigen Anerbietungen der Fürsten." Die
Waldenser wurden namentlich durch Arnaud zurückgehalten,
welcher aus Holland mit der Ermunterung zurückgekehrt war,
daß die Unternehmung seiner Landsleute durch holländisches
Geld unterstützt werde. Wirklich richtete Holland den 13. März
1688 an die evangelischen Stände die Bitte, die Waldenser
noch länger zu beherbergen, da dieselben sich nicht entschließen
könnten, nach dem fernen Brandenburg auszuziehen, mit der
Entschuldigung, daß Arnaud sie nicht dazu zu bestimmen vermöge und mit der vorläufigen Sendung von 10,000 Gulden
zum Unterhalte derselben: zugleich stellte Holland eine Versendung der Waldenser nach Ost- oder Westindien in Aussicht.
Und als die evangelische Konferenz Arnaud seiner Umtriebe
wegen zur Verantwortung ziehen will, meldet der denselben
bergende und beschützende Rath von Neuenburg, daß er nach
Genf verreist sei, mit der Versicherung, daß Arnaud sich in
nichts mische. Auch Genf berichtet dem über das Unterfangen
der Waldenser beunruhigten Bern, in Genf seien nur 150
Waldenser, worunter 60 bis 70 Männer, es sehe keine Anstalten zur Rückkehr. Bern jedoch traf ernste Maßregeln und

beauftragte seine Landvögte in Welschland, die Waldenser anzuhalten und zu entwaffnen. Diese aber hatten, mit Hülfe
der Eingebornen, einsame Bergpfade eingeschlagen und waren
nach Bex heruntergestiegen, um den 10. Juni 1688 über die
Brücke von St. Moritz in Savoyen einzubrechen. Allein sowohl die Walliser als die Savoyarden waren benachrichtigt
und hatten die Gränze besetzt. Zudem war der Landvogt von
Aigle, Franz Thormann, den Waldensern nachgeritten und
hatte ihnen vorgestellt, daß mit einem Häuflein von 6 — 700
Mann der Durchbruch unmöglich sei. Hierauf berief er die
Hauptleute nebst einem Theil der Gemeinen in die Kirche von
Bex, mahnte sie zum Rückzug und tröstete sie mit der Aus-
sicht auf bessere Zeiten, wobei Arnaud zustimmte und seine
Leute zur Ergebung mahnte. Thormann führte den größten
Theil der Männer nach Aigle, wo er die Officiere bei sich ins
Schloß aufnahm, die übrigen den Bürgern zur Beherbergung
empfahl und Brot, Fleisch und Wein unter dieselben austheilen
ließ; zudem streckte er ihnen zur Weiterreise 200 Thaler vor.
Nur mit Mühe konnten die Waldenser zur Niederlegung der
Waffen gebracht werden, worauf ein Theil den Weg nach der
Pfalz und nach Brandenburg einschlug, Andere aber auf die
Inseln des Bielersees geführt und dort überwacht wurden.

27. Heimkehr in die Waldenser-Thäler.

Gegen Ende des Jahres 1688 brach von Neuem der
Krieg zwischen Frankreich und dem mit Holland verbündeten
Kaiser aus, wobei die Franzosen mit Uebermacht über den
Rhein drangen, Städte und Dörfer dem Erdboden gleich machten
und namentlich die Pfalz in eine Wüste verwandelten. Daher
kehrten Mitte Weinmonats 16—1700 Waldenser und Franzosen aus der Pfalz und Würtemberg nach der Schweiz zurück. Nun klagten die katholischen Orte und der savoyische
Gesandte über die Rückkehr der Waldenser; wogegen die evangelischen Orte vorbrachten, die Zahl derselben sei nicht groß,

überhaupt seien mehr Weiber und Kinder, als Männer, oder so heruntergebrachte, welche Niemanden zum Schaden sein könnten. Zudem habe man in den vergangenen Kriegen mehrmals Tausende von Schwaben aufgenommen, darum solle man ihnen ihr Mitleid mit den Glaubensgenossen nicht verargen. Gleichwohl beschloß die Tagsatzung, die Flüchtlinge nicht wieder hereinzulassen. Allein es erschien in Zürich Johann Speißegger, der Stadtschreiber von Schaffhausen, derjenige unter den schweizerischen Beamteten, welcher von den evangelischen Flüchtlingen am meisten in Anspruch genommen wurde, und über die ganze Zeit der großen Wanderung mehr als dreißig Jahre lang sich derselben mit unermüdlicher Treue, Hingebung und Sorgfalt annahm, um nun vorzustellen, in welch elendem Zustande die Waldenser zurückgekehrt, wie in Häusern und Scheunen Gesunde und Kranke dicht aufeinander gedrängt seien, wie sie in den Wäldern Wurzeln ausgraben: so daß, wenn ihnen nicht schnelle Hülfe gereicht werde, sie durch Hunger, Frost und Krankheit umkommen müssen. Hierauf wurde der Rathsherr Kaspar von Muralt abgesandt, um den Zustand der Leute in Augenschein zu nehmen, mit dem Auftrag, ihnen die Auswanderung nach Preußen zu empfehlen; allein die Unglücklichen baten auf den Knieen, sie nicht zu verstoßen, sondern über den Winter zu behalten. Der Abgesandte gab den Leuten zu verstehen, wie schwer solches für Zürich sei, wegen der allgemeinen Theuerung und dem erlittenen Hagelschaden, weil ihre eigenen Landesangehörigen in beträchtlicher Zahl aus der Pfalz haben weichen müssen und weil sie sich gegen Savoyen zur Entfernung der Waldenser verpflichtet. Aber es sei ihnen doch unmöglich, die Glaubensgenossen zu verstoßen, daher wollten sie dieselben mit Hülfe der evangelischen Städte wieder aufnehmen. Zürich übernahm wirklich 1448 Personen, von denen die Hälfte über das ganze Land vertheilt wurde, während die andere Hälfte in der Stadt blieb, wobei die Mitglieder des Rathes die Besorgung von 200 Personen auf sich nahmen. Einen gleichen Erfolg hatte Speißeggers Bemühen auch in Bern, indem er vorstellte, wie die Waldenser unmöglich wieder fortgewiesen werden können, Schaffhausen aber die Last nicht mehr zu ertragen vermöge, durch welche die eigenen Leute ruiniert würden. Daher schickte Bern Anton Hakbrett, des Raths, ab, um den auf Bern fallenden Theil der Waldenser abzuholen. Ein Theil wurde mit Beihülfe der evangelischen Stände nach Graubünden geschickt, um sie von ihrer Heimat ferne zu halten, zugleich mit dem Ansuchen an Luzern, Zug und Unterwalden, den Piemontesen den Weg durch ihr Land zu wehren. Denn bald waren wieder unzweideutige Anzeichen wahrzunehmen, daß die Waldenser die gewaltsame Rückkehr nach ihren Thälern vorbereiteten. Gleich nach Ausbruch des Krieges war ein Vertrauter des Prinzen Wilhelm von Oranien in der Schweiz erschienen, Convenant, Rath des Parlamentes von Orange, angeblich mit dem Auftrag, unter Beihülfe holländischer Gelder einen Theil der Waldenser nach Würtemberg und der Pfalz zu befördern, ins Geheim aber zur Unterstützung des von Henry Arnaud dem Prinzen von Oranien vorgelegten und von diesem genehmigten Planes, den Waldensern zur Rückkehr in ihre Thäler behülflich zu sein, um nach dieser Seite den Verbündeten Frankreichs zu beschäftigen und denselben von der Kriegshülfe abzuhalten. Convenant spielt daher den 26. December 1688 Zürich gegenüber den Verwunderten, daß auf Arnauds geheime Befehle die Waldenser sich wieder im Waadtland versammeln, da er doch zwei Expresse abgeschickt habe, um die Leute auf dem Wege aus Würtemberg und aus Graubünden zurückzuhalten, und zwei andere, um den Arnaud zu überwachen.

Bei der besprochenen und offenkundigen Absicht des Einbruchs der Waldenser in Savoyen ist es auffallend, daß wir keinerlei Maßregeln von Seite der evangelischen Stände gegen dieses Vorhaben begegnen und daß sogar keinerlei Korrespondenz derselben über diesen Gegenstand vorliegt; um so mehr, da Freiburg auf der Tagsatzung zu Baden den 6. August auf die Gefahr aufmerksam machte und Bern einer verdächtigen

Nachsicht beschuldigte. Vielleicht, daß die evangelischen Orte
nach den wiederholten fehlgeschlagenen Versuchen einem neuen
Wagniß keinen Glauben schenken wollten, noch wahrscheinlicher
aber, daß sie mit dem äußern Schein des Geheimnisses und
der Vorsicht zufrieden waren und dem gefährlichen Unterfangen
einen glücklichen Ausgang wünschten, jedenfalls froh, der unruhigen und verwegenen Leute auf irgend eine Weise entledigt
zu sein. Erst einige Wochen vor dem Einfall berichtet Bern
wieder an Zürich, daß die Waldenser sich um Neuenburg
und Biel zusammenrotten und daß Convenant dieselben zu
unterstützen scheine, denn er lasse durch einen Prediger zu Neuenburg den daselbst befindlichen Waldensern Wachtgelder austheilen und in Neuenburg Gewehrrohre fabrizieren, für welche
er die Schlösser von Genf beziehe. Jedenfalls wußten die
Waldenser ihre Anstalten in solch tiefes Geheimniß zu hüllen,
daß Graf Solaro di Govone erst den 30. Juli 1689 von
Luzern aus die Mittheilung an Bern macht, er sei berichtet
worden, daß die waffenfähigen Waldenser sich in Bünden versammeln, geleitet vom unruhigen und aufrührerischen Geiste
Arnaud's. Seit zwanzig Tagen seien zwei Haufen von dort
aufgebrochen, vorgeblich nach Holland und England, aber in
der Wirklichkeit nach der Waadt, denen andere folgen, um sich
mit den Franzosen zu verbinden. Nach dem Versprechen, das
die evangelischen Stände den katholischen gethan, habe er solches
nicht glauben wollen. Und erst den 17. August meldet der
Stadtschreiber Goßweiler von Zürich nach Bern, die 600 Waldenser, welche sich lange in Bünden aufgehalten, seien von
den Bündnern nicht verhindert worden, in Abtheilungen durch
die Pässe über die Gränze nach Uri zu ziehen. Allein die
Urner haben über Hundert in Urseren arretiert und werden
auch die übrigen fangen, wenn diese nicht avisiert werden, denn
Uri habe mit 300 Mann die Pässe besetzt. Die Arretierten
waren mit Pistolen, guten Seitengewehren und einem Bayonnet
bewaffnet, auch mit Pulver und Blei wohl versehen. Die
Leute sagen aus, sie seien vom Prinzen von Oranien unter-

halten worden. Sie hatten Wegweiszettel bei sich, wonach sie über Jlanz, Ruvis, Tavanasa, Trons, Disentis, Hospital, Urseren Thal, Grimsel, Boden, Scheideck, Grindelwald, Lenk, Saanen gewiesen waren. Bern war benachrichtigt, daß die Schaaren der Waldenser die ganze Breite des Berner Oberlandes zu durchziehen vor hatten: es wäre also ein Leichtes gewesen, den Durchzug zu verhindern; wir begegnen aber keinerlei hemmenden Maßregeln, und eben so wenig dem Befehl, den Waldensern den Eingang in das Waadtland zu verlegen. Und an demselben Tage erhält Bern die Nachricht von Genf, daß die dort sich aufhaltenden Waldenser in einem abgelegenen Wirthshause sich versammelt und nach dem Walde von Nyon aufgebrochen seien, sie haben durch Andere 600 Pfund Pulver aufkaufen lassen und Schiffe für vier Tage gemiethet. Das Einzige, wodurch Bern sich bemerklich machte, war die nochmalige Erinnerung an Savoyen, daß die Waldenser von Anfang zur Bedingung gemacht, nur dann aus der Schweiz abziehen zu wollen, wenn ihnen die noch übrigen Gefangenen und namentlich die Geistlichen freigegeben werden. Da jedoch Govone neuerdings erklärte, die Gefangenen können nicht freigelassen werden, mit der Beifügung, die gefangenen Prädikanten wären schon lange freigelassen, wenn etliche derselben statt ins Ausland, nicht in die Thäler gegangen wären: scheint Bern sich der Verpflichtung enthoben gefühlt zu haben, Maßregeln zur gewaltsamen Entfernung der Waldenser zu treffen. Doch erfüllte Bern die Pflichten der Nachbarschaft gegen Savoyen und befahl schon Anfangs Heumonats seinen Landvögten im Waadtland, den Piemontesen weder Waffen- noch Pulver-Ankauf, noch den Durchzug auf den Straßen nach dem Genfersee zu gestatten, die Schiffe in Beschlag zu nehmen und alle Zusammenrottungen zu hindern. Auch die Landvögte und ihre Unterbeamten waren bestrebt, den Befehlen ihrer Obrigkeit nachzukommen. Freilich waren die Vorbereitungen der Waldenser unter Beistimmung und Mithülfe der Landeskinder so geheim betrieben worden, daß die Vorsichtsmaßregeln der Amtleute zu spät kamen. Zwar hatte Landvogt Steiger zu Nyon schon den 12. August die Hauptleute zum Aufgebot der Miliz versammelt, auf die Nachricht, daß die Waldenser sich um Biel und Neuenburg in bewaffneten Haufen zusammenziehen, ließ die Brücke von Promenthoux besetzen, den Wald von Prangins durchstreifen und die Schiffe der Umgegend in den Hafen von Nyon bringen. Auch die Landvögte von Morges und Lausanne ließen es an Wachsamkeit nicht fehlen; allein wenn sie einzelne Haufen antrafen und ihnen den Weg verlegten, zerstreuten sich dieselben, um sich an einem andern Punkte zu sammeln. Dabei bemerkt Stürler zu Lausanne ausdrücklich: „Bisher glaubte ich nicht räthlich, das Land zu alarmieren, da ich noch keinen Befehl empfieng, gegen solche Unglückliche Gewalt zu brauchen.“

Den 16. August 1689, am Vorabend eines Fest- und Buß-Tages, trafen die Waldenser und die mit ihnen sich verbindenden Franzosen in einzelnen Haufen auf ungewöhnlichen Wegen im Eichenwalde von Prangins ein. Steiger in Nyon berichtet: „Gewiß ist, daß der meiste Theil sich in einem von allen Straßen ziemlich entlegenen Walde unter Duillier, eine starke Stunde herwärts Rolle gelegen, aufgehalten, und sind ihnen von Rolle und Lausanne allerhand Assistenz und Proviant zugeschickt worden; also daß diese Leuth bei 1500 Mann stark sehr wohl mit schönen breiten Seblen, Lanzen, neuen Füsinen und großen Bayonetten sich in dem Holz von Neus innert vier Stunden zusammengethan und bei der Nacht (zwischen 9 und 10 Uhr) mit 13 großen und zwei kleinern Schiffen, so sie bei Ouchy, hinter Rolle und dortigen Orten bekommen, über den See gesetzt. Es muß Jemands treuloser Weis mit ihnen unter der Decke gelegen sein. Wer es sei, das ist Gott bekannt.“ — Der Führer und die Seele der Unternehmung war Henry Arnaud, welcher vor der Abfahrt Gottesdienst hielt, wobei die Männer in Thränen zerflossen. Weil die frühern Einfälle am obern Theil des Sees versucht worden, waren nun auf entgegengesetzter Seite von

Savoyen keine Vorsichtsmaßregeln getroffen. So landeten die zuerst Uebergesetzten nach kurzer Fahrt zwischen Yvoire und Nernier ohne alles Hinderniß; allein auf der Rückfahrt zerstreuten sich die Schiffe, so daß bei der zweiten Landung auf drei Schiffen nur noch zweihundert Mann anlangten, sechs bis siebenhundert aber zurückblieben und dann in ihre frühern Aufenthaltsorte zurückkehrten. Zürich und Bern verwendeten sich angelegentlich für die in Uri Gefangenen: Zürich bat, daß man dieselben dahin zurückweise, woher sie gekommen, in der Hoffnung, daß sie dann nach Brandenburg gehen werden. Doch Uri antwortete: „Auf Ansuchen Govone's haben sie diese Leute dem natürlichen Herrn, ihrem Bundesgenossen, übergeben, sie seien bereits abgeführt. Das Geld, das sie bei sich gehabt, 1235 Gulden, sei mitgeschickt worden; die Gewehre aber haben sie für bona prisa erkannt." Bern spricht darauf gegen Uri seinen Unwillen aus, „daß ihr die armen Leuth, die weder Euch noch den Eurern weder Gewalt noch Schaden zugefügt, so schlecht traktiert, aufs Hemd ausgezogen, theils torturiert und sie endlich ihrem erzürnten Herrn zu völligem Untergang ausgeliefert, Hunde genannt, ärger als ihr Herr behandelt: sie sollten doch nicht wider alle Religion handeln."

Das kleine Häuflein von kaum 900 Mann nahm seinen Weg, fern von der Heerstraße, über abgelegene Bergpfade, durch entschlossenes Vorrücken die Bewaffnung und den Widerstand der betreffenden Orte verhindernd. Theilnehmend berichtet Bern an Zürich: „Die Waldenser sind ungehindert durchs Land gezogen, haben um ihr Geld gezehrt und Niemanden einigen Schaden zugefügt, als jeden Orts die Vornehmsten und die Pfaffen als Geißeln und Guiden mitgeführt." Als sie aber am achten Tage den Mont Cenis überstiegen und über die Dora setzen wollten, fanden sie die Brücke von mehrern Tausend Mann zu Fuß und zu Pferd, Franzosen und Piemontesen, besetzt. Von der hereinbrechenden Nacht begünstigt, theilte Arnaud seine Mannschaft in drei Haufen: während der erste entschlossen gegen die Brücke vordrang, giengen die beiden

andern oberhalb und unterhalb der Brücke über den Bergfluß
und fielen der Uebermacht von zwei Seiten in den Rücken, so
daß die Feinde, von Schrecken ergriffen, flohen, der Anführer
verwundet und mehrere Hunderte getödtet wurden, während die
Waldenser nur eine kleine Zahl Verwundeter und Getödteter
hatten. Am eilften Tage nach dem Aufbruch, den 27. August,
stiegen sie nach ihren geliebten Thälern hinab und setzten sich
in dem obern Theile des Thales St. Martin fest.

Das glückliche Gelingen dieses Zuges setzte nicht nur die
zurückgebliebenen Waldenser, sondern die ganze französische
Schweiz in große Aufregung. Das ganze Land war zur weitern
Förderung der muthigen Unternehmung der Glaubensgenossen
bereit. Arnaud hatte den Hauptmann Joh. Jak. Bourgeois,
einen bewährten Officier, gewonnen, um demselben die Ober-
anführung des Auszuges anzuvertrauen. Dieser war jedoch zu
spät gekommen und suchte nun durch einen Nachzug die Ver-
säumniß wieder gut zu machen. Allein dieser zweite Zug war
nicht wie der erste durch eine todesmuthige Heldenschaar gebildet, welche für die Heimat und den Glauben kämpfte, denn
es waren nur ein paar Hundert Waldenser dabei, die Uebrigen
größtentheils Abenteurer und Reisläufer. Bern war durch
diesen neuen Aufbruch in größere Verlegenheit gesetzt, weil derselbe großentheils ein durch Landesangehörige und Unterthanen
angerichteter und ausgeführter Freischaarenzug war. Denn
Abraham Stürler, der Landvogt von Lausanne hatte nach
Bern gemeldet: „Mit den Franzosen gehen viele aus dem
Lande. Ich weiß nicht genugsam zu sagen, was für ein eifer
diese leut, insonderheit aber E. Unterthanen treibet, denn ich
kann in Wahrheit sagen, daß wenn ich mich nicht Euers ernstlichen Befehls deßhalb bediente, das halbe Land würde mit-
laufen, und die Bauren thun ihnen auch gar willig allen
Vorschub. Sie haben sich hin und wieder in die Dörfer
dem Jurten (Jorat) nach retiriert, es sollen ihrer bei 2000
sein.“

Unter solchen Umständen ist die schonende Mäßigung bemerfenswerth, mit welcher fich ber franzöſiſche Geſanbte Amelot ben 7. September 1689 an Bern erklärte: „Je n'aurois pas attendu iusque à present à Vous représenter ce que je croy estre de mon debvoir sur le passage des Vaudois armés par vos terres, si j'avais sceu d'abord qu'un grand nombre de François refugiés estoyent mélés avec eux. Je n'ay pas laissé d'estre surpris, qu'une chose de cette nature soit arrivée dans un Estat aussi bien policé que le vostre; et persuadé comme je suis de la droiture de vos intentions, je veux croire que la faute doit entièrement estre imputée à vos Baillifs qui ont certainement manqué à leur debvoir, ou en ne vous informant pas à temps de ce qui se passoit, ou en n'exécutant pas vos ordres comme ils le pouvoyent aisément. Les advis asseurés que je reçois présentement qu'il y a encor un grand nombre de Français refugiés qui s'assemblent tous les jours dans vos terres et qui n'attendent que les armes et les autres choses qui leur sont necessaires, pour tenter de rentrer en France, ne me permettent pas de differer davantage à vous prier d'arrester le cours de ce desordre, comme les alliances qui vous unissent depuis si longs temps avec le Roy et le debvoir mutuël que les souverains amis se doivent en pareille rencontre vous y engagent. Il est certain qu'on a vendu et que l'on vende encor tous les jours dans vos villes du pays de Vaud des armes et des munitions à ces Rufugiés, et que l'on y a fait cuire des quantités de pain extraordinairement pour leur subsistance. Pour peu que Vous vouliez prendre des informations, vous trouverez la verité de tous ces faits, et pour peu que vous fassiez de reflexion sur les Consequences, Vous jugerez que, Vous estant très facile de dissiper ces miserables, si vous n'y apportez remede, vous ne pourrez vous jamais laver de reproche d'avoir favorisé une entreprise de subjects armés contre leur Souverain votre plus ancien et plus fidèle Ami et Allié. J'attends de votre prudence etc.

Hierauf entschuldigte sich Bern an Amelot, es habe nichts gewußt, aber auch Genf nicht und der französische Resident daselbst; auch sei ihm unbekannt, ob Franzosen dabei seien, um so mehr, da nur Frauen anwesend seien, die Männer aber nicht gesehen werden. Die Unterthanen kaufen ihre Waffen allein von Bern und dürfen dieselben nicht veräußern; die Kornhäuser seien geschlossen. Sie haben keine Armee auf den Beinen halten können, um die Gränzen fremder Mächte zu schützen. Ihre Vögte haben strengen Befehl. Zur Verhinderung des Aufbruchs wurde erst jetzt der Oberst Johann von Wattenwyl abgeschickt, welcher indessen zu spät kam und an seine Regierung den 13. September 1689 Folgendes berichtete: „Seit 5 bis 6 Tagen hatten sich die Waldenser um Lausanne versammelt, wo eine gute Zahl Franzosen zu ihnen stieß, nebst jungen Leuten aus Neuenburg und Genf, daher sich von euern Leuten auch anschlossen, anfangs nur Vaganten, bald aber auch gute Soldaten. Auf das Verbot des Landvogts, daß er die Sammlung nicht dulden könne, versammelten sich die Leute Sonntags um Mitternacht auf dem Montbenon und zogen sich nach den Gehölzen von Savigny zurück. Darauf marschierten sie nach Vivis und ließen sich Dienstag Abends fünf Uhr in der Ebene unter Corsier nieder, um hier Genossen und Schiffe zu erwarten. Auf ein abermaliges Verbot des Landvogts und auf den Bericht meiner Ankunft, warfen sie sich Mittwoch Abends 7 Uhr (den 13. Sept.) rasch in die Schiffe und fuhren gegen St. Gingolf hinüber." Diesmal war Savoyen vorbereitet und gerüstet. Allein eine bewaffnete Galeere sowohl als die Wachmannschaft am Ufer zogen sich bei Herannahung der 28 Schiffe mit etwa 1300 Mann ohne Widerstand zurück. Nach einer unbelästigten Nacht zogen die Leute sorglos weiter, die Abteien Notre Dame d'Abondance und St. Jean d'Aulps mit Raub und Brand heimsuchend. Als sie aber in Faucigny vordringen wollten, fanden sie die Pässe und Berghöhen so wohl besetzt, daß sie am Durchkommen verzweifelten und den Rückweg nach Genf einschlugen, von wo sie

wieder über den See nach der Schweiz geschafft und vertheilt
wurden. Hauptmann Bourgeois wurde auf Berns Befehl
verhaftet. Zur Milderung berichtete Wattenwyl: „Das ganze
Land nahm Theil, nur Wenige werden unschuldig sein. Auch
geschah die Ausrüstung vor Aller Augen. Wollen die Herren
Alles wissen und wer schuldig, so braucht es viel Zeit und sie
werden Dinge vernehmen, die sie nicht wünschen. Jedermann
entschuldigt sich, die Unternehmung sei gut und könne nicht
mißfallen, sich einbildend, die Herren haben darum gewußt, da
kein ernster Widerstand geschehen." Allein Bern wollte dem
Vorwurf, den Einfall begünstigt zu haben, keinen Vorschub
leisten und verlangte daher die Einleitung des Kriminalprozesses
gegen Bourgeois. Das Landvogtei-Gericht von Nyon wurde
mit der Untersuchung und Beurtheilung beauftragt. In Er-
wägung, daß Bourgeois gegen das Verbot Berns als Anführer einer bewaffneten Schaar nicht nur Fremder, sondern
auch Einheimischer aufgetreten, solche selbst angeworben, dafür
Geld vom Ausland empfangen, in das Land eines befreundeten
Fürsten eingefallen und an der Beute Theil genommen, wurde
derselbe zum Tode verurtheilt. Drei andere Einheimische,
welche sich ebenfalls der Werbung und der Lieferung von
Waffen, Munition und Proviant schuldig gemacht hatten, traf
ein gleiches Urtheil: allein sie hatten sich der Strafe durch die
Flucht entzogen. Bern hätte Bourgeois gerne verschont; allein
gegenüber den Klagen Savoyens, den Vorwürfen der katholischen Orte und den beherzigenswerthen Gründen obiger französischer Note, konnte Bern sich den Forderungen der Gerechtigkeit und des nachbarlichen Friedens nicht entziehen. Bourgeois gieng mit der Standhaftigkeit eines Helden in den Tod.
Die Hinrichtung fand nicht auf dem Hochgericht, sondern am
Seegestade zu Nyon statt und die Leiche wurde den Verwandten
zur Bestattung übergeben. [87]

28. Häupter und Helden der Flüchtlinge.

Während die Waldenser den evangelischen Ständen mehrere Jahre lang außerordentliche Mühe und Sorge bereiteten, bildeten unterdessen fortwährend die französischen Flüchtlinge die Hauptlast, welche an der Zahl von ungefähr 10,000 die Hülfe der Regierungen sowohl als der Bürger zu Stadt und Land in Anspruch nahmen. Die Schafe, die ermattet und zerstreut waren, bedurften der ganz besondern Pflege der Hirten. Wirklich fehlte es denselben auch nie an den treuen Führern und Glaubenshelden, die sie mit ihrer Theilnahme und Obsorge behüteten, und das um so mehr, weil die Schweiz mit ihren unwegsamen Bergen denselben die sicherste Gelegenheit bot, in Verbindung mit den Glaubensgenossen der Heimat zu verbleiben. Einer der großartigsten und ehrwürdigsten Glaubenshelden dieser Periode ist Claude Brousson von Nismes, welcher bisher als Advokat zu Castres und Toulouse der Beschützer seiner armen und verfolgten Landsleute gewesen war. Zwei Jahre vor der Aufhebung des Edikts von Nantes, als die Evangelischen in Frankreich durch die blutige Verfolgung schon tief gebeugt waren, wagte Brousson noch die Abgeordneten der Kirchen von Languedoc, Vivarais und Dauphiné in seinem Hause zu versammeln, und den Beschluß hervorzurufen, den Gottesdienst in den Häusern und Kirchen wieder herzustellen. Zugleich richtete er im Namen der Versammlung eine Bittschrift an den König, eben so ausgezeichnet durch die Kraft überzeugender Thatsachen, als durch Mäßigung. Der zermalmende Hammerschlag war jedoch nicht mehr aufzuhalten: Brousson nahm unter der Schaar der Flüchtlinge seinen Weg nach der Schweiz und ließ sich mit seiner Familie in Lausanne nieder. Den 29. Oft. 1685 erschien er nebst dem Prediger Jean de la Porte vor der Tagsatzung mit der Bitte, daß diese sie an die protestantischen Fürsten Deutschlands empfehle. Nebst der Empfehlung wurde denselben, entgegen der Einsprache

Tambonneau's, Gastfreiheit und Reisegeld gewährt. Brousson entwickelte eine außerordentliche Thätigkeit, um gegen den Uebermuth des französischen Königs eine große Koalition zu Stande zu bringen. Zu diesem Behufe richtete er zunächst vier Briefe an die Lutheraner, um sie zur Vereinigung mit den Reformierten einzuladen, und es wurden diese Briefe auf Kosten der Regierungen von Brandenburg und Holland in verschiedenen Sprachen herausgegeben. Auch soll Brousson den Prinzen von Oranien zuerst auf den Gedanken eines allgemeinen europäischen Bundes gegen Ludwig XIV. gebracht haben, welcher durch die Geschicklichkeit des holländischen Staatsmannes dann wirklich zu Stande kam. Nach Lausanne zurückgekehrt, sandte er seine Briefe über den „Etat des réforméz en France", welche er den Katholiken seines Vaterlandes gewidmet hatte, an die evangelischen Stände der Eidgenossenschaft, nebst der Bitte um Beisteuer zur Verbreitung dieser Schrift, und mit der Erklärung, in Frankreich habe er dieser Aufgabe sein Vermögen dargebracht, jetzt wenigstens noch sein Herz und seine Zeit. Allein Brousson beruhigte sich nicht mit der Wirksamkeit aus der Ferne, er kehrte nach Frankreich zurück, im Kampf mit täglicher Todesgefahr, welche nach seiner eigenen Aussage folgender Maßen geschildert ist: „Voyages de nuit, sous le vent, la pluie, la neige; passer au milieu des soldats parmi les brigands, moins redoutables pour lui; dormir dans les bois, sur la terre nue, sur une couche d'herbe ou de feuilles sèches et sous la couverture du ciel; habiter des cavernes, des granges abandonnées, des cabanes de pâtres; so glisser furtivement parfois dans un village ou une ville, et recueilli dans une maison pieuse, ne pouvoir pas même, pour rassèréner son ame désolée, caresser le soir près du feu les petits enfants de son hôte généreux, de peur que leur babil innocent ne trâhit leur père et lui-même, en relevant son asile au prêtre et au consul, être découvert dans sa retraite, cernée par les soldats; se cacher sur les toits, dans les puits, ou bien jouer d'audace et de ruse, en

abordant hardiment les trouppes, et les lancer après un ami
officieux qui s'expose pour lui donner le temps de s'esqui-
ver; sortir travesti; passer devant les sentinelles en imitant
les manies des insensés ou la pantomine des baladins."
Allein voll chriftlicher Friedfertigleit legt sich Brouffon
immer wieder seinem Könige zu Füßen und bittet ihn, durch
Begnabigung der Verfolgten den göttlichen Zorn von seinem
Reiche abzuwenden; so 1692, als Ludwig XIV. von seinen
Feinden zu Waffer und zu Land bebrängt wird, redet er ihn
bei Ueberreichung einer nochmaligen Bittschrift also an: „Votre
Majesté peut nous affliger et nous faire souffrir de grands
maux, comme elle a fait jusqu'à cette heure, par ce, nous
n'avons pu nous dispenser d'obeïr à ce grand Dieu; mais
ce grand Dieu écoute nos cris et nos gémissements, notre
voix monte jusqu'à lui, notre sang crie devant son trône
comme celui d'Abel; il connait notre douleur, il voit du
palais de sa gloire la dure servitude dans laquelle nous
gémissons jour et nuit dans votre royaume; c'est pour cela,
Sire, que sa colère est embrasée contre vos états, et qu'il
consume continuellement votre peuple. — On est toujours
très animé contre le très humble serviteur de V. M., qui,
avec un très profond respect, lui présente maintenant cette
requête, et on met tout en oeuvre pour le faire périr; mais
plût à Dieu qu'on eût voulu faire quelque attention aux
fidèles avis qu'il a pris la liberté de donner depuis plus de
dix ans à V. M., soit pour la détourner du dessein qu'elle
avait formé d'abolir des édits de pacification, qui avoient
retabli le calme dans le royaume, et qui le faisaient fleurir
depuis longtemps. — — — Quant même on me ferait
mourir, Dieu ne serait pas en peine de susciter par son
Esprit d'autres personnes pour l'avancement de son regne
et pour le salut de ses élus; si je venais à me taire, les
pierres mêmes crieraient. ° Cependant Dieu ne manquerait
pas de venger mon sang d'une manière terrible, comme il
venge déja ceux de mes frères qui travaillent aussi à l'in-

struction et à la consolation de son peuple." Die Antwort
auf diese Vorstellung war, daß auf Broussons Kopf ein Preis
von 5000 Franken ausgesetzt wurde und bald darauf der
doppelte. Eine so hartnäckige Verfolgung trieb ihn mehrmals
über die Gränze, das eine Mal nach Holland, das andere Mal
nach der Schweiz. Den 30. Mai 1694 hatte er auf der
Chorherren-Stube in Zürich Folgendes zu erzählen: „Noch befinden sich viele eifrige Diener Gottes in den Cevennen und
in Languedoc, welche ihre Prediger haben, die Gott ihnen aus
dem gemeinen Volk erwecket, die dasselbe mit großem Eifer
ermahnen und trösten und mit ihm beten. Sie kommen zusammen zum Gebet, zum Anhören des Wortes Gottes und
zum heiligen Abendmahl, in Einöden, auf hohen Bergen und
Wäldern, des Nachts, oft drei bis vier Stunden weit her. Die
königlichen Kriegstruppen suchen sie heftig auf und die Er-
wischten erdulden mit wunderbarer Standhaftigkeit alle Marter.
Gott habe zwei Mädchen aus dem gemeinen Volke erweckt,
welche mit wunderbarer Geschicklichkeit das arme Volk trösten
und im Gebet üben. Beide sind den Dragonern in die Hände
gerathen. Als die eine von ihnen, Namens Isabelle, vor den
Intendanten gebracht und gefragt wurde, ob sie diejenige sei,
die dem Volk predige, antwortete sie: Ich bete mit dem Volk
und ermahne es; wenn das predigen heißt, so bin ich diejenige.
Da der Intendant sagte, ob sie nicht wisse, daß dieses wider
des Königs Verbot sei, antwortete sie: Ich weiß es, aber der
König aller Könige hat mir ein anderes Gebot gegeben. Als
hierauf der Intendant erklärte, sie habe das Leben verwirkt,
erwiederte sie: Ich bin bereit. Hierauf wurde sie nach Aigues-
mortes in den Thurm Constance zum ewigen Gefängniß gebracht, allwo sie die Gefangenen tröstet und stärkt." Wir sehen
daraus, daß der gründlich gebildete Brousson zu diesen auf
außerordentliche Weise erweckten Wüstenpredigern stand und
ihre Wirkung als einen Segen anerkannte, während die ordentlich geschulten französischen Geistlichen sich gegen dieselben ab-
lehnend verhielten. Als daher später Jean Martel, einer

der frühern Mitarbeiter Broussons, vom Konsistorium in Zürich das Zeugniß und die Empfehlung als eines Geistlichen verlangte, verweigerten die französischen Prediger ihm solches, und erst auf die Verwendung des Antistes A. Klingler, welcher erklärte, daß Martel zwar ein nicht studierter, aber ein von Gott erleuchteter Mann sei, bewilligte ihm der Rath einen längern Aufenthalt in Zürich und die Unterstützung zum weitern Fortkommen. Der heldenmüthige Brousson konnte endlich der Wachsamkeit des Henkers Baville nicht entgehen: er erlitt im Herbst 1698 zu Montpellier den Märtyrertod.[88]

Auch Peter Bayle, das größte kritische Genie des siebzehnten Jahrhunderts, verdankte dem Aufenthalt in der Schweiz seine Befestigung in der evangelischen Lehre. Er, der Sohn eines evangelischen Predigers, war katholisch geworden, ohne im Katholizismus seine Beruhigung zu finden. Er begab sich daher nach Genf, wo er sich in theologische und philosophische Studien vertiefte, in denen sowohl der Theologe Louis Tronchin, als der Philosoph Jean Chouet ihn besonders förderten, und durch ihre größere wissenschaftliche Freiheit befriedigten. Er fühlte sich durch diesen Aufenthalt so gefesselt, daß er sich längere Zeit in Genf und dessen Umgebung als Erzieher festhalten ließ, zuerst in der Familie de Normandie, dann beim Grafen Friedrich von Dohna, dem Statthalter des Fürstenthums Orange, dem Besitzer von Coppet und Prangins. Bayle blieb sein Leben lang mit Genf und dessen Bestrebungen in enger Gemeinschaft und es erschien daselbst ein Theil seiner Werke.[89]

Besonders klammerten sich diejenigen Männer an die nahe Schweiz an, welche früher durch eine höhere amtliche Stellung im Vaterland ihren Glaubensgenossen hatten förderlich sein können, und nun eifrig jede Gelegenheit wahrnahmen, um denselben im Kleinen Erleichterungen und Wohlthaten zu erweisen. So giebt sich der Marquis d'Arsiliers, der Sohn des ersten General-Deputierten der Protestanten in Frankreich, während seines Aufenthaltes in der Schweiz viele Mühe für

das Fortkommen seiner flüchtigen Landsleute. Namentlich aber
nahm der jüngere Ruvigny, der dritte General-Deputierte,
auch im Ausland und in der Verbannung eine wirksame und
einflußreiche Stellung ein. Ludwig XIV. hatte auch nach der
Aufhebung des Edikts von Nantes, in Anerkennung wesentlicher
Verdienste, dem Vater und dem Sohne den Aufenthalt in
Frankreich und die Freiheit des Gottesdienstes in ihrem Hause
gestattet. Der König erlaubte den Ruvigny sogar die Uebersiedlung nach England, wo dieselben mit den höchsten Familien
in verwandtschaftlicher Verbindung standen, nebst freiem Abzug
des Vermögens und Fortgenuß der in Frankreich gelegenen
Güter. Aber ungeachtet dieser Nachsicht stellte sich Heinrich
von Ruvigny an die Spitze seiner geflüchteten Landsleute,
um den Prinzen Wilhelm von Oranien, von 1689 an König
von England, als Beschützer des Rechts und der evangelischen
Freiheit, gegen den Unterdrücker und Tyrannen seines Vaterlandes zu unterstützen. Er leistete theils als General, theils
als Staatsmann seinem neuen Vaterlande ausgezeichnete Dienste
und konnte namentlich, wie mehrfache Vorgänge in der Folge
zeigen werden, seinen Landsleuten sich als der hülfreichste Wohlthäter erweisen. Ein Oheim Ruvigny's, Paul Tallemant
de Lussac, ließ sich in Bevey nieder, ein Wohlthäter seiner
Landsleute. [90]

Als eifriger Förderer der Interessen seiner evangelischen
Landsleute erscheint auch Philibert Hervart, der Nachkomme
einer von der Regierung anerkannten und geschätzten Bankier-
Familie, welcher ebenfalls nach England ausgewandert war,
mit dortigen angesehenen Familien verwandt. Er wurde 1690
als englischer Resident an die evangelischen Orte der Schweiz
geschickt, um die Abreise der evangelischen Flüchtlinge aus der
Schweiz und ihre Uebersiedlung nach England zu vermitteln,
besonders nach dem durch Krieg entvölkerten Irland, wo es
für Wilhelm III. von großem Werth war, getreue Protestanten
gegenüber der großen Zahl übelgesinnter Katholiken zu gewinnen.
Hervart war mit einer Grafenried von Bern verehlicht und

da Bevey ihm das Bürgerrecht schenkte und er sich daselbst ein herrschaftliches Haus baute, so erscheint sein Geschlecht unter den dortigen Bürgern bis gegen Ende des vorigen Jahrhunderts. [91]

Ruvigny und Hervart freuten sich für ihre Bemühungen namentlich der unermüdlichen und geschickten Beihülfe des Henri von Mirmand. Als diesen das Jahr 1685 zur Flucht nöthigte, führte ihn der sicherste Weg von Nismes nach Spanien, in Gesellschaft seines Freundes Saurin, worauf ihn ein englisches Schiff nach Genua brachte. Während Saurin sich mit seiner Familie nach Genf wandte, wo dessen Sohn Jakob sich zum berühmtesten protestantischen Prediger seiner Zeit ausbildete, nahm Mirmand seinen Weg über den Gotthard und gelangte nach Zürich. „La joie que nous avions de nous trouver dans ce heureux pays, était inexprimable; et jamais je n'ai si bien connu que dans ce temps-là de quel prix sont les biens spirituels, en comparaison de ceux de ce monde. J'arrivai à Zurich avec mes deux enfants, leur gouvernante et mon fidèle jardinier, ayant pour tout bien quatre louisd'or. Dans cet état si triste suivant le monde, non-seulement je n'eus pas un moment de chagrin, mais je puis dire que jamais je n'ai eu plus de joie; car il me sembloit que cette conjoncture me donnoit occasion de glorifier Dieu d'une manière bien plus pure que je n'avais fait jusqu'alors. Nous fûmes reçus à Z., tant par nos frères qui y étoient arrivés avant nous, que par les charitables habitants de cette ville, et sur tout par l'incomparable M. le bourgmestre Jean Henri Escher, avec une cordialité inexprimable. Mais quelque douceur que je trouvasse en cette ville, il me fallut penser à m'éloigner, pour tâcher de pourvoir aux besoins de ma famille. Tous mes biens avaient été saisis en France par ordre du Roi. Après avoir fait un assez long séjour à Z., j'en partis au commencement de Sept. 1689, pour aller demander du pain à S. S. E. de Brandenbourg, Fr. Guillaume. Je ne profitai pas de la bonté qu'auraient eu les Seigneurs de Z. de pourvoir à mes besoins. J'empruntai de l'argent d'un de mes amis, qui me donna le moyen de faire le voyage à Berlin." Niemand wurde an der Spitze von etwa dreißig seiner Landsleute dem großen Churfürsten vorgestellt und sprach im Namen derselben, worauf sich der Fürst sehr wohlwollend bezeigte. Er kehrte jedoch nach Zürich zurück, weil ihm sein Schwiegervater d'Aubiffret geschrieben hatte, er könne nicht einwilligen, daß seine Kinder nach dem fernen Brandenburg gehen. Wenn er aber in der Schweiz bleibe, so werde er für den Unterhalt der Familie sorgen. „Ayant donc pris le parti de demeurer à Zurich, qui est un des endroits du monde qui convient le mieux aux refugiés, tant par la vie retirée qu'on y mène, que par les bons exemples qu'on y a continuellement sous les yeux, je pensai sérieusement à l'engagement que j'avais pris en sortant de France, de m'attacher à glorifier Dieu dans toute ma conduite. Dans cette vue je m'appliquai à m'aquitter des devoirs de la charité, dont la foule des refugiés qui passaient continuellement à Z. me fournissait l'occasion; car il y en passa dans ce temps là, qui était l'an 1687, environ 4000 dans un mois." Die französischen Flüchtlinge in Zürich ordneten Mirmand an die Tagsatzung zu Aarau ab, um den Kantonen für ihre Unterstützung zu danken und sie um Fortsetzung derselben zu bitten. Darauf berief ihn der Churfürst von Brandenburg nach Berlin, um die Uebersiedlung der französischen Flüchtlinge aus der Schweiz nach Brandenburg einzuleiten. Als preußischer Gesandtschaftsrath wurde er in Angelegenheit seiner Landsleute mit verschiedenen Reisen beauftragt, kehrte indessen immer wieder nach Zürich zurück. Nachdem aber seine jüngere Tochter und seine Mutter daselbst gestorben waren, reiste er im Herbst 1691 mit seiner ältern Tochter nach Brandenburg. Allein Reboulet, der französische Pfarrer in Zürich, rief ihn dahin zurück, weil die evangelischen Stände die Auswanderung der französischen Flüchtlinge verlangten. Mit Erlaubniß des Churfürsten reiste er mitten im

Winter, allein, und ohne Kenntniß der deutschen Sprache ab und gelangte im Hornung 1692 nach Zürich. Er berichtet von seiner Audienz beim Bürgermeister Escher: „Il ne pouvait se lasser de me témoigner l'extrême déplaisir qu'il avait de ce que les plaintes des habitants du pays fondées sur la cherté des vivres, avait obligé L. E. de prendre une délibération si surprenante, que celle de faire sortir les refugiés de leur canton." Die Schritte, welche darauf Mirmand nach Eschers Anleitung that, um die Verzögerung der Auswanderung zu erreichen, gelangen, und als er in dieser Angelegenheit nach England und Holland reiste, brachte er von dort das Versprechen einer Beisteuer von 20,000 Gulden und von Holland von 50,000 Franken zur Unterstützung der noch länger in der Schweiz verweilenden Flüchtlinge. Ueber Mirmands Bemühungen in England berichtet Ruvigny Folgendes: „M. de Mirmand est absolument nécessaire dans cette affaire; sans luy nous ne serions pas si avancés, et sans luy elle pourrait bien demeurer où elle est. Je n'ay vu un homme plus zèlé pour le bien public et de meilleur sens. Je voudrais bien qu'il y eût plusieurs personnes à peu près comme luy parmi les Refugiés." Nach vieljährigen Bemühungen zum Beßten seiner Landsleute zog es ihn wieder in die Nähe seiner französischen Heimat; er ließ sich daher 1712 mit der Familie seiner an Herrn von Baufain verheuratheten Tochter in Neuenburg nieder, welches unterbessen als Erbe dem König von Preußen zugefallen war. „Je reste à Neuchatel; j'ai eu l'occasion de connaitre les avantages dont on peut jouir dans cette ville, tant par rapport à la société des gens de bien qui y sont en grand nombre, que par ce qui regarde la piété et le grand zèle qui s'y trouve, et par les excellentes prédications qu'on y entend." (Damals predigte J. Fr. Osterwald in N.) 1716 wurde er von seinem Tochtermann Baufain nach Morges gezogen, welcher in der Nähe von Genf leben wollte. Als Baufain 1717 starb, wurde ihm um seiner Frömmigkeit und ·seiner Wohl-

thaten willen auf Kosten der Stadt ein ehrenvolles Begräbniß zu Theil, wogegen Mirmand im Namen der Familie
dem städtischen Spital 1000 Gulden schenkte. Zufrieden
mit den spärlichen Resten seines geretteten Vermögens benutzte
er die von Preußen ihm bewilligte Pension nicht. Er starb
1721. **

Vierter Abschnitt.

Bemühungen der Schweizer für auswärtige Niederlassung der Flüchtlinge.

---

29. Die Noth der Schweiz.

Die abwechselnden und immer wieder sich erneuernden Wanderzüge der Flüchtlinge verursachten den evangelischen Orten der Eidgenossenschaft mehr Sorgfalt, Kosten und Mühe, als wenn bleibende Niederlassungen erfolgt wären. So hatte Bern von den 6000 Personen, welche ihm Jahrzehnte lang ab- und zuströmten, immer volle 2000 auf Kosten des Staates und der Bürger zu unterhalten; und gerade diese Unterstützungsbedürftigen erforderten um so größere Opfer, weil sich unter denselben viele Kranke befanden und ein Theil derselben den höhern Klassen angehörte, wie Geistliche, gewesene Beamtete, Adelspersonen ꝛc. Da die Bessergestellten und Wohlhabenden größtentheils im Welschland verblieben, so fielen auf die deutschen Kantone die minder Begünstigten: so hatte Zürich von seinem Antheil an 600 bis 800 beständigen Niedergelassenen gewöhnlich zwei Drittheile auf öffentliche und Bürgerkosten zu erhalten. Namentlich aber erforderten die beträchtlichen Reisegelder, welche den Durchreisenden höherer Stände, die weiter keine Unterstützung verlangten, verabreicht wurden, große Opfer von Seite Zürichs. Die öffentliche Steuer zu Basel betrug in fünf Jahren von 1685 bis 1689 über

34,000 Pfund, wovon der Antheil der Landschaft nur etwa den achten Theil ausmachte. Verhältnißmäßig am meisten beläftigt war das Ausgangsthor Schaffhausen, deffen Ausgaben sich in Einem Jahre auf 29,149 Gulden beliefen, zwar aus dem zu diesem Behuf gebildeten eidgenöffischen Fond bezahlt, wozu aber Schaffhausen selbst einen Fünftel beigetragen hatte. [93]

Als der Prinz Wilhelm von Oranien 1689 zum König von England ernannt wurde, dienten ihm mehrere Regimenter französischer Emigranten, unter der Anführung Ruvigny's und Schombergs, und wirkten wesentlich mit zum siegreichen Kampf gegen die katholische Parthei. Während die französischen Krieger den König auf dem englischen Throne befestigten, legte er nicht mindern Werth auf die fleißigen Hände der Franzosen, um die veröbeten Güter der getödteten und vertriebenen katholischen Feinde namentlich in Irland zu bebauen. Daher gelangten zur großen Befriedigung der evangelischen Orte an dieselben von Seite Hollands und Englands viel versprechende Einladungen zur Uebersiedlung der evangelischen Flüchtlinge nach England, freilich stets mit Zumuthung von Opfern begleitet, welche nach den vieljährigen Leistungen der evangelischen Schweiz auffallend genug waren. Nicht davon zu reden, daß der feurige Peter Jurieu den 3. Sept. 1689 an seinen bei dem Schultheißen von Erlach in Bern beherbergten Landsmann Peyrol den Wunsch aussprach, die evangelischen Kantone möchten behülflich sein, wenigstens ein Kriegsschiff zur Verfügung zu stellen, um im Hafen von Nizza 8 bis 10,000 Franzosen aufzunehmen, und nach England zu befördern: stets wurde auch bei der Beförderung über Land von der Eidgenossenschaft mehr verlangt, als billig war. Ueberhaupt brängt sich die Wahrnehmung auf, daß die bescheidenen Schweizer mit ihren Versprechungen ängstlich und zurückhaltend waren, aber dann in der That mehr leisteten, als sie versprochen hatten, während die Fürsten sich in glänzenden und gnadenvollen Verheißungen gefielen, dann aber die armen Leute, welche der

Einladung folgten, oft in Noth und Elend brachten. So muß derselbe Jurieu im Sommer 1689 dem in Zürich sich aufhaltenden Mirmand berichten, daß 4—500 der Flüchlinge am Gestade von Holland lagern und vor Hunger verschmachten. „Die Deklaration des Königs von England, durch welche die Exulanten dahin geladen werden, hat einen guten Theil dieser Leute also verleitet. Ich habe ihm deßwegen geschrieben und Euer Schreiben überschickt, in welchem Ihr berichtet, daß 8000 Personen aus dem Schweizerland ehest nach England abzureisen gesinnet. Worüber J. M. mir geantwortet, daß sie sich dermalen dieses Geschäfts nicht annehmen können, allein dessen eingedenk sein wollten, wenn sie ihren Gesandten in der Eidgenossenschaft haben werden. Indessen aber leiden die Armen, und sind wir nicht im Stand, derselben Noth beizuspringen, zudem wir uns nirgends um milde Handreichung anzumelden wissen, zumal Alles erschöpft oder verschlossen ist." Noch viele Jahre lang sollte die Schweiz auf die gehoffte Entlastung harren, während vom Jahre 1691 an durch Mißwachs und Theuerung die Noth in der Schweiz groß wurde, vom Auslande aber die versprochene Beisteuer ausblieb, außer 5000 Gulden, welche Mirmand zur Erleichterung der Westschweiz aus der Kollekte von Hamburg einsenden konnte. Wohl eröffnete Ruvigny schon 1691 günstige Aussichten zur Niederlassung auf den ihm zugefallenen Gütern in Irland; als aber Mirmand an die Ausführung gehen wollte, fand er die Sache noch weit aussehend.

Wir haben gegenwärtig keinen Begriff vom frühern Nothstande der Schweiz bei Mißwachs und Theuerung, da dieselbe vom Auslande abhängig war, dieses aber nicht nur theils um zunehmenden Mangels, theils um politischer Feindseligkeit willen die Ausfuhr verweigerte, sondern sogar den Bürgern von Genf und Basel den Bezug der Früchte und Gefälle von ihrem rechtmäßigen Eigenthum vorenthielt. Die evangelische Schweiz betrachtete es daher als eine allgemeine Angelegenheit, als der Bischof von Annecy, der sich als Nachfolger des Bischofs von

Genf ansah, die bisher von Genf bezogenen Gefälle und Zehnten in der Landschaft Gex beanspruchte und vom Parlament von Dijon darin unterstützt wurde. Die evangelischen Stände ordneten 1687 zur Beihülfe Genfs in den Personen des Bürgermeisters Heinrich Escher von Zürich und des Venners Niklaus Dachselhofer von Bern eine außerordentliche Botschaft an den König von Frankreich ab. Allein die beiden ausgezeichneten und geschäftskundigen Magistrate konnten schon nicht zu den üblichen Ehrenbezeugungen gelangen, mit denen man sonst schweizerische Gesandte empfieng, namentlich aber wurde ihnen für Genf kein Recht und nicht einmal eine Audienz beim König zu Theil. Der Schluß des Gesandtschaftsberichtes enthält folgende ergötzliche Zurückweisung der höfischen Unverschämtheit. „1687 den 26. Dec. kamen um eilf Uhr die Herren Bonoeil und Giraud. G. brachte in das Logement offentlich einen großen ledernen Seckel, stellte selben auf den Tisch, zog zwei Ketten heraus, waren ungefähr neun Ellen lang, jede gegen 170 Louisd'or; an jeder war des Königs Bildniß. B. zeigte die eine Herrn B. M. Escher, hielt ihm die Medaille vor Augen, fragte, ob dieses nicht ein schönes Bildniß des Königs sei? Selbiger verehre ihm solche zum Zeichen der königlichen Benevolenz. Die andere zeigte G. Herrn Dachselhofer. Stellten neben diese Ketten auf den Tisch zwei Päckli mit Gold, jedes von ohngefähr 150 Louisd'or, mit Vermelden, es seien die Reisgelder; zugleich einen andern Seckel, darin unterschiedliche Present und Pfenninge für die Suite waren. Die H. Gesandten replicierten, es seien die Ketten und Pfenninge sehr schön; wären lieb und werth und kostbare Andenken ihrer Verrichtungen. Ja auch unansehnd die Verweigerung der früheren Ceremonien, wurden selbige auch ihren Nachkommen nicht unanständig sein, wann nur ein glücklicher Ausschlag und die Ehr an sie gewachsen wäre, den König zu sehen. Da aber der König sie nie gesehen, sie auch nicht kenne, folglich ein so kostbar Present und das geringfügig Tractament gegen einander nicht bestehen möge und dabei sich keine Proportion finde: stehe es nicht wohl, die Copie anzunehmen, da man das Originale nie gesehen habe." Ungeachtet Dringens blieben sie beim Abschlag: „Mit Nachtheil ihrer Ehre können sie ihren Privatseckel nicht spicken. Ihrer Herren und Obern Reputation sei ihnen lieber, als alle Schätze zu Versailles." [94a].

Wenn die angesehensten Magistrate der Schweiz von Frankreich dergestalt unverrichteter Sache heimgeschickt wurden, und ihre Ehre nur so weit wahrten, daß sie sich nicht wie Bedienstete und Miethlinge mit Gold abfinden ließen, so ist es der Meldung werth, daß in der damaligen Schweiz doch eine Korporation vorhanden war, die den Muth hatte, der Obrigkeit den Weg zu weisen, welcher der Ehre und Reputation des Vaterlandes allein angemessen war. Auf **Wilhelm von Oranien** beruhte die Hoffnung der Protestanten und der Freunde der Freiheit, und als es demselben gelang, sämmtliche Frankreich umgebende Staaten zu einem Kriegsbund gegen Ludwig XIV. zu vereinigen, erwachte die Hoffnung, sich des französischen Zwangs zu entledigen. Schon den 5. Jänner 1689 richtete daher Anton Klingler an der Spitze der Kirchen- und Schuldiener Zürichs eine Schrift an den Rath, mit der Aufforderung um **Heimberufung der Söldner aus Frankreich.** Worauf an demselben Tage die Antwort des Rathes erfolgte, „sie hätten es lieber gesehen, man hätte sie mit einer so unzeitigen Schrift verschont; sie hätten dergleichen nicht wohl überlegte Erinnerungen nicht verdient, und hoffen, man werde sie ins Künftige nicht damit belästigen." Allein das zürcherische Ministerium ließ sich nicht abschrecken, den 12. April eine neue, wieder von Klingler verfaßte Mahnung einzureichen, welche ihrem wesentlichen Inhalte nach also lautet:

„Es ist Euch bekannt, daß man alle Jahre viel Volk aus Euern Landen entführt, welches ungerechte Waffen ergriffen, den unbilligen Gewalt beschützt, den Arm des Gottlosen, der den Herrn fasset, gestärkt, und hingegen den Unschuldigen unterdruckt. Solche Volkswerbungen sind auch den vergangenen

Winter in der Grafschaft Kyburg, Freiherrschaft Sax, im Freiamt, am Zürich See und andern Orten vorgelaufen, und hat
man nicht wenig Volk weggeraubet, welches auf die Fleisch-
bank geliefert worden. Welche Gattung zu kriegen nicht allein
von unsern frommen Altvordern, sondern auch von Frömden,
Fründen und Feinden, Militia mercenaria, ein Miethlings-
krieg, eine Kriegsdienstbarkeit genennet worden, die zuwiderlauft
dem Willen so vieler Eltern, Eheweibern, Kinder, denen ihre
Kinder, Ehemänner und Väter geraubt und entführt werden.
Betrachtet den Schaden der in französischem Dienste stehenden
Eidgenössischen Völker. Sind sie nicht gemißbraucht worden
wider das deutsche Reich, wider protestantische und reformierte
Stände und Städte in Deutschland, haben sie nicht wider die
Reformierten in Churbrandenburgischen Landen und insonderheit
wider die vereinigten Provinzen in Niederlanden gestritten,
als Unchristen, die von Gott und seinem Wort nichts wüßten?
Sind nicht Viele so gottlos gewesen, sich in dem Bartholomäus
Blutbad und in der letzten Verfolgung in den Cevennen und
in Vivarais gebrauchen zu lassen? Haben sie nicht jüngst unten
am Rhein bei Coblenz wissen- und gottloser Weise wider die
reformierten Hessischen Völker und ihren Heerführer, den Grafen
von Lippe, gestritten? Leiden sie nicht die Seelengefahr, indem sie keine Feldprediger mehr haben oder von denselben
nicht können besucht werden, insonderheit diejenigen, so unter
papistischen Hauptleuten stehen; werden sie nicht, wenn verwundet und krank, in den Spitälern zum Abfall gezwungen,
oder als Ketzer daraus verstoßen? Wird die sonst lobliche
Eidgenossenschaft nicht bei allen Nationen und Ständen der
Welt verschreit werden, als ein viehisches, geldfräßiges Volk,
das Geld nehme und dem leidigen Satan diene, welches die
Franzosen selbst und königliche Minister in öffentlichen Schriften auf die schändlichste Weise schmähen und lästern? Aus
diesen Gründen haben unsere Standesvorfahren, Zwingli und
Bullinger, Breitinger und Ulrich, von Zeit zu Zeit diese französischen Kriegsdienste eifrigst widerfochten. Demnach bitten

wir Euch, um Gottes, der ganzen reformierten Kirchen, um
des Vaterlands Wohlstand und Euers Hohen Standes Ehre
willen, daß ihr euer in französischer Ungerechtigkeit stehendes
Volk anschauen und euern starken Arm ausstrecken wollet zur
Zurückziehung dieser Völker. So groß aber die Seelengefahr
dieser Leute, eben so groß ist die Gefahr für die Ruhe des
Vaterlands: denn diese Truppen berauben uns der Garantie
unserer Neutralität, indem sie den Arm dessen stärken, der
Aggressor und Oppressor, der meineidiger Weise den Frieden
gebrochen und mit unmenschlicher Grausamkeit gegen die Pfalz
gewüthet. Werden durch den Kriegsdienst unserer Völker nicht
alle Feinde Frankreichs auch unsere Feinde? Kann dabei die
Erbeinigung mit dem Haus Oestreich bestehen? Könnte dasselbe, wenn wir es bekriegen helfen, uns nicht den Commerz
aufkünden, die Zölle steigern, das Salz verwehren, ja den
Krieg ankünden?"

„Wie kann es bei solcher Bewandtniß uns schwer fallen,
unsere Völker vom französischen Kriegsdienst abzuhalten und
zurückzurufen, zumal Frankreichs Waffenführung geschieht wider
das Reich, entgegen dem Frieden von Osnabrück und Münster
und demjenigen von Nimwegen. Wie mögen die evangelischen
Orte Bedenken tragen, ihre Völker heimzuberufen aus der
Hand dessen, der den Unschuldigen unterdruckt, der aus seinem
eigenen Reich so viele tausend Seelen verjagt, getödtet und in
den Gewissenszwang gebracht hat, so viele Kirchen und Schulen
zerstört und den Piemontesischen Kirchen den Garaus gemachet;
der der Eidgenossen Feind ist, wenn er will, und Freund, wenn
ers nöthig und ihres Volkes bedarf, welches er dann wider
den Bund und dessen Beibrief mißbraucht. Wie wollet Ihr
Bedenken tragen, Euer Volk, sowohl die Kraft des Bundes,
als die in Freicompagnien unter den französischen Waffen stehen,
heimzuberufen? Sind selbige nicht eure Angehörige, sind ihre
Familien, Hab und Gut nicht unter euerm Schutz und Schirm?
Wie lange wollet ihr dulden die unerträgliche Unbescheidenheit
euerer Burger, welche bisher einem unschuldigen Volk den Fuß

auf den Hals gesetzt, da ihr genugsame Mittel habet, euern
Unterthanen die Waffen zu entwinden, solches auch als ein
souverainer Stand und kraft des Pensionenbriefs und insonderheit des zweiten Beibriefs zu thun verpflichtet seid, weil die
Freicompagnien geworben und gebraucht werden wider den
Bund und weil noch heut zu Tag die Verfolgungen fortdauern,
deßwegen der König vermöge des Beibriefs schuldig, die Völker
zu zahlen und, in Sicherheit heimziehen zu lassen. — Solches
ins Werk zu setzen, sonderlich so eine Stadt Zürich allein stehen
sollte, mag bedenklich und schwer sein, namentlich wenn wir
des Königs Natur betrachten. Es ist aber noch viel schwerer,
in dieser Gottlosigkeit und in unmenschlichem Blutvergießen zu
verharren. Trauet und fürchtet Gott, den höchsten Potentaten,
der Euch in euerer gerechten Sach nie verlassen wird; begehret
nicht Gott und dem Mammon zu dienen. Mag auch die Zahl
der Eurigen gering sein, es sind doch Zürcher, ihre Hauptleute
und Führer sind Zürcher: errettet ihre Seelen. Bleiben Ungehorsame zurück und folgen Euch nicht, so bleibt ob ihnen die
Straf und ihr habt Euch der Standessünden und Blutschulden
entschüttet. — Wolltet ihr aber zur würklichen That eine be-
quemere Zeit erwarten, wann etwa die englische und holländische Macht ihren Fuß auf französischen Boden setzen und
euch also völlige Gelegenheit zur Revocation euerer Völker
geben möchten: lasset Euch nicht irren, dann würde sich Frankreich darauf berufen, daß ihr zum Schutz des Reiches verpflichtet seid, und Euch wider die Schirmer und Retter der
Kirche Gottes und wider die unterdruckten Glieder derselben
verwenden. Würde der König nach geschehenem Einfall nicht
viel heftiger erzürnt; wäre es nicht ehrlicher und christlicher,
durch eine offene Declaration vor aller Welt zu bezeugen, daß
wir an solch ungerechtem Krieg Mißfallen tragen, und deßwegen bei Lebensstraf und Verlierung des Vaterlands allen
Unsrigen gebieten, von Stund an solchen Kriegsdienst zu verlassen und des Vaterlands zu warten?. In solchem Fall könnte
eine reformierte Eidgenossenschaft gleichwohl in des Königs

Freundschaft verharren, und im Fall die Feinde in das Herz Frankreichs eindringen würden, könnte die Eidgenossenschaft sich dazwischen legen und der Rache ein Ziel und Maß stecken, oder so die Feinde das Maß überschreiten und den Bogen zu stark spannen würden, alsdann mit Nachdruck, kraft des Bundes, Beistand leisten. Ohne das bleibt die Defension Frankreichs ungerecht, wider Gott und die wahre Staatsweisheit."

Bei den Kriegserfolgen des großen Bundes gegen Ludwig XIV. wurde nun der Rath umgestimmt, so daß derselbe in seiner Antwort vom 29. April den Geistlichen seinen einhelligen Dank „für solche treue und wohlmeinende Sorgfalt" aussprach und bezeugte, „daß sie es ihnen eifrig angelegen sein lassen werden, zu vergaumen, daß kein Volk mehr aus ihrem Land in frömbde Kriegsdienst geführt und die Ungehorsamen abgestraft werden." Beim Waffenglück Oraniens in England im Jahre 1690 ließ sich der Rath von Zürich herbei, den 2. Herbstmonat wirklich ein Verbot des fremden Kriegsdienstes ausgehen zu lassen. Allein dasselbe blieb auf dem Papier und wurde weder von den Behörden noch vom Volke im Ernst genommen.[94b]

Da die Schweiz auch in guten Jahren kaum so viel Getraide erzeugte, als die eigene Bevölkerung bedurfte, so erfolgte in Fehljahren alsbald eine unverhältnißmäßige Steigerung der Preise und daher Theuerung. Der Zuwachs von 10,000 Fremden während der achtziger Jahre des siebzehnten Jahrhunderts erforderte also auch in günstigen Zeiten außerordentliche Opfer, so daß die Last am Ende unerträglich wurde, indem wenigstens ein Drittheil der Flüchtlinge hülfsbedürftig war, und auch diejenigen, welche aus eigenen Mitteln oder durch ihrer Hände Arbeit sich ernährten, gleichwohl die Lebensmittel vertheuerten. Darum faßte Bern schon 1689 den Beschluß, daß diejenigen unter den Flüchtlingen, welche nicht aus eigenen Mitteln leben können, das Gebiet zu verlassen haben, außer Alte und Gebrechliche; auch Zürich erließ eine gleiche Aufforderung. Allein noch sah sich der König von England durch den Krieg gehindert, sein Versprechen zu erfüllen, und in Brandenburg und Würtemberg fand unterdessen nur eine kleinere Zahl Aufnahme und Niederlassung. Denn von 900 Personen, welche 1690 von Zürich abgiengen, waren nur 15 Personen, welche nicht Reisegeld bedurften, während 635 Personen zurückblieben, wovon 400 in der Stadt. Von den in der Stadt Niedergelassenen erhielten sich 139 Personen durch Handarbeit, 115 Personen fanden ihren Unterhalt als Kaufleute oder durch eigene Mittel. 26 Personen wurden von Bürgern besorgt, namentlich von der Familie des Bürgermeisters Heinrich Escher.

Als 1693 das Kriegsglück auf dem Meere sich zu Gunsten des Königs von England wandte, wollte dieser sein längst gegebenes Wort halten und beauftragte Ruvigny, den Abgang von 600 Familien, zunächst aus dem Schweizerland, durch Mirmand nach Irland zu besorgen. Allein ein neuer Einbruch der Franzosen in Deutschland verhinderte die Abreise. Unterdessen speiste der Englische Gesandte in der Schweiz die evangelischen Stände mit schönen Worten ab: „Toute l'Europe, mais particulièrement la Protestante, Voit avec éloge ce que Vous faites en faveur des Refugiés, et entre dans la juste reconnaissance qu'elle vous doit." Auf den Notschrei der evangelischen Orte läßt sich endlich der Abgesandte Hervart herbei, mit der Exulantenkammer in Zürich eine vorläufige Verabredung über die Abfertigung der Flüchtlinge zu treffen. 1. Der König von England nimmt 4000 von den in der Schweiz befindlichen Exulanten in Irland auf, „mehr aus Arbeitsleuten bestehend". 2. Nach einem Jahre will er auch die Uebrigen in diesen Landen Verbleibenden oder die Nachkommenden aufnehmen, nachdem die ersten im Stande sein werden, den Nachfolgenden Arbeit zu verschaffen und Handreichung zu thun. 3. Die Leute machen die Reise über Lindau, Wangen, Leutkirch, Memmingen, Heimendingen, Illertissen, Ulm, Giengen, Nördlingen, Oettingen, Gunzenhausen, Schwabach, Nürnberg, Fürth, Windsheim, und dann auf dem Main nach Frankfurt. — So sollen die armen Leute aus Furcht vor Frankreich und wegen unfreundlicher Verweigerung Oesterreichs, statt über Basel dem Rheine nach, quer durch die ganze Schweiz und im großen Bogen durch Süddeutschland nach Frankfurt geführt werden! Dabei wird der evangelischen Schweiz zugemuthet, die Kosten dieser umständlichen Reise bis Frankfurt zu bestreiten, in Erwartung, daß Holland und die deutschen Fürsten die Pilger bis ans Meer unterhalten. Allein selbst dieser Vertrag bleibt ein leeres Wort, da weder England noch Holland die Ausführung desselben garantieren wollen.

30. Vertröstungen des Auslandes.

Bei dieser trostlosen Lage schreibt Bern den 9. Sept. 1693 an Zürich: „Nachdem wir mehr wörtliche Vertröstungen als vertröstende Erleichterungen zur Hülfe gehabt, beharren wir auf der Fortsendung der Exulanten, da es so weit gekommen, daß unsere Landeskinder nicht nur zu Haushaltungen, sondern zu Haufen- und Dorfschaftenweise ihr Vaterland mit dem Rücken ansehen, und mit nicht minderer Ungewißheit als die Exulanten ausziehen, ohne weitere Handreichung." Und wirklich klagt der Stadtschreiber Speißegger an Zürich: „In Schaffhausen sind mit den Exulanten von Genf Berner Unterthanen angekommen, aber mit nichts auf die fernere Reise versehen, als mit Vertröstung auf Schaffhausen." Doch Bern will „bei gleicher Theilnahme der übrigen evangelischen Stände die noch nicht Abgeschickten über Winter behalten, wofern die beiden Envoyés (Hervart und Vallenier) für Versendung im Frühling Vorsorge treffen." Vallenier verweigert im Namen Hollands die Aufnahme neuer Flüchtlinge, will aber den evangelischen Ständen zur Beförderung im Frühling mit 16,000 Thalern behülflich sein, und England anerbietet zu gleichem Zwecke 2000 Pfund.

Den 24. October meldet Genf an Zürich: „Unsere öffentliche Kornspeicher, aus denen unser Volk und fünf bis sechs Tausend Flüchtlinge seit mehrern Jahren gelebt haben, sind beinahe erschöpft, da wir gegenwärtig 12 bis 14,000 Personen Brot zu verschaffen haben. Aber um keinen Preis ist hinlängliches Korn zu bekommen, da den Genfer Bürgern gänzlich untersagt ist, das auf ihren Gütern in Savoyen und Gex befindliche Korn zu beziehen. Die Lage ist so traurig, daß wir uns genöthigt sehen, Frauen und Kinder zum nöthigen Unterhalt anderswohin zu versenden, und schon ist ein Theil unserer Leute gezwungen worden, mit den Flüchtlingen aus- zuwandern. Noch fallen uns nebst den Kranken und Gebrech- lichen, welche nicht versendet werden können, 4000 Flüchtlinge zur Last. Daher bitten wir, nicht auf dem Verbleiben der Flüchtlinge zu bestehen, dagegen uns Hand zu bieten mit Ver- leihung von Korn, das zurück gegeben oder bezahlt werden soll."

Im Januar 1694 lud der Vorort, auf Verlangen Berns, die vier übrigen evangelischen Städte zu einer Konferenz nach Zürich ein. Die Gesandten von Zürich waren Bürgermeister Heinr. Escher, Statthalter J. Rud. Steiner, Seckelmeister J. Heinr. Waser, Obmann Kaspar von Muralt und Stadt- schreiber J. Heinrich Rahn; von Bern deutsch Seckelmeister Bernhard von Muralt und Zeugherr Emanuel Steiger; von Basel Obristzunftmeister Balth. Burckhardt; von Schaffhausen Statthalter Hs. Konrad Wepfer; von St. Gallen Zeugherr Hs. Konr. Fels. Bern eröffnete, daß es die 6074 Personen der Flüchtlinge, von denen 1900 durch den Staat aus Almosen und Steuern erhalten werden, nicht länger ertrage, da die übrigen evangelischen Stände ihm dieselben weder abnehmen, noch Korn liefern können. Die vier Städte vereinigten sich in dem Be- schluß zu einer Beisteuer von 15,000 Gulden an Bern zur Weiterbeförderung der Exulanten, woran Zürich 5850, Basel 3750, Schaffhausen 3450, St. Gallen 1950 Gulden beitragen. Bern liefert die Leute kostenfrei nach Brugg und bezahlt nebst den übrigen Städten sein Kontingent zur Abreise von Brugg nach Schaffhausen. Zur Versendung unterhalten Zürich, Bern und Schaffhausen jedes einen Kommissär. In Schaffhausen wird ein Fond von 3000 Gulden für Reisegelder niedergelegt, zu welchem Zürich 750, Bern 1065, Basel 480, Schaffhausen 450, St. Gallen 255 Gulden beiträgt, mit Wiederholung dieser Summe bis zu Ende der Versendung. Die Oberleitung des Geschäfts wird dem Stadtschreiber Speißegger übertragen, mit welchem die einzelnen Kommissäre und die Zugführer der verschiedenen Truppen in Korrespondenz stehen. Eine erwachsene Person erhält als Reisegeld 3 Thaler, ein Kind 1 ½ Thaler, angesehene Leute nach Anleitung Berns größere Beiträge. Dieses Viatikum erhalten nur die Exulanten, nicht aber die Auszüger aus den eidgenössischen Landen.

Als nun der Frühling und die Zeit des verabredeten Aufbruchs gekommen war, überraschte Ruvigny die Stände mit der Entschuldigung, daß England das versprochene Geld für die Exulanten nicht aufbringe und der Churfürst Friedrich von Brandenburg kommt mit der Bitte, die evangelischen Stände möchten die Exulanten noch ein Jahr lang behalten. Dagegen erweisen die evangelischen Stände, und voraus Bern, eine rührende Langmuth und Erbarmung. Da die erste Sendung den 15. April 1694 hätte geschehen sollen, verschob Bern dieselbe, damit die Exulanten über die Osterzeit ruhig das heilige Abendmahl genießen können, und erhöhte wegen der Theuerung das Viatikum von 3 auf 4 Thaler. Der Aufbruch der ersten Schaar, ohne bestimmtes Ziel, obgleich Hessen-Darmstadt sich zur Aufnahme von 40 Familien bereit erklärt hatte, war ein leidenvoller, daher schrieb Bern den 12. Mai an Zürich: „Gleich wie der jammervolle Zustand, in welchen die französischen Flüchtlinge durch die Verschickung aus unsern Gränzen angefangener Maßen gesetzt wurden, uns das Herz erweicht: also haben wir auf deroselben, auch äußerer Orten her einkommene flehentliche Bitten uns bewegen lassen und entschlossen, nach unserer hievor zu Aarau gethanen Deklaration den halben Theil gedachter französischer, hinter uns befindenden, und nun seit zehen Jahren daher verpflegten Exulanten noch ein Jahr lang in unserer Stadt und Landen zu behalten, und den ferneren Aufenthalt zu Bezeugung unsers Mitleidens zu vergönnen, dafern wir und die Unsrigen um den übrigen halben Theil entladen und hiemit Ihr und die übrigen evangelischen Stätt, nach vielfaltig contestiertem Mitleid, dieselben aufzunehmen und zu versorgen über Euch nehmen werdet." — Die Gesandtschaft von Basel, Christof Burkhardt und Hs. Jakob Merian, meldet den 13. Juli 1694, Bern habe auf der Tagsatzung zu Baden Folgendes vorgebracht: „Sie hätten hinter ihnen über 7000 Exulanten, welche nicht allein ihren Vorrath an Frucht, der sehr beträchtlich gewesen, consumiert, sondern auch sonsten, indem sie allen Handwerksleuten und Negotianten unleidlichen Eintrag thügen und das Brot gleichsam vor dem Maul weg-schneiden, solche große Ungelegenheiten ausgestanden, daß es an vielen Orten ihres Lands zu einem gefährlichen Aufstand aus-schlagen wollen, und bereits etliche hundert Mann unter den Waffen gewesen. Zudem käme noch, daß der liebe Gott vor etlichen Tagen ein so schweres Hagelwetter über einen großen Strich Lands, welches von Bern aus bis gen Genf Alles ver-schlagen, gegangen, daß sie ihren Leuten der Enden mit Frucht zum Anblümen und zur Subsistenz nothwendig zu Hülf kommen müssen." Gleichwohl beharrt Bern bei dem Anerbieten, die Hälfte der Flüchtlinge weiter zu unterhalten. Aber die übrigen Städte erklärten, daß es ihnen bei der gegenwärtigen Theue-rung unmöglich sei, zu den bisher beherbergten Flüchtlingen noch neue zu übernehmen. Weil es von der größten Wichtig-keit war, auf das edle und großmüthige Bern stets einen ge-winnenden und bestimmenden Einfluß auszuüben, bildeten ge-wöhnlich die angesehensten unter den französischen Flüchtlingen in der Schweiz die Vorsteherschaft der französischen Kirche in Bern. An der Spitze dieser Vorsteher stand lange Jahre der Pfarrer Moses Hollard und neben ihm Isaak Ber-mond und Besombes, und als Aelteste der Sohn des frühern General-Deputierten Arsilliers, die Advocaten Jean Sci-pion Peyrol und Laurent Domerc, der Pariser Kaufmann Peter Mesmyn als Schatzmeister und der vieljährige Schreiber

Peter Mourgues, von welchem eben so vortrefflich stylisirte als mit wahrhaft künstlerischer Schönheit geschriebene Akten herrühren. Den bringenden Bitten dieser ausgezeichneten Männer konnte Bern nicht widerstehen. Den 23. September 1694 übernimmt daher Bern noch für ein Jahr die Verpflegung der in seinem Gebiet befindlichen Flüchtlinge; dagegen verpflichtet sich Zürich zu einer Beihülfe von 10,000, Basel von 5000, Schaffhausen von 3000 und St. Gallen von 1200 Gulden. Neben dem Unterhalt der eigenen Flüchtlinge und dieser Beisteuer an Bern hatte jährlich jede der evangelischen Städte der Eidgenossenschaft noch mancherlei andere Opfer für nothleidende Kirchen ihrer Konfession zu bringen. So berichtet Basel im gleichen Schreiben an Zürich, worin es seine Beisteuer an Bern mit 5000 Gulden erklärt, daß bei der Jahresrechnung beschlossen worden, die bisher dargereichten Pfarrabbidamente an drei hessische Gemeinden weiter zu bezahlen, dem an den dänischen Hof zur Befreiung der Galeerensclaven gesandten Herrn Le Fevre 100 Thaler beizusteuern, zur Subsistenz der Churpfälzischen Kirchen- und Schul-Diener 2000 Thaler und dem Prediger zu Wilhelmsdorf in Bayreuth auf 3 Jahre 100 Thaler jährlich darzureichen. Diesem gelegentlichen Berichte ließe sich jedes Jahr das Verzeichniß von einer großen Zahl von Beisteuern beifügen, welche theils von der evangelischen Konferenz insgemein, theils von den einzelnen evangelischen Orten an auswärtige reformierte Kirchen verabreicht wurden.

Außer den angeführten Beiträgen der evangelischen Städte für den Unterhalt der Flüchtlinge im Berner Gebiet ließen sich auch die übrigen evangelischen Lande und Städte zu Liebesgaben herbei: Glarus steuerte 900, Appenzell 666, Mülhausen 1066, Biel 300, Winterthur 166, Graubünden (welches zwar aller Orten Exulanten beherberge) 974, Bergell 161, einige Gemeinden in Prettigau 167, eine einzelne Bündner Dame 111 Gulden.

Der Ernst und die Frömmigkeit, welche die französischen

Frauen bewogen hatten, die Heimat und das Besitzthum zu
verlassen, scheinen Einzelne derselben nicht gegen die Mode-
gelüste ihrer Zeit geschützt zu haben; denn mit Mißfallen ge-
denkt die Obrigkeit der Weibspersonen der Exulanten, welche
durch übertriebene Kleiderhoffahrt der Ehrbarkeit großes Aergerniß geben, daher diejenige von Zürich befahl, „sich der gefärbten
Bänder, großer Spitzen, der ob Haupt und Stirnen heraus-
hangenden fontanges und an den Hauben zu groß aufgenähten
canons, der an den Hembärmeln angehefteten engageantes,
des Tragens aller Perlen gänzlich zu müssigen, sich dem Stand
gemäß einer ehrbaren und anständigen Kleidung und Coiffures
zu befleißigen." Den Bemittelten unter den Ungehorsamen
wird Strafe, den Unbemittelten Entzug der Unterstützung ge-
droht. Bern schritt noch schärfer ein und ließ einigen Französinnen auf der Plattform den Kopfputz abnehmen, und verbot überhaupt „auffallende Weibertrachten". Aber auch die
französische Schweiz war nicht gewillt, eine mit der einfachen
Landessitte im Widerspruch stehende Mode zu dulden, daher
die Vorsteherschaft von Lausanne gebot: „Pour éviter et
retrancher l'abus qui se fait en cette ville, d'avertir les personnes des deux sexes à ne plus porter aucuns galons d'or
ou d'argent; en outre, le genre féminin à mettre bas cette
mode de porter ces grands peignoirs, et dentelles extraordinaires à iceux, et aussi ces manchettes ez coudes, et
dentelles ainsi longues et pendantes, ains (mais) se ranger
à l'humilité."

Seit 1693 schwiegen Holland und England mit ihren
Anerbietungen der Aufnahme der Flüchtlinge in Irland, und
hielten eben so wenig die Versprechungen, die evangelische
Schweiz mit Hülfsgeldern zu unterstützen; denn bei dem Wechsel
des Waffenglücks erfüllten sich die Hoffnungen nicht, welche
Wilhelm von Oranien von einer europäischen Kriegs-Koalition
gegen Ludwig XIV. erwartet hatte, indem er den König
demüthigen und der protestantischen Sache empor helfen wollte.
Es war ein kleiner Trost, daß Ruvigny 1695 ein halbes

Jahr lang in Vivis 70 Flüchtlinge erhielt, und einer edeln Waisenmutter Morel möglich machte, daselbst 15 Kinder auf seine Kosten zu erziehen. Von 1694 bis 1697 trug die evangelische Eidgenossenschaft in drückender Zeit den Unterhalt der Flüchtlinge, und wenn Einzelne in andern Ländern Aufnahme fanden, so wurden die Zurückbleibenden durch neue Flüchtlinge aus Frankreich, oder durch solche vermehrt, welche aus Deutschland nach der Schweiz zurückkehrten.

Wie gut übrigens die evangelische Schweiz in einer schweren Zeit ihre Liebespflicht an den bedrängten Glaubensgenossen erfüllte und mit welcher Anhänglichkeit diese dem sie beschützenden Lande zugethan waren, geht aus folgendem Umstande hervor. Den 28. Juli 1696 erschien ein Abgeordneter des Markgrafen von Bayreuth in Bern, mit der Eröffnung, daß 200 Exulanten-Familien, welche sich selbst erhalten können, in jenem Fürstenthum Aufnahme finden. Statt diese erwünschte Gelegenheit zu ergreifen, sich eines Theils der Last zu entledigen, überließen die evangelischen Städte die Entscheidung den einzelnen französischen Kirchen und nahmen ihre Gutachten entgegen. Das Konsistorium von Bern fand, arbeitsfähige Leute befinden sich besser an den gegenwärtigen Aufenthaltsorten, weil die Bemittelten ihren Landsleuten entweder durch Arbeitsaufträge, oder durch theilweise Unterstützung am Besten nachhelfen können, während durch Abzug der Arbeiter die Zahl der Unterstützungsbedürftigen zunehmen müßte. Die französische Kirche in Zürich mißbilligte ebenfalls diese Unternehmung, weil die Reichen und solche, welche Fabriken errichten können, nicht die Verpflichtung übernehmen wollen, die mitkommenden Armen zu unterhalten. Auch finden sie nicht genug Handelsfreiheit und scheuen sich, von Edelleuten abhängig zu werden. Bevey berichtet, das Schicksal der früher nach Erlangen Ausgewanderten schrecke diejenigen im Waadtlande ab, sich einem ähnlichen Elende auszusetzen. Basel meldet, da unter den dortigen Exulanten weder Kaufleute noch Fabrikanten seien, so fehle es denselben an Mitteln, auswärts Manufakturen zu errichten. Von den Flüchtlingen in Schaffhausen hat keiner weder Mittel noch Luft, sich nach Bayreuth zu verfügen. Und so kam diese Auswanderung gar nicht zu Stande.[95]

31. Neue Verfolgung der Waldenser.

Wir kehren zu den Waldensern zurück, welche wir nach der vollbrachten „glorieuse rentrée" in Savoyen verlassen haben. Als sie auf den Höhen des Thales St. Martin angelangt waren, betrug das Heldenhäuflein noch 700 Mann, welches anfangs Streif- und Eroberungszüge in die Thäler von Luzerne und Agrogne machte, aber bald durch die savoyischen Truppen, denen 2000 Franzosen zu Hülfe kamen, in die Bergfeste Balsiglia zurückgetrieben wurde, wo dasselbe, noch 400 Mann stark, unter Arnauds tapferer Führung, bis in den Monat Mai 1690 gegen den überlegenen Feind, sowie gegen Hunger und Kälte sich erwehrte. Unterdessen fand es die eigennützige Politik Viktor Emanuel's gerathen, sich der großen Koalition gegen Ludwig XIV. anzuschließen, weil er von derselben größere Vortheile für sich und sein Land erwartete. In Folge dessen gewährte er den Waldensern den Frieden und nahm Arnaud wohlwollend in der Hauptstadt auf. Daher schrieb Arnaud den 6. Juli 1690 aus Turin an seinen Landsmann Du Cros in Zürich: „J'exhorte et prie tous les refugiés et autres qui aiment l'avancement du Regne du fils de Dieu, de se joindre à nous, il ne manquera ni terres, ni argent, ni biens, et il est temps qu'on rétablisse la sainte Sion. J'ai passé pour un téméraire et imprudent, cependant l'événement fait voir, que c'est Dieu qui fait toutes nos affaires, et le pauvre Arnaud est avec les généraux et aimé de tous." — Diesem Aufruf folgten alsbald die noch in der Schweiz sich aufhaltenden Waldenser und selbst ein Theil derjenigen, welche schon nach Deutschland aufgebrochen waren. An der Spitze dieser entschlossenen Leute, durch französische Flüchtlinge verstärkt, brach der vom Herzog zum Obersten

ernannte Pfarrer in das südliche Frankreich ein; allein die Ge=
schicklichkeit Catinats vereitelte die anfänglichen Erfolge Savoyens.
Als nun der Herzog von Seite der Verbündeten, welche ihm
statt aller Hülfe nur Ruvigny, als Lord Galvay, mit einem
Regiment französischer Flüchtlinge zugesandt hatten, die erwarteten
Vortheile nicht erfüllt sah, wandte er sich wieder auf die fran=
zösische Seite; und Ludwig XIV. legte so großen Werth auf
die Bundsgenossenschaft dieses Gränznachbars, daß er den Frieden
mit demselben durch die Rückerstattung der früher von Frank=
reich eroberten Provinzen, namentlich der Städte Pinerolo und
Casale, und durch die Vermählung der savoyischen Prinzessin
mit dem französischen Thronerben erkaufte. Während der Her=
zog im Mai 1694 seinen Waldensern, die sich tapfer für
ihn geschlagen hatten, den Frieden und den Besitz ihrer Güter
garantierte, gieng er zugleich im Vertrag mit Frankreich die
Verpflichtung ein, die Franzosen, welche sich in die Waldenser=
Thäler geflüchtet hatten, aus seinem ganzen Gebiete zu ver=
bannen. Diese Verbannung traf zunächst diejenigen, welche
Ruvigny mit bewaffneter Hand nach Savoyen begleitet hatten,
und deren Familien. In einzelnen Haufen langten gegen 200
Personen über den großen St. Bernhard am Genfersee an,
zum Theil Frauen und Kinder derjenigen, welche im Kampf
für Savoyen gefallen. Anfangs wurde ein Theil derselben
von Ruvigny zu Vivis unterhalten, bald aber erklärte dieser,
der weitere Unterhalt dieser Leute sei ihm unmöglich: und so
fiel die Last dieser neuen Ankömmlinge auf Bern. Darunter
waren 13 Officiere, welche sechs Jahre Savoyen gedient hatten,
nun aber entlassen wurden, nachdem ihnen die Uniformen und
das Gepäck abgenommen worden, so daß sie auf Kosten der
Schweiz weiter befördert werden mußten. Daher beliefen sich
die Auslagen, welche allein durch die Direktion der franzö=
sischen Kirche in Bern, der die Oberleitung für das ganze
Gebiet von Bern zustand, besorgt wurden, vom Frühling 1696
bis 1697 auf 48,572 Pfund, und diese Auslagen stiegen im
nächsten Jahr auf 49,054 Pfund.

Der Herzog hatte längere Zeit gegen den größten Theil der treu ergebenen und tapfern Franzosen, welche sich in den Waldenser Thälern niedergelassen hatten, Nachsicht geübt, bis Ludwig XIV. ihn den 1. Juli 1698 zum Befehl nöthigte, daß alle Franzosen in Zeit von zwei Monaten die Thäler zu verlassen hätten, unter Androhung der Todesstrafe und des Verlustes der Güter. Der König durfte diese Sprache führen, weil die gegen ihn verbündeten Mächte des mit wenig Erfolg begleiteten Krieges müde waren, und während des Krieges sich an den Mitteln so erschöpft hatten, daß sie für die armen Flüchtlinge vor dem Frieden von Riswyk und durch denselben nichts zu thun vermochten: daher der englische sowohl als der holländische Gesandte den evangelischen Orten erklären mußten, es sei für die in der Schweiz sich aufhaltenden Flüchtlinge weder die Aufnahme in Irland, noch eine Geldbeisteuer für deren Unterhalt möglich. Auch das sonst hülfreiche Branden-burg wußte für die Schweiz keine andere Auskunft als die Sendung eines der edelsten französischen Flüchtlinge, des Staats-rathes Karl Ancillon, der von Basel aus im Frühling 1697 folgende Vorstellung an den Bürgermeister Heinrich Escher in Zürich richtete, welcher die Nothwendigkeit der Entlastung der Flüchtlinge für die Schweiz gemeldet hatte: „En éffet, Monseigneur, ne sera-t-il pas surprenant qu'un corps aussi puissant que l'est le Helvétique Reformé soit demeuré immobile et tranquille à la vue du danger imminent où la Reformation se trouve dans une grande partie de l'Europe? Nos malheureux Compatriotes qui ont les yeux sur les Cantons Evangéliques, les voyants insensibles à leurs maux, perdront peutestre courage!, Nos Refugiés errants en divers Etats, qui ont compté sur les favorables éffets de Leur Intercession, et qui s'en sont promis un heureux succéz, se voyants trompés dans la bonne opinion qu'ils ont eû et frustrés d'une Espérance qui leur sembloit légitime et fon-dée, se lasseront peutestre de leur Exil et de leur Con-stance. — — Les Cantons Evangéliques ne doivent pas

douter que quand le zele catholique aura éteint la vérité
dans le Piedmont et dans la France, il n'unisse toutes les
puissances Romaines, pour la déstruction de la Religion et
du Gouvernement de Suisse. Si le Papisme remarque que
l'Interest de la Religion n'est point commun à tous ceux
qui la professent, il sera bien plus hardy à tout entreprendre; et si les autres Puissances Protestantes se trou-
voient alors à l'égard des Cantons Evangéliques dans les
sentiments où eux mesmes paroissent estre aujourd'huy à
l'égard des Reformés de France, il serait aysé de les sub-
juguer et de les détruire: Ce qu'à Dieu ne plaise: La Reformation divisée ne dureroit pas long-temps." Dieſer Vor-
ſtellung wird die bringende Bitte beigefügt, daß die evangeliſche
Schweiz ſich mit den übrigen proteſtantiſchen Mächten bei
Ludwig XIV. für die Exulanten verwende. Allein jeder Verwendung war zum Voraus durch den König der Weg abge-
ſchnitten, indem er bei den Friedensverhandlungen hatte erklären laſſen, daß kein einziger Flüchtling wieder in ſein Reich
komme, er habe denn vorher ſeine Religion abgeſchworen und
ſei geſinnet, in Frankreich als guter Katholik zu leben.

Demnach wenden ſich die Direktoren der franzöſiſchen
Kirche von Bern von Neuem den 23. Hornung 1698 an den
Rath, da ihnen keine Hoffnung weder zur Rückkehr nach Frankreich, noch zur Aufnahme anderswo übrig bleibe. Denn die
Zahl der Flüchtlinge nehme immer mehr zu als ab, zudem
ſeien nun auch noch die Piemonteſen hinzugekommen: ſo daß
die Zahl der Hülfsbedürftigen ·2000 überſteige. Dieſe ſeien
größtentheils Alte und Schwache, Witwen und Waiſen und
eine beträchtliche Anzahl von Geiſtlichen. Die Flüchtlinge
waren im Gebiet von Bern folgender Maßen vertheilt: Lauſanne 1505, Nyon 775, Morges 716, Vevey 698, Moudon
275, Aigle 231, Jverdun 214, Romainmotier 125, Bonmont
104, Echallans 102, Payerne 100, Granſon 36, Murten 13,
Bern 1117, Aarau 39, andere Orte 14: zuſammen 6104.
Darunter waren 2162 Hülfsbedürftige, welche alſo vertheilt

20*

waren: Bern beherbergte 784, Lausanne 462, Bevey 273, Nyon 192, Morges 138, Moudon 116, Aigle 85, Yverdun 59, Payerne 53 Personen.

Nun wurde die Schweiz im Sommer 1698 noch durch die Ausweisung sämmtlicher Franzosen aus Piemont überrascht. Bei der schon viele Jahre sie bedrückenden Last hätte sie die Gränze besetzen und die von Savoyen Vertriebenen zurückweisen können. Allein es erhob sich in der evangelischen Schweiz kein Gedanke, kein Versuch solcher Art. Das Staatsrecht und die Politik schwieg: es machte sich nur das Mitleid geltend, um die von Noth und Tod bedrohten Glaubensgenossen so bald als möglich zu retten. Die Zahl dieser vertriebenen französischen Waldenser betrug 2833 Personen, an ihrer Spitze sieben ·Geistliche, worunter Henry Arnaud. Der Herzog von Savoyen ließ die armen Leute in sechs Abtheilungen aus seinem Lande schaffen, entzog ihnen aber die nöthige Verpflegung, ehe sie den Mont Cenis überschritten hatten, daher Arnaud schrieb: „C'est un bien grand tort de nous avoir osté l'éstape sur le mont Cenis, après un ordre exprès du prince. On donne du pain aux chiens après qu'ils ont éstéz à la chasse, et nous, on nous chasse sans pain, après avoir bien servi. Mais les Messieurs de Genève nous consolent si fort par leurs logemens, chariots, argent, qui va à la rencontre, que ces soins nous font avaler nos amertumes." In der ersten Woche Herbstmonats langten die einzelnen Züge in Genf an, daher dieses den 7. Herbstmonat an Zürich schrieb: „Nous leur avons envoyé des gens à la rencontre pour pourvoir à leurs besoins, et dèz leur arrivée nous les avons logés dans nos maisons, en ayant encore actuellement près de 1500." Die ersten Züge waren schon über den See nach Morges geschickt zur Aufnahme in das Gebiet von Bern. Bern aber hatte schon den 3. Herbstmonat die menschenfreundlichste Bereitwilligkeit an Zürich ausgesprochen: „Nachdem wir dieser guten Leute elenden Zustand beherzigt und uns vor Augen gestellt, daß sie annoch kein sicheres Asylum wissen, der Winter aber herzunahet, und hiemit zu besorgen, wenn man evangelischer Seits schon auf der beschlossenen Ver- schickung verharren wollte, solche dennoch auf den Gränzen, wie vormals auch geschehen, wieder umkehren und alsdann mit größerer Unkommlichkeit uns auffallen wurden: So müssen wir bekennen, daß wir nicht sehen können, wie wir uns dieser Liebeslast, einmal diesen Winter über zu tragen, uns entziehen sollten. Solchenfalls wissen wir kein besseres Mittel, als die Personal-Abtheilung unter die L. evangelischen Orte zu Handen zu nehmen, da keine Möglichkeit, diese neben den französischen Refugierten in unsern welschen Landen unterzubringen, sonder- lich bei jetzt eingerissenem Mangel der Früchte selbiger Enden, da wir bereits Hülf zu thun ersucht und zu leisten benöthigt sind, dem bedrohlichen Eifer der Unsrigen wider die Fremb- linge beßter Maßen vorzukommen."

32. Großmuth Berns und Zürichs.

Ehe Berns großherziger Beschluß nach Zürich gelangt war, hatte auch dieser Stand für die Aufnahme neuer Flücht- linge sich entschlossen und daher sogleich einen Kommissär zur Abholung der Zürich zufallenden Abtheilung nach Bern und Nidau geschickt. Als Johannes Rahn sich beim Schultheiß Sinner in Bern meldete, vernahm er von diesem: „In ihren welschen Landen könnten sie keinen einzigen Mann mehr über- wintern, die Unterthanen beklagen sich höchlich wegen der Viele der daselbst wohnenden Franzosen und seien die Früchte um ein merkliches aufgeschlagen, beßnahen sie sich eines Aufstandes besorgen, und der Landvogt von Lausanne berichte, daß die Unterthanen sich wirklich zusammen rottieren." — Den 7. Herbst- monat bestätigte Bern seinen edeln Beschluß noch durch fol- gendes denkwürdige Schreiben: „Nachdem diese elenden Leute zu Nidau wirklich anlangen und wir dahero ihren erbärmlichen Zustand gründlich zu erkundigen Gelegenheit gehabt, erfindet sich, daß sie fast sämmtlich mittellos, ganz übel bekleidet, und der größte Theil in Witwen, Weibern und Kindern, auch vielen Kranken bestehet, und welches noch das größte Uebel ist, annoch zur Zeit nicht wissen, wo sie sich wenden, legen oder hinkehren sollen. Dahero uns dieser Leute jammert, und wir, die den wahren christlichen Glauben bekennen, und selbige anderst nicht als wahre Glieder und Gäste unsers Herrn Jesu Christi, die derselbe uns zu speisen, zu bekleiden und zu beherbrigen zur Prob unsers Glaubens zuschicket, anschauen können; In Maßen wir unsers Theils bei so bewandten Dingen befinden, daß wir uns vor jenem Richter schuldig dargeben müßten, wann wir die Seinigen ohne sothane mit Geschrei und Thränen von uns gesuchte und vor Gott schuldige Liebeswerk also postweise gleichsam nackend und bloß und nicht wissend wo aus, fortschaffen sollten, sonderlich dießmalen, da ihre Flucht in den Winter fallet: dero wegen, damit unser theure Glauben thätlich bezeuget und bei den Widerwärtigen nicht verlästert werde, haben wir uns unsers Theils in Gottes Namen einmüthig entschlossen, daß wir, die der liebe Gott bei heutigem Weltkehr zum Wunder aller Welt in Geistlicher und Leiblicher Freiheit, und wie wohl zu glauben, um seiner Gläubigen willen, als eine Ruhestatt und Niederlag erhalten, seinem Trieb und Fingerzeig nicht widerstreben, sondern, obgleich unsere Lande allenklich überfüllet, die möglichste Mildthätigkeit bezeugen, mit ihnen unser Brot theilen, und also nach bekannter Abtheilung den uns zufallenden Antheil aufnehmen, und den Winter über mit ihnen christliche Gedulb tragen wollen, nicht zweifelnd, denn daß der, auf den sie trauen und um dessen willen sie ihr Elend bauen, sie auch etwan bei bequemer künftiger Frühlingszeit an einen sichern Ort führen werde. Diese uns führende Gedanken und Entschluß haben wir nicht bergen, sondern in beßter und religionsgenössischer Wohlmeinung unverweilt Euch V. L. A. E. und übrigen Löbl. evangelischen Städten eröffnen wollen, nicht der Meinung, daß wir Euch einiges Ziel oder Maß vorschreiben, sondern was uns hiezu verleitet, andeuten, Euch aber Euerseits nach Euerm Befinden zu handeln billigst überlassen, mithin

aber auch benachrichtigen wollen, daß, was sich nach der Repartition über unser Contingent beläuft, wir selbige dennoch
nach Aarauischer Abred bis nach Brugg verführen und versorgen und zu Löbl. übriger eidgenössischer Orten gutfindender
Versorgung und Verantwortung übergeben lassen. Der Gott
der Barmherzigkeit erbarme sich Ihrer und unser und erhalte
uns sämmtlich fürbas in seiner Gnadenhut. — Gegeben in
unserer Großen Rathsversammlung — Schultheiß, Räth und
Burger der Stadt Bern." — Bern sorgt ferner dafür, daß
die Waldenser ohne obrigkeitliche Beschwerde unterhalten
werden, daher einzelne Rathsglieder sich bereit erklärten, bis
auf 10 Personen in ihren Häusern aufzunehmen. Zugleich
suchte man dem Wunsche der Waldenser zu entsprechen und
denselben den übrigen Orten zur Berücksichtigung zu empfehlen,
daß, wie sie nach Dorfschaften und Kirchhören ausgezogen, man
sie auch in solcher Weise, so weit es immer thunlich sei, beisammen lasse, um einander in ihrem Elend desto tröstlicher
beizustehen. — Den 8. Herbstmonat schrieb das mit Bern
völlig gleichgesinnte Zürich an Basel: „Wann wir des nähern
beherziget, die geschwinde (schwankende, bedrohliche) und unge-
legene Zeit, darein die Emigration fallet und den erbärmlichen
Zustand dieser guten Leute, so mit uns Glieder sind Eines
Leibes, dessen Haupt ist Christus, nach welches theuren und
ernstlichen Befehl uns, die wir durch seine unverdiente Gnad
allein zum Wunder der Welt bis dahin aufrecht verblieben,
die Armen zu beherbergen und mildreich zu trösten obliegt: so
haben wir aus diesen so träfen Ursachen uns zur Personal-
Repartition bewegen lassen. — Der Allerhöchste, der diesen
guten Leuten eine treue Rechnung haltet, zeige aller Orten,
daß man die Difficultäten mit Liebe und Gebuld ertrage, und
lasse uns nicht ermüden, unter seiner fürwährenden Gnaden-
bewährung seinem bedrängten Zion eine tröstliche Zuflucht zu
sein."

Nach der Vertheilung fielen auf Zürich 701, Bern 995,
Basel 448, Schaffhausen 420, St. Gallen 238, zudem war

Biel zur Aufnahme von 30 Personen bereit. Das Zürcher
Kontingent, welches auf Kosten Berns bis Brugg abgeliefert
wurde, holte Zürich zum Theil mit freiwilligen Fuhren daselbst
ab und nahm sie im Schützenhaus in Empfang. Wohlthätige
Privatleute wählten sich 150 Personen zur Herberge in ihren
Wohnungen aus, von denen aber nur 12 Personen durch
eigene Arbeit sich durchbringen konnten. Von den übrigen 550
wurden versorgt 130 in Selnau und Kalkofen, 100 in St.
Jakob, 100 in der Spanweid, 50 in Hard und Strickhof, 120
Witwen und Waisen im Oetenbach, 30 in Winterthur, 8 in
Stein und je 6 in Eglisau und Bülach. Die übrigen Herrschaften, wie Kyburg, Regensberg, Elgg, sollen Geldbeiträge
einreichen. In Zürich und Winterthur wohnen die neu angekommenen Waldenser dem schon eingerichteten Gottesdienste
bei; in Eglisau und Bülach versehen französische Geistliche von
Zürich aus zwei sonntägliche und einen wöchentlichen Gottesdienst.

Die übrigen drei Städte wurden durch die neue Last in
große Verlegenheit gesetzt. Basel erklärte den 7. Herbstm.
an Zürich: „Wir können keine neuen Exulanten aufnehmen,
weil das liebe Getraide so aufschlägt, daß wir die eigenen
Leute und die bisherigen Exulanten kaum ernähren können, da
aus Frankreich kein Korn und auch anderswoher nichts zu bekommen ist; zudem ist das Commercium gehindert.“ Hierauf
erwiedert Bern: „Wir ersuchen Euch freundeidgenössisch, Euch
zur förderlichen Beisteuer Euers Ausstandes nach dem rühmlichen Beispiel des L. Vororts Zürich unbeschwert zu bequemen,
verweigernden Falls wir vor Gott und der ehrbaren Welt
alles hieraus besorglich erwachsenden Jammers wollen entledigt
sein; darbei aber uns sehr leid wäre, wann nach so Vielem,
was man gethan, bei bald verhoffender Erleichterung eine Ab-
lassung christmitleidenlicher Gutthätigkeit hervorzubrechen scheinen
sollte.“ Hierauf geht am 9. Herbstmonat der entsprechende
Bericht an Bern: „Wir bleiben bei dem Beschluß wegen
Mangel an Korn: schon müssen sich die Angehörigen mit Hafer-

brot behelfen. Wollten wir Erbarmen üben, so würde Frankreich Gelegenheit nehmen, daß die Leute bezüchtigt würden, im
letzten Krieg unter Savoyen wider ihren natürlichen Herrn,
den König von Frankreich, die Waffen geführt zu haben, so
daß die bisher verabfolgten Gefälle aus dem Suntgau, etliche
1000 Stuck Früchte, uns entzogen würden, wodurch die eigenen
Leute in die äußerste Noth kämen, und namentlich unsere Geistlichen und Universitätsverwandten, so daraus salariert, ihrer
Besoldung frustriert würden. Daher bitten wir um einen
andern Ausweg, während wir mit Darschießung baaren Geldes
gutwillig an die Hand zu gehen bereit sind." — Auch Schaffhausen und St. Gallen sträuben sich, und wollen nur diejenige Zahl annehmen, welche ihnen nach dem Vertheilungs-
modus von 1686 zufalle, und nicht nach demjenigen von
1674. St. Gallen erklärt es als „pure Unmöglichkeit, die
ihm zugewiesene Zahl aufzunehmen, in Ansehung unsers engen
Distrikts und Mangels an Gelegenheit, da wir auch für die
bereits habende Portion anderst nicht als mit Delogierung
unserer Burger sorgen können." Während Bern und Zürich
sich eine noch größere Belastung gefallen lassen, schickt ersteres
70 Personen von Nidau aus an St. Gallen, ohne sich an
dessen Widerstreben zu kehren. Dagegen übernimmt Neuenburg 30 Personen, sich den 3. Oct. an Zürich entschuldigend:
„Nous souhaiterions de tout notre coeur d'être en état d'en
recevoir un plus grand nombre, mais la quantité d'autres
Refugiés dont nous sommes déja chargés et le peu d'éten-
due de notre ville nous prive de le pouvoir faire." Und
den 4. Oct. an Bern: „Die Ernte, namentlich in den Bergen,
wo das meiste Korn wächst, ist nicht gerathen, und die eigenen
Leute sind in Verlegenheit; das schlechte Brot aber ist nicht
für die Exulanten. Wir wollen eine Kollekte erheben und
senden, was fällt."

In ihrer Bedrängniß verwendeten sich die evangelischen
Städte auch noch um die Beihülfe Genfs, welches sich jedoch
den 7. Oct. also entschuldigt: „On a reçu et accueilli les

Refugiés français des Vallées du mieux qu'on a peu pendant plusieurs jours, on a donné des habits à tous ceux qui
en avoient besoin, et d'argent aux uns et aux autres à leur
départ, et on a fait en leur faveur un effort par la considération qu'on en seroit entièrement déchargé. D'ailleurs nous
nous rencontrons dans une circonstance de temps peu favo-
rable pour faire une collecte, tant par la diminution considerable du commerce, la cessation d'une partie des manu-
factures, que par la disette du blé qui enchérit tous les
jours, et qui met notre peuple dans une grande perpléxité.
Nous prions Vos Seigneuries de considérer que les grandes
charges que nous avons depuis dix à douze ans qu'ont
commencé les malheurs des pauvres François refugiés, continuent encor aujourduy, qu'il en arrive de jour à autre
des nouveaux lesquels on assiste actuellement: de sorte à
tous ces égards V. S. seront pleinement persuadés etc." Der
allgemeine Getraidemangel wird auch durch ein Schreiben des
französischen Gesandten Puyzieulx an Bern vom 13. Sept.
1698 bestätigt: „Die schlechte Ernte veranlaßt nicht nur Frankreich, sondern auch die deutschen Fürsten zu Ausfuhr-Verbot.
Doch will ich mich bemühen, daß die Schnitter ihren Lohn an
Früchten mitnehmen dürfen."

Bei dieser Verlegenheit der größern Zahl der evangelischen
Städte und der unverhältnißmäßigen Ueberbürdung, welche sich
Bern und Zürich für einige Zeit gefallen ließen, erklärt und
rechtfertigt sich von selbst die Meldung Berns an Zürich vom
letzten Tage des Jahres 1698. „Da die deutschen und andere
Fürsten uns immer vertröstet, daß sie nach dem Krieg die
Exulanten bei sich aufnehmen wollen, aber ihr Versprechen
nicht gehalten haben, so sind wir entschlossen, dieselben auf
den Frühling über die Gränze zu schicken." Worauf auch
Zürich sich zur Versendung im Frühling einverstanden erklärt.
Die Waldenser selbst waren von der Nothwendigkeit der
Auswanderung überzeugt. Denn schon den 13. Sept. 1698
hatten die Pfarrer und Familienhäupter der Thäler Luzerne,

St. Martin, Rocheplatte und Peirouse den evangelischen Städten
erklärt, daß sie Henry Arnaud, den gewesenen Pfarrer zu
St. Jean im Luzerner=Thal, nach England, Brandenburg und
an andere protestantische Fürsten abordnen wollen, um daselbst
Aufnahme zu finden, da es unmöglich sei, in der Schweiz für
sich bestehende Kirchengemeinden zu bilden, während es für sie
nothwendig sei, sich irgendwo niederzulassen, wo sie den Verband ihrer alten Kirchen erhalten könnten. Zürich stattete
Arnaud mit dem nöthigen Reisegeld aus.

Nachdem sich ein Theil der Waldenser in Würtemberg
niedergelassen hatte, gab Henry Arnaud Bürgermeister Escher
in Zürich Bericht über ihre Lage. Er schickt voraus, Escher
habe für die Angelegenheit der evangelischen Flüchtlinge und
namentlich für die Waldenser sich ausgezeichnet bemüht, er
werde daher gern vernehmen, wie es ihnen jetzt gehe, die an
der Zahl von 2000 in 5 Kirchgemeinden sich angesiedelt.
„Notre Souverain est bon prince, qui a presté du blé à nos
colonies pour semer, et qui a donné des terres à la notre,
où nous avons déjà planté 2215 muriers, qui dans quelques
années pourroient etre d'un grand profit au païs, où nous
trouvons bon air, bon bois, bonne terre et bonnes eaux. Il
est vrai que notre peuple aura beaucoup de peine pour la
prémière année: car on nous donne des terres qu'il faut
défricher des buissons et des arbres qu'il faut arracher, et
des grosses souches qu'il faut tirer. Mais Dieu benissant
le grain, qui est en terre, il donnera du pain à celui qui
l'a semé; et nos ennemis auront la confusion de nous voir
établis avec plus de repos que nous n'avons jamais eu sous
la domination des Princes papistes, qui tremblent partout
que la réunion des Lutheriens avec nous ne se fasse. J'oze
supplier Votre Excellence et solliciter sa charité, afin que
cette grande oeuvre s'achève. Je crois que ce soit la gloire
de S. M. Suedoise et de Monseigneur l'Electeur de Brandenbourg, sans y mêler des docteurs en disputes qui ne
font jamais un vrai chretien. Je dis ceci à V. G. parce

que nous remarquons qu'on commence à nous aimer partout, soit à la cour, soit les ministres mêmes, soit le peuple
qui croioit que notre ancienne religion avoit des differences
infinies de la leur. Je les trouve fort raisonnable sur le
principe du Christianisme, hormis le sacré jour du Seigneur,
que le peuple n'observe pas si religieusement comme les
prémiers chrestiens et les fidèles d'Angleterre." Dann
rühmt er die Aufnahme daselbst und daß der Bischof von
London seinen ältesten Sohn zu Chelsy bei London unterhalte.
Für den zweiten Sohn Vincenz bittet er Eschern um Aufnahme in Zürich im Unterhalt der evangelischen Orte, wie es
schon ein Jahr geschehen, damit er bei Pfarrer Zeller, der sich
sehr für ihn bemüht, Deutsch und Latein lerne. Er hofft in
demselben ein Werkzeug in Würtemberg für sein Alter zu
finden, oder in den Waldenser Thälern, denen er entstammt.
Das sei sein Trost in seiner Armuth. Man sage ihn zwar
reich, aber England und Holland haben ihm nur Reisegeld geboten.

33. Weitere Bemühungen für eine neue Heimat.

Die in Würtemberg niedergelassenen Waldenser blieben
mit der Schweiz stets in enger Verbindung, da sie von den
evangelischen Ständen bis zur Revolution ihre Prediger em-
pfingen. Ihre Kolonien im Schwarzwald erhielten die Namen
der geliebten Thäler der Heimat: St. Martin, Perouse,
Luzerne. Im Jahre 1703 richtete Arnaud im Namen seiner
Brüder folgenden Dank an Zürich: „Ils n'oublieront point
qu'àpres les avoir tirés de la chaine, vous les avés receus
dans votre ville, où plutôt dans vos entrailles; que Vous
avés visité leurs malades, vestu ceux d'entre eux qui étoient
nus, consolé les affligés, supporté leurs défauts et fait
prêcher la parole de Dieu en français et en italien."
Allein auch die französischen Flüchtlinge, welche schon
so viele Jahre und in so großer Zahl bei den evangelischen

Orten geweilt, fühlten die Nothwendigkeit, ihre langmüthigen Gastfreunde zu entlasten. Denn bei dem außerordentlichen Zuschuß der Flüchtlinge aus den Waldenser Thälern erkannten dieselben sogleich, daß die Gesammtlast der Fremdlinge für die Schweiz unerträglich sei. Die Direktoren der französischen Kirche in Bern trafen daher sogleich Anstalten, um von sich aus die endliche Auswanderung zu bewerkstelligen; und es fand sich für diesen Zweck auch das geeignete Werkzeug.

Unter den vornehmen Familien der zweiten großen Auswanderung aus Frankreich gehörten die Rochegube zu den edelsten und standhaftesten. Ihre Studien in Genf gaben ihrem Leben und Glauben einen festen Halt. Den ältern, Johann, vermochten weder die Schrecken des berüchtigten Thurmes de Constanze zu Aigues-Mortes noch Pierre-Cise, die Bastille von Lyon, zu erschüttern. Und die ins Kloster gestoßene Gattin setzte die Aebtissin desselben in solche Angst, daß diese den Bischof anflehte: „Otez nous cette dame, ou elle rendra tout le couvent houguenot!" Eine vierzehnjährige Haft in einem andern Kloster vermochte weder die beiden Töchter, noch die Welt mit ihrem Glanz und ihrer Lust die beiden Söhne vom evangelischen Bekenntnisse abzuführen. Im Jahr 1690 fanden sich die lange getrennten Glieder dieser Familie, zur Belohnung ihrer heldenmüthigen Standhaftigkeit, glücklich geborgen in Bevey zusammen, wo die Familie sich einbürgerte, in bescheidenen Verhältnissen, aber in hohem Ansehen lebte und gegen die Mitte des vorigen Jahrhunderts erlosch. Auch der jüngere Bruder, Jaques de Rochegube, bewährte seinen Glauben in langwierigem Gefängniß. Als Mönche zum Bekehrungsversuch an ihn abgeschickt wurden, empfieng er sie mit folgendem Gruß: „Messieurs, je scais votre religion et la mienne; je suis ici pour souffrir et non pour disputer: retirez vous, vous n'avez rien à faire avec moi." Solche unerschütterliche Beharrlichkeit im Glauben ermüdete endlich die Verfolger und Rochegube wurde aus Frankreich verbannt und an der Schweizergränze ausgesetzt. Von nun an machte er das Wirken für seine verfolgten Landsleute zu seiner Lebensaufgabe und widmete sich viele Jahre lang auf beständigen Reisen als diplomatischer Agent an die protestantischen Höfe der Unterbringung der Glaubensgenossen. Während eine an Ruvigny, Lord Galvay, im J. 1715 gerichtete Denkschrift von seinen Schicksalen und der Kraft seines Glaubens Zeugniß giebt, beurkundet eine große Zahl seiner Briefe und Gesandtschaftsberichte in den Archiven von Zürich und Bern die Unverdrossenheit und Geschicklichkeit seiner Verwendungen, welche am Ende freilich mit keinem Erfolg begleitet waren.

In Rochegude fand die Direktion der französischen Kirche zu Bern den geeigneten Mann, um mit Hülfe der protestantischen Mächte für die Glaubensgenossen eine neue Heimat zu finden. Rochegude wurde daher mit dem in Genf niedergelassenen Landsmann Loriol de la Griveliere anfangs Herbstmonats 1698 nach Holland geschickt. Der eben in Haag verweilende Prinz von Oranien, König Wilhelm III. von England, fand sich unangenehm berührt, daß er an die nie gehaltenen Versprechungen gegenüber der evangelischen Schweiz erinnert wurde und daß die Städte endlich müde seien, die bisherige Last allein zu tragen. Zudem gaben die französischen Abgeordneten zu bedenken, daß in der Schweiz eine feste Niederlassung für die Flüchtlinge unmöglich sei, da das enge Land für die eigenen Bewohner kaum genüge. In Folge dessen erklärten die holländischen Generalstaaten, daß sie bei der Menge der bereits aufgenommenen Flüchtlinge für keine weitern mehr Raum haben, allein für die in der Schweiz verweilenden eine Kollekte erheben wollen, und zugleich empfahlen dieselben die in der Schweiz befindlichen Flüchtlinge zur Aufnahme an Brandenburg, Dänemark, Hannover, Hessen-Cassel, Zell, Wolfenbüttel, Holstein Gottdorp. Die Theilnahme des Königs von England dagegen lief auf einen Brief vom 11. Nov. hinaus, worin er die unvergeßliche Wohlthätigkeit der evangelischen Schweiz in den Himmel erhob, zugleich aber mit der Mahnung, diesem edeln Benehmen die Krone aufzusetzen und die Flüchtlinge zu behalten.

Die deutschen Fürsten indessen, deren Gebiete noch genugsam dünn besetzte Ländereien aufwiesen und welche die fleißigen und betriebsamen Franzosen durch frühere Einwanderung von sehr vortheilhafter Seite kennen gelernt hatten, waren entgegenkommender. Sämmtliche protestantische Fürsten, deren Länder Reformierte enthielten, zeigten sich zur Aufnahme der Flüchtlinge bereit, freilich mit der Bedingung, daß England, Holland und die Schweiz Geldbeiträge leisten. Neben Rochegude und Grivelière zeigte sich vorzüglich der holländische Gesandte in der Schweiz Valkenier thätig, welcher den 15. April 1699 einen Vertrag über die Aufnahmsbedingungen zu Darmstadt zu Stande brachte, dem die übrigen Fürsten beitraten. Freilich wollten die deutschen Fürsten der Geldbeiträge gewiß sein, ehe sie die Flüchtlinge aufnähmen. Allein schon war der Frühling da, bis zu welchem die evangelische Schweiz sich zum Unterhalt der fremden Gäste verpflichtet hatte, und sie konnte und wollte nun auf die ihr zugemutheten weitern Verzögerungen nicht mehr Rücksicht nehmen. Daher erwirkte man bei Frankreich die Erlaubniß der Einschiffung zu Basel auf dem Rheine für diejenigen, welche nach der Pfalz, nach Hessen, Brandenburg und Dänemark bestimmt waren, und bei Oesterreich den Durchpaß durch Schwaben für diejenigen, welche in Würtemberg und Bayreuth Aufnahme finden sollten. Die Versendung geschah mit Anfang Mai, indem zuerst die Waldenser befördert wurden, welche in Würtemberg und Hessen-Darmstadt freundliche Aufnahme fanden. Das erste Schiff war eines von Wallenstadt, welches den 2. Mai 131 Piemontesen nach Basel brachte, darunter aber nur 24 Männer. Die evangelische Schweiz lieferte die erste Sendung bis Germersheim, mit einem Kostenaufwand von 415 Pfund für Schifflohn und 305 Reichsthaler für Unterhalt. Bis Ende Mai waren 900 Personen über Basel entsendet, welche sämmtlich aus dem Gebiete von Bern gekommen waren. Zu gleicher

Zeit hatte der zürcherische Kommissär in Schaffhausen, Marx
Werdmüller, 860 Personen, welche über Brugg ebenfalls
nach Basel gekommen waren, nach Deutschland versendet. Bis
anfangs August waren über 4000 über Basel den Rhein
hinuntergefahren, für welche die evangelischen Orte bis Germersheim den Unterhalt und den Schifflohn bestritten, zu diesem
Behuf waren auch von Schaffhausen aus 450 Mutt Kernen
nach Basel geschickt worden. Allein bis in den Herbst hinein
langten immer noch einzelne Trüppchen in Basel an, und
zwar nicht nur solche, welche sich Jahre lang in der Schweiz
aufgehalten hatten, sondern manche, welche frischweg aus Frankreich kamen, und darunter „leichtsinnige Gesellen, welche mit
ihrer Waare ohne Zoll durchkommen wollen: so daß die Route
zu einer Bettelkehre ausschlagen will," wie Basel sich beklagt.
Auf Basels fernere Klagen über die Anhäufung der Auswanderer und die zu langsame Beförderung derselben berichtete
Bern in menschenfreundlicher Theilnahme, es seien verschiedene
Hindernisse dazwischen gekommen, „da ein Theil dieser Leute
im Land Gewächs angesät und dasselbe einzuernten und hernach zu verkaufen verlangt; etliche dann zur Richtigmachung
ihrer Geschäfte und Einziehung ihrer Schulden sich desto länger
aufgehalten." Zur Erleichterung Basels anerbot sich hierauf
Zürich zu einer Sendung von 5 bis 600 Scheffeln Getraide.
Vom 1. Mai bis den 18. October 1699 wurden von Basel
aus den Rhein hinunter in 32 Fahrten 4414 Personen befördert. Jedes Schiff hatte einen Führer, der dafür sorgte,
daß unterwegs niemand einsteige. In Germersheim angekommen, wurde das Schiff verkauft. Schifffahrt und Beköstigung zusammen ergaben an Auslagen 10,560 Thaler. „Bei
diesem Geschäfte bewiesen sich als besonders thätige Beschützer
der Auswanderer Oberstzunftmeister Balthasar Burckhardt
und Dreierherr Andr. Burckhardt, der Kassaverwalter Hans
Ludw. Wettstein, der die Refugianten aufgenommen, die
Listen eingesehen, die Reisegelder ausbezahlt und die Haupt-
rechnung geführt. Philipp Köllner des Raths, Inspektor

der Rheinschiffe, der in seinem Hause das Brot aufbehalten und ausgetheilt, Hs. Jak. Rippel, der Rathsschreiber und Korrespondent mit den eidgenössischen Kommissären, und Lukas Burckhardt, Kanzlist, Gehülfe des Kassiers." Auch in Schaffhausen war Marx Werdmüller nebst dem dortigen Kommissär Ulrich Ziegler bis Ende des Herbstes mit der Beförderung der Flüchtlinge beschäftigt.

Allein die armen Leute häuften und drängten sich in Frankfurt, ehe für Weiterbeförderung und Niederlassung derselben gesorgt und ehe die holländischen und englischen Hülfsgelder angelangt waren. Von Seite Brandenburgs war der von Bern gebürtige Hof- und Legationsrath Simeon von Bondeli abgesandt, um die übernommenen Flüchtlinge weiter zu befördern. Derselbe beklagte sich schon den 16. August, daß unter den Angekommenen eine große Zahl von Leuten sei, „nicht geeignet, Städte, sondern Spitäler zu bevölkern". Daher sei sein Hof sehr unzufrieden, daß weder von Seite Englands und Hollands noch der Schweiz die versprochenen Hülfsgelder angelangt seien. Hierauf sandte das edle Bern sogleich 6000 Reichsthaler für die in Frankfurt nothleidenden Flüchtlinge an Bondeli, mit der unmaßgeblichen Aufforderung an die übrigen evangelischen Städte, eine gleiche Summe dafür zur Verfügung zu stellen. Worauf Zürich, während Schaffhausen und St. Gallen ihre Beiträge verweigerten, sogleich den dasselbe treffenden Beitrag bereit hatte, freilich mit der Bemerkung, denselben statt für Brandenburg, das nicht die gehoffte Anzahl von Flüchtlingen aufgenommen, für Hessen-Kassel zu verwenden, dessen Landgraf den 2. October berichtet hatte, daß er schon 1000 Personen aufgenommen, zugleich aber beigefügt hatte: „Man verhieß Manufakturier und mit einigen Geldmitteln versehene Leute. Aber die Geldmittel in Händen, denen hat man den weitern Aufenthalt in der Schweiz erlaubt, so daß uns nur die ganz armen und miserablen Personen ins Land geschickt worden, mehrtheils Laboureurs, so daß man sie erhalten und zu nicht geringer Beschwerde unserer übrigen Unterthanen gewisse Ländereien unter sie vertheilen muß."

Diese Verwunderung über den traurigen Zustand der an-gekommenen Flüchtlinge und diese Klagen sprechen nur für die Geduld und Langmuth der Schweiz, welche die Unglücklichen Jahre lang, und den größten Theil sogar Jahrzehnte lang aus eigenen Mitteln verpflegt hatte. Bei der Versendung aber hatten es sich die evangelischen Städte zur Pflicht gemacht, so-wohl die „Alten, Kranken und Bettliegrigen, als die Witwen und Waisen" weiter zu verpflegen. In Zürich wurden die Kranken im Spital, die Witwen und Waisen im Waisenhaus und die Alten und Gebrechlichen mit einer Pension von 45 Gulden bei Verwandten und Bekannten untergebracht. So hatte Zürich noch 165 Personen zu unterhalten, wobei aus-drücklich bemerkt ist, daß unter denselben nur 12 sich „durch Negocieren, Strumpfweben, Wollkämpeln und Handwerke selbst ernähren". Dadurch ist hinlänglich widerlegt, daß die Schweiz die arbeitsfähigen Leute zurückbehalten habe. Die Versendung selbst hatte die Stadt Zürich über 20,000 Gulden gekostet, da sie genöthigt gewesen war, die aus der Westschweiz kommen-den Auswanderer, bis zu der jeweiligen Truppen-weisen Ver-sendung, in die umliegenden Ortschaften zu vertheilen, bis hinauf am See nach Horgen und Meilen und abwärts bis Altstätten und Regensdorf. Denn es waren Zürich statt der anfangs angekündigten 13—1400 Personen von Bern 3000 zugesendet worden. Als Zürich sich darüber beschwerte, ent-schuldigte sich Bern mit der Erinnerung, man sei „in dem Verstand übereingekommen, möglichst dahin zu gehen, daß dies Liebeswerk anständig und rühmlich ausgeführt und bekrönt werde." Daß das „Liebeswerk" der Schweiz wirklich in diesem Sinne Anerkennung fand, beweist der Dank des holländischen Ge-sandten Vallenier an die evangelischen Stände, und derjenige Arnauds an Bürgermeister Heinrich Escher. Arnaud lebte und wirkte bis 1721 in den würtembergischen Waldenser Kolonien. [96]

34. Fortwährende Anstrengungen.

Mit der Abreise des größten Theils der evangelischen
Flüchtlinge aus der Schweiz hörten jedoch die Opfer für dieselben nicht auf. Denn es lassen sich im Gebiete der protestantischen Fürsten 30 bis 40 Gemeinden aufzählen, welche
immer wieder die Wohlthätigkeit der Schweiz in Anspruch
nahmen, sei es für den Bau neuer Kirchen, oder für den Unterhalt der Prediger. Daher kommt von dieser Zeit an bis
weit in das 18. Jahrhundert hinein alljährlich eine beträchtliche Anzahl von Posten vor, da entweder die evangelische Konferenz oder die einzelnen Stände namhafte Beiträge an die
Kolonien der französischen und Waldenser Gemeinden bewilligten. Fortwährende Anstrengungen forderten ferner die
Einzelnen oder die Gruppen, welche alljährlich durch die nie
aufhörenden Verfolgungen aus Frankreich oder Piemont vertrieben wurden. Eine nicht geringe Last wurde auch durch diejenigen Flüchtlinge auferlegt, welche sich durch die glänzenden
Versprechungen der Fürsten getäuscht fanden und dann durch
unberufene Rückkehr die Schweiz in Verlegenheit setzten: namentlich aus Bayreuth war die Zahl der Rückkehrenden beträchtlich;
andere kamen aus Hessen, Würtemberg und der Pfalz, und
selbst aus dem fernen Brandenburg. Wenn die Aufnahme
dieser Zurückkehrenden gewöhnlich eine bedingte war, so wurden
ihnen dennoch die Thore nie verschlossen. Daher fehlte es denn
den Exulanten-Kammern der einzelnen Stände nicht an Sorge
und Mühe, und der großen Zahl der Flüchtlings-Gemeinden
nicht die beständige Erinnerung an ihren Nothstand, welcher
ihnen auch die Nothwendigkeit auferlegte, sich gut und fest zu
organisieren.

Es ist sehr zu bedauern, daß die Nachrichten über die
Geschichte der einzelnen Flüchtlings-Kolonien in der Schweiz
und über die leitenden Glieder derselben äußerst dürftig sind.
Am begreiflichsten ist solches von Genf, wo die bedeutendern

21*

Einwanderer aus den verschiedenen Klassen und Berufsarten
schnell Bürger- oder wenigstens Heimatsrecht erlangten, daher auch die Kirchen-Behörde der Stadt, die vénérable Compagnie, die Sorge für die evangelischen Flüchtlinge unmittelbar an die Hand nahm. Dagegen wurde die Bourse française stets selbständig verwaltet und erfreute sich von Bürgern
sowohl als niedergelassenen Flüchtlingen und von Auswärtigen
der beträchtlichsten Gaben und Vermächtnisse, da Genf im Laufe
des siebzehnten Jahrhunderts durch einen neuen und umfassenden wissenschaftlichen Aufschwung wieder einer der gewichtvollen
Mittelpunkte der Gelehrsamkeit wurde und daher eine große
Zahl von Fremden anzog; namentlich ward Genfs ausgezeichneten Männern das Vertrauen zu Theil, daß diese Stadt von
nun an die auserwählte Bildungsstätte für protestantische
Fürstensöhne wurde.

Wenn Genf im sechszehnten Jahrhundert bei der kleinern
Zahl der allmählich sich einfindenden Flüchtlinge, wobei ein
großer Theil derselben durch Eigenschaften und Verdienste sich
auszeichnete, eben so großmüthig als zum eigenen Vortheil
den Ankömmlingen das Bürgerrecht gerne ertheilte, wurde dagegen bei den großen Auswanderungen des siebzehnten Jahrhunderts eine vorsichtige Beschränkung nothwendig. Demnach
verfuhr man auch mit der Ertheilung des Rechtes der Niederlassung sparsam, so daß in den letzten 15 Jahren des Jahrhunderts die Zahl der als Niedergelassene (habitants) Aufgenommenen nur 754 betrug, nebst Gex meistens aus Languedoc und Dauphiné eingewandert. Doch belief sich am Ende
des Jahrhunderts bei einer Bevölkerung von 16,111 Seelen
die Zahl der verbürgerten Flüchtlinge auf 3,300. Wie Genf
während der ganzen Zeit der Auswanderung der erste und
heimgesuchteste Rettungshafen war, so wird auch die Zahl der
dort von 1682 bis 1720 anlangenden Flüchtlinge, von Gaberel
auf nicht weniger als 60,000 berechnet. Derselbe schlägt
die Unkosten des Jahres 1685 für Genf auf 88,000 Gulden
an, und glaubt die Gesammtkosten Genfs seit der Aufhebung

des Edikts von Nantes auf mehr als 5 Millionen (Genfer) Gulden berechnen zu sollen, und diejenigen von Bern und Waadt zusammen allenfalls um ⅕ weniger. [97]

Es wurde schon früher des großen Einflusses gedacht, welchen die Direktoren der französischen Kolonie in Bern auf die Wohlfahrt sämmtlicher Flüchtlinge, und zunächst derjenigen im weiten Gebiet von Bern ausübten, weil die ausgezeichnetesten unter den Franzosen es sich zur Ehre anrechneten, als Kirchenälteste wirksam zu sein. Die Regierung von Bern überließ der französischen Gemeinde die selbständige Konstituierung und die freie Wahl der Kirchenvorsteher 1689. Neben den Sonntags- und Wochenpredigten fand wöchentlich vier Mal eine Katechisation statt; die Geistlichen wurden zu monatlichen Besuchen bei den Familien verpflichtet. Für den Unterricht der Jugend arbeitete nicht nur ein Lehrer, sondern auch eine Lehrerin. Dem Kirchengesang wurde besondere Aufmerksamkeit geschenkt und die Kirchenvorsteherschaft war dafür besorgt, den einzelnen Familien unentgeltlich Neue Testamente, Psalmenbücher und Katechismen zu verschaffen, damit der häusliche Gottesdienst überall seine Pflege finde. 1693 wurden die amtlichen Kirchenbücher eingeführt. Wenn anderswo die Neigung der Franzosen zu Vergnügungen bisweilen Anstoß gab, so antworteten dagegen die Kirchenvorsteher in Bern auf die Einladung des äußern Standes, an dessen festlichen Umzug sich anzuschließen, „sie hätten keine Ursache, an öffentlichen Lustbarkeiten Theil zu nehmen.“ Als aber in demselben Jahre die Aufforderung an sie ergieng, für ihre neue Heimath Kriegsdienste zu leisten, zeigten sie sich sogleich bereit, und erhielten im Laufe des 18. Jahrhunderts wiederholt Gelegenheit, ihren Eifer und ihre Tapferkeit an den Tag zu legen; so wie sie in Feuersnoth mit ihrer eigenen Feuerspritze rasch und entschlossen bei der Hand waren. — Während die Direktion der französischen Kirche in Bern anfangs aus mehr oder weniger Mitgliedern bestand, wurde dieselbe den 7. Sept. 1694 auf 8 Mitglieder festgesetzt, und derselben in jenem schweren Jahre,

wo für die Ueberzahl der in der evangelischen Schweiz und
namentlich in Bern sich anhäufenden Flüchtlinge die Aussicht
auf Versendung nach dem Auslande sich verschloß, die unbedingte Verwaltung und Vertheilung des Centralfondes für die
Flüchtlinge anheim gegeben. In diese Bourse française von
Bern flossen aber nicht nur die freiwilligen Beiträge und Vermächtnisse, sondern auch die amtlich erhobenen Kollekten im
Berner Gebiet und die obrigkeitlichen Beiträge Berns und der
evangelischen Orte. Und das Vertrauen Berns in die Direktion war so vollkommen, daß auch die von dieser erbetene Bei-
gabe eins Rathsgliedes als eines Kontroleurs nicht beliebt
wurde. Außer der Rechtschaffenheit und der Einsicht der Mitglieder der Direktion mag auch die Klugheit zu diesem ungewöhnlichen Vertrauen Anlaß gegeben haben, nachdem die Behörden bisher von den Einzelnen sowohl als von den Vorsteherschaften der Flüchtlinge öfters mit weitgehenden Bitten
und Zumuthungen heimgesucht worden waren. Der unmittelbare Verkehr mit den beitragenden Städten, Ländern und Gemeinden und die Einsicht in die möglichen Hülfsquellen mußten
die Direktion am besten über die nöthige Sorgfalt und Sparsamkeit in der Vertheilung der Gelder verständigen. Dieselbe
hatte 1694 monatlich 2000 Thaler zur Verfügung; wo solche
Summe nicht ausreichte, war sie an die Beiträge der Wohlhabenden unter ihren Landsleuten angewiesen, und ihrer Verwendung gelang es, daß der englische Gesandte, in Ermanglung
weiterer Beihülfe, wenigstens 2000 Franken zur Bekleidung
der in Bern niedergelassenen Flüchtlinge einsandte. Die Beredsamkeit eines der Mitglieder der Direktion, des Predigers
Besombes, welcher die Gesandtschaft Berns 1695 auf die
Tagsatzung begleitete, und vor derselben sprechen durfte, soll die
evangelischen Stände damals vorzüglich bestimmt haben, den
Flüchtlingen auf gemeinsame Kosten der vier Städte 24,000
Gulden zu bewilligen, außer den in den Gebirgskantonen zu
erhebenden Kollekten, wohin b'Arsiliers und Mesmyn
reisten, und als Frucht ihrer Bemühungen aus Glarus 300

Thaler, aus Appenzell 222 Thaler zurückbrachten und zudem von Winterthur 100 Gulden. Als Maßstab der Geschäftsaufgabe der Berner Direktion mag dienen, daß dieselbe vom November 1694 bis 5. Juli 1695 an Einnahmen 32,013 Pfd. und an Ausgaben 24,152 Pfd. zu verzeichnen hatte, und im folgenden Jahr 45,805 Pfd. Die Direktion war namentlich auch beflissen, die eigenen Landsleute zu Gaben und Vermächtnissen zu veranlassen, unter welchen wir des Legats der Mademoiselle Morlot von 75 Franken für die armen Flüchtlinge erwähnen, welche früher als Pflegerin der Waldenser Waisenkinder genannt worden ist. Als ein Beweis der Sorgfalt im Kleinen mag angeführt werden, daß zwölf Spinnrädchen angeschafft wurden, um die Französinnen spinnen zu lehren. Mit großer Anerkennung wird der Aerzte Duncan und Coberc gedacht, welche ihre armen Landsleute unentgeltlich behandelten. Ueberhaupt erfreuten sich die französischen Aerzte, namentlich als Chirurgen, auch beim Publikum von Bern eines großen Vertrauens. Zur Ordnung des Gottesdienstes fand man nöthig, den Franzosen zu gebieten, die Kirche nicht zu betreten, bevor die deutsche Gemeinde dieselbe verlassen, aber vor dem Verläuten sich einzufinden, den Männern, sich nicht in Frauenbänke zu setzen und während des Gottesdienstes nicht aufzustehen.[98]

Unter der Direktion der französischen Kirche von Bern standen zunächst die Vorsteherschaften des Waadtlandes, von denen diejenige zu Lausanne die einflußreichste war: denn diese Zufluchtstätte zog um so mehr an, weil im Waadtlande Fortkommen und Einbürgerung leichter gemacht wurde als in sämmtlichen Gebieten der deutschen Schweiz. Gerne übernahm man in Lausanne die Anleihen der Franzosen zu 4 p. C., unter der Bedingung der Niederlassung und der Förderung der Gewerbe der Stadt; und bald wurde durch gemeinsames Einverständniß des Rathes zu Bern und der Stadtbehörde zu Lausanne der Niederlassung Vorschub gethan, daher Bern den 1. November 1700 in Beziehung auf das Waadtland beschloß: „Il importe de conserver des frères que la Providence y a

transplantés, et qu'elle y fait prospérer avec beaucoup plus
d'utilité que de charge au public." Demnach erhielten den
7. Februar 1701 die Amtleute des Waadtlandes den Befehl,
den französischen Flüchtlingen das Landrecht, welches anfangs
100 Gulden gekostet hatte, um die Hälfte zu ertheilen. Den
Kranken und Armen des zum Spital eingerichteten Schlosses
zu Lausanne wurde die für die damaligen Zeiten seltene Vorsorge zu Theil, daß auf der Morgenseite des Gebäudes ein
Garten angelegt wurde, welchen die Bewohner in Ordnung
zu halten hatten. Die zwölf Mitglieder der Kirchenvorsteherschaft hatten regelmäßig die Armen und die Schule zu besuchen. Wöchentlich wurden die Arbeiten der Armen im Spital
geprüft, und ein Drittheil des Erlöses denselben überlassen.
Eine Demoiselle de Silloe hat ein Vermächtniß dazu bestimmt, daß ein französischer Student alle Samstage die Bewohner des Spitals besuche und ihnen einen Gottesdienst halte.
Für die Glaubensgenossen geschahen von den wohlhabenden
Landsleuten viele und reiche Gaben und Vermächtnisse: so legte
Anton von Posseu aus Nismes in die Hände der evangelischen Stände 30,000 Franken, mit der Bestimmung, daß drei
Viertheile der Zinse für die Flüchtlinge und ihre Nachkommen
verwendet werden sollen. Auch die Geringen bedachten im
Tode die Gefährten der Verbannung mit einigen Thalern,
einem Ring oder dem letzten Kleinod. Es war gewöhnlich,
daß die Witwen derjenigen Prediger, welche im Dienste der
Wahrheit umgekommen, mit den Pensionen ihrer Männer versorgt wurden. — Während der Land-, Wein- und Gartenbau
sowie das Kleingewerbe von den Eingewanderten beträchtlichen Vortheil zog, wollte es in der Waadt mit der größern
Industrie nicht gelingen: daher die Klage, man habe große
Kosten gehabt, um Manufakturen und Fabriken aufzubringen,
aber die meisten Gewerbsleute ziehen hinweg. In Folge ein-
gezogener Erkundigungen wurde berichtet: „die französischen
Gewerbsleute ruinieren sich wegen der theuern Hausmiethe,
wegen den zu Lausanne besonders theuern Lebensmitteln, wegen

ben hohen Zöllen, wegen des geringen Absatzes für ihre Waaren."[99] — Neben Lausanne beherbergte Vevey eine beträchtliche Anzahl angesehener Flüchtlinge. Es ist nebst den früher Genannten zu erwähnen Stephan Ronjat, der erste Wundarzt des Königs Wilhelm III. von England, welcher als Bürger von Vevey starb und sein beträchtliches Vermögen zwischen dem Flüchtlings-Fond in Genf und den Spitälern in London theilte. Die Familie Matte, deren Glieder sich als Geschäftsleute und im Seedienst der Heimat ausgezeichnet hatten, war glücklich im schönen Asyl am Genfersee. Vincenz Hertner von Lyon wohnte in einem ausgezeichneten Gebäude und hinterließ dem Genfer Fond ein Vermächtniß von 4000 Franken. Der in Vevey geborne Landschafts- und Architektur-Maler Vinzent Brandoin gehört ebenfalls einer Flüchtlingsfamilie an; er gab den Entwurf zum Denkmal S. Geßners in Zürich.[100]

Wenn Basel in der Aufnahme und Beherbergung der Flüchtlinge ausnehmende Vorsicht anwenden zu sollen glaubte, so wurden dagegen die Mittel zum Unterhalte derselben genugsam gespendet. Aus der großen Zahl der Vermächtnisse an den Exulanten-Fond führen wir nur folgende an: 1690 von Peter Raillard 1800 Gulden, 1693 von Oberst von Planta 1000 Baseler Franken, von dem ausgezeichneten Pariser Arzt Jean Trouillon 200 Fr. den Armen und 500 Thaler der französischen Kirche in Basel, 1710 von Niklaus Herff 3000 Gulden, 1719 von Antistes Peter Werenfels, dem Vater des Theologen Samuel, 1000 Gulden. Diese größern Mittel der französischen Gemeinde in Basel machten es möglich, für dieselbe 1696 Paul Reboulet, den vieljährigen Pfarrer von Zürich, zu gewinnen, welcher noch zehn Jahre im Segen wirkte, besonders als herzinniger Beter bewährt und beliebt. Auf diesen folgte Peter Roques, neben Rudolf Osterwald ein ausgezeichneter Prediger und Schriftsteller. Im Verein mit diesen vorzüglichen Geistlichen schenkte auch Samuel Werenfels der französischen Gemeinde seine Theilnahme als Kirchenältester, wobei er sich häufig als Prediger in der Mitte derselben vernehmen ließ. Der auf die Gränzstadt feindselig wachsame französische Gesandte in Solothurn Puvsieulx klagte 1689 den in Basel weilenden, später nach Zürich versetzten Prediger David Magnet an, er habe französische Officiere und Soldaten verführt und Waldenser beschenkt. Der Angeklagte antwortete, er habe seinen Fuß nicht auf französischen Boden gesetzt, sondern nur Personen, die zum Abfall genöthigt worden und in fremden Landen Gott dienen wollten, wann sie zu ihm gekommen, getröstet; und die Waldenser, welche er habe unterstützen können, seien längst in die Pfalz abgezogen. Immer hielten sich mehrere Lehrer der französischen Sprache in Basel auf. So 1704 Mll. Bernard, welcher die obrigkeitliche Erlaubniß erhielt, eine öffentliche Schule zu halten. Und 1725 wird Joh. Cros der Vorsinger für die öffentliche Schule angestellt, wo er im Lesen, Schreiben, in der Orthographie, im Rechnen und Singen unterrichten soll.

35. Die Flüchtlinge aus Orange.

Die Erleichterung für die evangelische Schweiz durch den Abzug der Tausende von Flüchtlingen in den Jahren 1698 und 1699 sollte nicht lange dauern, denn nach wenigen Jahren erfolgte eine neue Massen-Auswanderung. Nach dem Tode des Oraniers, des Königs Wilhelm III. von England, hatte sich der Prinz von Conti in Folge seiner Erbansprüche in den Besitz des Fürstenthums Orange an der Rhone gesetzt, wobei er erklärte, keine Neuerungen einzuführen, sondern den Protestanten die Freiheit des Gottesdienstes zu gestatten. Allein die Protestanten von Orange wurden beschuldigt, gemeine Sache mit den Camisarden zu machen und dieselben in der Empörung zu unterstützen. Daher verlangte Ludwig XIV. die Abtretung des Fürstenthums an Frankreich, und es erfolgte dieselbe den 3. Februar 1703. Conti, um sich Neuenburg gefällig zu machen und dasselbe für seine Erbansprüche zu gewinnen, verwendete sich für die Protestanten von Orange, so daß der König denselben in einer Frist von drei Monaten die Auswanderung gestattete. Allein da den Katholiken der Ankauf der Besitzungen der Protestanten verboten war, konnte derselbe nur mit großem Verlust an Juden bewerkstelligt werden, zudem wurden viele Güter confiscirt. Die Oranier, namentlich eine große Zahl der angesehenen und begüterten Klassen, brachten die schöne Heimat und den bisherigen Wohlstand ihrem Glauben zum Opfer; sie hätten gerne den nächsten Weg nach Genf eingeschlagen, aber man verweigerte ihnen Wagen und Maulthiere und zwang die Männer, getrennt von den Frauen und Kindern, über Nizza zu gehen, um ihnen das Geld abzunehmen: denn der Umweg von hundert Meilen vermehrte die Kosten um 100,000 Franken. Doch fanden sie in Nizza freundliche Aufnahme durch den englischen Konsul, und wurden auf der Weiterreise durch den Herzog von Savoyen gefördert. Die Frauen und Kinder durften in verschiedenen Gruppen den nächsten Weg gehen, allein auch diesen wurden die Wagen vorenthalten, so daß sie sich auf der Rhone einschiffen mußten, in den Fahrzeugen dicht zusammen gedrängt. Aber mehr als 600 Frauen mit kleinen Kindern blieben am Ufer zurück, zwei Tage lang ohne Speise unter der Sonne. Doch Denis, ein Kaufmann und Aeltester der Kirche von Orange, bürgte für sie und bestimmte die Schiffer, sie weiter zu schaffen. Aber die schwere Last und die Unfreundlichkeit der Schiffer machte, daß es oft im Tage nur eine Stunde vorwärts gieng; bisweilen wurden die Frauen ihres Schmuckes beraubt. Die Wirthshäuser, wo sie durchkamen, wollten sie nicht aufnehmen. Oft wurden sie in den Schiffen mit Steinen beworfen; Andere versuchten die Stricke abzuschneiden, an denen die Pferde die Schiffe flußaufwärts zogen. Manche verließen die Schiffe und giengen zu Fuß. Zudem wurde durch Wasser der größte Theil der mitgenommenen Habe verdorben. Die Meisten wären umgekommen, wenn nicht schweizerische Kaufleute in Lyon ihnen Lebensmittel und Geld gereicht hätten. Nach einer mühseligen

Reiſe von ſechs Wochen langten ſie in Seyßel an, Wagen
kamen ihnen von Genf entgegen, wo ſie wieder mit ihren
Männern zuſammen trafen. Ein Augenzeuge, der Prediger
Convenant, giebt von der Aufnahme in Genf folgenden
Bericht: „Les habitants de la ville de Genève, quoique
accoutumés à ces sortes de spectacle, ne purent s'empêcher
d'en être vivement touchés, et nous pouvons dire, à la
louange de ces généreux chrétiens, qu'ils ne démentirent
point dans cette occasion la gloire dont ils jouissent, d'être
parmi les chrétiens réformés, ce que Rome se glorifie d'être
parmi les chrétiens idolâtres. Jamais on a vu un empresse-
ment pareil à celui que ce peuple témoigne pour les secourir dans leurs nécessités. On n'attendoit pas que le magistrat
leur eût donné des billets pour les loger dans les maisons
des particuliers, on les enlevoit à la porte de la maison de
ville, et comme on commença à les loger chez les magistrats,
les ministres, les professeurs, le petit peuple, craignant
d'être privé de cette consolation, en forma des plaintes
et voulut avoir part à la générosité publique. On fit des
aumônes considérables à tous ceux qui étoient dans la nécessité; on prit un soin tout particulier des malades et des
femmes accouchées; on habilla tous les pauvres, on consola
les affligés, de sorte qu'à peine eurent-ils demeuré une
semaine dans la ville, qu'on ne pouvoit plus reconnaître si
c'étoient des refugiés ou des habitants, et l'on ne voyoit
parmi ce peuple qui avoit tout abandonné et qui n'avoit
pour tout bien que l'espérance, qu'une joie et une gaîté inexprimable. Les directeurs de la Bourse française et les
particuliers s'épuisèrent dans cette occasion, et quoique il
n'y eut personne qui ne remplit à leur égard tous les devoirs de la charité d'une manière digne des premiers siècles
de l'Eglise, je dois pourtant rendre ce temoignage au fa-
meux M. le professeur (Benedict) Pictet, à illustre Mde.
Vial, refugiée de Grenoble, à Mde. Hubert, fille du savant
M. le professeur Calandrin, qu'ils se sont distingués par

leurs soins et les charités extraordinaires, et qu'ils ont témoigné pour le soulagement de ces pauvres affligéz."

Bereits unter dem Prinzen von Conti waren die Zustände in Orange drückend, was daraus hervor geht, daß schon den 30. Juli 1701 ein Zug von 100 Oraniern von Lausanne aus über Schaffhausen nach Canstadt aufbrach. Als dann aber Genf den 31. Juli 1703 Bern um Beihülfe und Aufnahme von etwa 2000 Personen ansprach, antwortete Bern den 3. August: „Da wir den bedauerlichen Zustand dieser unserer Glaubensgenossen genauer beherzigt, hat derselbe uns so weit bewogen, daß wir resolviert, uns dieser zustoßenden Liebesprob auch theilhaftig zu machen." Die gleiche Bereitwilligkeit ergab sich bei den übrigen evangelischen Städten, daher Zürich, Bern, Basel und Schaffhausen Johannes Rahn, Gabriel Thormann, Friedrich Wettstein und J. Ulrich Ziegler als Kommissäre nach Genf sandten, um die Oranier in Empfang zu nehmen. Diese hatten den Wunsch ausgesprochen, man möchte ihnen erlauben, im Gebiet von Bern in näherer Gemeinschaft beisammen zu verbleiben. Aber Bern stellte vor, schon seien 571 französische Haushaltungen im Waadtland naturalisiert und noch seien 435 Personen auf der Liste der vom Staate Unterstützten, daher müsse es die Vertheilung der neuen Ankömmlinge unter die Stände verlangen. Den 31. August berichtete Joh. Rahn von Genf, noch seien etwa 2000 Oranier in dieser Stadt und 1500 davon in Bürgerhäusern aufgenommen, auch werden noch andere erwartet. Von der ganzen Zahl haben nur drei oder vier Familien ein Vermögen von 10 — 12,000 Franken gerettet, andere können den Unterhalt auf ein oder zwei Jahre fristen, mehrere nur für wenige Monate. In die Vertheilung fallen 1100 ganz Arme, welche auf der Reise von den Uebrigen verpflegt werden mußten. Von den 500 Personen, welche sich einstweilen auf eigene Kosten in Genf aufhielten, gehörten 50 zu den Gliedern der fürstlichen Beamteten und Parlamentsräthe, 40 waren Adeliche, 5 Pfarrer, 15 Rechtsgelehrte und Advokaten, 4 Aerzte, 20 Kaufleute;

unter den Handwerkern befanden sich 63 Schuster und 51 Woll-
arbeiter, 23 Leineweber und 22 Hutmacher 2c. Von den
1143 Personen, welche sich zu Genf um Unterstützung gemeldet
hatten, stellten sich den 14. Herbstm. zu Morges nur 961
zur Vertheilung ein, welche folgender Maßen geschah, auf
Zürich 252, Bern 358, Basel 131, Schaffhausen 81, St.
Gallen 61, Neuenburg 30, Mülhausen und Biel je 21, Neu-
stadt 6. Neuenburg, welches in Aussicht auf die Obhut
Preußens sich dem französischen Drucke enthoben fühlte, meldete
sich nun zum ersten Male zur officiellen Vertheilung bei den
evangelischen Städten: „V. E. peuvent être assurées, que ces
personnes trouveront.dans notre ville toutes les douceurs
et toute l'assistance que nous pourrons leur procurer. Nous
nous éstimons même heureux, de ce qu'en cela nous avons
une occasion de faire paroitre tout à la fois et l'étroite
communion qui est entre vos Eglises et les notres, et la
part que nous prenons en ce qui touche nos pauvres frères,
qui souffrent pour le nom de Jésus Christ." — Während die
Angesehenen unter den Oraniern in Genf zurückblieben, freuten
sich die evangelischen Städte der größtentheils jungen, kräftigen
und arbeitsfähigen Leute, welche ihnen zugewiesen wurden. Die
Förderung gieng langsamer und schwieriger, weil die Leute mit
beträchtlich mehr Gepäck versehen waren, als die Flüchtlinge
früherer Zeit. Basel ließ die ihm zukommenden neu kleiden
und überließ denselben nach dem Vorgang Zürichs nebst dem
Wochengeld den Ertrag ihres Verdienstes. Sie erhielten das
Zeugniß, „sich insgesammt ehrbar, still und eingezogen zu
verhalten, aber große und viele Arbeit seien sie nicht gewohnt, indem sie aus einem sehr fruchtbaren Lande kommen,
da sie sich ohne besondere Mühe ernähren und kommlich leben
können."

In Zürich war man auch bei dieser Gelegenheit für besondere Besorgung des Gottesdienstes beflissen. Nach dem Ab-
gange Reboulets nach Basel wurde Jaques Manuel,
welcher schon seit zehn Jahren in Zürich kirchliche Dienste

leistete, der erste Pfarrer der französischen Gemeinde. Als ihn jedoch körperliche Leiden an der Ausübung seines Amtes hinderten, trat der schon zwanzig Jahre in Zürich weilende Johann Terasson an seine Stelle und neben ihm amtete der oranische Prediger David Magnet. Während diese beiden sich in die Sonntags- und Wochenpredigten der französischen Gemeinde und in die Krankenbesuche theilten, war Terasson zu den regelmäßigen Hausbesuchen bei den frühern Flüchtlingen, Magnet aber bei den Oraniern verpflichtet. Dieser versah nach Terassons Tod (1708) die französche Gemeinde allein. In Zürich verstarb der sonst in Schaffhausen sich aufhaltende Isaak Trapier, Advokat beim Parlament von Orange, welcher im Testamente seine Schwester zur Erbin seines Vermögens einsetzte, wofern sie in Zeit von vier Jahren nach Zürich komme und sich bei der Behörde als evangelische Christin ausweise; wo nicht, so solle seine Hinterlassenschaft der Bourse française von Schaffhausen anheimfallen. Zum Dank für erwiesene Freundschaft vermachte er dem Rathsherrn Beat Wilhelm Goßweiler einen Diamant und seinen Degen, und der Tochter eines der Märtyrer, Uranie Homel, einen goldenen Ring. Die Kollekte des Kantons Zürich für die Oranier betrug den 3. Horn. 1704 nicht weniger als 13,927 Gulden, wovon die Stadt allein 9816 steuerte, Winterthur 1042 Pfd. Die Basel'sche Steuer betrug 7538 Pfd., wovon 7408 von der Stadt. Diese in der gangen evangelischen Schweiz erhobene Steuer sollte vorzüglich zur Versendung der Oranier nach Preußen dienen. Denn der König Friedrich I. betrachtete sich in Folge des Erbrechtes seiner Mutter, der oranischen Prinzessin Luise Henriette, der Gemahlin des großen Churfürsten, als rechtmäßigen Besitzer des Fürstenthums Orange, und hielt sich verpflichtet, den vertriebenen Glaubensgenossen, als seinen Unterthanen, eine neue Heimat zu eröffnen. Daher schrieb er den 27. October 1703 an die evangelischen Stände der Eidgenossenschaft: „Wir haben nicht umhin gekonnt, denselben für die gegen die armen Flüchtlinge aus unserm

Fürstenthum Orange bezeugte christliche Vorsorge und vielfältigen Gutthaten, auch, daß die Herren selbige diesen Winter
über noch bei sich zu behalten entschlossen, unser besonderes
Vergnügen zu contestieren und unser dankbegieriges Gemüth zu
bezeugen, sie auch hierdurch zu versichern, daß obgleich die un-
endliche Güte Gottes ein reicher Lohn dieser Wohlthaten sein
wird, wir jedennoch unsers Orts an uns nichts werden erwinden
laßen, unsere Erkanntlichkeit an den Tag zu legen und ihnen
bei allen Vorfallenheiten von unserer ihnen zutragenden Freundschaft und Gewogenheit aufrichtige Proben zu geben." Und
der preußische Resident in Frankfurt berichtete die evangelischen
Städte, daß die Oranier in das Fürstenthum Halberstadt aufgenommen werden und daher von Frankfurt aus in Wagen
dorthin gebracht werden sollen.

Nun wiederholte sich aber auch bei den Oraniern von
Neuem die Abneigung, sich von der Gränze des geliebten Vaterlandes zu entfernen. Namentlich von den in Genf weilenden
Flüchtlingen, an ihrer Spitze der Präsident und die Räthe,
sowie die Advokaten des Parlamentes von Orange, sprachen
drei Viertheile den Wunsch aus, mit Hülfe der von Preußen,
England und Holland zu erwartenden Unterstützungen, bis zu
Ende des Krieges in der Schweiz verbleiben zu dürfen. Allein
die Hoffnungen auf die Gelder des Auslandes blieben gänzlich
unerfüllt, der spanische Erbfolge-Krieg dauerte noch viele Jahre
und endigte ohne alle Begünstigung für die Flüchtlinge. Daher beschloßen Bern und Zürich die Absendung der Oranier
auf Anfang Juni 1704, mit Uebernahme des Unterhaltes
und der Reisekosten bis Frankfurt, mit der bisherigen Ausnahme, daß Kranke und Alte weiter behalten und besorgt
werden sollen. Vom 13. Juni bis zum 11. Juli wurden in
sechs Fahrten von Basel aus den Rhein hinunter 893 Personen mit der Bestimmung der Niederlassung in Preußen entsendet, mit einer Ausgabe für diese Fahrten von Basel nach
Frankfurt von 9696 Pfund. Unter der ganzen Zahl der Auswanderer waren nur 29 Personen, welche kein Reisegeld in

Anspruch nahmen, doch wurde auch für diese das Brot und der Schifflohn bezahlt. [101b]

Da beinahe die Hälfte der Oranier in der Schweiz zu-rückgeblieben war, bildeten sie mit den frühern Ankömmlingen für jede der evangelischen Städte noch längere Zeit eine be-trächtliche Schaar von Pfleglingen und daher eine nicht geringe Sorgenlast. Diese erhielt einen spürbaren Zuwachs durch ein-zelne Camisarden, welche nach dem heldenmüthigen Kampfe in den Cevennen von 1702—1704, zersprengt und geschwächt, aber ungebeugt und ungebrochen, nach der Schweiz sich retteten. Dieses Heldenhäuflein hatte die bewaffnete Macht so ermüdet, daß ungeachtet aller Blut- und Flammenströme, welche das Bergland verwüsteten, sich überall neue Schaaren zum Kampf auf Leben und Tod erhoben: so daß die bisherige Politik, welche die halsstarrige Brut zertreten und vernichten wollte, geändert werden mußte, und man froh war, die felsenstarken Herzen mit guter Manier aus dem Lande zu schaffen. Daher berichtet Peter Carriere, genannt Corteis: „M. le Maréchal de Villars donna des passeports à tous les Camisards qui lui en demandoient, pour sortir du Royaume; ses vues étaient d'affaiblir la Cabale et d'enlever toutes les forces à ces factions. Je profitais de ces passeports et je sortis de France au commencement de Novembre 1704 et me rendis à Lausanne en Suisse. Je fis connaissance de M. J. Pierre Secretan, très charitable et zélé pasteur de l'église de Grant-Mont, à qui se suis redevable de plusieurs et excellents bienfaits, qui me fit part de sa bibliothèque et de ses salu-taires instructions. Après avoir resté environ deux ans sous ses yeux, Messieurs de Sobreton et de Vinargues, gentis-hommes refugiés à Lausanne, ayant conféré avec quelques pasteurs sur l'état triste et déplorable des Réformés de France, et sur la nécessité d'y envoyer quelqu'un pour les soutenir dans la pureté de la foi. On m'en fit la propo-sition et je l'acceptai."

Der Marschall Villars selbst fand es gerathener, das

Haupt der Camisarden, den kleinen Bäckerjungen Cavalier, eher durch Güte, als durch das Schwert zu überwinden. Er schloß Frieden mit ihm, erhob ihn zum Obersten und lud ihn sogar nach Versailles ein. Doch der Cevenole traute der Freundlichkeit der tückischen Hofleute nicht und entfloh nach der Schweiz. Als er seine Entweichung beim Minister Chamillart entschuldigte, erhielt er zur Antwort: „Il est encore tems d'avoir recours à la clémence de Sa Maj.; et un homme d'une condition aussi basse que la votre, chargé de tant de crimes, s'il n'est pas possédé d'un esprit démoniaque, sauroit profiter de la grace que S. M. lui avait faite." Von Neuenburg begab sich Cavalier nach Lausanne, wo er aus den waffenfähigen Flüchtlingen ein Regiment zu bilden bemüht war.* Bern jedoch verhinderte solches, konnte und wollte aber Geld- oder Waffensendungen gegen Frankreich keinen Einhalt thun.

Die politische Frontänderung und die Besorgniß vor der unermüblichen Thätigkeit der unerschrockenen Agitatoren unter den Flüchtlingen übte einen auffallenden Einfluß auf die Sprache des französischen Gesandten in der Schweiz aus, indem derselbe statt der frühern Befehle und Drohungen sich wenigstens nun zur Bitte bequemte. In offenbarem Bezug auf die von den Camisarden befürchteten Anstiftungen richtet daher Puysieulx den 29. April 1705 folgendes Schreiben an die Herren von Zürich. „Je ne doute pas que vous n'ayés été jnformés, des jnstances que j'ay fait faire, auprès de Mrs. de Berne, pour les porter à faire sortir du païs de Vaud, tous les suicts Rebelles du Roy, qui s'y étoient assemblés; aussitost que ces malheureux-là en furent sortis, jls se retirerent dans le Porentruy. Je fis représenter à M. l'Euesque de Basle, que comme leur séjour sur ses terres, pouroit donner de l'ombrage au Roy, j'espérois qu'il ne permetroit pas, qu'ils y demeurassent plus longtems. Ce Prélat voulut bien les en faire sortir, sur le champ. Je say que ces gens-là sont actuellement dans Vôtre loüable Canton, et qu'ils demeurent même pour la plupart dans Votre loüable Ville.

Je vous prie, Magn. S., de vouloir bien ordonner qu'ils n'y
restent plus, et qu'ils ayent à sortir jncessament de Vos
Etats.' Ce sont des sujets Rebelles du Roy, ce sont des
gens, qui disent publiquement, qu'ils ne demeurent sur Vos
terres, que pour y attendre les ordres des Puissances
Ennemyes de sa Majesté, tout cela me fait esperer, qu'il
Vous plaira, me mettre en Etat, de luy rendre compte des
égards, que ie me flatte que vous aurés pour ma prière,
dans cette occasion, outre qu'elle est entierement conforme
à Votre alliance avec sa Maj., Je puis Vous assurer par
avance, qu'elle vous en saura beaucoup de gré. J'en con-
serueray, en mon particulier, une parfaite reconnaissance,
et je me tiendray très heureux, si vous me donnés lieu, de
vous la faire voir dans toute son étendüe. Je prie Dieu,
qu'jl vous maintienne dans la prosperité de tout ce qui
peut vous estre le plus avantageux.

Votre affectionné à vous servir

Puyzioulx.

Die Regierung von Zürich theilte dieses Schreiben den
französischen Flüchtlingen mit, welche unter Verdankung dieser
rücksichtsvollen Gewogenheit u. a. antworteten, es sei eine Vertheidigung gegen die Beschuldigungen des Gesandten nicht nöthig:
„V. Exc. sont assés informées du suiet qui a donné lieu à
tous ces mouvemens dans les Cevennes auxquels les pauvres
gens n'auroient jamais pensé si on ne les eut pas poursuivis
et poussés à bout pour les faire aller à la messe, c'est qu'on
apele obeir au Roy, et ne pas aller à la messe c'est déso-
beir, c'est estre rebelle. Il est vray qu'ils ont pris les armes
pour se deffendre contre les violences qu'on vouloit leur
faire à l'égard de l'ame, et en cela ils sont plus à plaindre
qu'à blamer; mais sans entrer dans ces sortes de discussions,
je demande, si l'on a raison de traiter de rebelles des gens
que l'on a caressés en France (wie den sich unterwerfenden

22*

Camiſarden-Führer Cavalier), quo l'on a gagnós par promesses et que l'on a fait conduire en Suisse sous de bonnes escortes." Indem ſich Bilette im Namen Aller unterzeichnet, ſpricht derſelbe die Bereitwilligkeit zur Auswanderung nach Würtemberg aus. Oeſterreich geſtattet den Durchpaß und Zürich empfiehlt die Wanderer unter den Schutz des Kommandanten von Hohentwiel, Dietrich Wiederhold. Vor dem Aufbruch bezeugten die Franzoſen noch ihren Dank für die Aufnahme in Stadt und Land Zürich, „welches wir nach England und Holland geſchrieben und ferner überall bekannt machen werden, wo wir hinkommen."

36. Flüchtlinge im 18. Jahrhundert.

Da Ludwig XIV. mit den Jahren immer enger und hartherziger wurde, ſo fehlte es der Schweiz, ungeachtet der Entlaſtung in wiederholten größern Wanderzügen, nie an neuem Zuwachs von evangeliſchen Flüchtlingen. Daher waren auch immer neue ökonomiſche Zuſchüſſe erforderlich, wobei Genf ſtets in Bereitwilligkeit und Opfern vorangieng. Unter der großen Zahl von jährlich fließenden Beiſteuern heben wir nur einzelne hervor. 1694 vermachte der königliche Rath Jean Caze der Bourse française von Genf 8000 Fr.; 1707 gründete Wilhelm Franconis einen Fond zum Unterhalt der Proſelyten; 1708 ſtiftete J. Ant. Lullin 30,000 Gulden zum Unterhalt armer Studenten der Theologie. — Zürich hatte 1706 noch immer einige hundert Flüchtlinge, darunter Oranier, denen Kaſpar von Muralt ein Neujahrsgeſchenk von 100 Gulden vertheilen ließ, Hs. Rud. Reinhart 200 Gulden, andere gutherzige Leute ſteuerten 363 Gulden, aus den Aemtern wurden erhoben 1492 Gulden und 194 Mutt Korn. — Bern hatte 1710 noch 235 Flüchtlinge auf öffentliche Koſten zu ernähren, von denen 118 in der Hauptſtadt und deren Umgebung ſich aufhielten, die Uebrigen im Welſchland, welche monatlich 360 Pfund kosteten. Zudem weilten noch etwa 60 Oranier auf eigene Kosten im Gebiet von Bern, und es bestand ein Fond von 5000 Pfund zur Weiterförderung der Oranier. 1710 den 6. August reichten „Einige mitleidige und für die Wohlfahrt Berns besorgte Bürger eine Vorstellung ein, daß man die hiesigen Exulanten, unter dem Prätext der Beschützung der Handwerksfreiheit, nach und nach aus der Stadt vertreiben will. 1. Versündigt man sich gegen Jesu Lehr und Beispiel, wenn man den Verfolgten auch um ihr eigen Geld nicht Wohnung gönnen will, für die aus obrigkeitlichem Befehl öffentlich und in specie gebetet wird. 2. Wie besteht dies Verfahren mit demjenigen von 1685, da nicht nur sämmtliche evangelische Stände beschlossen, die bedrängten Glaubensgenossen auf- und anzunehmen, sondern Bern insbesondere Protektion und Hülfe akkordierte. 3. ist es bedauerlich, da von vielen übelgesinnten Burgern unerlaubte und gefährliche Zusammenrottungen geschehen, diejenigen Einwohner aus der Stadt zu treiben, deren Treu und Gehorsam die Obrigkeit allezeit versichert gewesen. 4. ist zu untersuchen, ob nicht das Commercium, welches man seit vielen Jahren mit großer Mühe und Eifer in dieser Stadt einzupflanzen gesucht, dadurch wieder in Ruin gerathe; endlich ob die Vertreibung der Fremdlinge nicht werde gereichen zum Nachtheil der Bürgerschaft und in specie der Handwerksleute, welche die Fremden aus Mangel rechter Erkenntniß ihrer eigenen Interessen suchen zu vertreiben. Daher die Bitte, mit der Vertreibung inne zu halten, bis die Sache genau erdauert sei.“ Hier begegnen wir unter dem Vorwand gewerblicher Gründe politischen, indem die Aristokratie in der Beschützung der Flüchtlinge eine Schutzwehr gegen die Freiheitsbestrebungen der Bürger heranbilden wollte. So kamen bei Bern allmählig zu den alten, vielfach bewährten Gründen edler Menschlichkeit auch politische Triebfedern zur Aufnahme und Begünstigung der evangelischen Flüchtlinge. Das Welschland war für die Franzosen immer die auserwählte Zufluchtstätte, und da die Einwanderer ferner keine

allzugroße Belästigung bildeten, so war auch das beherrschende
Bern immer nachsichtiger und rücksichtsvoller. Wenn im 18.
Jahrhundert sämmtliche evangelische Städte bis nahe an die
Zeit der französischen Revolution fortwährende Opfer zu bringen
hatten, so war doch keine Landschaft so geeignet und geneigt,
den Flüchtlingen zur Heimat zu werden und Heimatrechte zu
gewähren, wie das Waadtland. Zu den kleinen Gruppen,
welche alljährlich dem Druck der Heimat sich entwanden, gesellten sich fortwährend Familien, die aus Deutschland zurückkehrten, und in einem durch Sprache und Lebensgewohnheiten
vertrautern Kreise ihr Leben beschließen wollten. Daher sah
man sich zu Anfang des 18. Jahrhunderts in Bevey und
Yverdun genöthigt, zur Aufnahme der wachsenden Zahl der
Flüchtlinge in den dortigen Kirchen, die Emporkirchen zu er-
weitern, und schon 1710 erhielten die in Bex naturalisierten
Flüchtlinge die gleichen Gewerbsrechte mit den Bürgern.

Wenn die Bevölkerung der Stadt und des Fürstenthums
Neuenburg von jeher den evangelischen Flüchtlingen sich hülf-
reich erzeigte, so wurde Neuenburg doch erst seit 1707 für
diese eine sichere Zufluchtstätte, als dasselbe durch eigene Wahl
und den mächtigen Beistand Berns unter die Oberherrschaft
des Königs von Preußen gelangte, der sogleich erklärte, daß
allen denjenigen evangelischen Flüchtlingen, welche Aufnahme
verlangen, eine bleibende Niederlassung gewährt werden solle.
In den Jahren 1710 und 1711 fand eine beträchtliche Einwanderung von Gewerbsleuten aus Languedoc und Dauphiné
statt, und bald entwickelte sich ein blühendes Gewerbe. Jakob
de Luze, welcher schon 1691 Bürger von Neuenburg geworden,
gründete eine Fabrik und Druckerei von Indienne, welches
Geschäft in Verbindung mit seinem Gehülfen und Eidam Jeremias Pourtales einen ungewöhnlichen Aufschwung nahm.
Dieser bemühte sich vergeblich, Rousseau's einflußreiche Feder
für die Flüchtlinge zu gewinnen. Ludwig Pourtales, dessen
Name in der Geschäftswelt gefeiert war, ist der Gründer des
nach ihm benannten Spitals seiner Vaterstadt, und seine Nach-

kommen glänzen sowohl in der Geschichte Frankreichs als
Preußens. Der letzte des Geschlechtes Dublé de la Gacherie
machte sich durch eine beträchtliche Stiftung für junge Geistliche verdient. Paul Coulon, ein Gefährte des Wüsten-
predigers Paul Rabaut, rettete sich nach Neuenburg, eben so
brauchbar in den Geschäften des Hauses Pourtales als vorher mächtig in der Verkündigung des Gotteswortes.[102]
Die in den Jahren 1710 und 1711 sich erneuernden
Verfolgungen trafen namentlich auf die in Frankreich zurückgebliebenen reformierten Oranier, daher Friedrich 1. von Preußen
den 3. November 1711 Bern bittet, die Oranier, welche ihren
Weg durch die Schweiz nehmen müssen, nicht zu nöthigen, in
dieser Jahreszeit weiter zu reisen. Und den 26. December
richtet er an die evangelischen Orte die Bitte, die Oranier
den Winter über zu unterhalten, weil man bei dem nahen
Frieden die Mittel finden werde, nicht nur für die Oranier,
sondern für die Glaubensgenossen überhaupt zu sorgen, so daß
die Beschwerden aufhören werden, „welche die evangelischen
Kantone zu ihrem unsterblichen Ruhm mit so großer Will-
fährigkeit auf sich genommen." Und indem Bondeli den
16. Januar 1712 die Bitte des Königs um weitere theilnehmende Hülfe der evangelischen Städte wiederholt, bemerkt
er, eben habe sich Preußen erkenntlich erweisen können, indem
durch dessen Verwendung ein die Schweiz betreffender un-
günstiger Friedensartikel ausgemärzt worden. Dieser unbeirrten
Theilnahme der evangelischen Schweiz für die Flüchtlinge,
welcher Punzieulx in letzter Zeit zum Mißfallen des Hofes
mit weniger Schärfe entgegengetreten war, sollte der ihn er-
setzende Graf du Luc mit größerm Nachdruck Einhalt thun,
daher dieser den 16. Juli 1711 die evangelischen Städte be-
deutet: „da nach der Schweiz refugierte Franzosen mit eidgenössischen Pässen wieder nach Frankreich gehen, sei dieß allen
Satzungen zuwider, und könne der König nicht dulden, daß die
Unterthanen seinen Ordonanzen zuwider handeln. Daher bitte
der König, daß keine solche Pässe mehr ausgestellt werden, da

die damit Versehenen in aller Schärfe gestraft werden. Die Verbündeten sollen die Gunst nicht mißbrauchen, welche der König ihrem Handel zugestehe." Dessen ungeachtet freute sich Bern der Dienste, welche die Flüchtlinge der evangelischen Sache in der Schlacht von Villmergen leisteten, (Stephan Herault, Bürger von Genf, bekam seines Wohlverhaltens wegen eine silberne Medaille), die evangelischen Orte wiesen jedoch die Anerbietungen der französischen Officiere zurück, welche gegen den Abt von St. Gallen behülflich sein wollten. Ungeachtet du Luc's ablehnender Mahnung bestand Zürich darauf, daß der Bitte der Exulanten entsprochen und an Frankreich das Gesuch gestellt werde, daß daselbst die Refugianten als naturalisierte schweizerische Unterthanen aller eidgenössischen Freiheiten in Frankreich theilhaftig gemacht werden. Während die übrigen evangelischen Orte beistimmten, antwortete Bern den 10. August 1713: „Ihr werdet an unserer Theilnahme nicht zweifeln; aber wir stellen Euerer Betrachtung anheim, ob es je den Anschein habe, daß auf Intercession der Eidgenossenschaft der König diesen Leuten den sichern Aufenthalt in Frankreich gestatten werde, nachdem die Königin von England nebst allen Potentaten nichts haben ausrichten können. Das Begehren könnte Beschränkung der Handelsbegünstigungen und Verweise veranlassen." Begreiflicher Weise war Berns Besorgniß nur zu richtig.

Wir haben hier noch der zwar unfruchtbaren, aber ganz außerordentlichen, an diplomatischen Erfindungen und Auswegen unermüdlichen Verhandlungen des Jaques de Barjac, Marquis de Rochegude, zu gedenken. Sein evangelischer Eifer und seine standhafte Anhänglichkeit an seine Glaubensgenossen, verbunden mit der liebenswürdigen Umgänglichkeit und Weltgewandtheit des vornehmen Franzosen, hatte ihm namentlich unter den Magistraten Zürichs ergebene Freunde und wohlwollende Gönner erworben, und Pfarrer Zeller rechnete es sich zu Ehren an, den kühnen und aufopferungsfähigen Mann mehrere Jahre zu beherbergen. Als der spanische Erbfolge-

Krieg, namentlich durch Zerstörung der französischen Flotte, für
Ludwig XIV. eine ungünstige Wendung zu nehmen schien, hoffte
Rochegude durch die Alliierten bei dem bevorstehenden Frieden
in die Friedensartikel vortheilhafte Bedingungen für die evangelischen Flüchtlinge zu bewerkstelligen. Er stellte sich daher
vom Jahr 1705 an die Aufgabe, durch unaufhörliche Reisen
und Verwendungen bei den protestantischen Mächten, dieselben
für seinen Plan zu gewinnen. Allein die Zahl der hülfsbedürftigen und flehenden Franzosen, die an den protestantischen
Höfen herumwanderten, war so beträchtlich, daß er seine Bemühungen durch einen officiellen Charakter ausgezeichnet und
gehoben wünschte. Der Vorort Zürich nahm keinen Anstand,
dem eifrigen Manne zu willfahren und denselben im Auftrage
der evangelischen Schweiz an die Mächte zu empfehlen, wogegen sich Bern von Anfang an verwahrte, und erklärte,
„seine Vorschläge sollen ihm zum Versuch überlassen werden,
aber ohne wirkliches Versprechen und Verpflichtung der Stände.“
Der gewandte Mann nahm nur die Vollmacht der evangelischen
Schweiz und nicht die Besoldung derselben in Anspruch. Als
jedoch Zürich ihm im Laufe der Verhandlungen ein Geschenk
zukommen ließ, folgte auch Bern diesem Beispiel. Sonst fand
er während seiner Bemühungen bei den Fürsten und den
Großen so viel Aufmerksamkeit und Theilnahme, daß es ihm
auch nie an persönlicher Beihülfe gebrach. Rochegude setzte
seine Hoffnung namentlich auf die Mitwirkung Karls XII.
von Schweden, dessen Politik gegen Deutschland zum Theil
mit derjenigen Frankreichs zusammenfiel und auf den als
Friedensvermittler besonders gerechnet wurde. Daher suchte
Rochegude den Landgrafen von Hessen und die verwittwete
Churfürstin Sophie von Hannover zur Befürwortung einer
Deputation an den König von Schweden zu gewinnen. Beide
erfüllen die Bitte, die Churfürstin jedoch antwortet, eine Deputation werde ohne Erfolg sein: „Ich bin überzeugt, daß eine
Deputation nicht mehr erreichen wird, als ich schon erreicht
habe“ (durch die fruchtlose Verwendung bei ihrer Freundin, der

Herzogin Charlotte von Orleans, Schwägerin Ludwigs XIV.)
Einen gleichen Bescheid erhielt Rochegude von Genf. Er fand
aber einen bessern Glauben bei den evangelischen Ständen,
welche ihn wirklich zum Deputierten an den König von Schweden ernannten, und ihm dafür 200 Thaler beisteuerten, wozu
Zürich 200 Thaler beitrug und nachwärts auch Bern. Der
von der evangelischen Schweiz beauftragte Deputierte reiste
Karl XII. bis tief in die Wälder Polens hinein nach, und stand
nicht ab, bis er den König auffand und bei ihm Zutritt erlangte. Wie wenig sich der Angerufene von seiner Verwendung versprach, geht aus folgender kühlen und verlegenen
Stelle seines Briefes an die evangelischen Stände vom 18. Nov.
1707 hervor. „Möchte ich eben so leicht einen Weg zur Beihülfe derjenigen finden, welche um ihres Glaubens willen unverdiente Strafen leiden, als ich von gerechtem Mitleiden für
dieselben erfüllt bin. Aber wenn ich mich nach den Maßregeln umsehe, welche die gegenwärtige Lage darbietet, so scheint
mir zur Zeit keine angemessener, als daß ich meinen Gesandten
in Paris beauftrage, diese Angelegenheit dem französischen Hof
mit allem Nachdruck vorzustellen und allen Fleiß anzuwenden,
damit den um Hülfe Anrufenden Gnade und die erwünschte
Erleichterung zu Theil werde; ich würde mich sehr freuen,
wenn ihnen auf diese Weise erträglichere Zustände herbeigeführt
werden könnten." Allein der schwedische Gesandte hatte an
Rochegude zu berichten, daß der französische Hof sich nur so
weit einlasse, um zu erklären, daß er in jeder andern Angelegenheit die Wünsche des Königs gerne berücksichtigen wolle.

Doch Rochegude war an den Umgang mit den Großen
und an die Verhandlungen mit denselben zu sehr gewöhnt, um
müde zu werden. Er entschuldigte sich gegen die evangelischen
Städte, daß er ohne ihren Auftrag nach Holland gegangen sei,
berühmt sich aber, daß es ihm gelungen sei, die Theilnahme
Marlborough's und des Rathpensionärs Heinsius für seine
evangelischen Landsleute zu gewinnen, und daß dieselben ihn
in dieser Angelegenheit an die Königin Anna von England

empfehlen. Schon jubelt er über den Erfolg seiner Reise nach England, da er erwarten dürfe, daß die Königin in einem Brief an Karl XII. denselben um seine Verwendung für die französischen Galeriens bitten werde, und läßt sich herbei, die evangelische Schweiz mit folgender Artigkeit zu überraschen: „Vos Exc. ont produit tous ces bons effets ayant les premiers frayé le chemin aux autres; je dois aussy les assurer qu'on a loüé extremement leur zèle et leur charité dans toutes les cours où j'ai passé." Für seine Glaubensgenossen erreichte er zwar auch bei der Königin nichts, dagegen gelingt es ihm, vermöge seines guten Einvernehmens mit dem Staats-secretär Boyle, einen höflichen Brief der Königin an die evangelischen Stände auszuwirken. Dieselbe schreibt den 2. Sept. 1708, sie habe vom ausgezeichneten Marquis von Rochegude vernommen, wie glücklich er im Namen der Eidgenossen beim König von Schweden zuwege gebracht, „daß der unüberwindliche Fürst seinen Einfluß geltend gemacht, damit die armen Galeerensclaven in die frühere Freiheit wieder hergestellt werden. Wir wünschten zwar von Herzen, daß wir zur Erleichterung unserer Brüder, welche um des reinen Glaubens willen das Härteste erdulden, etwas beitragen könnten; allein da die Zeitumstände uns darin hindern, vermögen wir es nicht, dagegen begleiten wir Euern Eifer mit dem schuldigen Beifall, und ermahnen Euch, ungeachtet Eueres eigenen Antriebs, Euer gottgefälliges Werk zu gutem Ende zu führen."

Sogleich nach Empfang dieses Briefes und des Begleitschreibens des vielthätigen Agenten antwortet Bern, „daß es sich zwar zur unvorgreiflichen Antwort an Rochegude verstehe, jedoch unter der Vorsorg, daß ihm zu künftiger weiterer Forderung vielfaltiger Reiskösten, und noch weniger zu Anmaßung einigen Charakters im Namen L. evangelischer Orte kein Vorwand oder Anlaß an die Hand gegeben werde." Rochegude antwortet, daß ihn die mehr als fünfmonatliche Reise 860 Thaler gekostet, daß aber die Fürsten in Deutschland, Holland und England ihn durch Geschenke freigehalten, und weiß zum

Beweise seines guten Einflusses anzuführen, daß er durch eine Rede auf den holländischen Staatsrath einen solchen Eindruck gemacht, daß derselbe von Neuem seine Intercession beim Frieden verheißen, so wie auch der schwedische Gesandte einen neuen Auftrag empfangen habe. Für seine zahlreichen Berichte und Briefe lassen Zürich und Bern ihm abermals je 200 Thaler zukommen.

Im Jahr 1709 verbreitet Rochegude seine Bemühungen über die sämmtlichen protestantischen Höfe Deutschlands, und hat daher den 4. Mai für das großmüthige Geschenk zu danken, welches „plusieurs bonnes ames à Zuric" ihm zum Behuf seiner Reisekosten gespendet. Auf seiner neuen Reise nach Holland und England hatte er endlich das Glück, von der Königin Anna empfangen zu werden, und ihr das Elend der Galeeren-sclaven zu schildern und zu bezeugen, wie sie dadurch gerührt worden: „il me sembloit même d'avoir veu couler des larmes de ses yeux". Während der Friede immer wieder vereitelt wurde und der Krieg noch vier Jahre dauerte, war Rochegude unterdessen in beständiger Bewegung, um für seine bedrängten Landsleute irgend etwas zu erreichen, und unterhielt fortwährend die evangelischen Stände von seinen Bemühungen und guten Hoffnungen. Allein schon am Ende des Jahres 1712 schreibt Bern an Zürich, es stimme dessen Vorhaben bei, die Verwendung Englands und Hollands für die Exulanten in dem Friedensvertrag nachzusuchen, „doch nicht durch Rochegude, sondern durch die Post, weil wir aus erheblichen Ursachen ihn dazu zu gebrauchen und dessen im Schreiben zu gedenken, weder thusam noch nöthig finden, zumal dessen bisherige Conduite der Eidgenossenschaft weder Ehre noch Nutzen gebracht." Wirklich waren am Ende alle von Rochegude verheißenen Aussichten eitel, indem nicht nur der Exulanten in den Friedens-Artikeln nicht erwähnt wurde, sondern der französische König jede Einmischung in dieser Beziehung zum Voraus ablehnte. [103]

Daß indessen Rochegude's Benehmen und Charakter auch beim feindlich gesinnten Hofe Anerkennung gefunden, geht

daraus hervor, daß, als sich derselbe nach vieljährigen Bemühungen bleibend in Bevey niederließ, der französische Gesandte du Luc den 6. Nov. 1713 ihm das Zeugniß ausstellt,
daß Rochegude „mit Erlaubniß des Königs sich nach der Schweiz,
als einem mit dem König alliierten und neutralen Lande, zu-
rückgezogen, und sich stets als königlicher Unterthan treu und
gehorsam erwiesen, auch das vom Herzog von Savoyen ihm
angetragene Regiment bei Anlaß des letzten Krieges nicht angenommen."

Es mag erlaubt sein, an einem Beispiele zu zeigen, welch
ein Aufwand von Sorgfalt und Opfern auch in gewöhnlichen
Zeiten für einzelne Personen erforderlich war. Schon im
Jahre 1660 langte ein Herr von Champromain in Zürich
an, welcher von seinem Vermögen nicht das Geringste hatte
retten können. Er erhielt also gleich nach seiner Ankunft ein
Taggeld und bezog dasselbe 18 Jahre lang, so daß die öffentlichen Beiträge sich auf 108 Mutt Kernen und 972 Gulden
Geld beliefen. Er war während dieser Zeit Vorsteher der
französischen Kirche und derselben Schatzmeister und machte sich
durch seinen Wandel und seine verständige Verwaltung beliebt.
1689 kam Uranie Homel nach Zürich, die Tochter des
durch Frömmigkeit und Heldenmuth ausgezeichneten Märtyrers
Homel, welcher im hohen Alter unter den Augen seiner Töchter
lebendig gerädert worden war. Uranie lebte anfangs ohne
Beihülfe, indem sie ihren Schmuck und ihre Kleinodien ver-
silberte; dann erhielt sie gleich andern ein Taggeld im Selnau.
1692 verheirathete sie sich, nachdem ihr durch den Tod ihrer
Schwester Anna ein kleines Erbe anheim gefallen war, mit
Champromain. Allein das Paar bedurfte fortwährend der
Unterstützung und bezog in 28 Jahren an Korn 162 Mutt
2 Viertel, und an Geld 1480 Gulden 20 Schilling. Unterdessen wurde das Vermögen von guten Zürcher Freunden verwaltet und mit 6 p. C. verzinset. Die Tochter verfaßte die
„Geschichte vom Tod und Marter" ihres Vaters, und Champromain widmete diese in Zürich gedruckte Schrift dem dortigen

Rathe. Uranie starb vor ihrem Manne und nach dessen Tode wurde beschlossen, das Vermögen, einzig mit Abzug von 100 Gulden für die französische Kirche in Zürich, an die Verwandten der Familie in Berlin und Genf auszuliefern. — Ferner liegt folgender Brief vor vom 13. März 1689. „Jaques du Vernet, de la très noble Maison d'Ode de Bonniot de Gap en Dauphiné, agé de 74 ans. — Jusqu'à ce jour vous n'avez contraint personne à sortir de votre ville: Vous y avez entretenu les gens que l'age ou les autres infirmitéz privent des moiens ordinaires de gagner leur vie: Vous avez même receu plusieurs centaines de Personnes à qui Vous aviez donné congé; Vous les souffrez encore aujourd'hui sur vos terres; La voix publique de toute la ville a été qu'on ne contraindroit jamais personne de partir: Au nom de Dieu, tres ill. & Souv. Seign., ne congédiez donc pas le Gentil. homme qui sollicite Votre charité et votre piété. Il proteste avec la verité la plus sincère, qu'il ne peut aller ni à pied ni à cheval. Il a une douleur sur l'épaule gauche, et une extrème faiblesse sur tout le bras droit. Les yeux se sont beaucoup obscurcis, de sorte qu'il faut qu'il périsse si vous ne lui tendez la main, ne sachant où passer, et ne pouvant etre utile à rien à la guerre, à cause de ses infirmitéz. Qu'il plaise donc à V. Exc. de continuer à exercer leur charité sur luy, sa femme, sa mère et son petit enfant. Wirklich unterhielt Zürich diesen Mann und seine Familie eine Reihe von Jahren mit monatlich ½ Mutt Kernen, ½ Eimer Wein und 4 Gulden.

37. Neue Grausamkeit des Herzogs von Savoyen.

Wenn die Verfolgungen der Protestanten in Frankreich grausam und empörend waren, so beobachtete die Regierung doch eine bleibende und bewußte Maßregel, welche nicht nur von der Kirche, sondern auch von den Rechtsgelehrten, vom Volk

und von der öffentlichen Meinung der höhern Stände gebilligt
wurde. In Savoyen dagegen begegnen wir einem eben so
widerwärtigen als niederträchtigen Schaukelsystem, je nach den
politischen Einflüssen des Augenblicks, nach Laune und Willkür.
Im spanischen Erbfolgekrieg hatte der Herzog von Savoyen es
wieder vortheilhaft gefunden, sich zum großen Haufen zu schlagen
und von Neuem die Waffen gegen Frankreich zu wenden. Demnach eroberte der Herzog mit Hülfe der Verbündeten 1708 das
Thal Pragelas, gegen Süden an die Waldenser Thäler
stoßend und seit der Reformation mit diesen den gleichen
Glauben und die gleichen Schicksale theilend, daher von Anfang unter den französischen Flüchtlingen immer auch Pragelaner genannt werden. Wirklich wurde im Frieden von Utrecht
1713 Pragelas von Frankreich gegen Barcellonnette an Savoyen
abgetreten, und vermöge des nachdrücklichen Einflusses von England und Holland erklärte der Herzog, daß er sich gedrungen
fühle, den Waldensern und Pragelanern seine Gnade
nicht länger zu entziehen. Als aber der Herzog 1720 mit der
Erwerbung von Sardinien König wurde, traf die Verfolgung,
auf Frankreichs Anforderung und Betrieb, die Pragelaner
von Neuem. Die Schulmeister wurden ihnen entzogen, es
sollten keine Versammlungen von mehr als zehn Personen
statt finden, der Besuch des evangelischen Gottesdienstes in den
Waldenser Thälern war verboten, es durften keine evangelischen
Vorsteher gewählt werden, angesehene Personen wurden verbannt, und die Abziehenden konnten ihre Güter nur an Katholiken verkaufen. Einiger Nachlaß des neuen Königs und die
entschlossene Standhaftigkeit der Pragelaner machte, daß diese
noch Jahre lang die Unbilden ertrugen und auf die Verwendung der protestantischen Mächte bessere Zeiten hofften. Mit
wirklicher Hülfe in der zunehmenden Bedrängniß nahten den
Leuten zuerst die evangelischen Stände der Schweiz, welche u. a.
den Waldenser Thälern im Jahre 1718 mit einer Hagel-
steuer von 1228 Pfund behülflich waren; und 1720 beschloß
die Tagsatzung der evangelischen Orte, von nun an den studie-

renden Waldensern fünf Plätze an den schweizerischen Aka=
demien von Genf, Basel, Zürich und Bern einzuräumen; noch
heute setzt Bern für die zu Lausanne studierenden Waldenser
jährlich 300 Franken aus. Aus Besorgniß vor einer neuen
allgemeinen Auswanderung schreibt Genf den 3. April 1728
an Zürich: „Il nous parait, que les Vaudois doivent être
aidés pour affermir leurs résidences dans les vallées, qu'ils
habitent depuis des siècles, de peur que n'étant pas aidés,
ils ne soient obligés de les quitter, ce qui seroit une grande
charge à Vous et à nous, et nous avons cru devoir par
provision leur envoyer 200 écus, nos dépenses ne nous per-
mettant pas de faire beaucoup, étant encore chargés consi-
dérablement des subventions qu'on donne aux familles des
Vallées qui se retirent." Allein schon im Frühling 1729
langten 15 Familien aus Pragelas, bestehend in 65 Per=
sonen, in Genf an, und im folgenden Jahre folgte eine größere
Zahl, welche zunächst im Waadtland Aufnahme fand, 69
Personen in Lausanne, 74 in Nyon, 64 in Morges, 40 in
Aubonne, 18 in Bonmont, zusammen 265 Personen. Ueber
die Beschaffenheit dieser Leute giebt der Bericht eines Waadt=
länders folgende Schilderung: „Alle diese Pragelaner sind
Bauern oder Hirten. Die Jungen und Starken wandern gegen
Ende Septembers und Anfangs Octobers aus, Hanf zu hecheln
und Holz zu sägen über den Winter und kommen im April
wieder in ihr Land zurück. Die im Lande bleiben, handeln
mit Vieh, besonders Schafen; andere ziehen Paulins, Esel und
Maulthiere auf, die sie in Auvergne wohlfeil kaufen und wieder
verkaufen. Andere handeln mit Schaf= und Gaiskäs und
wenig mit Käsen von Kühen. Die Vermöglichsten haben nur
3—4 Kühe, 2 Pferde oder Maulesel und 60 bis 80 Schafe.
En général ils ne sont fort prompts ou actifs au travail,
quoique d'ailleurs ils soyent assidus et laborieux. Ils sont
assez grossiers et leurs femmes encore plus. En un mot
ce sont de ces sortes de personnes qu'on appèle à la bonne
foi ou à la vieille mode, qui n'ont pas inventé la poudre,

mais qui d'ailleurs paraissent être de très honnêtes gens." Biktor Amadeus wie sein Sohn und Nachfolger suchten ihre harten Maßregeln bei den evangelischen Staaten durch freche Beschönigungen zu decken. Das harte Edikt vom 20. Juli 1730 entschuldigt der Vater an den König von Preußen, „daß die Pragelaner aus eigenem Willensantrieb und nicht in Folge eines Edikts oder durch Antrieb seiner Beamten das Land verlassen. Da dieses Thal im Tausch an ihn gekommen, habe er von dem bestehenden Vertrag nicht abgehen können und sei verpflichtet das Wort zu halten." Und den 18. November desselben Jahres schreibt der Sohn Karl Emanuel an die evangelischen Städte: „Quant à l'Edict de l'année courante et qui ne regarde que l'intérieur de nos états, il n'est contraire en rien à celui de 1694 et mêsme il modère les peynes, qui ont été encourues par ceux qui y sont compris. Ne pouvant donc être regardé que comme un acte de clémence et non comme un sujet de compassion il ne nous reste qu'à vous assurer etc." Allein daß die erneuerte Verfolgung eine harte und allgemeine war, geht daraus hervor, daß zu den 360 Flüchtlingen aus Pragelas sich 480 aus den sämmtlichen Thälern der Waldenser gesellten, so daß Bern 840 Personen in seinem Gebiet aufnahm. Als die evangelische Schweiz bei den protestantischen Fürsten um die Uebernahme dieser Heimatlosen nachsuchte, erklärte sich Friedrich Wilhelm I. von Preußen zur Aufnahme von 560 Personen bereit; von Schweden erfolgte ein Abschlag und der Markgraf von Baden kann in seiner neuen Residenz keine Bauern, wohl aber Handwerker und Fabrikanten aufnehmen. Dagegen stellte Holland für die in seinem Gebiete Aufzunehmenden eine Kollekte von 300,000 Franken in Aussicht, und ein einziger Güterbesitzer will auf seinen Ländereien in Holland und Seeland 3 bis 400 Personen Niederlassung vergönnen.

Allein die Anstalten zur Erfüllung dieser Anerbietungen giengen nur langsam vorwärts, so daß Bern an die evangelischen Städte den 21. Mai 1731 berichtet: „Unsere Glau-

bensbrüder aus Piemont sind im Unrath, ohne Kleider, Leinwand und Medikamente. Wir können sie nicht in diesem
elenden Zustande lassen, sondern müssen für sie sorgen; auch
begehren sie Bücher zur Erbauung. Die Exulanten-Kammer
ist für alles Nöthige besorgt." Dagegen war von Seite der
übrigen evangelischen Städte erforderlich, daß dieselben im
Frühling 1733 das dritte Kontingent von 400 Louisd'or für
die Piemontesen beisteuerten, und es wurde in der Folge der
gleiche Beitrag das vierte und fünfte Mal nothwendig. Endlich
langte im Frühling 1732 eine Summe von 50,000 holländischen Gulden für den Unterhalt der Waldenser an und später
noch eine Summe gleichen Betrags. Allein das langmüthige
Bern schrieb noch den 26. August 1733 an die übrigen Städte:
„Anlangend die in unserer Botmäßigkeit sich aufhaltenden Piemontesen und Pragelaner finden wir unsers Ortes, daß diesen
Leuten allzu schmerzlich vorkommen wurde, sie anzumahnen, zur
Abreis allstündlich sich fertig zu halten, ohne zu wissen, wo
selbige sich niederlassen könnten und also herumirren müßten.
Wir giengen aber mit unsern Gedanken dahin, die General-
Staaten um eine bestimmte Antwort zu bitten." Gleichwohl
sah sich Bern anderseits genöthigt, den Vertriebenen anzuzeigen,
„daß die hieländische Constitution ihren weitern Aufenthalt
in hiesigen Landen nicht erleiden möge, weßhalb sie ihr Glück
anderswo suchen möchten." Unterdessen war eine entsprechende
Antwort angelangt, so daß den 3. September 287 Personen
aus Pragelas in drei Schiffen den Rhein hinunter nach
Holland gefördert wurden, unter Begleitung eines Kommissärs
von Bern. Die Kosten für die Pragelaner im Waadtland
hatten sich auf 41,600 Fr. belaufen. Jeder Pragelaner erhielt ein Reisegeld von 30 Thalern; da jedoch 30 Personen
sich in dem Zuge befanden, welche nicht des Glaubens wegen
ausgewandert waren, wurde von diesen der Person nur ein
Reisegeld von 6 Thalern zu Theil: der Betrag der Reisegelder
machte 7880 Thaler aus. Den folgenden Monat gieng wieder
ein kleiner Zug von Basel ab, darunter Jean Savigny aus

Agrogne, der eine Zürcherin zur Frau hatte. Allein auch von
diesen Flüchtlingen blieben manche in der Schweiz zurück: die
Nachkommen der im Waadtlande bestehenden Geschlechter Bonnet,
Bonjour, Blanchod, Gonin, Gonnet, Odin, Malan, Combe 2c.
schienen (wie Monastier glaubt) den Waldenser Familien zu
entstammen.

Für das Unterkommen der Pragelaner hatte sich besonders einer aus ihnen, Johann Consul, thätig gezeigt,
welcher schon 1711 aus seiner Heimat vertrieben worden und
sich viele Jahre in Genf aufgehalten hatte. Endlich wurde er
seiner Güter und seines Vermögens beraubt, welche so ansehn-
lich gewesen, daß er jährlich 159 Franken Abgaben bezahlt
hatte. Seither wurde er nebst seiner Familie in Genf unterhalten. Zum Behuf der Niederlassung seiner Landsleute reiste
er auf Kosten der evangelischen Städte vier Jahre in Holland
und Deutschland, mit Unterhandlungen zur Gründung von
Kolonien beschäftigt. Er wollte mit den Seinigen nach Nord-
amerika auswandern, aber während Bern im October 1734
die letzten der Pragelaner mit Hülfe Basels den Rhein hin-
untersandte, hatte Consul noch 1752 die Leitung von Waldensern nach dem Auslande zu besorgen. Neben diesen Waldensern wurden die evangelischen Städte 1733 auch von
„schwerbedrängten" Ungarn und Siebenbürgern um Hülfe
angegangen. Bis in die fünfziger Jahre hinein dauerte die
Flucht aus den piemontesischen Thälern und neben dem Unterhalt der Flüchtlinge waren die evangelischen Städte namentlich
bemüht, außer den fünf auf allgemeine Kosten unterhaltenen
Waldenser Studenten, immer einzelne an sie empfohlene Jünglinge in ihren Studien zu unterstützen. Neben der evangelischen Schweiz unterstützten namentlich die wallonischen Kirchen
der Niederlande die studierenden Waldenser. 1729 steuerten
jene Wallonen den Waldensern 9000 Gulden, später 12,000,
und 1763 wurden auf unbestimmte Zeit für dieselben 4000
Gulden jährlich bestimmt, während England 260 Pfund darbot.
Bei diesen bedeutenden Unterstützungen ist es begreiflich, wenn

die Wallonen die Unterstützungsbeträge der Schweiz für die Waldenſer Studenten mit 104 Gulden jährlich zu dürftig fanden, obgleich Profeſſor Montagni von Lauſanne nachweiſen konnte, daß jeder einzelne der 5 jungen Waldenſer die Schweiz ohne Kleider und Bücher 160 Gulden koſte. Allein auf den Vorſchlag Zürichs wurde die Penſion für den einzelnen Studenten wirklich auf 160—170 Gulden erhöht, nebſt einem allgemeinen Zuſchuß von 300 Gulden. Zugleich ſtifteten die Wallonen für die Waldenſer auf piemonteſiſchem Gebiet nach dem Plane von Lauſanne eine Vorbereitungsſchule, ſo daß künftig die Zöglinge erſt mit 14 Jahren nach Lauſanne kommen, und ihren Kurs daſelbſt in 7 bis 8 Jahren vollenden konnten. Wie anſehnlich die Koſten der Schweiz auch nach der Abreiſe des größern Theils der Waldenſer waren, zeigt ein Auszug aus den Rechnungen über die Ausgaben Berns für die Flüchtlinge aus Piemont und Pragelas vom Sekretair der Exulanten-Kammer, von Wattenwyl:[104]

Vom Juli	1739	bis Juli	1740	an Ausgaben	4464 Fr.
„	1740	„	1741		3400 Fr.
„	1741	„	1742		3200 Fr.
„	1742	„	1743		3078 Fr.
„	1743	„	1744		3155 Fr.
„	1744	„	1745		3125 Fr.
„	1745	„	1746		2843 Fr.
„	1746	„	1747		2731 Fr.
„	1747	„	1748		2773 Fr.
„	1748	„	1749		1865 Fr.
„	1749	„	1750		1525 Fr.

38. Ruhigere Zeiten.

Unter den mannigfaltigen Zeugniſſen des Dankes, welche die abgezogenen Flüchtlinge der Schweiz zu Theil werden ließen, führen wir folgendes an. 1749 den 9. Febr. errichtete David

Perrin von Cahors, jetzt in Middelsey, sein Testament. Gemäß demselben soll sein Vermögen, nach Abzug der Kosten, zur Hälfte nach der Schweiz geschickt werden, nämlich 391 Pfund Sterling 15 Schilling 4 1/2 Pf. Davon empfängt Zürich die Hälfte mit 195 L. 17 S. 8 1/4 H. „pour l'usage de leurs pauvres ou de leurs hopitaux", Bern 1/4 mit 97 1/2 L. und Chur 1/4 mit 97 1/2 L. „Suppliant très-humblement les vénérables magistrats des dites trois villes, de recevoir cette petite marque de ma gratitude et juste restitution pour les nombreuses faveurs charitables que moi et ma famille ont reçues d'eux après nos grands malheurs en France environ la fin du siècle passé; leur suppliant avec toute l'ardeur possible, que ce don ne soit rejeté à cause de sa petitesse." Die andere Hälfte ge= langt an England und die dortigen französischen Kirchen, mit der Empfehlung, diejenigen zu unterstützen, die er während seines Lebens unterstützte oder empfahl; „et aussi d'avoir la même compassion pour ceux de leurs églises, qui sont nés en Suisse, où j'ai eu le bonheur d'avoir été souvent assisté pendant mon jeune age et d'avoir eu mon éducation parmi ce peuple benit." Die an Zürich fallenden 1771 Gulden 10 Schill. wurden für die Armen, den Spital und die fran= zösische Kirche zu drei gleichen Theilen ausgeschieden.[106] Es ließe sich überhaupt eine Menge von Beispielen anführen, wie wohlwollend und liebevoll manchen Flüchtlingen ein bleibender Aufenthalt in der Schweiz gestattet wurde, nachdem die Ueber= zahl der Fremblinge und namentlich die Geschäftskonkurrenten entfernt waren. So wurde dem französischen Schullehrer Anton Coulet die Ehe und der bleibende Aufenthalt in Zürich gestattet; und die Predigers=Witwe Roland, die in Zürich geborne Tochter des vieljährigen dortigen Pfarrers Terasson, als sie 1740 von Marburg mit 10 Kindern an ihren Ge= burtsort zurückkehrte, fand daselbst eine erbarmungsvolle Auf= nahme. Namentlich aber konnten französische und italienische Sprachmeister einer besondern Theilnahme und Gunst sich er= freuen, ohne dessen zu gedenken, welcher Zürich bat, seine neue

Grammatik dem Rathe widmen zu dürfen, mit der Verheißung, den Ruhm der Stadt künftigen Jahrhunderten überliefern zu wollen. — Daß indessen im vorigen Jahrhundert nicht nur arme Flüchtlinge in Zürich sich aufhielten, beweist der Chevalier Johann Formont, Herr de la Tour, welcher bei der Verheurathung mit seiner jungen Frau, die von ihrer Mutter 12,000 Fr. empfieng, 20,000 Fr. als Frauengut hinzufügte. Lange lebte dieses Paar von 1709 an im Wohlstand in Zürich.

Mit dem Tode Ludwigs XIV. im Jahre 1715 und dem Regierungsantritt des Herzogs Philipp von Orleans trat in der Schärfe der Verfolgung etwelcher Nachlaß ein: denn dieser war talentvoll und gebildet genug, um die Nachtheile zu erkennen, welche die Verfolgungen seines Oheims Frankreich verursacht, aber er wagte nicht, durch Begünstigung der Protestanten · den Klerus zu erzürnen, und er war zugleich zu leichtsinnig und ausschweifend, um dem Einflusse seiner Mutter, der ausgezeichneten Pfalzgräfin Elisabeth Charlotte, zu folgen. Diese hatte, um den Herzog von Orleans, den Bruder Ludwigs XIV., zu heurathen, katholisch werden müssen. Allein ihr Herz blieb protestantisch. Als sie daher in der Gallerie der Orangerie zu Versailles sich allein glaubte, stimmte sie den sechsten Psalm an. Kaum hatte die Herzogin den ersten Vers vollendet, stieg Rousseau, der Fresko-Maler, vom Gerüst herab und warf sich ihr zu Füßen. Erstaunt rief sie: Guter Gott, was haben Sie, Rousseau? — Ist's möglich, daß Sie sich noch Ihrer Psalmen erinnern und sie singen? Der gute Gott segne Sie und erhalte Sie in dieser Gesinnung! Noch zu Lebzeiten des Königs wagte sie es, einer Freundin u. a. zu schreiben: „Ich muß gestehen, wenn ich in den Predigten höre, wie man den großen Mann lobt, die Reformierten verfolgt zu haben, so werde ich immer ungeduldig darüber; ich kann nicht leiden, daß man lobt, was übel gethan ist." Nach des Königs Tod läßt sie sich folgender Maßen heraus: „Wie traurig, Leute zu sehen, die fromm sein wollen und alles blindlings glauben,

was ihnen die Pfaffen sagen. Der selige König war so; er
kannte keinen Buchstaben der heil. Schrift, man hatte sie ihn
nie lesen lassen; er glaubte, wenn er nur seinen Beichtvater
höre und sein Paternoster murmle, so sei er auf guten Wegen
und fürchte Gott aufrichtig. Es machte mir immer viele
Mühe; seine Gesinnung war gut; aber die Alte (Maintenon) und die Jesuiten beredeten ihn, daß, wenn er die Reformierten verfolge, er vor Gott und der Welt das Standal aus-
lösche, das aus dem doppelten Ehebruch hergekommen, in dem
er mit der Montespan lebte. Ehe die alte Zote hier regierte,
war die Religion in Frankreich sehr vernünftig; aber sie hat
Alles verborben und alle Arten thörichter Andachten eingeführt,
wie die Rosenkränze 2c., und wenn die Leute vernünftig sein
wollten, ließen die Alte und die Beichtväter sie ins Gefängniß
werfen oder verbannen. Sie Beide sind an allen den Verfolgungen schuld, die man in Frankreich gegen die armen
Reformierten gerichtet. Dieser Jesuit mit den langen Ohren,
der Pere La Chaise, hat dieses Werk im Einverständniß mit
der alten Zot angefangen und der Pere Le Telier hat's weiter
geführt; daher ist Frankreich ganz ruiniert worden." Wenn
die Herzogin weder dem Grundsatz der Verfolgung der Reformierten, noch der weitern Verfolgung selbst Einhalt thun
konnte, so trug sie doch zur Erleichterung und Rettung derjenigen bei, welche um ihres Glaubens willen zu den Galeeren
verbammt worden waren, daher sie 1716 den 16. August folgenden Brief an die evangelische Schweiz schrieb: „Elisabeth
Charlotte, duchesse d'Orléans aux Cantons évangéliques et
leurs confédérés. Messieurs. Je n'oublieray jamais l'affection que Vous avés tesmoignée dans toutes les occasions
à ma maison, mon Père et mon frère, et vous me trou-
verés tousjours très disposée à vous faire plaisir. Je puis
Vous promettre, que tous ceux qui sont aux Galères, pour
autre cause, que celle de rebellion seront relaschés; et à
l'égard de ceux qui ont manqué de fidélité au Roy et à
leur patrie, Vous êtes trop raisonnables pour me proposer

de parler pour eux." — Immerhin sehen wir, daß die deutsche Fürstin am französischen Hofe gelernt hatte, mit den Schweizern nicht viel Umstände zu machen. War man sich doch am französischen Hofe schon gewohnt, die von Zeit zu Zeit wiederkehrenden Bitten der Schweizer abzuweisen, ohne dieselben weder zu ermüden noch abzuschrecken. Als daher 1720 die Gesuche für die Flüchtlinge wiederholt werden sollten, weigerte sich Bern, weil es doch nichts nütze; St. Gallen aber fand es bedenklich, „wegen unserer verburgerten, in Frankreich sich aufhaltenden Kaufleute und aus Furcht, daß die Bedrängniß nur noch größer werde." Allein desto besser gedieh, was die Schweiz aus eignem Betrieb und in unermüdlicher Thatkraft zur Ausführung brachte. So gründete sich schon im 17. Jahrhundert eine evangelische Kirche in Konstantinopel, welche 1725 aus 85 Mitgliedern von Genf bestand, theils alten Familien, theils den französischen Flüchtlingen angehörend, die mit Uhren, Gold- und Edelstein-Schmuck ein vortheilhaftes Gewerbe trieben. [105]

39. Die Wüstenprediger.

Neben der fortwährenden Aufnahme und dem Unterhalt der Flüchtlinge wurde die Schweiz im 18. Jahrhundert von neuer und besonderer Bedeutung für Frankreich, weil dieselbe die hauptsächlichste Pflanzschule für die Prediger der Wüste war. Von den unwegsamen Gebirgen der Schweiz her war es für die muthigen Glaubensapostel viel leichter in Frankreich einzudringen, als von irgend einer andern Seite. Wir haben oben (S. 337) gesehen, daß der in der Schweiz sich aufhaltende Peter Carriere, genannt Corteis, zu dieser Aufgabe ausersehen war. Allein es gelang ihm erst 1709 mit zwei gleichgesinnten Freunden die Cevennen zu erreichen. Der Wüsten-Prediger hielt drei Jahre in täglicher Todesgefahr aus, in der Betrübniß, daß immer wieder Brüder aufgefangen und den

schrecklichsten Qualen entgegen geführt wurden, bis seine zer=
rüttete Gesundheit die.Rückkehr nach der Schweiz und die Er=
holung daselbst nothwendig machte. So rettete er sich mehr=
mals nach der Schweiz, kehrte aber so bald als möglich auf
den Kampfplatz zurück. Allein durch Flucht und Tod war all=
mählig ein völliger Mangel an ordentlichen und berufenen
Predigern eingetreten. Die Protestanten scheuten sich nicht,
den Segen der Taufe und der Ehe durch katholische Priester
zu empfangen, allein das heil. Abendmahl wollten sie nur von
solchen gereicht wissen, denen die Ordination und kirchliche
Weihe zu Theil geworden. Daher wurde Corteis nach der
Schweiz geschickt, um die Consekration durch Handauflegung zu
empfangen. Nachdem er zu Genf eine Zeit lang unterrichtet,
vorbereitet und geprüft worden, ohne daß die Genfer Geist=
lichkeit es wagte, den frühern Wollweber des geistlichen Amtes
würdig zu erklären, wurde er von Professor Calandrin nach
Zürich empfohlen, wo er den 15. August 1718 durch Hand=
auflegung die Weihe zum amtlichen Kirchendienst empfieng und
damit die Vollmacht, auch den Predigern der Heimat das
Kirchenamt zu übertragen. Er blieb mit Zürich in Verbindung
und freute sich dessen wohlthätiger Theilnahme, daher er den
dortigen Behörden noch 1733 seinen dankbaren Neujahrswunsch
darbringt, „comme j'apprends que nos chères Eglises sous
la croix et ma pauvre famille en particulier reçoivent tous
les jours de vos bénites mains de nouveaux bienfaits."
Bis 1752 harrte dieser Wüstenprediger wie ein gehetztes Wild
in seinem Vaterlande aus, und zog sich endlich nach Würtem=
berg zurück, wo er nach sechsunddreißig Jahren wieder mit
seiner Gattin sich zusammen fand.

Der bedeutendste und einflußreichste Flüchtling des 18.
Jahrhunderts war Anton Court, 1696 in Vivarais geboren,
der Wiederhersteller des Protestantismus in Frankreich. Seit
der Aufhebung des Ediktes von Nantes war die geregelte Or=
ganisation der evangelischen Kirche vernichtet. Denn nach Ver=
jagung der Prediger hatten nur Wenige mit Brousson den

Muth, das Wort Gottes unter täglicher Todesgefahr zu ver-
kündigen, und von diesen Wenigen endigten fast alle im Kerker
oder auf dem Blutgerüst. In Ermangelung der Prediger
traten nun begeisterte, todesmuthige Propheten beiderlei Geschlechts aus dem Volke auf, deren Feuereifer indessen zu Aus-
schreitungen und zum Spott führte. Court, bekümmert über
die gefährlichen Verirrungen seiner Glaubensgenossen, hatte,
noch nicht zwanzig Jahre alt, die Geistesklarheit und die Kraft
auf dem Weg der Wiederherstellung der Kirchenzucht, der Kon-
sistorien und der Synoden, namentlich aber durch Förderung
der Bildung der Geistlichen, Hülfe zu schaffen. Zu diesem
Behuf veranlaßte er 1715, da Ludwig XIV. im Sterben lag,
eine Synode in der Dauphiné, auf welcher auch die Prediger
der Cevennen und von Nieder-Languedoc nebst mehrern Laien
erschienen, — die erste Synode seit dem Widerruf. Court
amtete bei dieser Versammlung als Präsident und Schreiber,
und bewirkte die Wiederaufstellung der Kirchenältesten, die
Ueberwachung der Gemeinden, die Wahl der Versammlungs-
orte, die Anordnung von Kollekten für die Armen und Gefangenen, die Bezeichnung von Zufluchtstätten und Führern.
Ferner wurde in Betreff der Predigt beschlossen, daß dieselbe
den Frauen untersagt sei, und daß solche nach dem Evangelium
in kirchlicher Regel statt haben solle. Dieser ersten Synode
folgten zwei andere, 1716 in Dauphiné und 1717 in Languedoc, wodurch Courts Name so bekannt wurde, daß der Herzog
von Orleans einen Unterhändler an denselben abschickte, welchem
der Prediger versicherte, es sei keine Empörung zu fürchten,
außer durch Verfolgung. Die anerbotene Pension nahm er
nicht an. Auf einer von 45 Gliedern besuchten Synode 1718
wurde er selbst nebst den übrigen Amtsbrüdern von dem aus
Zürich zurückkehrenden Corteis ordiniert, zugleich wurde beschlossen, daß keiner Pastor werden könne, den nicht die erforderliche Einsicht und Kenntniß, reiner Glaube und Wandel
empfehle. Die durch Court angebahnten Fortschritte blieben
indessen aus Mangel an den erforderlichen Arbeitern in engen

Gränzen. Denn in einer Versammlung den 17. Jänner 1725 wurden von den 20 Anwesenden Alle außer Court und einem Zweiten festgenommen und auf die Galeeren verurtheilt. Es handelte sich also zunächst darum, eine sichere Stätte zu finden, wo die künftigen Prediger des Evangeliums ruhig ihren Studien obliegen und für ihre hohe Aufgabe vorbereitet und geprüft werden könnten. Auf dem Boden Frankreichs war solches nicht möglich. Genf, die alte Pflanzschule des Evangeliums, war der Gränze zu nahe und vom französischen Residenten mit zu anmaßender Strenge überwacht. Dagegen bot das nahe Lausanne mit Beihülfe seiner Akademie, welche den französischen Gemeinden schon so viele treue Hirten gesendet hatte, die beste Gelegenheit zur Gründung eines Prediger-Seminars. Nach Erhebung reichlicher Kollekten in den protestantischen Ländern, namentlich aber durch die Unterstützung Berns und des Erzbischofs Wilhelm Wake von Canterbury, gelang Court 1729 die Eröffnung des Seminars, welches unter seiner Leitung stand, indem er ins Geheim von den französischen Kirchen zum General-Deputierten erhoben worden, ein Amt, welches seit Ruvigny's Abgang unbesetzt geblieben war. Ein geheimes Komite in Genf verwaltete und verwendete die aufgebrachten Geldmittel zum Unterhalt von zwanzig bis vierundzwanzig französischen Studenten, und brauchte die Vorsicht, die betreffenden Schriften von Zeit zu Zeit zu verbrennen, um die Franzosen, welche mit der Anstalt in Verbindung standen, nicht zu gefährden. Das Seminar bestand bis 1809, worauf die betreffenden Fondationen zu Stipendien für französische Studierende in Genf verwendet wurden, was bis auf diesen Tag seinen Fortgang hat, daher der Referent aus dem Munde eines dortigen Zöglings vernahm: „Erst in der Schweiz lernen wir Franzosen die evangelische Kirche recht kennen und lieben." Während des achtzigjährigen Bestandes des Seminars in Lausanne giengen mehrere Hunderte von Glaubensmännern daraus hervor, welche für ihr Bekenntniß ihr Leben einsetzten und in nicht kleiner Zahl den Märtyrertod starben. Court hatte seinen bleibenden Aufenthalt in Lausanne genommen. 1730 verfügte er sich nach Bern, um der Obrigkeit für den Schutz und die Bewilligung des Seminars zu danken. Er predigte daselbst in der französischen Kirche, das Glück eines freien Volkes dem Elende eines unterdrückten Volkes gegenüberstellend, wobei er ein so ergreifendes Gemälde der gegen die französischen Protestanten ausgeübten Verfolgungen entwarf, daß er der sämmtlichen Zuhörerschaft Thränen entlockte. Der Rath von Bern setzte ihm einen Jahrgehalt von 500 Franken aus.

Auch auf dem Boden der Schweiz bildete er den geistlichen Rath, den Tröster und Friedensstifter für den ganzen Umfang der evangelischen Kirchen Frankreichs; dabei wagte er sich mehrmals selbst mitten in Frankreich hinein, wo auf seinen Kopf ein Preis von 10,000 Franken gesetzt war, verbunden mit folgendem Signalement: „taille de 5 pieds 4 pouces, assez bien fait, portant ordinairement perruque courte, un peu marqué de la petite verole, visage plein, nez aquilin, les yeux noires; il porte d'ordinaire un bouton d'or ou d'argent à ses habits sans galons: il a toujours un chapeau bordé, portant l'épée et une canne." Daß die Feinde die Stellung und Bedeutung Courts wohl kannten, geht aus folgender Angabe hervor: „La Secte, ou pour mieux dire, les ministres, font entretenir un représentant à Lausanne (c'est le ministre Court qui occupe cette place), à qui toutes les délibérations des synodes tenues en France sont envoyées, ainsi que l'état des mariages, des baptêmes, des facultés de chacun des sectaires et de leur nombre." Wie sehr er der leitende und belebende Mittelpunkt der evangelischen Kirche in Frankreich war, beweist die noch in Genf befindliche „Collection Court", bestehend in 116 handschriftlichen Bänden. Er schrieb u. a. die Histoire des Camisards. [106]

Als Schüler des Seminars zu Lausanne zeichnet sich zunächst Court's Sohn, Court de Gebelin, aus, dessen Ansehen als Gelehrter auch seinen Glaubensbrüdern zu Gute kam. Der bedeutendste derselben war Paul Rabaut, welcher ein halbes

Jahrhundert lang das Feuer des Glaubens unter seinen Landsleuten in den Versammlungen der Wüste immer wieder anfachte, zugleich aber durch Ruhe und Mäßigung seine Glaubensgenossen in den gesetzmäßigen Schranken hielt, daher der Arm der Bedränger ihn wie seine Mitstreiter immer mit dem Tode bedrohte, aber ihm doch wieder Schonung und Anerkennung zu Theil werden ließ. Im raschen Umschwung der Begriffe während der Revolution wurde der Sohn Rabaut-St. Etienne an die Spitze der Nationalversammlung erhoben, und begrüßte den Vater im Styl jener Zeit: „Der Präsident der Nationalversammlung ist zu Ihren Füßen." — Doch noch 1662 endigte der Zögling des Seminars von Lausanne, der 26jährige Franz Rochette, am Galgen, weil er in seiner Amtstreue sich vor den Häschern nicht genug in Acht genommen, und mit ihm drei junge Edelleute Grenier, welche ihm ihre Theilnahme mit zu rücksichtslosem Eifer gezeigt hatten. Den ihm anhänglichen Lehrer und Vorsinger Valentin Poirier traf nach harter Gefangenschaft ewige Verbannung, worauf er in Basel Aufnahme und Hülfe fand. — In der Mitte des 18. Jahrhunderts war der Spanier Hyacinth Bernal de Quiros, Professor der Theologie zu Lausanne, welcher als Theologe des Papstes bei einer öffentlichen Disputation schulgemäß den Auftrag hatte, die Lehren der Reformation zu vertheidigen, und beim Studium dieser Aufgabe sich dieselbe so zu Herzen nahm, daß er seinen Gegner entwaffnete und das Kardinal-Kollegium in Erstaunen und Verlegenheit setzte. Als er aber in einer folgenden Disputation sich selbst widerlegen sollte, entfloh er und fand in Lausanne einen gesegneten Wirkungskreis. Noch bewahrt die dortige Bibliothek seinen Bücherschatz. — Jakob Durand floh aus Frankreich und kam 1754 nach Lausanne, wurde Protestant und widmete sich dem Evangelium, dem er bis 1816 in seiner neuen Heimat die wichtigsten Dienste leistete. 1733 hatte sich J. Hector Babon nach Lausanne gerettet. Sein Vater war aus Metz nach Sachsen geflohen. Der Sohn, Zuckerbäcker, wagte sich nach der Heimat

zurück, um sein väterliches Vermögen zu retten. Er wurde
aber daselbst zum Kriegsdienst genöthigt. Als er sich demselben durch die Flucht entzog, fand er auf dem Schlosse eines
reformierten Besitzers Zuflucht. Hier überraschte und gewann
er so durch das warme und seelenvolle Gebet, das unbemerkt
belauscht wurde, daß man nicht nachließ, in ihn zu bringen,
seine schönen Gaben zur Erbauung seiner französischen Glaubensbrüder zu verwenden. Nachdem er den nöthigen Unterricht
empfangen, arbeitete er sieben Jahre lang als Wüstenprediger
unter dem Kreuz, bis die Verfolgung ihn über die Gränze
trieb; und als die evangelischen Stände die Sorge für seine
in Lausanne sich aufhaltende Familie übernommen, betrat er
von Neuem das Arbeitsfeld und die Gefahren der Wüste. —
Während Jean Calas in Toulouse das Opfer seines Glaubens
wurde, war im benachbarten Castres Peter Paul Sirven
mit dem gleichen Schicksal bedroht, dessen Tochter geraubt und
in ein Kloster gesteckt wurde. Als die Gemüthsqualen die
Standhafte zum Wahnsinn gebracht, wurde sie zum Vater zu-
rückgeführt, und als sie sich entleibte, wurde die Schuld auf
den Vater geworfen. Nachdem dieser mit seiner Familie viel-
fache Gewaltthätigkeiten erlitten, floh er, um dem Tode zu
entgehen, 1760 nach Lausanne.

40. Die letzte Zeit.

Ungeachtet Lausanne neben Genf die bevorzugteste Zufluchtstätte der evangelischen Flüchtlinge war, zeigte sich doch
im Aufenthalt der Einzelnen so viel Unstätheit und Wechsel,
daß hier wie anderswo ein bleibender und ordnender Verband
der Niedergelassenen unmöglich wurde. Daher wurde 1742
die obrigkeitliche Verordnung erlassen, daß die „Direktion der
französischen Flüchtlinge in der Stadt und Landvogtei Lausanne
nicht in eine Körperschaft vereinigt, noch in eine Gemeinde
und noch weniger in eine Bürgerschaft umgewandelt werde,

sondern eine einfache Direktion bleiben solle." Allein dieser Direktion war die Aufsicht über die Flüchtlinge, über ihr sittliches Betragen, ihre Herkunft, ihre Hülfsmittel, ihre Ehen 2c. anvertraut. Daneben aber trat sowohl zu Lausanne, als in den übrigen Kolonien des Waadtlandes eine immer größere Erleichterung zum Eintritt in das Bürgerrecht der betreffenden Orte ein. Denn Bern sah ungerne, daß der ersten Herzlichkeit, mit welcher die Flüchtlinge aufgenommen worden waren, oft ein Gefühl der Unbehaglichkeit und der Eifersucht nachgefolgt war, wodurch die Niedergelassenen beunruhigt und bisweilen geschädigt wurden. Daher erfolgte 1771 in Lausanne mit der Genehmigung Berns folgende Anordnung. Die Flüchtlinge zerfielen in 5 Klassen: 1. Die in das Bürgerrecht Eingekauften, 260 Männer und Knaben, 250 Frauen und Töchter. 2. Die durch Naturalisation dauernd Niedergelassenen, 38 Männer und Knaben, 49 Frauen und Töchter. 3. Vermögliche und Selbständige, 314 Männer und Knaben, 318 Frauen und Töchter. 4. Von der Direktion Unterstützte, 104 Männer und Knaben, 144 Frauen und Töchter. 5. Welche in keine der vorigen Kategorien passen, 21 Männer und Knaben, 11 Frauen und Töchter. Von Bern Pensionirte, 7 Männer und 12 Frauen. — Von diesen 1531 Flüchtlingen hatten 1145 einen Besitz und 513 derselben hatten sich in das Bürgerrecht eingekauft. Von den 967 unter der Direktion Stehenden waren 258 Unterstützte.

Wenn im 18. Jahrhundert die Zeit vorüber war, wo Mitglieder der höhern und höchsten Stände ihrem Glauben das äußere Lebensglück zum Opfer brachten, so fanden sich doch auch damals einzelne geweihte Personen, deren Standhaftigkeit im Leiden dem Jahrhundert und den Verfolgern zum schweren Vorwurf gereichte. Nachdem die Protestanten längere Zeit unter dem Ministerium des Kardinals Fleury der Ruhe genossen, so daß die Nationalsynode 1726 wieder zusammen zu treten wagte und die Gläubigen wieder in größerer Zahl zu gottesdienstlichen Versammlungen sich zusammenfanden, gereichte die Freudigkeit des Bekenntnisses den Feinden zum Aergerniß, so daß die Verfolgungen von neuem begannen. Beim Ueberfall einer Gemeinde in Vivarais wurden Franz de Fiales, dessen Gattin Isabeau Menet und deren fünfzehnjährige Schwester Johanna gefangen genommen. Nach harter Gefangenschaft traf den Mann die Galeere, die Frau der Thurm von Constanze und der Verlust ihres Vermögens, außer einem Drittheil für das von Isabeau im Gefängniß geborene Kind. Johanna durfte während ihrer Haft in der Citadelle von St. Esprit ihre Wäsche in der Rhone reinigen, wobei sie Gelegenheit nahm, mit zwei Gefährtinnen nach Genf zu fliehen, wo sie nach einem zweijährigen Aufenthalt beim Pfarrer Carboini mit Franz Augustin Lombard, dem Nachkommen einer seit der Reformation in Genf niedergelassenen neapolitanischen Familie, sich verheurathete. — Unter den Flüchtlingen zu Zürich befanden sich 1733 noch die beiden Bücherkolporteure Gelhonac aus den Sevennen und Johann Gas von Nismes, nebst Franz Foucard, ebenfalls von Nismes, welcher sieben Jahre im Gefängniß gelegen, weil er seine Glaubensgenossen den Psalmengesang gelehrt hatte. Im Aargau ließ sich Stephan Brutel nieder, kaufte die Herrschaft Schaffisheim und verpflanzte das Seidengewerbe in jene Gegend; noch bewahrt die Kirche auf Staufberg sein Grabdenkmal vom Jahr 1752.[107]

Als Voltaire, der Vertheidiger des Sirven und Calas, sich in dem Genf benachbarten Ferney niederließ, schien unter dem Ministerium des ihm befreundeten Choiseul die Zeit größerer Freiheit und Duldung eintreten zu sollen. Denn auf Voltaire's Betrieb faßte Choiseul den Plan, in dem damals französischen Versoix eine Stadt anzulegen, um Genf als Nebenbuhlerin einen Theil von dessen Gewerben zu entziehen. Daher sollte daselbst Glaubens- und Gewissensfreiheit eingeführt und eine reformierte Kirche erbaut werden. Während Choiseul's baldiger Sturz diesen Plan vereitelte, benutzte Voltaire die Unruhen in Genf, um die unzufriedenen Bürger nach Ferney zu ziehen und ihnen daselbst Religionsfreiheit zu gestatten. Doch währte es noch bis 1787 ehe den Protestanten in Frankreich wieder alle bisherigen bürgerlichen Rechte hergestellt wurden, und bis 1790, ehe der Widerruf der Aufhebung des Edikts von Nantes erfolgte.

Ueber die Rückkehr einzelner Flüchtlingsfamilien in ihre ursprüngliche Heimat, wollen wir den Gewährsmann Chr. Weiß berichten lassen: „Depuis soixante ans les portes de la France sont ouvertes aux petit-fils des exilés protestans. Plusieurs sont rentrés dans leur ancienne patrie, vers laquelle les attirait un penchant secret et irrésistible qu'ils avaient douloureusement refoulé dans leurs coeurs pendant la longue durée de la persécution. Les Odier, les La Bouchère, les Pradier, les Constant, les Delpart, les Bitaubé, les Pourtalés ont rendu au pays de leurs ancêtres des membres distingués de leurs familles."

Mit dem Ende des siebzehnten Jahrhunderts taucht in der evangelischen Schweiz eine neue Art von Pfleglingen auf, welcher man sich auf öffentliche Kosten annehmen zu sollen glaubte, nämlich die „Proselyten". Seit der Reformation waren immer solche vorgekommen, welche aus ihrem Uebertritt ein Geschäft machten und sich zum Lohn dafür auf öffentliche Kosten erhalten ließen. In der katholischen Kirche wurde die Proselyten-Macherei so ernstlich betrieben, den Proselyten Preise ausgesetzt und für sie besondere Stiftungen gemacht, so daß auch die Protestanten in dieser Beziehung nicht gleichgültig sein zu dürfen glaubten, trotzdem daß alljährlich Betrüger das Zutrauen und die Wohlthätigkeit übel belohnten. Von der Zeit an, da die evangelischen Flüchtlinge geringere Opfer erforderten, stellte sich eine nicht geringe Zahl von katholischen Franzosen und Italienern in der Schweiz ein, welche sich zum Uebertritt meldeten und dann auf öffentliche Kosten unterrichtet und unterhalten wurden, und zwar aus dem Exulanten-Fond. Gegen das Ende des 17. und im Anfang des 18. Jahrhunderts belief sich die Zahl der Proselyten in Zürich jährlich im Durchschnitt auf etwa 60, welche 1697 sogar auf 108 stieg, in der

zweiten Hälfte des 18. Jahrhunderts aber bei größerer Vorsicht und Strenge sich auf 10 bis 12 beschränkte. Daß aber
auch diese Schützlinge ihren Beschützern beträchtliche Kosten
verursachen mußten, geht daraus hervor, daß Zürich allein von
1694 bis 1709 die ansehnliche Zahl von 1050 Proselyten für
längere Zeit pflegte und kostenfrei hielt. [108] — Auch zu Genf
und zu Bern befanden sich Proselyten-Kammern, denen die
daselbst niedergelassenen Flüchtlinge in besonderm Eifer ihre
Landsleute zuführten.

Fünfter Abschnitt.

Die Galeriens.

---

41. Die Galeeren.

Endlich haben wir noch über die bedauerungswertheste Klasse der evangelischen Glaubensgenossen zu berichten, für welche die evangelische Schweiz ganz besondere Theilnahme bezeigte und große Opfer brachte, nämlich die „Galeerensträflinge". Frankreich war bisher gegenüber den Seemächten, Spanien, England und Holland, auf dem Meere im Nachtheil. Nun bemühte sich Ludwig XIV. mit allem Eifer, eine Kriegsflotte zu gewinnen, wozu bei der damaligen Unvollkommenheit der Schiffsbewegung namentlich starke Ruderknechte erforderlich waren. Allein für das mühselige Geschäft des Ruderns fand man keine freiwilligen Arbeiter, daher man die Verbrecher und die Kriegsgefangenen, namentlich Türken und Angehörige der afrikanischen Raubstaaten, dafür verwendete. Diese waren zu Zweien an die Ruderbänke geschmiedet, wo sie aßen und schliefen, und sich nicht weiter von der Stelle entfernen konnten, als es die Länge der Kette gestattete, ohne andern Schutz gegen Regen, Hitze und Kälte, als einen Tuchüberwurf, jeden Augenblick des Nachlasses oder der Ermattung von den Schlägen des Aufsehers bedroht. Da für das Rudern der Kriegsfahrzeuge, auf dem mittelländischen Meere „Galeeren" genannt, auf jeder einzelnen der größern Galeeren durchschnittlich etwa hundert

24*

Mann erforderlich waren, so reichte die gewöhnliche Zahl der Verbrecher für die Ruderbänke nicht aus. Daher bemühte sich Frankreich durch Verträge mit den benachbarten Staaten in unentgeltlicher Uebernahme von deren Verbrechern die nöthige Mannschaft für die Ruderbänke zu gewinnen. Wirklich begegnen wir um 1652 dem „Vorschlag, die schweizerischen Verbrecher auf die französischen Galeeren zu schicken," wobei der Vorschlag folgender Maßen begründet wird: „Das brächte den Uebelthätern Schrecken; der Unterhalt würde erspart und die Angehörigen der Schmach und Schande entzogen. Frankreich gewinnt dadurch an Macht. Die Schweizer sollten gehalten werden wie die eigenen Unterthanen. Die Abführung geschieht in Frankreichs Kosten: nur sollen die Leute in den Ortsgefängnissen behalten werden, bis ein Kütt beisammen, nach Marseille zu führen. Oder wenn das nicht gefällig, sollen sie in einem Lyon benachbarten Gefängniß behalten werden." Mit Schmerz vernehmen wir, daß die evangelischen Kantone wirklich solche Verträge eingiengen und ihre unglücklichen Angehörigen schutz- und machtlos fremder Willkür und der schrecklichsten Strafe preisgaben. Die einzige Beschwichtigung lag darin, daß, wie der Plantagenbesitzer seine Sclaven aus Eigennutz und Gewinnsucht erträglich behandelt und am Leben erhält, so auch der Galeerensträfling in so weit geschont wurde, als dessen Leben und Gesundheit für Frankreich zum nothwendigen Staats- und Kriegsmaterial gehörte. Zur Vermehrung dieses Materials wurden geflissentlich von Anfang der Regierung Ludwigs XIV. an die auf die Galeeren verurtheilten evangelischen Glaubensgenossen benutzt, um dieselben durch dieses elende Sclavenleben entweder zum Abfall zu bringen, oder um sie für ihre Standhaftigkeit nur um so empfindlicher zu quälen. Ausnahmsweise glücklich waren diejenigen, welche im Laufe der Zeit für die Ruderbank zu schwach befunden wurden und ihre Peiniger durch Bezeugung einer heldenmüthigen Standhaftigkeit nicht zum Zorne reizten; diese wurden dann als unbrauchbar entlassen, was aber dem König mit ab-

sichtlicher Schaustellung zur besondern Gnadenerweisung angerechnet wurde; zu diesen gehörte der lebenslänglich auf die Galeeren
verurtheilte Pfarrer Peter Breiou, genannt be Grambois, welcher
1686 entlassen wurde, zuerst nach Zürich kam, und später unter
den französischen Geistlichen Berns genannt wurde.

Mit der Aufhebung des Ediktes von Nantes war die
Galeere ein willkommenes Mittel, die dem evangelischen Bekenntnisse treu Gebliebenen aufs strengste zu strafen und dieselben zugleich für den Staat aufs nützlichste zu verwenden. Es
wurde jedoch sorgfältig und mit Wahl zu Werke gegangen, das
heißt, es wurden nur ganz gesunde und starke Leute für die
Galeeren ausersehen. Gleichwohl kann man sich verwundern, daß
bei den Tausenden der Verfolgten und Bestraften doch jeweilen
nicht mehr als etwa 300 gezählt waren, welche um ihres
Glaubens willen auf die Galeeren verdammt wurden. Denn
bei aller Strenge der Arbeit und Behandlung mußten die
Galeriens doch besser gehalten und genährt werden, als gewöhnliche, in den Gefängnissen eingeschlossene Verbrecher, um
in ihrem Dienste nicht zu schnell abgenutzt und aufgerieben zu
werden. Jene entsetzlichen und haarsträubenden Qualen, von
denen einzelne Berichte erzählen, kamen daher nur bei der
kleinen Zahl derjenigen in Anwendung, welche in unerschütter-
licher Standhaftigkeit von ihrem Glauben Zeugniß gaben und
durch die ihnen angethanen Qualen keinen Finger breit davon weichen wollten. Solche nun, welche durch ihre heldenmüthige Unbeugsamkeit ihre Gesinnungs- und Leidensgenossen
zu gleichem Widerstand ermuthigen konnten, wie z. B. sich nicht
dem Gebote zu bequemen, bei Abhaltung der Messe auf den
Galeeren die rothe Galeerenkappe abzunehmen, diese Widerspänstigen wurden dann von ihren Peinigern mit den ausgesuchtesten Martern bestraft, um die Uebrigen zu schrecken. Allein
wie die Märtyrer der ersten christlichen Zeit Gott priesen, daß
sie um Christi willen leiden durften, und in der Verehrung
und Bewunderung ihrer Glaubensgenossen Lohn und Ermunterung fanden: so rechnete es sich die evangelische Kirche jener

Tage zur Ehre und zum Segen an, daß auch unter ihren Bekennern eine auserwählte Schaar in blutigen Folterqualen und
mancherlei Todesnöthen ihrem Glauben treu blieb. Daher
waren die Galeriens die ausgezeichneten Lieblinge für die
protestantische Kirche und namentlich auch für die evangelische
Schweiz. So rühmt der Vorsteher der französischen Kirche
von Bern, Peter Mesmyn, daß er schon von 1685 an von
geistlichen und weltlichen Privaten in der Schweiz Geld für
die Galeriens empfangen, nicht aber aus Frankreich: „parcequ'
ayant plus de crainte des hommes mortels que d'amour et
de respect pour le grand Dieu vivant, ils n'ozent pas assister
leurs frères affligés, de crainte de se faire de mauvaises
affaires."

Jene Schaaren der Flüchtlinge vom Jahre 1685 an
hatten unter ihren Angehörigen und Freunden gewöhnlich solche
Unglückliche zu betrauern, welche gefangen genommen und auf
die Galeeren gesandt worden waren. Und die in den See-
häfen niedergelassenen Kaufleute, namentlich diejenigen in Marseille, waren im Fall, aus eigener Anschauung und aus unmittelbarer tiefer Theilnahme diese Jammerberichte zu bestätigen.
So wie daher die Sorge für die nächste Noth der Flüchtlinge
etwas aufzuathmen und den Blick in die Ferne zu richten erlaubte, vom Jahr 1689 an, sehen wir die einzelnen Exulanten-
Kammern sowohl als die Konferenz der evangelischen
Stände mit den Galeriens in Marseille, Bordeaux, Brest
und St. Malo beschäftigt, sowohl um Verwendung, als um
Darbringung von Hülfsgeldern: „weilen Herr Professor Calandrini zu Genf mit wiederholender Vorbitt für die bedrängten,
übel gehaltenen Glaubensgenossen auf den französischen Galeeren
einkommt." Noch 1700 richtete das Konsistorium von Bern
an dasjenige von Basel die Bitte, eine Geldsendung an den
Professor Calandrini zu übermitteln: „qui a toujours mer-
veilleusement réussi à leur faire toucher du secours, avec
assurance." Und den 20. Hornung erhält Calandrini eine
Bescheinigung für die übersandte Kollekte von 275 Fr. aus

Basel, welche von vier Galeriens, darunter Bansilhon, unterzeichnet war. Die Bedeutung Calandrini's geht am deut-
lichsten aus dem Schreiben hervor, welches der französische
Minister Ponchartrain den 10. September 1704 an den
Residenten zu Genf richtete: „On a découvert, par les dépo-
sitions de plusieurs forçats religionnaires, que le Sieur Calandrin, ministre à Genève, est en relation continuelle avec
eux, et qu'il leur écrit tres-souvent pour les exhorter à per-
sévérer dans leur désobéissance, empêcher que ceux d'entre
eux qu'ils appellent faibles ne rentrent dans leur devoir, et
offrir des pensions assez fortes à quelques-uns de ceux qui
ont fait abjuration, pour les engager à rétracter. Il leur
envoye des secours d'argent qui se distribuent tous les jours,
suivant les classes dans les quelles chacun est marqué, et
il leur en promet de plus considérables.“

Merkwürdiger Weise konnten die Galeerensträflinge in
ausführlichen Berichten ihre Schicksale in deren ganzer Schau-
derhaftigkeit an ihre Freunde und selbst an die Regierungen
gelangen lassen. Allein solches ermöglichte kaum die Theilnahme der Aufseher für die erbarmungswürdigen Opfer, sondern
die Bestechlichkeit derselben. Namentlich waren die schweizerischen Kaufleute die kühnen und großmüthigen Vermittler
der Correspondenz und der Hülfsgelder. Die schweizerischen
Archive enthalten zahlreiche Berichte der Galeriens selbst oder
ihrer Freunde, von denen im Verlauf der Begebenheiten
mehrere dargelegt werden. Der erste derselben ist von der
jungen Blanche Gamond, welche nach der eigenen Rettung
die Bemühung für ihre unglücklichen Glaubensgenossen sich zur
besondern Aufgabe machte, und der ein durch zwölf Genfer
Geistliche unterzeichnetes Zeugniß vom 10. October 1688 zur
Einführung und Empfehlung bei den evangelischen Orten dienen
sollte. Diesem Zeugniß zu Folge wurde die zweiundzwanzig-
jährige Blanche Gamond im Frühling 1686 von den Dragonern gefangen genommen und gebunden nach Grenoble geführt, wo ihr vierzehn Monate lang mit Disputieren, Ver-

heißungen und Drohungen hart zugesetzt wurde. „Da sie nicht
zum Abfall zu bewegen war, wurde sie verurtheilt, beschoren
und in ewige Gefangenschaft gelegt zu werden. Durch dieses
Urtheil unerschüttert, wurde sie nach Valence in die Hand des
berüchtigten Wütherichs la Rapine gesandt, der sie neun Monate
lang unmenschlich behandelte. Sie wurde herumgeschleppt, mit
Füßen getreten, oft bis an den Gürtel entblößt und blutrünstig
gegeißelt, daß sie mehrmals dahin gesunken und als todt weg-
getragen wurde; auf ihrem Rücken ward manche Ruthe zer-
brochen und man ließ sie etliche Tage ohne Speise und Trank.
Da sie an der Hüfte durch einen hohen Fall, als sie entrinnen
wollte, auch durch das Messer dessen, der sie beschoren, übel
verletzt war, ließ man sie so lange unverbunden, bis ihr das
Fleisch gefault und ihr ein großes Stück aus ihrem Leibe ge-
schnitten worden. Sie litt zwei ganze Jahre so viel Plag
und Ungemach, als jemals ein Bekenner der Wahrheit ausgestanden. Als endlich auf königlichen Befehl etliche Gefangen-
schaften eröffnet worden, kam auch sie auf freien Fuß und in
die Stadt Genf, wo sie sieben Monate durch ihren gottseligen
Wandel Jedermann lieb geworden." — Diese Blanche Gamond verwendet sich nun bei einem Herrn von Zürich um
die Beihülfe der Stadt für die Galeriens in Marseille auf
folgende Weise unter'm 29. Wintermonat 1691: „Diese Leute
sind größtentheils von gar gutem Haus und mit besondern
Gnadengaben des heiligen Geistes herrlich erleuchtet, Gott mit
völliger Geduld und Gelassenheit so ergeben, daß sie unter
andern Bekennern der Wahrheit wohl können der Kern genannt werden. Sie sind in ziemlicher Anzahl auf den Galeeren,
hie fünf und dort fünf vertheilt, all ihrer schönen Einkünfte
und zeitlichen Ergötzlichkeiten beraubt, wie lasterhafte Leute mit
schweren Banden angefesselt, und werden ohne Hoffnung der
Erlösung mit schwerer Arbeit in Hitz und Frost, Hunger und
Durst, Schläg und Dräuung u. a. Ungemach beinahe auf den
Tod geplagt. Anverwandte oder Freunde dürfen bei schwerer
Straf ihnen nicht das Geringste zur Erquickung reichen. Seit

zwei Jahren ist ihr Elend zu Bern bekannt worden und ihnen durch treue Hände und erforderliche Fürsichtigkeit guter Freunde erklleckliche Steuern geliefert worden. Ich habe vor einem Jahr zu Baden, als ich die Cur gemacht, von den anwesenden Herren und Frauen von Zürich viel Gutthat genossen."

42. Die Glaubenshelden auf den Galeeren.

1692 den 28. Januar richtet de Lençonniere ein weitläufiges, wohlgefaßtes Schreiben an den Bürgermeister und Rath von St. Gallen aus den Galeeren von Marseille. „J'ai été enfermé en les cachots, trainé à une chaine et attaché à une rame pour y suer sang et eau. Je suis encore en ce misérable estat, et y seray tant qu'il plaira au Seigneur. Beigefügt ist ein Verzeichniß von 111 reformierten Galeriens zu Marseille. Die 6 zuerst verzeichneten sind Edelleute, von denen bemerkt ist: „Von den sechs sind alles Herren von Namen und Stand, denen doch weniger geschont wird, als den Türken." Ferner sind drei Schweizer genannt, Benedikt Peter, Johann Pfeyffer und Benedikt Fischer.

Ein anderes Schreiben Lençonniere's vom 13. März 1692 gelangte nach Basel, worin er sich bescheidet, weder von sich, noch von seinen zwei unmittelbaren Gefährten zu reden, sondern von ferner stehenden Schicksalsgenossen. „Il y a ici trois frères, Messieurs de Serres. On auroit peine à dire lequel en est le plus sage et le plus pieux des trois. Il y a près de six ans qu'ils sont icy, et qui ont souffert toutes fatigues et opprobres de ces gibets. En tout cela ils n'ont jamais murmuré. On ne fut pas content de les affliger par les tourments ordinaires. Le second d'eux un jour on l'accabla d'injures pour lui faire tourner la vue du côsté où on prétend sacrifier. Il n'en voulut rien faire: on le fit depouiller nud, et on lui donna cinquante coups d'une corde trempée en la poix. Voici la raison de sa patience: on ne

lui entendit pas proférer une parole, où un autre forçat auroit éclaté en gémissements. Un nommé Allix de la pro-
vince de Normandie et d'une famille considerable agé de
soixante et tant d'années, a esté plusieurs fois sollicité à
faire la même action, dont je vous ai parlé; n'y ayant jamais consenti, on luy a souvent donné deux Chaines. Cecy
étant inutile, et ces dénonciateurs voulant déguiser, qu'ils
avaient au coeur de le battre pour cette désobéissance, le
trouvèrent un jour fumant une Pipe de Tabac (les autres
forçats le font assez librement), cependant à luy on luy
recueille l'ancienne querelle, on lui donne cinquante coups
d'une corde sur son corps pauvre nud et succombant sous
le poids des ans; il fut tranquille et il ne sortit aucun mur-
mure de sa chaste patience. — — Je finirai par le vénérable vieillard Monsieur de Marolle, ce cher Martyr du
Seigneur, ayant été quelque temps sur la Galère on le
trouva fort faible par la fatigue. On l'enterre tout vivant
en une fosse. J'ai été plus de quatre ans sans pouvoir
percer les entrailles de la terre, luy parler et l'entendre.
Finalement Dieu qui nous rend plus fins que nos ennemys,
me donna l'occasion de luy escrire. Il apprit que sa femme
et ses enfants estoient rendus en la terre bénite. Il m'escri-
vit en ces mesmes paroles: „Quand j'ai appris, mon cher
amy, que Dieu avoit pourveu à ma femme, et que j'ay appris
cette action pour une suite de l'abandon entier, que j'ay
fait de ma personne entre ses mains sacrées, je vous avoue,
que j'ay plus senty ny chaines ny douleurs, en un mot, je
me suis trouvé en cet estat, que j'ay crou n'avoir plus rien
à demander à Dieu. Et si je meurs sous la Croix, je par-
tirai de ce monde content et sans inquiétude.

Derselbe Lençonniere richtet den 29. Juni 1694 ein
Dankschreiben an Zürich: er sei schon neun Jahre auf den
Galeeren in Ketten und von Ungeziefer schier lebendig ge-
fressen. Den 17. Mai 1702 hat Paul Serre von Lençonniere zu berichten: „Il est toujours au fort St. Nicolas, avec

mon pauvre frère, le puiné. Ils font leur ordinaire ensemble, et se consolent mutuellement par de pieux entre-
tiens. Mais ce cher frère est dans un très mauvais cachot,
privé entièrement du jour, et si humide que même ses
habits pourissent sur lui. C'est une grande merveille que
Dieu lui conserve la vie dans une si affreuse caverne. Elle
est 17 ou 18 pieds sous terre. J'ai eu le bonheur de les y
pouvoir visiter deux fois, et je puis vous assurer qu'ils y
vivent fort contents et soumis à la volonté de Dieu." Und
der Kaufmann Zollikofer melbet aus Marseille nach Zürich,
daß die gefangenen Reformierten auf den französischen Galeeren
übler als die Türkensclaven mit Speis, Schlägen und Schelt-
worten gehalten werden. In demselben Jahr beschäftigte die
evangelische Conferenz sich abermals mit dem Schicksal der
Galeriens und beschloß die Verabreichung von 100 Thalern
an den französischen Pfarrer Le Fevre, welcher für Mitwirkung
zur Erledigung der Galeriens nach Koppenhagen geschickt worden
war. — Die Direktion der Flüchtlinge in Bern sandte den
7. März 1695 für die Unglücklichen zu Marseille 1000 Pfd.,
und zugleich 1200 Pfd., als Ergebniß einer Kollekte der Städte
des Waadtlandes.

Die Franzosen haben die Berichte der armen Dulder auf
den Galeeren der Unwahrheit bezüchtigt, und Historiker glaubten
die Zuverlässigkeit derselben bezweifeln zu sollen, weil ihnen
die Beschuldigungen gegen die Peiniger zu grauenhaft über-
trieben schienen, und weil sie es für unmöglich hielten, daß
ein Mensch unter den beschriebenen Drangsalen nicht nur nicht
erliege, sondern sie Jahre lang auszuhalten vermöge. Allein
die Diener der Gewalt waren angewiesen und beauftragt, den
hartnäckig Widerspänstigen bis auf den Tod zu quälen, und
sich nur vor unmittelbarer und gewaltthätiger Tödtung in Acht
zu nehmen. Auch kennt man kein Beispiel, daß Baville und
seine Genossen mit ihren Schergen für ihre unmenschlichen
Grausamkeiten von Behörden irgend einmal getadelt oder zur
Rechenschaft gezogen worden wären, geschweige denn die rohen

Kriegsknechte, deren Aufsicht die Galeerensträflinge preisgegeben
waren. Wenn Manche von diesen, wie wir schon bei Lençonniere gesehen haben, die ausgesuchtesten Qualen zwanzig Jahre
und länger aushielten, so erinnern wir an die frühere Bemerkung, daß man nur eine Auswahl von gesunden und starken
Männern auf die Galeeren schickte, und daß dann die evangelischen Dulder durch die Kraft des Gebetes und das felsen-
feste Vertrauen auf den Beistand des Herrn Außerordentliches
und kaum Glaubliches zu ertragen vermochten. Die Schiffs-
kapitäne verzichteten nur ungerne auf die kräftigen Arme der
ihnen zugetheilten Männer; wenn aber einzelne derselben den
sclavischen Gehorsam versagten und durch ihre Unbeugsamkeit
für die Andern von störendem Einflusse wurden, dann mußten
solche auch exemplarisch gestraft werden. Sie wurden von den
Ruderbänken gelöst, und um ihrer nunmehrigen Unbrauchbarkeit
willen zur Strafe sowohl als in Hoffnung der Bekehrung und
des Abfalls in scheußliche Kerker geworfen und mit ausgesuchten
Qualen bedrängt.

Wir theilen die Klage eines unglücklichen Schweizers mit,
welcher den 6. Wintermonat 1696 nach Zürich schreibt: „Vous
scavez, très puissants Seigneurs, à quel supplice sont de-
posés ceux qui sont aux Galères pour la religion. Néantmoins nos oppresseurs jugent que c'est trop doux pour ceux
qui osent profiter de vouloir vivre et mourir dans la foi,
que notre adorable Sauveur J. Chr. a voulu être imprimée
dans le coeur des fidèles. C'est pourquoy on tire des Galères de tems en tems de ceux là, pour les mettre dans des
cachots, pour là leur inventer des tourmens, des tourmens
en secret bien plus rudes que sur les Galères, c'est ce qui
est arrivé à cinq que nous sommes icy. On nous a tenu à
la Citadelle St. Nicolas, dans des endroits que l'on aurait
fait conscience, de mettre des chiens; où est l'homme qui
aurait pu voir croupir des créatures, faites à la semblance
et à l'image de Dieu, dans la boue, dans toutes sortes d'hor-
reurs, un pauvre homme tout seul, sans secours d'ame

vivante, privé de toute consolation? C'est la persévérance pourtant, que la bonté de notre Dieu a puissament opposée dans nos coeurs, par les douces influences de sa grace. A mesure que l'on redouble nos tourments, nos oppresseurs plus animés que jamais de voir notre persévérance, la Bastonnade fut ordonnée à ceux qui chantent les louanges du Seigneur. Je dois Vous dire, très pieux S., avec quel Instrument l'on donne la Bastonnade. C'est une corde grosse de deux bonnes pouces et d'une brasse de long, préparée avec du goudron. Lorsqu'on s'en veut servir pour donner la Bastonnade à quelqu'un on fait tremper la corde dans l'eau, de sorte que la corde devient aussi roide qu'un baston de chesne bien deur. Jugés, très illustres S., quel effet cela doit faire sur le corps d'une personne tout nu, porté par un bras animé de rage. Bien souvent cette corde emporte la pièce là où elle porte le coup, sinon l'endroit s'enfle de la grosseur de la palme de la main. Ces coups sont ordonnés, le moins c'est cinquante coups, jusqu'à cent et dix, deux cent coups. Plusieurs restent sur la place; il est seur que l'on peut dire, qu'il y a quelque chose de particulier, qui s'en mesle, quand une pauvre personne en échappe.

Après cela, très équitables S., il semble que la rage de nos bourreaux devroit être épuisé, s'ils ne peuvent être touchés des maux qu'ils nous font souffrir. Mais hélas, ils ont dessein de rendre nos souffrances perpétuelles, sy notre Grand Dieu n'y met la main. On nous a tirés de St. Nicolas, et on nous a transférés à Chateaud'y (Yf) qui est dans la mer, à trois cart de lieu de terre ferme, où on nous a livrés entre les mains du plus cruel des hommes, qui n'a en recommandation que le blasphème et la violence, qui se bainge de joye à nous inventer de nouveaux tourments. Il nous a reduits trois dans le fond d'une tres epaisse tours, et deux dans une autre semblable, où nous n'avons non plus d'air, que si nous étions ensevelis dans le dernier des

seien die Väter der Missionen sehr entrüstet, da sie von ihren Billets in den Händen der Neubekehrten gefunden hätten. Serre antwortete, weil sie nur gute Absichten haben, so liege ihnen wenig daran, bei jenen übel angeschrieben zu sein. David Serre gestand, daß er um Hülfe für seine Brüder geschrieben; daß Leute aus der Stadt ihnen Geld zustellen und sie dasselbe unter die Ihrigen vertheilen; daß sie auch Bücher von Genf haben kommen lassen und daß sie diese den Brüdern mitgetheilt. Aber nie würden sie sagen, wer die Bücher geschickt und wer das Geld ausbezahle. Als ein Maulthiertreiber von Genf sich bemühte, dem David Serre Bücher und Briefe zu überliefern, nahm ein Aufseher ihm das Paket ab und legte den Ueberbringer in Ketten.

Den 7. Januar 1697 ermannten sich die sieben evangelischen Städte und Länder zu folgender eben so demüthigen, als unbeholfenen Vorstellung an Ludwig XIV. „Obwolen grad anfangs, da Euer Königliche Majestät sich vorgenommen hatten, in Ihren königlichen Landen eine gleiche Glaubens-Bekenntnuß einzuführen, wir über die hierdurch Unseren Glaubens Genossen Evangelischer Religion zugestandene traurige Begegnus ein herzliches Mitleiden geschöpfet, und begierlichst gewesen waren, Bei Euer K. M. für Sie mit unserem ehrenpiethigsten Fürwort einzukommen: So wolten Uns dennoch dessen nit unterwinden, auß angelegener Beyforg, Solliches möchte etwa von Uns ungleich, und wider Unsere führende Bessere intention aufgenommen werden: Wann Uns aber seith etwas Zeiths zu sicherem Vernehmen gefallen, wasgestalten etweliche besagter Unserer Glaubens Verwandten, darunter einige Unserer Landts Kinderen, theils auf den Galeren, theils in schweren Banden und finsteren gefengknussen, eben ernstlich gehalten, und in so erbärmlichem Zustand sich finden, daß Selbigen, der sonst aller Menschlichen Natur widrige Todt weith erwünschlicher were, als sollich fürwehrend Ungemach lenger zu übertragen: Mithin Euer Königlichen Majestät höchst ruhmlich anwohnende allermilteste Gemüths Neigung Uns Bestens bekandt ist, So daß wir für ganz versichert halten, es tragen dieselbe hiervon die mindeste Wüssenschaft, und beschehe dises alles wider dero Königliche Allergnedigste Verordnung; Als möchten bei so bewandten Dingen auß ledigem Trieb hertzlicher Compassion gegen gedachten Unseren lieben Glaubens Genossen wir nicht lengeren Anstand nemmen, Euer Königlichen Majestet nach den wolerschossenen Exemplen Unserer Standts-Vorfahren, hiemit beemüthigsten Fleißes zu versuchen, Sie wolten in allergnedigste Betrachtung ziehen, daß die Ursachen, warumb dise arme Leuth in sollich Ellend gerathen, etwan der Eigenschafft sein möchten, daß dieselbe nach so viljährig ausgestandenen schwehren Leiden, wol mit so sehnlich anflehender Erledigung oder tröstlicher Erquickung zu begnadigen; wardurch Euer Königliche Majestät nit allein dere in aller Welt Loblich erschalleten Höchsten ruhm von Ihrer allermiltesten Clemenz und Großmüetigkeit bei allen König- und Fürstlichen Evangelischen Potenzien und Ständen treffenlich vermehren und in unverwelckliche HochAchtung setzen; Sondern zumalen Uns als seine Uralte-Pundtsgenossen zu immerwehrender Danks-Erkandtnus; fürnemmlich aber disere Arme betrübte, nebendt lebenslanger schuldigster Trew und unterthenigster gehorsamme, unauslößlich dahin verbinden wurden, den Allerhöchsten Hertz eifrigst anzurüffen" 2c.

Diese mühselige und kraftlose Intercession vor dem Frieden zu Ryswik fiel noch mitten in den Kriegssturm hinein, und blieb daher nicht nur ohne Erfolg, sondern auch ohne Antwort.

Im Frühling 1699 gab der älteste Serre folgende Beschreibung vom Zustand seines Bruders David. „Er ist in das tiefste Loch gelegt und mit einer schweren Kette gefesselt. Er sieht Niemanden, als einen Elenden, der ihn verrathen, obgleich er ihm Wohlthaten erwiesen. Er wurde überrascht, als er an einem Fasttag Fleisch aß; und als man gar ein Neues Testament bei ihm fand, verschlimmerte sich sein Zustand."

43. Die Galeerenqualen.

Eine Elite der Galeriens zu Marseille richtete den 8. Mai 1699 eine Bittschrift an den Rath von Zürich. Nachdem sich dieselben in den gewähltesten Ausdrücken als Männer der guten Gesellschaft kund gethan, sprechen sie ihr Anliegen folgender Maßen aus: „Les pauvres affligés et Captifs des Galères, pour la profession de l'Evangile, prennent l'hardiesse de vous supplier avec un profond respect, de vouloir accroitre le nombre de leurs obligations, et de couronner l'Excellence de Vos oeuvres, par celle de demander notre liberté au Roy de France, qui pourroit être flexible à cet égard, en considération du grand nombre des services qu'il a reçu, et qu'il reçoit de Vos Excellences, et en ce que Votre bienveillance luy étant utile, il ne demanderoit possible pas mieux que de la cultiver, en Vous octroyant la Liberté d'environ 300 personnes affligées, qui n'ont commis aucun crime, et qui souffrent uniquement au sujet de la sainte Religion que V. Exc. professent." Der zierlich geschriebene Brief trägt folgende Unterschriften: Carriere. Damouyn. E. Maurin. Musseton. Valette. Serre aîné. Serres Le jeune. Bancilhon. Sämmtliche Unterschriften, wie es scheint, mit eigener Hand, in ganz verschiedenen, schönen, geübten, charaktervollen Zügen.

Von Peter Serre ist folgendes Schreiben vom 15. Weinmonat 1700 vorhanden: „Nous sommes non seulement enchainés plus que jamais, mais encore exposés à des épreuves qui font horreur à la nature, à Dieu et aux hommes. On a mis Ms. Carriere dans un des cachots de l'hospital, pour avoir écrit une lettre à une Demoiselle prisonnière à Sommières. On enleva un proselyte nommé Fajan, qu'on a mis dans un cachot affreux aux isles du chateau d'Y, pour avoir embrassé notre S. Religion dans les chaines et sous la croix. L'évèque et les commandants ont mis en usages les promesses et les menaces; mais tout cela n'étant que des coups portés en l'air, on s'est déterminé de les enterrer tous vivans et incognito, prévoyant bien qu'une mort publique n'eût tourné qu'à leur honte et à l'honneur de notre S. Religion. Cependant leur fureur s'étant refrainée contre nous, on recommença dans le mois d'Aout et de Septembre de donner des bastonnades, pour nous obliger à tirer le bonnet, quand ils disent leur messes. On ne respecte ni le mérite ni la qualité des illustres Gentilhommes Mess. Damoyn et de Bourquet, qui subirent la même rigueur. (Der Diener wurde angekettet, weil er Carriere und Andere nicht hart genug gehalten. Aftier wurde zum vierten Mal geschlagen, so daß er in den Spital gebracht wurde. Am gleichen Tage erhielten fünf Andere die Bastonnade, darunter solche bis auf 120 Schläge, welche zum Erstaunen doch am Leben blieben.) Il faut savoir que la bastonnade est le plus cruel de tous les supplices. On étend un homme tout nu sur le courrier ou une table. Quatre hommes le tiennent par les quatre membres: Un Turc lui donne à bras déployé des coups sur le dos avec une grosse corde trempée dans l'eau et dans le poix, chaque coup fait frémir. Hier on fit accoupler par la force l'incomparable M. Maurin pour le faire tenir à poupe durant la messe. Il protesta de cette violence et se jeta sous une banquette, d'où il ne voulut jamais sortir. On attend les ordres pour augmenter en lui le nombre des victimes. Aujourd'hui on a donné l'ordre général de nous faire lever le bonnet, ou de nous faire mourir sous le baton, de sorte que se fera un carnage universel pour cette fois.

Depuis la présente j'ai appris, qu'on avait donne la bastonnade pour la seconde fois au brave Ms. Maurin, dont on n'a jamais voulu écouter les raisons; on l'a aussi chargé des menottes, que je crains hélas pour ses membres délicats. Sur la Galère Querre on les a écorchés tous vifs, surtout Mrs. Casalez et Caudere. On vient de me dire, qu'on a parlé de m'enfermer. Je le souhaiterais, car la chaire me frissonne à la vue de tout ce carnage: mais pourtant fondé sur la grace de Dieu j'espère de remporter la victoire sur mes cruels ennemis. Je me considère comme tout couvert de sang et dans cet état triste aux yeux des spectateurs, faire échouer le dessein de ceux, qui me prendront à partie. M. de Rochegude, bon ami de Majeur, lui a escrit de la Brille en faveur de Mrs. Bancilhon et Chabert, pour le prier de les faire soulager. Mais le Major repondit: aux conditions, qu'ils levassent le bonnet, qu'ils les servirait en tout, autrement fût ce M. de Rochegude lui même il ne pourroit se dispenser de le faire périr sous le baton, s'il n'obéissoit, les ordres de la cour y étant précis. — On vient de redoubler la bastonnade. M. Maurin a eu 43 coups. M. Pichot est tombé évanoui sous les coups, on a eu de la peine de l'en faire revenir; on a fait changer trois fois de gourdin trouvant les prémiers trop petits. Ce cher M. Pichot n'a pas eu pourtant beaucoup de coups, mais chacun enfonçoit un doigt avant dans la chair. Le Major las de tant de carnage pour un matin, nous attendons à tantôt les bons officiers; je tremble pour mes faiblesses."

Nach einem andern Bericht erhielt Peter Serre nebst zwei Andern, weil sie ihre Mütze bei der Messe nicht abnahmen, 60 bis 80 Schläge, welche den zweiten und den britten Tag wiederholt wurden, so daß Serre in das Spital gebracht werden mußte. Hernach traf auch ihn nebst Maurin die Versetzung nach dem Schloß Pf. Allein auch von dort aus erneuerten sie den fernen Freunden das Bekenntniß: „Loin de nous ces doctrines de l'adoration du pain, du culte des images et de l'invocation des saints, qui ont besoin eux mêmes de prières."

Ein anderer Brief von den Galeeren vom 10. December 1700 giebt von den Leiden und der Standhaftigkeit der Märtyrer noch ausführlichere Kunde. — — — „Vous avez peut-être ouï dire comme depuis quelque tems on s'est acharné plus qu'auparavant à nous vouloir faire ôter le bonnet dans le tems du service romain: on a attaché plussieurs entre nous à un banc pour les faire rester tête nue pendant la messe ou les vêpres; on en a trainé par force jusque dans la poupe, aux pieds de leurs autels; on en a battu de rudes coups, et dans le port et au milieu de rudes travaux de campagne; mais ce qu'on a fait ce mois d'octobre dernier est du dernier excès de fureur. M. M. les missionnaires ont tant fait qu'ils ont obtenu ou plutôt extorqué et surpris par de faux exposés un ordre de nous faire donner la bastonnade, si nous refusions de lever le bonnet et nous découvrir aux prières des papistes. On l'exécuta en présence de M. l'intendant et de M. le major des galères, sur les galères qui étaient restées au port cette campagne, excepté sur la galère des invalides, où nous avons un bon nombre de frères, parce qu'on appréhenda peut-être que ces pauvres vieux cassés, ces squelettes, n'expirassent sous les coups et que leurs peines ne fussent terminées par une bonne fois. Ou bien disons que ce fut un coup de la providence d'épargner ces bons vieillards. M. le commandant trouva une grande fermeté où il monta, et il ne monta plus sur aucune galère; mais il remit à M. le major et aux autres officiers l'éxécution de l'ordre. Ces messieurs attaquaient nos pauvres frères avec douceur au commencement. leur disant qu'on ne prétendait pas les faire changer de religion; mais qu'ils levassent seulement le bonnet, que cela était peu de chose et ne blessait nullement la conscience et qu'ils étaient hommes de trop bon sens pour se laisser maltraiter pour si peu de chose. Lorsqu'ils ne pouvaient les faire fléchir. par là, ils les menaçaient, leur disaient des paroles rudes et enfin leur faisaient donner la bastonnade, le corps nu étendu sur le coursier de la galère; il y en a qui n'ont pas eu le courage de résister, comme ils devraient et ont dit qu'ils leveraient le bonnet, mais à présent ils ne le veulent pas lever, se repentant bien de leur lâcheté; d'autres ont été fermes et constants, de sorte que la douceur ni la rigueur n'ont pas été capables de les ébranler dans la résolution qu'ils avaient prise d'être fidèles à leur Dieu et de mourir pour son service. Vous serez bien aise que je vous nomme ceux que je sais de science certaine, avoir été vainqueurs dans ce noble combat. C'est prémièrement M. Serre, l'aîné, sur la galère Fortune, qui, averti le soir, que le lendemain on devait donner la bastonnade sur la galère, demanda à Antoine Grange et à André Pélemer quel était leur dessein, s'ils n'avaient pas résolu de mourir plutôt que de consentir à l'injuste demande qu'on leur ferait; ces fidèles lui ayant dit que oui avec la grâce de Dieu, le lendemain tous les trois reçurent la bastonnade de 60, 70, 80 coups, le jour suivant ils en reçurent encore une, et le troisième jour on leur en préparait encore une, sous laquelle ils auraient expiré, si quelque bonne ame n'eût obtenu de les envoyer à l'hôpital avant qu'on les fustigeât de nouveau. Transportés à l'hôpital, on soigna leurs plaies, dont ils ont eu de la peine à revenir. On transporta M. Serre de l'hôpital à Chateaud'y, où on l'a enfermé dans une prison dans laquelle il prie Dieu, comme les deux autres sur la galère de ce qu'il leur à été donné de souffrir pour son nom. M. Morin, sur la Favorite, passa par la même épreuve et eut la même patience, fermeté et constance, loué soit Dieu. On l'enferma après dans le cachot de l'hôpital où il est encore magnifiant le Seigneur. Sur la Belle, M. M. Ruland, Casalet, Espase reçurent une bastonnade de 80, 100, 120 coups, de sorte qu'on les crut demimort. M. Casalet, après avoir reçu 80 coups, dit tout haut: „Seigneur, pardonne leur, car ils ne savent ce qu'ils font." Ces paroles lui attirèrent encore 20 rudes coups. M. Ruland, voyant ce qu'on venait de faire, commença à se déshabiller avant que l'officier fût à son banc, l'officier surpris lui dit: „Tu en es donc aussi, mets-toi là et je te vais faire donner une salade qui en vaudra la peine." Ce brave soldat souffrit la bastonnade avec la même douceur et humilité que M. Casalet. Espase était vis-à-vis de lui; craignant qu'il ne flechît comme quelques-uns avaient fait sur cette galère, M. Ruland se hâta de passer avant lui par ce feu pour l'animer et encourager; M. Ruland fut si maltraité, qu'il fallut le relever du coursier. Espase fut un de ceux qui lui aida, et après il se coucha à la même place pour recevoir le même traitement que Ruland: il resta vainqueur comme lui, graçe à Dieu. — Sur la Guerrière M. Jean L'hostalet reçut deux fois la bastonnade d'une horrible façon: au lieu de l'envoyer à l'hôpital pour le faire panser, comme le médecin l'avait ordonné, on le laissa pâtir cinq ou six jours sur la galère croyant de le faire broncher. L'aumônier, le comité, les forçats et d'autres personnes venaient lui dire à tout moment qu'il était homicide de lui même, que d'autres avaient cédé et qu'il devait aussi céder qu'il n'était qu'un opiniâtre, que ce qu'on exigeait de lui était peu de chose et mille autres choses semblables, que l'officier allait revenir pour le faire expirer sous une troisième bastonnade. Mais sourd à toutes les flatteries et menaces il repondit, qu'il était prêt à mourir et qu'on l'aurait bientôt achevé. Il a dit qu'il avait eu bien des tentations, mais que méditant sur ces paroles de notre Sauveur: „Qui voudra sauver sa vie la perdra, mais qui la perdra pour l'amour de moi et de l'Evangile la trouvera," — il triompha des suggestions de sa chair et des tentations de l'ennemi. — — —

L'orage est un peu calmé, béni soit Dieu, ils n'ont pas attaqué les frères qui étaient sur les dix galères venues de campagne il y a un mois, ni ceux de deux galères de retour depuis huit jours, à la reserve que l'on vient d'enfermer au Chateaud'y un nommé Nicolas Daubigny qui était sur une des deux galères, papiste de naissance, mais qui a embrassé notre religion en galère; ils ne sont pas meilleurs que leurs frères, ainsi ils pourraient passer par la même épreuve. Priez que Dieu leur donne une heureuse issue etc."

Unter den Unterzeichnern dieses Briefes kommt Bancilhon vor, welcher denselben geschrieben zu haben scheint. — Noch 1707 befand sich David Serre im Kerker der Citadelle St. Nikolas und Peter und Johann saßen im Meerschloß. 1710 den 17. November bescheinigen mehrere Galeriens, darunter Casalez, den Empfang von 300 Franken, welche durch die Hand Calandrini's von Basel ihnen zugekommen. [109]

44. Die Schweizer auf den Galeeren.

Wenn wir mit Betrübniß und Beschämung gesehen haben, daß die Schweiz ungeachtet der unabtreiblichsten Geduld und der dienstbarsten Demuth vom großen König für die verfolgten Glaubensgenossen nicht das Geringste erreichte, so müssen wir noch die doppelte Schmach und Schande erleben, daß der Gewaltherrscher die Schweiz rücksichtsloser behandelte, als jede andere Nation, und die Kriegsgefangenen seiner Feinde frei gab, aber die Angehörigen seiner grands amis et alliés die schmählichsten Sclavenketten tragen ließ. Denn mit dem Frieden von Ryswick im Jahre 1697 sah sich Ludwig XIV. genöthigt, die auf den Galeeren befindlichen Engländer, Holländer und Spanier zu entlassen, während die Schweizer fort und fort auf den Ruderbänken schmachteten. Die Waadtländer Abraham Touvenin, J. Franz Dumoulin und Stephan Sermoz, alle drei von Lausanne, hatten die Waldenser bei deren bewaffneter Rückkehr im Jahre 1789 begleitet, waren von den Franzosen gefangen genommen und sogleich auf die Galeeren geschickt worden. Schon längst hatten die Mütter der beiden ersten und die Frau des Dritten bei der Regierung von Bern vergebliche Schritte gethan. Nun richteten die Angehörigen von Bern, nachdem sie die von ihren Regierungen befreiten Schicksalsgenossen von den Galeeren hatten scheiben sehen, den 4. Juli 1698 folgendes Schreiben an den Rath:

„Les pauvres Suisses de Votre Canton de Berne, ·forçats sur les Galères de France cy-dessus nommés, ne cesseront jamais de Vous importuner pour leur délivrance. Premièrement Charles Major d'Oulens, condamné en Flandre pour avoir déserté, n'ayant pas eu la témérité de prendre les armes contre les Hollandais, les Français l'ayant voulu contraindre: c'est ce qui l'a obligé à déserter. Pierre Jorant de Penthereaz, Augustin Bandaz de Balens, condamnés aussi pour le même sujet. D'autre part Etienne Sermoz, Abr. Touvenin, Jean François Dumoulin, tous trois de Lausanne, condamnés pour effet de Religion. Ayant veu que dans le traité de Païx tous les Etrangés qui sont aux Galères devoient être mis en liberté, qui soient condamnés pour quel prétexte que ce soit; et nous avons veu que dans le dit traité les six Cantons Evangéliques y sont compris dont nous sommes du nombre de Vos Sujets. C'est pourquoi nous nous jettons aux pieds de Vos Grandeurs pour Vous supplier d'avoir la charité, de nous faire la même grace qu'ont fait tous les Princes Chretiens à leurs captifs qui étoient aux mêmes peines où nous sommes, qui les ont tous retiréz, premièrement les Anglois, ensuite les Hollandois et les Espagnols jusqu'à ceux de la Principauté d'Orange. Si bien qu'il ne reste aucun Etranger que nous autres pauvres Suisses sur les Galères de France. Cependant nous implorons Votre Secours, Souverains Seigneurs, et nous esperons que Vous aurez le même pouvoir que les autres Princes pour cet effet. Au nom de Dieu ne refusez pas cette grace à ces pauvres infortunés, qui gémissent dans les fers depuis si long-temps. A cette fin que nous ayons le bonheur d'aller joindre notre Patrie, nous serons obligés de prier le reste de nos jours pour nos Exc. de Berne.“

Dasselbe Gesuch richteten die sämmtlichen Schweizer auf

den französischen Galeeren an die 13 Orte, von einer Liste
begleitet, welche außer den in obigem Schreiben genannten
Sechsen folgende Unglückliche enthielt: J. Peter le Clerc von
Aupraz, 1693 verurtheilt, weil er den Waldensern behülflich
gewesen; J. J. Schilpli von Aarburg und Joh. Miserere
von Chenit am See von Joux, beide wegen Desertion;
Joseph Bois von La Tourne im Neuenburgischen, 1686
verurtheilt, weil ein Hirtenbrief auf ihn gefunden worden; der
Graubündner Paul Ragatz, seit 1691 und noch immer auf
den Galeeren; J. Franz Malblanc von Genf, 1687 verurtheilt, weil er Glaubensgenossen zur Flucht behülflich gewesen. In einem andern Verzeichniß werden noch genannt
Benedikt Fischer von Groß-Affoltern, Berner Gebiets, wegen
Diebstahl verurtheilt; Gabriel Lang von Zofingen, welcher
als Metzger in Basel arbeitete, dann listiger Weise in Hüningen
unter die Soldaten geworben wurde, aber desertiert war, und
aus dem gleichen Grunde Stephan Michel von la Tour, 1698
für drei Jahre verurtheilt. — Die Grausamkeit namentlich
gegen die Deserteure war um so größer, da gerade diese gewöhnlich zu den charakterfesten und gewissenhaften Leuten gehörten, welche nicht, im Widerspruch mit dem Kapitulations-
Vertrag der evangelischen Stände, gegen die holländischen
Glaubensgenossen die Waffen tragen wollten und darum dem
französischen Kriegsdienst sich durch die Flucht entzogen. Aber
gerade dafür traf sie lebenslängliche Galeerenstrafe. Die Verbrecher hinwieder, welche von den Kantonsregierungen für gewisse Jahre den Galeeren überliefert worden waren, wurden
oft willkürlich und gewaltsam über die gesetzliche Strafzeit
hinaus auf den Ruderbänken zurückbehalten.

Auch der Rath von Zürich erhielt von einem Landsmann
folgendes Schreiben:

„1669 Gallör Marsölle. Jakob Mattöß (Mathys)
im Zürich Gebiet, aus Sulzbach in der Herrschaft Grüningen
am Greifensee im Schweizerland. So söllen die Herren von
Zürich wissen, daß ich gedient hab unter ihrer hoch Kaiserlichen

Meustett (Majestät) unter dem Herrn Obristen Denawalt und ich bin gefangen worten von den Franzosen bei Freiburg. So söllen die Herren wissen, daß ich mit Gewalt hab müssen Dienst nehmen unter dem Herrn Obristen Stub und das Ding hat mich gar ser verdrossen, daß sie mich dazu zwingen. So sollen die Herren Rathsherren wissen, daß ich von den Franzosen wiederum ausreißen, und das Unglück hat mir gewollt, daß ich aufgehalten bin worden, und ich bin im Standrecht verurtheilt worden, und ich bin auf die französischen Gallören geschickt worden für mein Lebtag. So bitt ich doch die Herren von Zürich sie wollen meiner gnädig sein und barmherzig um Gottes willen, da alle fremden Leute sind loskommen, Eng-länder und Holländer und alle Deutschen, sie wollen uns armen Schweizerkindern gnädig sein, und meinen Namen anbringen an den König von Frankreich. Zum andern die Herren von Zürich sollen wissen, daß ein Armer Schweizer, ein Welsch-berner bei mir auf der Galer ist zu Marsölli. Er hat einen verheiratheten Bruder und der hat seinen Bruder heim wollen suchen zu Nimen in Frankreich. So sollen die Herren von Zürich wissen, daß der Mensch ist gezieen worden aus feind-schaft, er wollte die Reformierten aus Frankreich führen. Er bittet die Herren von Zürich um Hilf.

Jaubeno Panco.

Die Regierungen von Bern und Zürich nahmen sich das Schicksal ihrer Angehörigen wohl zu Herzen, aber da die Ver-urtheilung auf die Galeeren gewöhnlich von den Kriegsgerichten der eigenen Officiere ausgieng, so war die Verwendung schwie-rig und geschah gemeiniglich bei dem französischen Gesandten, welcher Erkundigung und Fürsprache verhieß und damit die Sache auf die lange Bank schob. Bei diesem trostlosen Un-vermögen beflissen sich namentlich Bern, Zürich und Genf der Erhebung wiederholter Steuern, den Unglücklichen zur Erleich-terung und sich selbst zur Beruhigung. Auffallend ist, daß während Bern sich noch im Sommer 1703 um Loslassung

seiner 12 Angehörigen von den Galeeren zu verwenden hatte,
der Zürcher Jakob Mathys auf das Ansuchen seiner Regierung vom 12. Juni 1699 an den französischen Gesandten befreit worden war, worauf der Rath dem Befreiten unter dem
23. September 1700 aus dem Almosen-Amt „eine ehrliche
Bekleidung vom Haubt bis auf die Füß neben einem Degen"
zuerkannte. — Da Bern sich überzeugen mußte, daß ein Theil
der Schuld in Betreff der harten Behandlung der Galeriens
an den eigenen Officieren liege, so faßte der Rath den 4. Juli
1701 den Beschluß: „Weil die Galioten fast alle Ausreißer,
ist es nothwendig, daß die Obrigkeit ihren Obersten und Hauptleuten zuschreibe, mit den Ausreißern nicht so streng zu verfahren." Unterdessen aber ließ sich Bern in der Verhandlung
seiner Sträflinge auf die Galeeren nicht stören. Denn den
9. Juli 1702 schickte Bern 3 Verbrecher auf die Galeeren,
mit der Bedingung, daß sie nach der bestimmten Strafzeit entlassen werden. Diese drei waren zwar zum Tode verurtheilt,
sie wurden aber den Galeeren überliefert, damit dagegen
Gabriel Lang von Zofingen und Benedikt Fischer von
Affoltern frei gegeben werden. Da Lang unterdessen gestorben
war, erhielt neben Fischer J. J. Schilpli die Freiheit. Den
16. April 1703 lieferte Bern durch den französischen Gesandten
abermals 14 Verbrecher auf die Galeeren, mit der Bitte, dagegen andere Unterthanen zu entlassen, „in so weit sie nicht
von stummen und großen Lastern, sondern allein von nothge-
zwungenem und verlassenem Kriegsdienst, Glaubens oder sonst
andern geringen Verbrechens wegen dahin condemniert worden."
Frankreich nahm die neuen Ruderknechte in Empfang, ohne
dagegen andere zu entlassen und ohne sich um ein neues Gesuch Berns vom 30. Juni 1703 zu bekümmern.

Die gesammte Eidgenossenschaft fühlte das Schmähliche
dieser Zustände, daher erfolgte den 8. Hornung 1702 nach-
stehender Tagsatzungsabschied: „Die Sache wegen der Galeriens
soll nicht fallen gelassen werden; was hilft der Eidgenossenschaft der Bund mit Frankreich, wenn sie dessen Früchte nicht

genießen kann? Weil die Verurtheilung der Eidgenossen auf die Galeeren eine völlige Neuerung und der Nation schimpflich und unanständig ist, sollte es nicht mehr gestattet werden und ein jeder löblicher Ort seinen Obersten und Hauptleuten schreiben und bei hoher Gnad und Ungnade befehlen, daß sie keine Soldaten auf die Galeeren verdammen, und auch mit Examination und andern Strafen nicht so excessive, wie es einige Zeit hero beschehen, sondern gegen den Fehlbaren also verfahren sollen, daß sie es vor Gott und den Obrigkeiten zu verantworten müßten und sich insonderheit angelegen sein lassen sollten, diejenigen eidgenössischen Soldaten, so wir für gewüsse Jahre auf die Galeeren verdammt, wiederum ledig zu lassen."

Ein Schreiben der Schweizer auf den Galeeren zu Marseille vom September 1708 an die Tagsatzung belehrt uns nicht nur, daß das Schicksal der Elenden viele Jahre hindurch dasselbe blieb, sondern daß auf die schweizerischen Officiere im französischen Dienste zum mindesten eben so viel Schuld fällt als auf die französischen Behörden. „Demnach wir arme Eidgenossen gar viel sind auf der königlichen Galeer zu Marseille und gar bald krepieren müssen, auch ganz verstoßen sind und verachtet von den Franzosen und wir ganz und gar keinen Patronen haben, der uns an die Hand stehe: also sind wir verobligiert Bericht zu geben unsern gnädigen Herren und Obern der XIII Orte des löblichen Schweizerlandes, warum wir so viel ausstehen müssen, daß uns das Herz möchte brechen. Mit weinenden Augen können wir uns nicht genugsam beklagen von wegen unserer eigenen Officieren, die selbst Ursach sind, daß ein manches ehrlichs Landskind in das Elend kommt, durch ihr viel versprechen und wenig halten, also mit Falschheit mit uns umgehn, gar manchmal mit Brügel uns abmahnen, wenn wir unser eigen ausständig geld fordern, oder unser gebührende Abscheid nach ihro Versprechen nicht bekommen können. Da ein mancher braver Kerle sich verzweifelt und lauft davon: wirt gefangen: wird ins Kriegsrecht gebracht: die Herren Officiere haben recht, der arme Soldat unrecht; wird condemniert

ins Galer forcée. Da findt man die Ursach, warum so viel
auf den Galeeren sind von unserm löblichen Vaterland." Das
Schreiben schließt mit der Bitte, die Tagsatzung möchte sich
beim Herzog von Maine, dem Generalobersten der Schweizer
in Frankreich, verwenden, daß man sie doch lieber dem König
in ihren Regimentern dienen lassen, als auf diese Weise. Wirklich wurde 1709 in einem dem Gesandten Du Luc eingereichten Memorial verlangt, „daß die Eidgenossen, so wegen
unterschiedlichen Verbrechen und auch gezwungenen Diensten
und nicht gehaltenen Versprechen ausgerissen und auf die
Galeeren geschickt seien, gleich andern Nationen losgelassen und
auf freien Fuß gestellt werden möchten." Wir schauen hier in
eine dunkle Seite des fremden Kriegsdienstes hinein, die wir
nicht verschweigen dürfen. Wie wir noch selbst zur menschen-
würgenden Napoleonischen Zeit erlebt haben, so wurden auch
damals die armen Bursche mit allen Künsten der Verführung
und Ueberlistung von den Officieren ins Netz gezogen. Und
wenn dann die harte · Wirklichkeit die schönen Versprechungen
Lügen strafte, und die geldgierigen Officiere ihre getäuschten
Soldaten wider die Glaubensbrüder in den Kampf führten,
diese dann aber des Schwurs sich entbunden erachteten und
ins protestantische Heerlager übergiengen, wurden sie, wenn
von den Franzosen gefangen, von ihren eigenen Landsleuten
mit rücksichtsloser Strenge für Lebenszeit auf die Galeeren
verurtheilt.

Daß obige Bitte um „Remedur" fruchtlos gewesen, ergiebt sich daraus, daß zwei Jahre später Bern sich beklagt, daß
Galeriens noch weiter zurückbehalten werden, deren Entlassung
schon der französische Gesandte Puysieulx angekündigt hatte.
Ein ander Mal entschuldigt der Gesandte die Verweigerung
der Freigebung damit, die Betreffenden seien auf Lebenszeit
verurtheilt. Und daß Frankreich in grausamer Unerbittlichkeit
bei dieser Sentenz verblieben, scheint daraus hervor zu gehen,
daß bei der spätern Erledigung der französischen Galeriens der
Schweizer gar nicht gedacht wird.

45. Allmählige Freilassung.

Wir kehren zu den französischen Galeriens zurück, um uns mit deren fernern Schicksalen zu beschäftigen. Bei den viel-jährigen Bemühungen Rochegube's für seine verfolgten Lands-leute richtete er seine Theilnahme auch vorzüglich auf die elen-besten derselben auf den Galeeren. Die Verwendung für diese aber ließ am ehesten auf einigen Erfolg rechnen, da die pro-testantischen Mächte mit Wärme für sie einzutreten geneigt waren. Rochegube berichtet daher den 1. Juni 1711 an die evangelischen Orte, daß er in ihrem Namen die Bitte an die Generalstaaten der Niederlande gerichtet, diese möchten den Vorschlag machen, daß zu Gunsten der Glaubensgenossen auf den Galeeren, in den Gefängnissen und Klöstern der Schutz derselben in die Präliminar-Artikel des Friedensvertrages auf-genommen werde. Und wirklich melden die Generalstaaten den 11. November den evangelischen Kantonen, daß sie sich die Empfehlung derselben für die Galeriens werden angelegen sein lassen. In Folge dessen bittet denn auch jene schon bekannte Elite der erbarmungswürdigsten Galeerensträflinge die evan-gelischen Städte um ihre weitere Verwendung. „Nous savons par feu Ms. Henri Escher, dont la mémoire est en si bonne odeur parmi nous et parmi vous, et par M. de Rochegude même, que ce furent Vos Exc. seules qui engagèrent cet illustre Marquis à prendre notre cause en main; et qui, l'ayant muni de leurs puissantes Recommandations, l'enga-gèrent à faire le voyage de Hollande et d'Angleterre pour travailler à une si sainte oeuvre et pour disposer les Puis-sances à seconder Vos pieuses intentions." Man streue aus, „qu'il n'y avoit plus Personne dans les Galères pour fait de Religion; apelant contravention aux ordres du Roy le cas de ceux qui sont condamnés pour avoir voulu sortir du Royaume, ou pour avoir assisté à des assemblées pieuses, et ainsi de tous les autres: donnant à chacun un faux-titre

de condamnation pour leur enlever avec la liberté la gloire
de souffrir pour l'Evangile de Jesus Christ." — Unterzeichnet
sind Serre l'ainé. Serre le puiné. Serre le jeune. Bancilhon.
Sabatier. Musseton. Carriere. Salgas. Damouyn. Casa-
léz. — Auch König Friedrich I. von Preußen schrieb den
5. März 1712 an die evangelischen Orte, sein Gesandter sei
ausführlich instruiert und von England und Holland unterstützt,
bei den Friedensverhandlungen zu Utrecht die Gewissensfreiheit
der französischen Kirchen und die Erlösung der Bekenner auf
den Galeeren zu bewirken.

Wenn Ludwig XIV. dabei beharrte, beim Friedensschluß
zu Utrecht den Protestanten des eigenen Landes keinerlei Zugeständnisse zu machen, so ließ er sich doch durch die protestantischen Mächte bestimmen, einer Anzahl evangelischer Dulder
auf den Galeeren die Freiheit zu schenken. Daher kam es zu
folgendem Erlaß: „De par le Roi. Sa Majesté voulant que
les 136 forçats, servant actuellement sur les Galères, de-
nommés au present Rolle, soient mis en liberté à condition
que dans le même tems et sans delai ils se retirent dans
les Pays etrangers, sinon et à faute de ce qu'ils soient arrê-
tés et remis sur les Galères pour y rester dans le Royaume
sous les mêmes peines, et ordonne au Commissaire et au
Controlleur ayant le detail des Chiourmes de les faire de-
tacher de la chaine, moyenant quoi ils en demeureront bien
et valablement dechargés. Marli le 17. Mai 1713."

Signé Louis.

Philipeaux.

Es wurden indessen 184 Männer der Galeeren entlassen,
und zudem 50 andere, welche in Frankreich verbleiben durften.
Diejenigen, welche verurtheilt waren, ihr Vaterland zu verlassen, nahmen alle ihren Weg nach der Schweiz, welche ihnen
seit vielen Jahren die herzlichste Theilnahme geschenkt; allein
auch die harte Straße der Verbannung wurde ihnen verbittert,
indem sie die Freistätte Genf in verschiedenen Truppen und

auf langen und kostbaren Umwegen erreichen mußten, da ein
Theil gezwungen war, ihren Bestimmungsort über Genua und
Turin zu erreichen. Als Genf die Nachricht von der Ankunft
der ersten 42 nach Zürich gelangen läßt, ist die Behörde ferne,
sich über diese neue Belästigung zu beklagen, sondern sie berichtet nicht nur über die wohlwollende Versorgung der gegenwärtigen und zu erwartenden Ankömmlinge und über die Bezahlung der Reisekosten, sondern schließt mit der Bitte zu Gott,
„qu'il conserve notre commune patrie dans la paix et dans
la prospérité dont nous jouissons pour servir d'asile, consoler et réjouir nos frères en ces tristes occasions." Als
die Erwarteten anlangten, eilte Alles auf die Straßen, voran
die Flüchtlinge, verlangend, unter den Ankömmlingen die Fami-
lien-Angehörigen herauszufinden; und diese hinwieder freudevoll,
aus den Listen der Flüchtlinge den Aufenthalt der Ihrigen zu
entdecken. Genf nahm in den beiden Jahren 1713 und 1714
nicht weniger als 565 Galeriens auf. Sämmtliche evangelische Stände zeigten sich zur Aufnahme und Unterstützung
der Erlösten eben so bereit, nur ziehen mehrere vor, den ihnen
zufallenden Antheil in befreundeten Städten zu unterhalten, so
Basel die Seinigen in Bern, Glarus in Zürich, Appenzell in
St. Gallen. Da indessen nur 124 in der Schweiz verblieben,
so geschah folgende Personen-Vertheilung: Bern 40, Zürich 29,
Basel 16, Schaffhausen 15, St. Gallen 9, Glarus, Appenzell,
Neuenburg je 4, Biel 3. Bern und Zürich senden ihre
Kommissäre nach Morges ab, um die ihnen zufallenden Gäste
in Empfang zu nehmen. Die Exulantenkammer von Bern
machte den Vorschlag, die entlassenen Galeriens zunächst unter
die Mitglieder des Rathes, dann unter die beßtgestellten gegenwärtigen oder gewesenen Amtleute, ferner unter die vermöglichsten Bürger zu vertheilen, die Presthaften und Uebelmögen-
den aber in das welsche Spital zu versorgen. Dieser Vorschlag
scheint indessen nicht zur Ausführung gekommen zu sein, weil
das den Duldern entgegenkommende Mitleid in den Städten
des Waadtlandes den größern Theil derselben zurückbehielt.

So unterhielten mehrere Gemeinden zusammen den in Bevey niedergelassenen Louis Manuel; und ebendaselbst hielt sich der Gewerbsmann Jaques Dupont auf, welcher in seinem Geschäfte Armen Brot verschaffte. In der Folge setzte Bern für den jährlichen Unterhalt eines Galeriens 50 Thaler aus, wobei Burgdorf entgegenkommend sich für die Beköstigung eines Mannes anerbot. Unter den nur 14 in Bern Angekommenen waren drei 70jährige Greise, von denen zwei 26 Jahre auf den Galeeren zugebracht, und 3 Knaben, deren Väter noch auf den Galeeren zurückgehalten wurden und welche man nun ein Handwerk lernen ließ. — Den 11. August 1713 brachte der Verfasser der helvetischen Kirchengeschichte, Professor J. J. Hottinger, die für Zürich übrig bleibenden 25 Männer, welche er in Morges abgeholt hatte, nach dem für dieselben neu eingerichteten und mit Hausrath versehenen Selnau, wo sie besonders gut gehalten wurden, indem sie täglich zweimal Fleisch nebst einer Beikost von Butter, Käse und Früchten erhielten. — Dieselben waren meistens Handwerker und Bauern, verurtheilt gewesen, weil sie eine gottesdienstliche Versammlung besucht, nach Orange zur Predigt gegangen, geflohen oder Andern zur Flucht geholfen, auch einige, weil sie Waffen getragen. Neun derselben fanden in Zürich bleibende Arbeit. Diejenigen, welche nach dem Ausland reisen wollten, erhielten in Zürich, wie in den übrigen evangelischen Städten, ein Reisegeld von 100 Thalern. — Die elf nach Basel gelangten Galeriens wurden in den Familien der dahin geflüchteten Landsleute untergebracht, und jedem wöchentlich für seinen Unterhalt 2 Gulden verabfolgt, „den Söhnen eines Advokaten und eines Kaufmanns etwas mehr.“ Als Zürich auf der Tagsatzung eine Erkenntlichkeit an den um die Freilassung der Galeriens verdienten Rochegude beantragte, aber auf Berns Ablehnung damit nicht durchdrang, schenkte Zürich für sich allein demselben 200 Thaler. — Die Angesehenern der Galeriens hielten sich nicht bleibend in der Schweiz auf, sondern begaben sich nach England. Von Frankfurt aus richteten sie den

19. September ein Dankschreiben an Zürich, wo dieselben besondere Theilnahme gefunden, denn sie hatten von den Chorherren des Stiftes zum Großen Münster 14 Louisd'or empfangen, von der Familie Heß 24, von dem Rathe 28 L. Das Dankschreiben ist unterzeichnet von den beiden jüngern Brüdern Serre, von Damouyn, Bancilhon, Sabatier und zwei anderen. Doch scheinen mehrere derselben nach der Schweiz zurückgekehrt zu sein, denn wir treffen den Weinbauer Joh. Bancilhon 1718 unter den zu Zürich sich aufhaltenden und daselbst unterstützten Galeriens; und ebendaselbst 1724 David Serre, welcher das zweite Mal mit einem Reisegeld nach Magdeburg ausgestattet wurde. In Zürich finden wir 1723 auch den früher genannten 72jährigen Schulmeister Johann Casalez.

Die evangelische Schweiz war aber nicht nur sofort zur aufmerksamen und liebevollen Verpflegung der ersten Schaar der von den Galeeren Befreiten geneigt, sondern sie gieng auch zu gleicher Zeit mit der Verwendung für Entlassung der noch größern Zahl der Zurückbehaltenen voran, zu welchen voraus die mit den Waffen in der Hand gefangenen Camisarden aus den Cevennen gehörten. Wirklich hat Genf den 1. Mai 1714 an Zürich zu berichten, daß wieder 44 Mann angelangt sind, darunter der Waldenser Musseton, dessen ergreifende Briefe von den Galeeren für ihn besondere Theilnahme erweckt hatten, daher ihm, der in seinen heimatlichen Thälern verbleiben wollte, von den evangelischen Ständen 300 Thaler gespendet wurden. Ferner war nun auch Peter, der älteste der Brüder Serre, unter den Befreiten, nachdem er 28 Jahre ausgeharrt; nicht aber der standhafte Dulder von Salgas, für den sich die Stände besonders verwendet hatten, welcher für 10 Jahre auf die Galeeren verurtheilt war, weil er den bedrängten Camisarden, die ihn mit Plünderung und Brand bedrohten, das Thor seines Schlosses geöffnet hatte. 36 der neuen Ankömmlinge nebst 5 Knaben, Söhne gefangener Galeriens, verblieben in der Schweiz. Die 8 nach dem Ausland

Reifenben wurden nach Bafel geleitet und dafelbft jeder mit einem Reifegeld von 100 Thalern verfehen. Begreiflicher Weife wünfchte die evangelifche Schweiz auch jetzt wieder die Beihülfe der proteftantifchen Mächte; denn Bern z. B. hatte, nebft den 30 ihm zukommenden Galeriens, noch 197 Flüchtlinge zu unterhalten, von denen 92 auf die Stadt trafen, für welche monatlich 210 Kronen und 90 Brote erforderlich waren. Der König Friedrich Wilhelm von Preußen erwiederte jedoch den 18. Aug. 1714 den fchweizerifchen „Alliierten und Bundesverwandten": „Wir haben bei dem monte pietatis in Berlin verfügt, daß ein Gewiffes für die Galeriens, fo fich dafelbft anmelden, gegeben werden foll. Diefelben aber in unfer Land aufzunehmen, dazu findet fich keine Gelegenheit und werden die Herren in ihren territoriis dazu hoffentlich noch wohl einige Commobität ausfinden."

46. Letzte Schickfale der Galeriens.

Mit dem Tode des unerbittlichen franzöfifchen Königs hofften die armen Galeriens auf eine beffere Zeit. Zunächft gelangten daher den 6. Juli 1715 die auf die Galeeren gefeffelten Schweizer an ihre heimatlichen Behörden: „Tous les Suisses donc, desquels il y en a beaucoup, même que le malheur plutôt que le crime à précipité, ce qui doit attirer la compassion, humiliés aux pieds de Vos Magn. Personnes" etc. Unterzeichnet find Barthelemy Felonier. Ant. Dupont und Jofeph Richer. — Zugleich verwendete fich der unermüdliche Rochegube um die Dazwifchenkunft Englands und freute fich, den 19. September den evangelifchen Städten melden zu können, daß der englifche Gefandte beim Herzog von Orleans, dem Regenten während der Minderjährigkeit Ludwigs XV., für die Galeriens Fürbitte gethan, worauf der Herzog geantwortet, er wolle aus eigenem Antrieb alle diejenigen befreien, welche um der Religion willen auf den

Galeeren seien. Als aber Lord Staire hinzufügte, daß man nicht ermangeln werde, die Unglücklichen mit Verbrechen zu belasten, erwiederte der Regent: „Wir leben jetzt unter einer andern Regierung." Es war freilich aus dem früher angeführten Briefe der Mutter des Regenten zu ersehen, daß dieselbe in Folge der Fürbitte der evangelischen Stände für die Galeriens alle Hoffnung für Begnadigung derjenigen abschnitt, welche wegen „Rebellion" auf die Galeeren gekommen waren, d. h. die große Zahl der Camisarden, welche sich in Waffen gegen ihre Verfolger erhoben hatten. Doch was man den Schweizern nicht zu Gefallen that, durfte man dem Könige von England nicht verweigern. Daher schreibt Professor Calanbrini von Genf an Pfarrer Ulrich in Zürich, daß den 25. Juli 1716 wirklich 71 Galeriens entlassen worden seien. Zwar habe der Hof Befehl zur Entlassung von 105 gegeben, worunter auch Salgas gewesen, welcher aber leider zurückbehalten werde. Er starb bald darauf. Die Freigelassenen dürfen in Frankreich bleiben; allein nur 6 machen von dieser Bewilligung Gebrauch, weil die harten Ordonnanzen des Königs gegen die Evangelischen noch in Kraft seien. Den 12. August und die folgenden Tage langten in drei Zügen über Grenoble und Chambery 66 Männer in Genf an: 41 derselben waren verurtheilt, die Waffen geführt zu haben, 14 wegen Besuch religiöser Versammlungen, 2 wegen Flucht aus Frankreich, 1 weil er Kranke durch Gebet getröstet hatte. Alle sind Handwerker und Landarbeiter, nur 5 haben einiges Vermögen. Die meisten wünschen in der Schweiz zu verbleiben. Die Vertheilung geschah folgender Maßen: Bern 19, Zürich 13, Basel 8, Schaffhausen 5, St. Gallen 4, Glarus und Appenzell je 2, Mülhausen und Biel je 1. Allein da Glarus und Appenzell die Aufnahme unthunlich finden und Schaffhausen sich bedenklich zeigt, übernimmt Bern statt 19 nun 25. „Diese sollen in die Hauptstadt geführt und auf ihr Verlangen daselbst den Winter durch verpflegt werden, in der Hoffnung, daß ein und ander mitleidige und gutthätige Partikularen dieselben, weil

doch die Anzahl nicht groß, in ihre Häuser oder anderweitige
Verpflegung, ohne obrigkeitlichen Entgelt, nehmen und wenigstens
bis auf das Frühjahr versorgen werden."

Der Regent entließ den 28. October 1717 wieder 30
von den Galeeren, welche sämmtlich in der Schweiz bleiben
wollten, und die nach der an Genf und Bern überlassenen
Vertheilung von Bern, Zürich und Basel bereitwillig aufgenommen wurden. Zu den in Zürich Niedergelassenen gehörte
der oben genannte Anton Coulet, welcher daselbst das Schul-
amt für die Flüchtlinge versah und bei der französischen Gemeinde wohlwollende Anerkennung fand. Die 30 brachten das
Verzeichniß der noch auf den Galeeren zurückgehaltenen Glaubensgenossen mit, worunter sich drei Kirchenvorsteher befanden, welche
über 10 Jahre auf den Galeeren schmachteten. 22 waren verurtheilt wegen Besuch von Versammlungen, 19 wegen Desertion. Unter letztern kommen vor 3 Schweizer, Joh. Joseph
Egli, Petermann Jaques und Claude Voiron. Der
theilnehmende Aussteller dieser Liste, wahrscheinlich ein in Marseille sich aufhaltender schweizerischer Kaufmann, führt zu
Gunsten der letztern Abtheilung folgende Gründe auf: „Obgleich die Stellung der Desertierten weniger günstig ist, als
die der wegen der Religion Verurtheilten, so sind sie 1. doch
standhafte Bekenner, während sie durch Abschwörung sich hätten
frei machen können. 2. Diese sind nicht schuldiger als andere
Desertierte, die 1713 und 1714 erledigt worden. 3. Die
meisten desertierten, um aus Frankreich zu kommen und ihr
Gewissen zu beruhigen. 4. Verschiedene desertierten, um nicht
gegen ihre Landsleute zu dienen, namentlich Engländer, wovon
4 auf den Galeeren. 5. Der verstorbene Herr von Salgas
gab Verschiedenen sehr gute Zeugnisse, und eben so die Direktoren der Société captive, welche ihnen Gutes thun. Darum
sind dieselben als Glaubens-Bekenner anzusehen, die alle Hülfe
verdienen. — Die Deserteure können sich für 300 Pfund frei
machen. 3 haben auf diese Weise Freiheit erlangt." Obige
Empfehlung stützte sich auf die Beistimmung des Professors

Calanbrini, von welchem bemerkt ist: „Qui a depuis longues
années la principale direction et correspondance qui regarde ces pauvres gens." Sonderbarer Weise begleitet Bern
die Empfehlung der Deserteure mit der Bemerkung: „Man
wird sich der Deserteure schwerlich mit Grund annehmen
können." Und dieses Urtheil wird wiederholt, als Zürich für
die noch übrigen Galeriens auf Verwendung bei Maning, dem
englischen Residenten in Bern, bringt, wozu Bern bereitwillig
ist, allein den 18. März 1718 hinzufügt: „Uebrigens geht
unsere Meinung der Deserteurs halb dahin, daß selbige keineswegs wie die um der Religion willen Verurtheilten anzusehen
seien: inmaßen wir auch unsern Entschluß dahin genommen,
derselben in einigem Weg uns nicht zu beladen." Es ist kaum
zu begreifen, daß Bern sich gegen die Deserteure so rücksichtslos
erzeigte. Denn auf neue Verwendung bei Frankreich für die
Camisarden erfolgte zwar die Erklärung, daß die mit den
Waffen Ergriffenen auf den Galeeren zu verbleiben haben,
allein es wurde doch verheißen, daß unter den Zurückgebliebenen
noch eine nähere Prüfung statt haben solle; Bern aber sollte
sich derjenigen, welche aus Gründen des Glaubens und Gewissens desertierten, eben so wenig angenommen haben, als
solcher, die aus Feigheit oder wegen Verbrechen ausrissen?
Diese Strenge müßte wohl der Einwirkung serviler Söldlinge
beizumessen sein.

Doch Bern ließ sich eben so wenig als Zürich die neuen
und immer wiederkehrenden Opfer für die Galeriens gereuen,
vielmehr wurden diese aufs härteste Geprüften mit ganz besonderer Sorgfalt gepflegt und auf ihren Unterhalt so viel und
mehr verwendet, als für Einzelne der Vornehmsten unter den
Flüchtlingen, so wie auch jedem nach dem Auslande Wandern-
den ein Reisegeld von wenigstens 100 Thalern zukam. Bern
erhob für die neuen Bedürfnisse außerordentliche Beiträge aus
der Malakribischen Bank und der Salzkammer; und in Zürich
betrugen während der Jahre der Einwanderung der Galeriens
die Vermächtnisse und Kirchengaben für dieselben mehr als

2000 Gulben. Denn man nahm sich aus freien Stücken die Ermunterung zu Herzen, welche Rochegube auf Neujahr 1717. erließ: „Behaltet diese köstlichen Zeugen; sie beten für Euch und bringen Euch Segen in Euere Staaten, Familien und Häuser." — Nur bei einer größern Zahl von Ankömmlingen geschah die Vertheilung auf sämmtliche evangelische Stände, beim Eintreffen Einzelner standen Zürich und Bern ein, daher z. B. die Kosten für Glarus bis 1718 nicht mehr als 1858 Gulden betrugen. Die vier Galeriens, welche 1719 anlangten, übernahm Zürich, auf Berns Wunsch, allein. Dieselben waren mit folgenden Personalien begleitet: „Jean de la Croix de Nismes, 38 ann., marchand de soie, condamné aux Gal. le 24. Avr. 1705 pour s'étre trouvé dans des assemblées de religion, libéré le 15. Oct. 1718. Sa conduite a été très régulière parmi les Confesseurs. Il avait le soin de tenir le compte des sommes qui ont ésté distribuées; il l'a fait exactement et fidèlement et a rendu des bons services. — Pierre Antoine Combotte de Milhaud, 66 ann., cond. aux Gal. pour assemblée et port d'armes le 4. Jul. 1705, lib. le 5. Dec. 1718. Il a souffert dans sa prison la quéstion, et a eu une conduite régulière et s'est aidé à consoler et maintenir dans la foi, comme le précédant, les autres confesseurs. Son age et ses suffrances le rendent un peu caduque. — David Matre des Cevennes, cordonnier assez vigoureux, souhaite de rester à Genève pour se perfectionner dans sa profession. On lui rend bon témoignage. — Jean Taure Vaudois, reste dans les Valées: a besoin d'assistance."

Während in den folgenden Jahren immer wieder einzelne den Galeeren Entlassene in der Schweiz eintrafen, richtete der durch die evangelischen Stände von den Galeeren befreite Andreas Jaquet von S. Jmier 1732 die Bitte an die gleichen Regierungen um Verwendung und Unterstützung für die 25 Männer, welche um des Glaubens willen noch auf den Galeeren gehalten werden. Für einmal wird eine Beisteuer von 200 Gulden bewilligt. In Bern hielten sich 1727 noch 15

ehmalige Galeriens auf, außer einem Lehrer und einem, welcher
den Unterhalt aus seinem eigenen Vermögen bestritt, von denen
der Einzelne eine jährliche Beisteuer von 40 Gulden empfieng.
Neben den Städten des Waadtlandes waren auch diejenigen
des Aargau's zu einem Schärflein für die Galeriens angehalten. In Zürich hielten sich 1752 noch 2 Galeriens auf:
seit vielen Jahren hatte jeder Einzelne zum jährlichen Unterhalt 60 Gulden und 4 Mutt Kernen empfangen; die ganze
Zahl derselben von 1713 bis 1752 war 78 und die auf sie
verwendete Summe betrug 57,600 Gulden; ungerechnet, was
einzelne Private an auswärtige Personen steuerten, wie z. B.
Bürgermeister Escher, welcher 1747 durch den französischen
Pfarrer Schneider in Zürich 60 Thaler für die Galeriens
an den ältern Sarasin in Genf übersandte; und der Bünd-
nerische Hauptmann Dreysinger, der 1722 den auf den Galeeren befindlichen Franzosen durch die Exulanten-Kammer in
Zürich 300 Gulden zukommen ließ. Da das offene Bekenntniß
des evangelischen Glaubens auch in der zweiten Hälfte des 18.
Jahrhunderts immer wieder Einzelne auf die Galeeren brachte,
welches Schicksal immer noch in Frankreichs Dienst stehende
Schweizer treffen konnte, so waren die Exulanten-Kammern
der evangelischen Städte neben den Flüchtlingen fortwährend
mit den Galeriens beschäftigt. So verdankte der Genfer
Chaumont 1764 seine Befreiung Voltaire's Verwendung
bei Choiseul. Als der Mann von geringer Statur zu Voltaire
kam, um ihm zu danken, empfieng dieser ihn freilich in einer
ganz andern Stimmung, als diejenige war, in welcher die
schweizerischen Glaubensgenossen die Vielgeplagten empfangen
hatten. „Quoi, mon pauvre petit homme, on vous avait donc
mis aux Galères? Que voulait on faire de Vous? Quelle
conscience, de mettre à la chaîne et d'envoyer ramer un
homme qui n'avait commis d'autre crime que de prier dieu
en mauvais français!" (Hieb auf die Genfer Sprache.) Noch
1760 kam Dominik Cherusques aus Bearn seines Glaubens wegen auf die Galeeren. Als ihm die Flucht gelang,

fand er Aufnahme und Hülfe in Genf. Im Jahr 1786 war die Zeit gekommen, da er mit dem vom französischen Residenten in Genf ausgestellten Freipaß nach der Heimat zurückkehren durfte. Zu derselben Zeit hielten sich noch einige Galeriens-Familien in Genf auf.

47. Die Bourses françaises in der Schweiz.

Es belehren uns die Schicksale der Flüchtlinge sowohl als der Galeriens, daß bis zum Umschwung der französischen Revolution die Verfolgungen der Protestanten fortdauerten und daß Einzelne derselben den Druck so schwer fühlten, um sich demselben durch die Flucht ins Ausland zu entziehen. Die ganze Aufklärung des achtzehnten Jahrhunderts und die von den Dächern gepredigte Toleranz erschütterte die französische Kirche nicht in ihrer Härte gegen die Andersgläubigen. Als daher der französische Klerus nach der Thronbesteigung Ludwigs XVI. demselben sein übliches don gratuit darbrachte, fügte er die Mahnung bei: „Der König möge das Werk vollenden, das Ludwig der Große begonnen, Ludwig der Vielgeliebte fortgesetzt habe, ihm sei es aufbehalten, den letzten Schlag gegen den Calvinismus in seinen Reichen auszuführen, die Einheit des katholischen Cultus zu vollenden." Und als der König nicht dieser finstern Eingebung, sondern der Mahnung der Zeit und der Menschlichkeit folgte, indem er durch das Edikt von 1787 die Protestanten wieder in ihre bürgerlichen Rechte einsetzte und den Flüchtlingen die Rückkehr nach der Heimat gestattete, bezeugte Madame Louise, seine Tante, ihm ihren Schmerz über die Gefahr für den allein seligmachenden Glauben und über die Zurückrufung der Verdammten. Die Abweisung dieses Ansinnens durch den König soll den bald erfolgten Tod der Prinzessin befördert haben.

Solcher Härte der Gesinnung und deren Folgen zu begegnen hatten die Exulanten-Kammern und die Bourses françaises der Flüchtlings-Gemeinden in der Schweiz bis gegen das Ende des achtzehnten Jahrhunderts immer wieder hinlänglich Gelegenheit, und daher auch die Aufforderung zur Erhaltung und Aeuffnung der Hülfsquellen für die Nothleidenden. Im Fortgang der Geschichte wurde beispielsweise der hauptsächlichsten Förderer und Wohlthäter der Fondationen zu Gunsten der evangelischen Flüchtlinge erwähnt. Alle diese Bourses françaises bestanden und wuchsen bis in das 19. Jahrhundert hinein.

Die älteste und bedeutendste derselben war diejenige von Genf, welche noch 1740 durch den in Bevey niedergelassenen Stephan Roujat mit der Hälfte von dessen Vermögen, bestehend in 70,000 Franken, bedacht wurde. Ferner empfieng dieselbe einen jährlichen Beitrag aus England, bis Genf 1795 mit Frankreich vereinigt wurde. Daher hatten die Nachkommen der Flüchtlingsfamilien den Vortheil, beträchtlicher Wohlthaten theilhaft zu werden, um welche sie die übrige Bevölkerung beneidete. Als die Flüchtlingsfamilien das volle Bürgerrecht erlangten, mußte man mit Recht finden, daß nun kein Grund mehr vorhanden sei, eine besondere Klasse der Bürger mit dem Privilegium unverhältnißmäßiger Spenden zu bedenken. Der Genfer-Fond, welcher auf beinahe eine Million Franken herangewachsen war, rief demnach einer andern Bestimmung, allein da derselbe größtentheils aus Beiträgen der Flüchtlinge bestand und ausschließlich die Beförderung des evangelischen Bekenntnisses zur Aufgabe hatte, so durfte er diesem ursprünglichen Zweck rechtlicher Weise nicht entfremdet werden, und hätte daher, wie es auch von Anfang an theilweise geschah, zur Unterstützung evangelischer Kirchen in Frankreich und zunächst zum Beßten der in Genf studierenden französischen Theologen verwendet werden sollen. Zum deutlichen Zeichen jedoch, daß die neue Republik Genf mit dem alten Geist der Stadt Calvins auf immer gebrochen habe, wurde das Vermögen der Bourse française 1846 dem allgemeinen paritätischen Kantonsspital überliefert.

Die Bourse von Lausanne hatte ebenfalls ein würdiges

Arbeitsfeld. Unzureichend für die vielfältigen Ansprüche am Ende des 17. Jahrhunderts gelangte sie durch die regelmäßigen Beiträge der in der Stadt sich Niederlassenden und der sich Verheurathenden bald zu einem beträchtlichen Kapital. 1771 betrug die Zahl der evangelischen Flüchtlinge in Lausanne 1531, von denen 1145 sich in einem gewissen Wohlstand befanden, 513 das Bürgerrecht gekauft hatten, und 248, der Unterstützung bedurften. 1859 erhielten die 616 Nachkommen der ehemaligen Flüchtlinge das volle Bürgerrecht, wobei das auf 250,000 Franken angewachsene Kapital der Bourse gleichsam als Einkaufstaxe an die Stadt übergieng. Die Bourse von Bevey gieng schon 1791 an die dortige Gemeinde über; als in jenem Jahr die Flüchtlinge wieder das französische Landrecht erhielten, kam Bevey mit der Aufnahme ins Bürgerrecht zuvor. Der Fond betrug 45,000 Franken. — Die Direktion von Morges, welche unter ihren Gliedern die berühmten Namen Mousson, Forel, Monod zählte, verschmolz 1824 mit der Bürgerschaft und der Betrag von 11700 Franken der Bourse mit dem Bürgergut. — Die Bourse von Nyon gieng 1860 mit der Aufnahme der Flüchtlings-Familien ins volle Bürgerrecht im Betrag von 120,000 Fr. an den Bürger- und Armenfond über: zu den dortigen Geschlechtern gehörten die Baux und Bonnard. — Bex nahm 1860 die Flüchtlinge ins Bürgerrecht auf, sich mit dem Empfang eines Betrages von 9400 Franken der Bourse begnügend. — Die Städte Moudon, Rolle und Yverdun waren nicht im Fall, von den Nachkommen der Flüchtlinge für die Aufnahme ins Bürgerrecht Gegenleistungen zu erhalten.[111]

Die Kolonie von Bern vereinigte sich 1850 mit derjenigen von Neuveville und brachte dieser bei der Einbürgerung eine Ausstattung von nahe an 95,000 Schweizerfranken. Die ganze Anzahl der im Kanton Bern sich aufhaltenden Flüchtlings-Familien war auf vierzehn herabgeschmolzen, worunter die Gouzy, Lugardon, Olivier, Pagès ꝛc.[112]

In Basel bestand von 1592 an ein Pfrundfond für die

französische Gemeinde und ein besonders verwalteter Armenfond. 1778 wurden die beiden Fonds vereinigt. 1808 betrug
die Bourse der französischen Kirche in Basel 109,878 Schweizerfranken. Mit Ende des Jahres 1875 stieg das Vermögen
der französischen Kirche auf 292,320 Fr. heran. Außer den
ausreichenden Mitteln für die Besoldung zweier Geistlichen be-
sitzt die französische Gemeinde eine eigene Kirche und zwei
Pfarrhäuser.

Der Exulanten-Fond in Zürich hatte bis 1767 ungefähr
50 Vermächtnisse im Betrag von 6000 Gulden empfangen
und war 1798 auf 20,000 Gulden herangewachsen. Da gegen
Ende des Jahrhunderts in Zürich die Exulanten völlig ver-
schwunden waren, indem von 1774 an der Fond nicht mehr
für Kranke und Bedürftige der französischen Gemeinde, sondern
nur noch für durchreisende Glaubensgenossen in Anspruch genommen ward, so wurde der Exulanten-Fond 1804 vom
Staate der Stadt Zürich überlassen zum Unterhalt des französischen Gottesdienstes und der in Zürich wohnenden armen
französischen Familien reformierten Bekenntnisses. Es bildete
jedoch die französische Kirche in Zürich nicht mehr eine selbständige Gemeinde, daher Taufe, Konfirmation, Trauung und
Bestattung vom französischen Pfarrer nur in Folge Ueber-
tragung eines der Pfarrgeistlichen der Stadt vorgenommen
werden durfte. Da aber von jeher der Staat einen Theil der
Besoldung des französischen Geistlichen bestritt, so verpflichtete
sich die Regierung zur fernern Beisteuer und demnach wurde
auch das französische Konsistorium aus Mitgliedern des Regie-
rungsrathes und des Stadtrathes gebildet, welchem die selbständige Verwaltung des Kirchenfondes übertragen wurde. Der
Kirchenfond betrug bei der Uebergabe an die Stadt 20,118
Gulden, 1846 war er auf nahe an 50,000 Franken herangewachsen und äufnete sich bis 1870 auf den Betrag von
166,000 Franken.[113]

Schluß.

Ein volles Jahrhundert ist verstrichen, seitdem die letzten evangelischen Flüchtlinge die Theilnahme und Hülfe ihrer Glaubensgenossen in der Schweiz in Anspruch genommen; die Königsgewalt und der Priesterzwang, unter deren Druck jene zur Flucht aus der schönen Heimat gedrängt wurden, sind gebrochen; Gedanken und Gesinnungen in allen Kreisen der Gesellschaft und in allen Rangordnungen der Stände und des Staates sind völlig umgewandelt: allein jenes Band der Gemeinschaft zwischen den reformierten Kirchen Frankreichs und der evangelischen Schweiz hat sich nicht nur im Gedächtniß der auf einander folgenden Geschlechter erhalten, sondern der wohlthätige Einfluß der Schweiz auf die durch die gleiche Konfession mit ihr verbundenen französischen Kirchen hat nie aufgehört. Die Kirchen und Schulen von Genf und Lausanne blieben fortwährend in Lehre und Verfassung die Vorbilder für das protestantische Frankreich, und die französischen Jünglinge verlebten an jenen Unterrichtsanstalten mit Vorliebe ihre Studienjahre, da ihnen daselbst neben der reinen Lehre und der eifrigen Pflege der Wissenschaft zugleich die lebendige Erinnerung an die ausgezeichnetesten Glaubenshelden der eigenen Nation entgegentrat. Als die Alliance évangélique im Jahre 1861 in Genf versammelt war, gereichte es dem Referenten zu großer Freude, unmittelbarer Zeuge zu sein, wie sehr die zahlreich anwesenden Glieder der französischen Kirche sich in der Stadt Calvins als in ihrer geistigen Heimat fühlten und mit dem wärmsten Danke ihre Anhänglichkeit an diese ihre Mutterkirche aussprachen; während es wieder hauptsächlich Nachkommen der Flüchtlings-Familien waren, in denen sich bei dieser Gelegenheit das geistige und wissenschaftliche Leben des neuen Genf und dessen evangelische Gesinnung und gläubige Thatkraft kund gab. —

Ferner legen sämmtliche evangelische Städte der Schweiz

mit jener in den Zeiten der Noth zur Uebung gewordenen
republikanischen Freigebigkeit alljährlich eine gleiche Bereitwilligkeit an den Tag, wenn die periodischen Ansprachen um Unterstützung der evangelischen Kirchen Frankreichs an die Privaten
gelangen, und diese stellen sich verhältnißmäßig mit ansehnlichern
Gaben an jene fernen Gemeinden ein als manche Stadt des
eigenen Landes, ohne jemals mit einem ähnlichen Verlangen
selbst die reichsten Gemeinden des zu großer Blüthe gelangten
Frankreichs heimzusuchen.

Merkwürdiger Weise stellte die neueste Zeit abermals das
christliche Erbarmen der Schweiz auf eine außerordentliche Probe.
Als jene aufs Aeußerste gebrachte, dem Verderben nahe französische Armee als letzte Zuflucht den Uebergang in die Schweiz
zu nehmen drohte, betrachteten die Feinde Frankreichs diese der
Schweiz sich aufbürdende Last mit Schadenfreude als eine Strafe
für die vom größten Theile des Schweizervolkes den Franzosen erwiesene Sympathie. Mit banger Besorgniß sahen die
Behörden der Schweiz dem Andrang von in achtzig Tausenden
todesmüder, erschöpfter, kranker Soldaten mit Tausenden von
ausgehungerten Pferden entgegen. Aber die Freithätigkeit der
Gemeinden und das opferwillige Mitleiden des Volkes, wie
solches nur in der Republik sich entwickelt und bethätigt, schloß
die Herzen und die Thore weit auf, so daß zur freudigen Befriedigung der Schweizer ohne Ansehen der Konfession und
zum allgemeinen Erstaunen des Auslandes, die ganze, die
Schweiz überströmende Masse überall nicht nur eine theilnehmende und freundliche, sondern vielfach selbst reichliche und
brüderlich sorgfältige Pflege fand. Die französischen Soldaten,
welche bisher von ihren Priestern nur mit Verachtung und
Abscheu von den protestantischen Ketzern hatten reden hören,
waren höchlich verwundert, von solchen Leuten eine so liebevolle Theilnahme zu erfahren. Bei der liebenswürdigen und
dankbaren Empfänglichkeit der Franzosen für wohlwollendes
Entgegenkommen machte die überaus gute und herzliche Aufnahme von Seite der Schweizer auf sie den tiefsten Eindruck,

und doppelt nach dem furchtbaren Unglück und den entsetzlichen Drangsalen. Nachdem die Franzosen Solches von Republikanern und zum größten Theil von Protestanten erfahren, mußte ihnen die Republik und der Protestantismus in ganz anderm und neuem Lichte erscheinen. Die zurückkehrenden Franzosen machten daher ohne alles Parteiinteresse, aus bloßer Dankbarkeit für die Republik Propaganda, und das neue Testament und die Erbauungsschriften, welche sie zum Abschied von den Schweizern empfangen, waren für Viele so theure Andenken, daß sie auch den Inhalt zu Herzen nahmen. Es steht demnach wohl unbezweifelt mit dem Aufenthalt des französischen Heeres in der Schweiz im Zusammenhang, daß seither das evangelische Bekenntniß in allen Gegenden Frankreichs unerwartete und seit Jahrhunderten unerhörte Fortschritte macht, und daß die mittelbar und unmittelbar von der Schweiz ausgehenden Evangelisten und Kolporteure im lange verschlossenen und brach liegenden Boden Frankreichs ein ermunterndes und lohnendes Arbeitsfeld finden.

So gelang es der uneigennützigen, von wahrhaft christlichem Geist getragenen Liebe der Schweiz, wie sie Jahrhunderte lang den um des Glaubens willen verfolgten französischen Brüdern eine Stütze und ein Trost war, nun in der letzten Zeit wieder ihr Schärflein beizutragen zur Erweckung des evangelischen Lichtes und Lebens im begabten Nachbarvolk; während es ihr zugleich vergönnt ist, mit den für Deutschland wiedergewonnenen Gebieten, zunächst mit Elsaß, mannigfaltige alte gemeinschaftliche Bande geistiger und gewerblicher Interessen fester zu knüpfen und neu zu beleben.

Anmerkungen.

[1] S. Mörikofer, Zwingli rc. über Maigret, vorzüglich II, 266 ff. — J. B. G. Galiffe, Procès contre l'errin etc., nennt Maigret, „agent secret et éspion du roi de France". Galiffe, der Vertheidiger der Ehre des alten Genf und der erklärte Feind Calvins und der in Genf eingewanderten Franzosen, hat das Verdienst, die Unzulänglichkeit der Geschichte Calvins und der Kirche von Genf nachgewiesen zu haben, wie Gaberel, Bungener und Merle d'Aubigné dieselbe in apologetisch-kirchlichem Sinne darstellten, indem diese sich wesentlich an die Schriften betheiligter Zeitgenossen hielten, das Genfer Staatsarchiv dagegen zu sehr vernachlässigten. Allein Galiffe hat Maigret's „trahison" in dessen Absicht, Genf an Frankreich zu überliefern, nur behauptet, aber nicht bewiesen, während das bleibende Vertrauen Calvins und der Bürgerschaft von Genf gegen diese Beschuldigung spricht. Daß Maigret, ungeachtet seiner Verbannung, an Frankreich und an seinem König hieng, und Dienstleistungen sich bezahlen ließ, wird mit Recht demselben eben so wenig zum Verbrechen angerechnet, als den Schweizern die französischen Kapitulationen, die Pensionen und die goldenen Ketten. — (Grenus) Fragmens biograph. et hist., extraits des registres du Conseil d'Etat de la Républ. de Genève. 1815. — A. Roget, Hist. du peuple de Genève. T. III, p. 1—39. 1875.

[2] L. Vuilliemin, Chroniqueur, p. 104 f.

[3] Zürcher Stadtbibliothek. Mscr. II. 5. Eidgenössische Geschichte. Fol. Beiträge zur Geschichte der Schweiz. Eidgenossenschaft. Bd. V. „Auszüge aus Missiven, Tagsatzungsabscheiden und Instructionen, betreffend die Reformierten in Frankreich von 1531—1562. Aus Freundschaft für franz. Pf. Geßner, geschrieben v. s. Cousin Germain Hß. Ed. Escher zu Stadelhofen 1775 u. seq."

[4] Staatsarchiv der Stadt Basel. „Acten über die Glaubensverfolgungen in Frankreich 1536—1574." 1536. Nov. 4. Straßburg an Basel.

[5] Berner Staatsarchiv. „Frankreich Buch II. Dieses Buch enthaltet die Aufnahm und Vertheilung der Reform. Glaubensgenossen rc. de A. 1537—1711."

[6] Zürch. Stadtbibl. Mscr. II. 5. 1537. Dec. 30.

⁷ Bulletin de la société de l'hist. du protestantisme français. IV. S. 497 ff. Des écoles primaires et des collèges etc.

⁸ 3. Stadtbibl. Mscr. H. 5.

⁹ 3. Stadtbibl. Msc. II. 5.

¹⁰ 3ürch. Staatsarchiv. Ecclesiastica Gallicana, item Italica etc. Gest. VI. 97. 1549.

¹¹ Bulletin III. S. 505 ff.

¹² Basler Staatsarchiv. Acten über die Glaubensverfolgungen in Frankreich. 1536—1574. 1557. Nov.

¹³ Mörikofer, Bilder aus dem kirchlichen Leben der Schweiz, S. 322—341. „Die franzöf. Flüchtlinge in der Schweiz."

¹⁴ 3ürch. Staatsarchiv. Gest. VIII. 3. Literæ Variorum. Felice Orelli 1618.

¹⁵ Ferd. Meyer, die evangelische Gemeine in Locarno, 2 Bde. 1836. — Denkschrift der Familie von Muralt 1855. — Geschichte der Familie von Orelli v. Aloys von Orelli, 1855.

¹⁵ᵇ. The Zurich Letters (Epistolæ Tigurinæ), herausgegeben 1842, 45 u. 48 in drei Bänden von der Parker Gesellschaft zu Cambridge, größtentheils nach den im Staatsarchiv und auf der Stadtbibliothek in 3ürich erhaltenen Originalien. — Herzogs Theol. Real-Encyklopädie, Art. England, Reformation und Puritaner ꝛc. — Neujahrblatt der Stadtbibliothek in 3ürich 1860.

¹⁶ A. Sayous, Etudes littéraires sur les écrivains français de la réformation 1841. I, 119.

¹⁷ Henry, Calvin II, Beilagen, S. 124.

¹⁸ A. Sayous, Etudes, I, 248.

¹⁹ Herzog, Theol. Real-Encyklopädie. Bd. 2. Beza S. 136.

²⁰ J. B. G. Galiffe, Quelques pages d'histoire exacte, procès contre A. Perrin etc. 1862. S. 73. 77. 81.

²¹ Bulletin etc. I. — Mignet, la réformation de Genève p. 75.

²² Bulletin. II. Calvin p. 14.

²³ J. A. Galiffe, notices généalogiques sur les familles Genévoises. IV. Tom. 1829—57. — Tom II. S. 281.

²⁴ Bulletin. Seconde Série. IV. Le marquis de Vico par J. Bonnet. p. 173—192.

²⁵ J. Senebier, Hist. littéraire de Genève. 1787. I. P. 52.

²⁶ Grenus, Fragmens etc. 1543. Jun. 1.

²⁷ Bulletin XIII. S. 126.

²⁸ 3ürch. Staatsarchiv.

²⁹ J. Gaberel, Hist. de l'Eglise de Genève, 1851. I. Pièces justificatives p. 182 f.

³⁰ 3ürch. Stadtbibl. Mscr. H. 5. Eidgenössische Geschichte. Fol.

³¹ Zürch. Stadtbibliothel. Mscr. H. G. 1569. Mz. 30. Mathæus Cognetius ad Gulterum: jedenfalls lernte der junge Franzose in Zürich ein gutes Latein.

³² Zürch. Staatsarchiv und Zürch. Stadtbibl. Mscr. II. 6.

³³ Zürch. Stadtbibliothel Mscr. H. G. 1567. Oct. 29. Beza an Bullinger.

³⁴ Grenus, fragmens etc. 1567. Nov. 26.

³⁵ Zürcher Staatsarchiv.

³⁶ Mescray, Hist. de France, T. V, 103.

³⁷ Zürcher Staatsarchiv. 1568. Dec. 22. Der Brief in der Uebersetzung abgekürzt.

³⁸ Bulletin etc. Seconde Série, V. & VI. S. 459. — Zürch. Stadtbibl. Mscr. II. G.

³⁹ Grenus, Fragmens etc. 1572. Juli 7.

⁴⁰ Bulletin etc. VIII. S. 284 ff.

⁴¹ Bulletin etc. IX. S. 43.

⁴² J. Gaberel, Hist. de l'église de Genève II, S. 321 ff.

⁴³ Zürcher Staatsarchiv. Mscr. H. G. 1573. Jan. 10.

⁴⁴ A. Sayous, Etudes lit. etc. II, 3 ff.

⁴⁵ Grenus, fragmens etc. 1572. Oct. 9. u. 1573. Dec. 1. — Bulletin IV. S. 467 ff. Jaqueline d'Entremont. Bull. VIII. S. 133 ff. Briefe von Franz und Luise v. Coligny. Bull. II. Série 2. S. 235. Bull. II. Série 3. S. 582 ff. La famille de Coligny. — Haag, la France protestante. — Berner Staatsarchiv. Frankreich Buch III. 1570—1636. — Basler Staatsarchiv, Acten über die Glaubensverfolgungen in Frankreich, 1536—1574. Diese beiden Archive enthalten zahlreiche Original-Briefe der verschiedenen Glieder der Familie des Admirals von Coligny. — Tillier, Geschichte Berns III, 435 ff.

⁴⁶ Gaberel II, Pièces justificatives S. 156. Journal manuscr. du min. J. Merlin.

⁴⁷ Bulletin etc. XII. L'église de Bâle. S. 265 ff. — Zürcher Staatsarchiv 1574, Nov. 13. 1575, Sept. 28.

⁴⁸ Zürcher Stadtbibl. Mscr. H. G. 1572 — 1574. — Zürcher Staatsarchiv 1573—1576. Brief der franz. Kirche 1576. Dec. 20.

⁴⁹ Zürcher Staatsarchiv. — Ranke, französische Geschichte, I, 420.

⁵⁰ Berner Staatsarchiv. Frankreich III. 1570—1636. — Zürcher Staatsarchiv, Briefe von 1589 u. 1590. — Bulletin etc. I, S. 330. — (Grenus) Fragmens biographiques etc. S. 70.

⁵¹ Polenz, Geschichte des franz. Calvinismus, Bd. V, S. 15 u. 86.

⁵² Th. Claparède, Hist. des églises réformées du pays de Gex, 1856. S. 48 — Archiv des histor. Vereins d. K. Bern, VII. Bd. Frankreich und die Schweiz v. Hibber. S. 456.

⁵³ Grenus Fragmens etc.

⁵⁴ Mémoires et documents d'Hist. et Archéol. de Genève. Livraison XVII. 1872. S. 153—327. Théodore Agrippa d'Aubigné à Genève, par Théod. Heyer. — Hiſtor. Taſchenbuch von Riehl. 1873. S. 249—320 Th. A. d'Aubigné von E. L. Th. Henke. — Herzogs Theol. Encyllopädie, Bd. 19.

⁵⁵ Bibliothèque univers. Nouvelle série, Tome 52. 1844. p. 44—71. 231—254. Fragment historique sur Henri de Rohan, son séjour à Genève et sa sépulture. — Neujahrsblatt der Stadtbibl. in Zürich. 1869, Herz. H. von Rohan (v. G. v. Wyß). — Zürch. Staatsarchiv.

⁵⁶ Zürcher Staatsarchiv. — Eidgenöſſiſche Abſchiede. — Th. Claparède, Hist. des Eglises réformées du pays de Gex. Gen. 1856. Dieſe ganz ausgezeichnete, gründliche und umfaſſende Arbeit, welche allen Anforderungen einer aus den archivaliſchen Quellen geſchöpften Forſchung entſpricht, erweckt um ſo mehr das Bedauern, daß noch kein Kanton der franzöſiſchen Schweiz das Glück hatte, mit gleich fleißiger und umſichtiger Benutzung der Quellen eine umfaſſende Geſchichte du refuge zu erleben.

⁵⁷ Eidgenöſſiſche Abſchiede — Berner Staatsarchiv. Piedmont-Buch. Erſte Persecution der Waldenſer 1643—1660. A. & Piedmont-Buch B. 1661—1682. — Staatsarchiv der Stadt Baſel, Acten wegen der vertriebenen Piemonteſen. 1603—55. — J. Leger, Hist. gén. des égl. évang. des vallées de Piemont ou Vaudoises. Fol. Leyde 1669. — A. Monastier, Hist. de l'égl. Vaudoise. 2. T. 1847. — Herzog, Theol. Encyllopädie B. 17. — Michelet, Hist. de France au 17. Siècle T. XIII, p. 363 f.

⁵⁸ A. Sayous, Hist. de la littérature franç. à l'étranger. 2. T. 1853. T. 1. p. 214.

⁵⁹ J. de Silhon, Ministre d'Etat. 1668. Livre I. p. 116.

⁶⁰ Michelet, Hist. de France. T. XIII, p. 352 f. — Ch. Weiss, Hist. des refugiés protestants de France. I, p. 101 ff.

⁶¹ Michelet, ibid. p. 391.

⁶² Gaberel, Hist. de l'égl. de Genève. III. p. 367 f. — F. Bovet, Hist. du Psautier, 1874, p. 122.

⁶³ Michelet, ibid. p. 357 ff.

⁶⁴ Gaberel, III. p. 369.

⁶⁵ Zürcher und Berner Staatsarchiv. Eidgenöſſiſche Abſchiede in den angeführten Jahren.

⁶⁶ Zürcher Stadtbibliothek: Ausländiſche Religionsſachen 1674—1688. Tom. I. Mscr. B. 189. Ebendaſelbſt: Beiträge zur Geſchichte der von Admiral Ruyter von den neapolitaniſchen Galeeren befreiten, in Zürich aufgenommenen ungariſchen Geiſtlichen. Mscr. H. 272. — Eidgenöſſiſche

Abſchiede. — Staatsarchiv der St. Baſel: Collecten für vertriebene Glaubensgenoſſen. 1676, Nov. 6 für die evangel. Prediger aus Ungarn: Münſter 1428 Pfd., St. Peter 503, St. Leonhard 300, Ennet Rheins 130, franzöſiſche Kirche 110, von den Beamten auf dem Lande 88, zuſammen 2561 Pfd. — Im Beſitze von Oberbibliothekar Dr. Jakob Horner in Zürich befindet ſich ein Gemälde mit den Bildern der beiden angeſehenſten der ungariſchen Prediger, Stephan Sellyri und Steph. Harſanie, von Conrad Meyer. Ebenſo auf der Stadtbibl. Zürich.

[67] Eidgenöſſiſche Abſchiede.

[68] Michelet, Hist. de France. T. XIII. p. 306 f.

[69] Zürcher Staatsarchiv, 1685, Sept. 10. Der vortrefflich geſchriebene Brief der Isabeau d'Arbaud de Fourques iſt im Styl unverändert geblieben, nur die flüchtige, unorthographiſche Schreibweiſe iſt zum leichtern Verſtändniß verbeſſert. Eine diplomatiſch genaue Abſchrift bringt der von Borbier in zweiter Auflage herausgegebene erſte Band von Haag, la France protestante, unter dem Artikel Arbaud. — Bulletin etc. 2. Série T. V. & VI. p. 478 ff.

[70] Die Staatsarchive von Zürich, Bern und Baſel vom Jahr 1683. — Zürcher Stadtbibl., Mscr. B. 189. Ausländiſche Religionsſachen 1674—1688. Tom. I. — J. Chavannes, les refugiés fr. dans le pays de Vaud. 1874, p. 28.

[71] Zürcher Staatsarchiv 1684. — Chavannes p. 290. — Liſte derjenigen franzöſiſchen Exulanten, welche ſich den 15. März 1684 allhier (Zürich) befinden:

Bei Herren und Meiſtern, die diſmal nichts koſten	219
Bei Herren und Meiſtern ſind an Tiſch verbinget	179
In dem Selnauw ſind „	65
In der Spanweyd „	6
In dem Spital ſind „	5
Bei Handwerchen „	19
Die aus ihren eignen Mitlen leben „	56
In Wirthshäuſern „	123
Zu Winterthur „	92
Zu Egliſauw „	7
Zu Stein „	13
Zu Elg „	6
Summa	790

Von dem 9. bre 1683 bis dato ſind alher gekommen 4592 Perſonen.

Liſte vom 4. Aug.

1. Im Selnauw ſind an Mannen und Knaben 28, an Frauen und Jungfrauen 22, an Kindern 15 . . . . = 65

Uebertrag 65

2. Bei Herren und Meistern vertischgeltet sind an Mannen
und Knaben 52, an Frauen und Jungfrauen 37, an
Kindern 21 . . . . = 110

3. Im Spital an Kindern 5

4. Im Oetenbach „ 4

5. Bei Handwerkern sind, die Lehrlohn bezahlen 26

6. Von welchen kein Lehrlohn bezahlt wird 6

7. Bei Herren und Meistern, die nichts kosten, an Mannen
und Knaben 118, an Frauen und Jungfrauen 50, an
Kindern 36 . . . . = 204

8. Die aus ihren eigenen Mitteln leben, an Mannen und
Knaben 61, an Frauen und Jungfr. 62, an Kindern 36 = 159

9. In Wirthshäusern, an Mannen und Kn. 12, an Frauen
und Jungfrauen 4, an Kindern 2 . . . . = 18

Summa 597

Zu Winterthur 72, Stein 6, Eglisauw 10, Elg 4 92

Summa 689

⁷² Zürcher Staatsarchiv 1685. — Claparède, p. 201 ff. — Weiss
II. p. 195 ff.

⁷³ Galiffe, Notices généalogiques, u. Haag, la France prot. Siehe
die einzelnen Namen. — Bulletin, X. p. 175 ff. J. Petitot etc. IX, p. 4.

⁷⁴ Bulletin etc. IX. Le refuge dans le pays de Vaud, p. 142—
153. — Haag, Du Quesne. — Chavannes etc. p. 43 & 150. — Zürcher Staatsarchiv. — Gaberel, Les Suisses Romands et les refugiés
de l'edit de Nantes. 1860.

⁷⁵ Berner Staatsarchiv, Frankreich Buch II. — Zürcher Staatsarchiv 1685 u. 1686. — Die französische Colonie von Bern. Haller.
1845 (verfaßt von Joh. Emanuel Goucy, Angehörigem der französischen
Colonie, Uebersetzer der Staatskanzlei). S. 23 f. u. 32 f. — Chavannes
p. 45 f.

⁷⁶ 1684, Mai 31. Samuel Herport, Collect-Verwalter. Steuer für
die verfolgten Franzosen in der Stadt Bern und in Teutschen und
Weltschen Landen 10863 Kronen.

Seckelmeister Lerber bis 1683, Dec. 17. ausgegeben 1115
Was ich vom 17. dito bis heut den französischen Exulanten
und zu deren Handen den Weltschen Amtleuten und Wirthen
allhier bezahlt 3700

Summa 4815

Restiert 6048. Hierin sind nicht begriffen 2836 Florin als Steuer
vom Amt Morsee, die dort verblieben und nun fast verbraucht sein soll.

1683, Dec. 17. — 1684, Juni 24. Rechnung von Samuel Herport der Ausgaben für die französischen Exulanten. Herr de la Tour Olympie, ein Prädikant zu Genf, 32 Thlr. macht 38 Kronen 10 Batzen. François Crest de Die 8 Thlr. = 9 Kr. 15 B. Herr Prädikant De la Croix für ein ganz Kleid, Mantel und verschiedene Leinwand, auch Hut und Schu, in Allem zahlt 20 Thlr., thut 24. Pierre Masson de Chambon für ein ganz Kleid 5½ Thlr. — 6 Kr. 15 B. Jean Martel, Schulmeister von Die, für eine Gassaggen 8 Kr. 10 B. Herr De la Croix laut Befehl 50 Thlr., und für Reiseunkosten 87 Franken 10 B., thut zusammen 95. Herr De la Raquette, seine Pension für 2 Monat 12. Herr Romieu, ein Prädikant 6. Herr Martinet, der nach Frankreich wieder verreiset pro semel et semper 30 Thlr. — 36, und ein Paar läderig Unterhosen. Herr de Renaud 24. Herr De la Charrière für ein Kleid 9 Kr. 15 B. Herr Poyer, gewesenen Prädikant zu Sevennes 24. Herr Bermond, Prädikant für einen Mantel und Kleider 12. Herr Blan, Brunnier und Laurant, Präd. jedem 24, diesem noch 12. Herr Reboulet, Präd. der zu Basel Condition gefunden 12.

Herr Landvogt Bondeli zu Lausanne, Horn. bis Heum. 621 Kr. 20 B.
Jtr. Landv. v. Wattenwyl zu Chillon, Horn. bis Brachm. 352 Kr. 20 B.
Jtr. Landv. Manuel von Neuws   ,,   50 Kr. 10 B.
Herr Schaffner Steiger zu Peterlingen, Horn. bis Mai 86 Kr. 10 B.
Herr Landvogt Stürler zu Wilden, Jänner bis Heum. 163 Kr. 5 B.

1274 Kr. 15 B.

Meister Leemann dem Pfister, wegen Unterhalt verschiedener
    Vertriebener — 24. Juni 84 zalt . . . . 203 Kr. 5 B.
Herr Jaques Ruchard für gleiche Kostgelter : . . . 218 Kr. 5 B.
Herr de Rareru auch für Tischgelter . . . . . 322 Kr. 23 B. 1 R.
Herr Wildt, dem Falkenwirth, für Zehrung der Exulanten bis 1. Mai . . . . 289 Kr. 17 B.
Herr Pamlauw für einen Knaben, der 3 W. 4 T. am Tisch 4 Kr. 5 B.
Herr Lautenburger, dem Storchenwirth   ,,   3 Kr. 9 B.
Herr Dick, dem Kronenwirth, für Kostgelder bis 24. Juni 88 Kr. 2 B. 2 R.

    Ausgaben an Geld 4290 Kronen 20 Batz. 1 Kr.
   - An Hemden   118 Stuck.
     An Schuhen   13 Paar.
     An Unterhosen   4   „
     An Rißtuch   13 Ellen.
     An Schwarz leintuch   6   „
     An Naslumpen   2   „
     An Wollhemb   1   „

1684, Aug. 7. bis 1685, Mai 31. Rechnung von Hans Rudolf Grütter von Bern als Collect-verwalter der Ausgaben für die Exulanten.

1684, Aug. 8. von Samuel Herport, neuer-wältem Vogt nach Buchsee . . . . . . 301 Kr.	4 B.	2 Kr.
1684, Sept. 5. von Junker von Wattenwyl, Salz-cassa Verwalter . . . . 300 Kr.		
1684, Oct. 11. von Salzkammerherr Bernh. von Fellenberg . . . . 480 Kr.		
1684, Nov. 22. dito 600 Kr.		
1684, Nov. 28. von Jkr. in der Salzkammer durch Wechsel auf Lausanne . . . . 384 Kr.	15 B.	
1685, Febr. 2. von Bernh. Fellenberg . . . . 300 Kr.		
„ März 18. „ „ . . . . 300 Kr.		
„ „ 18. von Jkr. von Wattenwyl in der Salzkammer durch Wechsel auf Lausanne, so Landv. Bondeli gezogen von Hrn. Bourgeois 420 Kr.	15 B.	
1685, Apr. 10. u. 27. v. B. Fellenberg 600 Kr., v. Jkr. Wattenwyl 420 Kr. 15 Batz. . 1020 Kr.	15 B.	
1685, Mai 25. v. B. Fellenberg . . . . . 240 Kr.		
4346 Kr.	24 B.	2 Kr.

Von Sam. Herport an gebleicht rißlentuch 235 Ellen. An Hemden 33 und 3 kleinere. An schwarz leinigem tuch 8 Ellen Läderhofen 2 Paar. Schuh 5 Paar. An brunem Woll Zeug 18½ Ellen. Oberländer wollig tuch 8 Ell. Fuetter thuch von schlechtem Schürletz 19 Ell. 2 Nasen-lumpen, 1 Halstuch, 1 Nachthuben und 2 Paar Manschetten. Item auch einen neu gemachten Bären zu besiegeln die Brief nach Zürich. Erkauft Leinwand an Nystigem Tuch 177½ Ellen. An Hemdern 16.

Ausgaben.

Herr de Badel für Reis nach Rolle 3 Thlr.; für 3 Monat 15 Thlr. Fr. Henry le Roy für Reis nach England 12 Thlr. = 36 Fr. Dem jungen René de la Combe de Cluset du Chelar en Vivarais 15 Thlr. = 18 Kr. David Laurens, gew. Prädik. von St. Sallin en Dauph., hier in der Stadt etabliert, welcher seit 29. März nichts empfangen für seine Pension, hiemit ihm usgricht 196 Franken für April bis August. Den 21. Aug. 1684 geben für Frau und 6 Kinder 78 Kr. 10 B. Ferner für den Sept. 53 Fr.

Als unterstützte Prädikanten sind ferner angeführt de Saussure, Bermond, Daniel Reboulet, Benjam. Gachet, Matthieu Bonnet, Gabriel Dubois. Théophile Blanc ist in Langenthal angestellt. In

Morges hält sich auf der Abvolat Froment, in Bern Jacques Chamier und Claude Brousson, ebenfalls Abvolaten.

Isaac Sagnol de la Croix, Prädikant zu Morsee 120 Kr. Jacques Gautier, Medicus von Montpellier 48 Kr. Etienne Renier, le Manchot du Dauph. ist ihm zugelassen einen Arm machen zu lassen für 2 Dublonen.

Herr Kaspar Wyß, der Sekretär der Exulantenkammer erhält für seine bisherige Mühe 90 Kronen.

Den Herren Landvögten in Welschland.

Sam. Bundeli zu Lausanne, Aug. bis Oct. . . . . . . 384 Kr. 15 B.
  „   „   Nov. bis Jänner . . . . 384 Kr. 15 B.
Sam. Jänner, Landvogt zu Milden . . . . 79 Kr. 5 B.
Samuel Bundeli, Februar bis April . . . . 420 Kr. 15 B.
Franz Stürler, Landvogt zu Milden . . . . 118 Kr. 11 B.
Nikl. Steiger, Sohn des Schaffners zu Peterlingen für
  3 Monat 47 Thlr. . . . . 56 Kr. 20 B.
Jkr. v. Louternau, Landv. zu Jferten, für Präd. Lostier 60 Kr.
Frz. L. Stürler, Amtsstatthalter zu Neuwis für 1 Jahr 176 Kr. 10 B.
Sam. Bundeli für 3 Monat . . . . 420 Kr. 15 B.
Den Wirthen Jaq. Ruchat, Abraham Dick zur Kronen,
  Sam. Leemann Bek, Dav. Wild z. Falken, Schel-
  hammer zum Sternen, zusammen . . . . . . 580 Kr.
Ganze Ausgaben . . . . 4346 Kr. 24 B.
Nist Tuch 412¹/₃ Ellen. An Hemden 54 Stuck.

Eine andere Rechnung Herports aus der ersten Hälfte von 1684 enthält die Namen derjenigen, welche mit einer Unterstützung von Bern nach Zürich reisen. Das Biatikum beträgt zwischen 2 bis 10 Thaler, in einzelnen Fällen beträchtlich mehr. Manche, welche nichts begehren, erhalten dennoch ein Reisegeld. Der banderet Boquer (Bucher?) von Bern wird ersucht, für 130 Personen besorgt zu sein, welche sich zu Wolfshagen in Hessen-Kassel niederlassen sollen, um ihnen die Reiseroute und Hülfsmittel für den Transport von Personen und Habe zu verschaffen.

[77] Berner Staatsarchiv, Frankreich Buch II, 1537—1711. — Zürcher Staatsarchiv.

[78] Zürcher Staatsarchiv 1685. — Ueber Selnau und Neuhof siehe S. Vögelin, das alte Zürich S. 309 u. 284.

[79] Basler Staatsarchiv: Acta wegen der vertriebenen Glaubensgenossen 1685—1693. — Basler Beiträge der Vaterländ. Gesch. Bd. 7, 301 ff. Die französischen Religionsflüchtlinge in Basel, von L. A. Burckhardt. — Ilist de l'église française de B. par L. Junod. 1868. —

Données historiques sur la fam. de Bary par F. de Bary. 1872. — Mescher, d. medicin. Facultät in Basel 1860.

⁸⁰ Zürcher Staatsarchiv für Schaffhausen und St. Gallen.

⁸¹ Zürcher Staatsarchiv — Godet, Hist. de la Réform. et du Refuge dans le pays de Neufchatel. 1859. S. 27 ff. — Bulletin etc. IX. Refuge de Neufchatel S. 465 ꝛc.

⁸² Zürcher Staatsarchiv — Berner Staatsarchiv.

A. Auszüge aus den Standesrechnungen Berns von 1686 bis und mit 1691.

Totale der Jahreseinnahmen ohne die jährlichen Activsaldos.

1686,	Teutsche Standescasse	153,336 Pfd.,			
	welsche	„	44,901	„ zusammen	198,237 Pfd.
1687,	teutsche	„	164,218	„	
	welsche	„	43,988	„ „	208,206 „
1688,	teutsche	„	201,807	„	
	welsche	„	59,337	„ „	261,144 „
1689,	teutsche	„	231,624	„	
	welsche	„	82,474	„ „	314,098 „
1690,	teutsche	„	270,311	„	
	welsche	„	84,974	„ „	355,285 „
1691,	teutsche	„	290,228	„	
	welsche	„	62,548	„ „	852,776 „

Total 1,689,746 Pfd.

B. Ausgaben Zürichs von 1683 bis 1688.

Reisgeld und in den Fond nach Schaffhausen	33,444 fl. 23 Sch. 8 H.
Fuhrlohn, Roßlohn und Maultreiber . . .	4,250 fl. 24 Sch. 6 H.
Tischgelder und den Pensionarien	15,695 fl. 22 Sch. 4 H.
Den Wirthen . . . . ·	18,867 fl. 30 Sch. 6 H.
Den Läufern, wie auch Zehrung unterwegs zu Eglisau und Otelfingen	7,694 fl. — Sch. 4 H.
Taggelder	12,997 fl. 37 Sch. 8 H.
Für Kleider der Exulanten an Geld	2,504 fl. 18 Sch. —
Für Wolltuch zu Kleidern „ . . .	6,224 fl. 24 Sch. 6 H.
Für Leinen Tuch „ . . .	7,112 fl. 34 Sch. 2 H.
Für Seide und Knöpf „	412 fl. 34 Sch. 5 H.
Für Strümpf und Hüt „	1,206 fl. 21 Sch. 4 H.
Für Schneiderlohn „ . . .	1,873 fl. 19 Sch. 9 H.
Für Schuh „	6,726 fl. 20 Sch. —
Für Futter „	732 fl. 5 Sch. 3 H.
Näherlohn „	658 fl. 19 Sch. 6 H.

Latus 120,402 fl. 15 Sch. 11 H.

Transport 120,402 fl. 15 Sch. 11 H.

Was über die Matratzen ergangen . . .	951 fl. 24 Sch.	—
Was über den neuen Hof ergangen	370 fl. 37 Sch.	—
Für Bücher, Papier ꝛc.	869 fl. 17 Sch.	5 H.
Kammerzins	642 fl. 39 Sch.	—
Deu Kranken, Kindbetterinnen, Babern . . .	658 fl. — Sch.	4 H.
Den Aerzten	738 fl. 7 Sch.	1 H.
Lehrlohn	2,069 fl. 14 Sch.	8 H.
Den Werkleuten im Selnau	6 fl. 14 Sch.	—
Wegen den Piemontesern	250 fl. 27 Sch.	—
Nach Bern geschickt	2,908 fl. 32 Sch.	—
Nach Winterthur, Stein, Bülach, Eglisau, Elgg	2,010 fl. 32 Sch.	—
Allerlei	1,477 fl. 17 Sch.	3 H.

132,956 fl. 37 Sch. 8 H.

Dazu kommen noch vom Jahr 1688 Ausgaben von 14,102 fl. 5 Sch.

C. Verzeichniß der durch Schaffhausen passirenden Exulanten von 1683—1689.

	Jan.	Febr.	Mrz.	Apr.	Mai.	Jun.	Jul.	Aug.	Sept.	Oct.	Nov.	Dec.	
1683.											12	39	51
1684.	38	31	25	47	31	29	11	10	16	3	7	5	253
1685.	6	3	19	18	17	14	8	36	63	92	65	189	530
1686.	469	626	877	560	493	451	338	306	221	327	324	250	5242
1687.	177	202	255	393	455	421	491	860	2836	1394	962	556	9006
1688.	436	270	291	484	666	453	390	361	480	327	168	180	4506
1689.	175	332											507

20,095

Durch Zürich passirten von 1683 bis 1691 27,081 Personen.

[83] Weiss, II, p. 218 ff. — Picot, Hist. de Genève 1811. II, p. 285, III, p. 176.

[84] Zürcher Staatsarchiv. — Zürch. Stadtbibl. Schriften betreffend die franz. Exulanten Mscr. F. 153.

[85] Staatsarchiv der Stadt Basel: Acta wegen der vertrieb. Glaubensgenossen, 1699—1719.

[86] Zürcher Staatsarchiv. — Berner Staatsarchiv. Piedmont-Buch C. 1686 u. 1687. — Monastier, Hist. de l'église vaudoise, I u. II. 1847. — Basler Staatsarchiv.

[87] Berner Staatsarchiv. Piedmont-Buch D. 1688—1689. Frankreich, Buch II. — Monastier. Hist. des Vaudois II, Chap. 25. — Hist. de la glorieuse rentrée des Vaudois dans leurs vallées (an-

geblich von II. Arnaud) 1710 u. 1845. — Tillier, Gesch. des Freistaates Bern, IV, S. 322 ff.

Die Geschichte des Einfalls in Savoyen ist um so umständlicher gegeben worden, weil die verschiedenen Einfalls-Versuche sowohl in der Hist. de la glorieuse rentrée, als nach derselben in Monastier nicht mit gehöriger Klarheit aus einander gehalten worden sind.

[88] Zürcher Staatsarchiv. — Bulletin etc. VII, p. 300. VIII, p. 590. IX, p. 196. — Haag, la Fr. prot. — Weiss II, 41.

[89] Sayous, Hist. de la littér. fr. à l'étranger, I, p. 221. — — Weiss II, p. 104.

[90] Zürcher Staatsarchiv. — Haag, Art. Massue, marq. de Ruv. — Weiss, II, p. 313. — Chavannes, les réfug. dans le pays de Vaud. p. 44 u. 222.

[91] Zürcher Staatsarchiv. — Chavannes, p. 248.

[92] Zürcher Staatsarchiv. — Bulletin VII, p. 45. Mémoire de II. de Mirmand. — Chavannes p. 292. — Godet, Hist. de la Réform. et du refuge, p. 295.

[93] Zürcher Staatsarchiv. — Basler Staatsarchiv: Collecten für vertrieb. Glaubensgenossen. 8vo.

[94a]. Zürcher Staatsarchiv. Mscr. II. 7. Paryser relation wegen Genf von Anecy.

[94b]. Zürcher Staatsarchiv. Simmlersche Sammlung, Mscr. 183. Band XXVIII, 1687—1693. „Vortrag des Ministerii, betreffend die französischen Recruen und die in Frankreichs Diensten stehenden eidgenössischen Völker. Den 12. April 1689 von Herrn Anton Klingler." Der Vortrag ist wörtlich wiedergegeben, nur mit Weglassung der schwülstigen biblischen und klassischen Rhetorik.

[95] Zürcher Staatsarchiv. — In auffallendem Widerspruch mit den Opfern, welche die evangelische Schweiz in den neunziger Jahren des siebzehnten Jahrhunderts für fremde Arme bringen konnte und wollte, steht die Darlegung des Neujahrblattes der Hülfsgesellschaft von Winterthur 1874 „Aus der Geschichte des zürcherischen Armenwesens". Es werden weitläufige pfarramtliche Berichte über den Zustand der Armen aus dem Jahr 1692 angeführt, und daraus allgemeine Schlüsse über den Zustand der Armen der Landschaft Zürich, über die obrigkeitliche Armenpflege und über die verderbliche Finanzwirthschaft der alten Regierung von Zürich gezogen, wornach diese als eine besonders schlechte hingestellt wird. Es ist aus historischem Standpunkt ein kaum zu rechtfertigendes Verfahren, die Obrigkeiten vergangener Jahrhunderte nach dem Maßstabe der Fortschritte unserer Zeit anzufassen und zu verurtheilen. Es wird dort übersehen oder absichtlich verschwiegen, daß die Petitionen der Geistlichen für die Armen ihrer Gemeinden aus dem Jahre 1692 auf ein

ausnahmsweises Noth- und Hungerjahr fallen, wo die Seelsorger zur Erweckung des obrigkeitlichen Erbarmens die Farben stark auftragen, und namentlich eine viel größere Zahl mittelloser und hülfsbedürftiger Familien aufzuführen haben, als in gewöhnlichen Jahren. Besonders ungerecht ist es, den Zustand der Armen des Gebietes von Zürich durch die Schuld der damaligen Obrigkeit schlechter finden zu wollen als anderswo. Gegen dieses Gemälde eines trostlosen Zustandes der Verarmung und des Bettelwesens (welches weniger durch die Armen des Zürcher Gebietes, als durch diejenigen der gemeinen Herrschaften und des Auslandes veranlaßt wurde und daher zu den berüchtigten Betteljagden führte) spricht hauptsächlich die Vorsorge sämmtlicher evangelischer Regierungen der Schweiz für die fremden Armen, wogegen das eigene Volk, und namentlich dasjenige des Kantons Zürich, nicht nur keine Einsprache erhob, sondern im Stande war, durch freiwillige Kollekten zum Unterhalte der fremden Glaubensgenossen im eigenen Lande beizutragen. Wenn uns die Belege für die ganze Reihe der neunziger Jahre abgehen, so zeigen doch die vorhandenen Akten, daß in den Jahren 1794 (welches von den Geistlichen ebenfalls als ein Jahr „des Hungers und des Elends" bezeichnet wird) und 1697 sämmtliche Geistliche der Landschaft Zürich ihren Gemeinden nicht nur Hülfsbeiträge für die evangelischen Flüchtlinge zumutheten, sondern von ihnen auch erhielten. In jenen Jahren gieng auch der Anstoß zur Fortsendung der Flüchtlinge nicht von Zürich aus, sondern von Genf und Bern, welche, wie Schaffhausen, über die Noth und die Unzufriedenheit der eigenen Bevölkerung zu klagen haben, während Zürich sich nicht damit entschuldigt. Es ist wahrhaft schade, daß die werthvollen statistischen Angaben jener Schrift durch unrichtige Schlüsse verdunkelt werden. — Wir fügen noch jene monatliche Rechnung der Stadt Zürich für die Exulanten aus den neunziger Jahren bei, unsern Lesern den Schluß überlassend, was eine Behörde für die Landeskinder gethan haben mag, welche mit solcher Sorgfalt für die fremden Armen bedacht war.

Die 4 Ministri und ihre Haushaltungen, darunter
   Reboulet (diesem 1 Viertel 3 Immi Kernen
   und 11 Kopf Wein) an Geld . . . . . 49 fl. — Sch. — H.
34 Vertischgeltete 7½ Mutt Kernen, 5¾ Eimer
   Wein . . . . 88 fl. 28 Sch. 4 H.
49 Personen, 8½ M. Kernen, 4 Eimer 8½ K.
   Wein, an Geld . . . . 63 fl. 38 Sch. 4 H.
32 Personen an Geld allein . . . . . . 62 fl. 34 Sch. — H.
5 Personen, ein Mutt Kernen, 1 Eimer Wein.
20 Personen neben 1 Mutt 1½ Viertel K. 11 fl. 20 Sch. — H.

Latus 276 fl. — Sch. 8 H.

Transport 276 fl. — Sch. 8 H.

Kammerzins . . . . 15 fl. 14 Sch. 8 H.
70 Personen im Selnau und Kalkofen, ohne die
  Durchreisenden, alt, schwach, übelmögend,
  krank à 5 Sch. täglich . . . . 270 fl. — Sch. — H.
Für die Familien Terasson und Guichenon in
  Eglisau . . . . 18 fl. — Sch. — H.

An Geld 579 fl. 15 Sch. 4 H.

An Kernen 18 Mutt, 1 Viertel, 1¼ Immi. An Wein 11 Eimer 11 Kopf.

Ein noch besseres Zeugniß giebt die Kollekte des Kantons Zürich vom 21. Nov. 1697.

„Collecte für die Exulanten und die in den letzten eilf Jahren geschädigten Glaubensgenossen: Rechnungsgeber Kaspar v. Muralt."

Groß Münster . . . . 3427 fl.
Prediger . . . . 1939 fl.
Fraumünster (darunter 13 fl. von Exulanten) . 1958 fl.   (ohne Sch. u. H.)
Peter . . . . 2697 fl.
Jakob . . . . 109 fl.
Waisenhaus . . . . 149 fl.

10,281 fl. 27 Sch. 2 H.

Die Filialen (um Zürich) . . . . 156 fl.
Zürichsee Kapitel . . . . 700 fl.
Freiamt Kapitel . . . . 251 fl.
Steiner Kapitel . . . . 478 fl.
Winterthurer Kapitel . . . . 1182 fl.
Elgauer Kepitel . . . . 178 fl.   (ohne Sch. u. H.)
Ober Wetzikoner Kapitel . . . . 360 fl.
Unter Wetzikoner Kapitel . . . . 360 fl.
Regensberger Kapitel . . . . 1003 fl.
Winterthur . . . . 512 fl.
Bülach . . . . 160 fl.
Stein . . . . 150 fl.
Eglisau . . . . 152 fl.
Wädenschweil . . . . 137 fl.
Andelfingen . . . . 102 fl.
Küßnacht und Erlenbach . . . . 100 fl.

Summa 15,037 fl. — Sch. 10 H.

[86] Ueber die Auswanderung der Flüchtlinge aus der Schweiz fast ganz nach den Urkunden des Zürcher Staatsarchivs nebst einigen Ergänzungen aus denjenigen von Bern und Basel.

⁹⁷ Weiss II, p. 210 ff. — Gaberel, les Suisses Romands et les réfugiés, 1860, p. 14.

⁹⁸ Berner Staatsarchiv: Journal des Directeurs des Réfugiés, und Livre des délibérations des Inspecteurs des Réfugiés 1689— 1695. — Die französische Kolonie in Bern. 1845.

⁹⁹ Bulletin etc. IX, p. 142 –153. 196 ff. Le refuge dans le pays de Vaud. — La bourse fr. de Lausanne (Solomiac) 1859.

¹⁰⁰ Chavannes etc.

¹⁰¹ᵃ. Basler Staatsarchiv: Acta wegen der vertriebenen Glaubensgenossen 1685 — 1693. — Hist. manuscrite de l'église fr. de Bale, de 1569 à 1720. — Junod, l'église fr. de Bale.

¹⁰¹ᵇ. Zürcher und Basler Staatsarchiv. — Bulletin, Tom. 19 u. 20. Deuxième Serie, p. 337—353. L'émigration des Prot. de la Principauté d'Orange.

¹⁰² Zürcher und Basler Staatsarchiv. — Mémoires de Pierre Carrière dit Corteis Past. du Désert. Hist. des misères d'autrefois, 1685—1730. Publiée pour la prem. fois par J. G. Baum, Strassb. 1871. — II. P. de Limiers, Hist. de Louis XIV. T. VIII, 35.

¹⁰³ Die Staatsarchive von Zürich, Bern und Basel. Aus letzterm: Acta wegen der vertriebenen Glaubensgenossen, 1707—1739.

Ad confoederatas Helvetiae civitates Evangelicae Religioni addictas Carolus etc. Ex litteris quas generosus Marchio de Rochegude ad nos pertulerat indignam eorum sortem comperimus, qui in Gallia ob constantem Religionis Evangelicae confessionem damnati inter ergastula actriremes miseram vix trahunt animam, existimare autem vos non exiguo illis fore solatio, si apud regem Galliae pro iisdem nostram imponeremus autoritatem. Equidem piam quam pro consortibus Religionis geritis curam non possumus non magnopere laudare. Optamus tam facile inveniri posse viam, illos sublevandi, quam justa nos eorum miseratio tangit, qui Religionis causa immeritas luunt poenas. Circumspicientibus autem nobis omnes Rationes, quas praesens rerum conditio suggesserat, non convenientior ulla hoc tempore visa est, quam ut ablegato nostro qui in Parisiis commoratur, mandaremus hoc negotium aulae Gallicae quam diligentissime repraesentare, omnemque impendere curam quo supplicibus hisce gratia obtineatur ac allevatio desiderata; quod si illis mitior hoc pacto impetrari possit conditio, admodum laetabimur. Utcunque cedat confidimus vos edocumentum habituros nobis non defuisse Voluntatem et Religionem vestris desideriis gratificandi. De caetero Vos Vestrasque civitates sincere prosequimur benevolentia, de qua March. R. eadem fide ac diligentia, qua nobis vestra in nos studia exposuit, certiores Vos redditurum non ambigimus.

Dabantur in Wisniza ad Brestiziam Cujaviæ die $\frac{VIII}{XVIII}$ Nov. Anno
MDCCVII.   Vester Benevolus

Carolus.

C. Piper.

3ürcher Staatsarchiv: 1708, Sept. 11.

Anna, Dei gratia, Magnæ Britanniæ, Franciæ et Hiberniæ
Regina, Fidei defensor etc.: Illustribus atque Amplissimis Domi-
nis Consulibus, Scultetis, Landammannis et Senatoribus Cantonum
Helvetiæ Evangelicorum Tiguri, Bernæ, Glaronæ, Basileæ, Schaff-
husii, Abbatiscellæ, Sti Galli et Biennæ, amicis nostris Charissi-
mis, salutem. Marchio de Rochegude Vir ob eximiam erga Deum
pietatem et maximam erga homines benevolentiam nunquam satis
laudandus, nobis fusius ostendit, quali studio et ardore fidelium
Christi Cultorum causam suscepistis, qui conscientiæ intemeratæ
ergo inter Gallicarum Triremium poenas, et omnium rerum inopi-
am summo cum dolore vitam trahunt. Idem edocuit quam feli-
citer vestro nomine egerit apud Potentissimum Sueciæ Regem adeo
ut autoritatem suam interponeret Princeps invictissimus, quo miseri
homines a Triremium squalore et Cruciatibus in pristinam liber-
tatem vindicentur. Nobis quidem quam maxime in votis est, ut
operam nostram in sublevandis Fratrum nostrorum miseriis, puræ
et illibatæ Religionis causa durissima sustinentium, conferre posse-
mus, sed quum id temporum rationes prohibeant, non possumus
quin studium Vestrum debitis laudibus prosequamur, Vosque hor-
temur, quamvis per Vos ipsos incitatos, ut in perficiendo opere
supremo certe Numini acceptissimo Curam omnem, auctoritatemque
et Consilia sedulo impendatis. De Cætero Vos, Resque Vestras
Divini numinis Tutelæ ex animo commendamus. Dabantur in arce
nostra Vindesoræ die 11. mo mensis Septembris anno domini 1708,
Regnique Nostri Septimo —

Vestra bona Amica

Anna R.

[104] Staatsarchive von 3ürich, Bern und Basel. — Monastier. —
Chavannes.

[105] 3ürcher Staatsarchiv. — Berner Staatsarchiv: Frankreich Buch
K. K. Negotiationen und Intercessionen für die Refug. 1698—1733.

[106] 3ürcher Staatsarchiv. — Mémoires de P. Carrière dit Corteis. Publ. par J. G. Baum, 1871. — Court: La France protest.
u. Bulletin. — Herzogs Theol. Encyklopädie: Court, Rabaut.

[107] Herzogs Theol. Encyklopädie. — Christl. Volksbote von Basel.

1873, Nov. 12. — Zürch. Staatsarchiv. — Die französische Colonie in Bern S. 70. — Chavannes, p. 29. — Bulletin, II, p. 241.

[108] Zürcher Staatsarchiv.

[109] Zürcher Staatsarchiv. — Zürcher Stadtbibl. Mscr. B. 319 fol. — Bern. Staatsarchiv. 1. Journal des Directeurs des Ref. 1694—1695. — Bulletin. 2 Serie I. — Zürcher Stadtbibl. Mscr. B. 189 a. Ausländische Religionssachen 1689—1700. — Bulletin IV. p. 376—381. Les galériens protest. de Marseille. — Weiss, II, p. 279. — Hist. de l'egl. fr. de Bâle par Junod, p. 22.

[110] Zürcher Staatsarch. — Berner Staatsarch.: Frankreich Buch K. K. Negotiationen & Intercessionen für die Réfug. 1698—1733. Eidgenössische Abschiede. — Limiers, Hist. de Louis XIV. T. X, p. 102. — Zürcher Stadtbibl. Manuscr. F. 153. — Bulletin etc. I. p. 177 und V. p. 71 f. — Berner Taschenbuch 1865. Die Galeerensträflinge in Frankreich von W. Fetscherin S. 146—174. — Mörikofer, Bilder aus dem kirchl. Leben der Schweiz, 1864. S. 338.

[111] Weiss II, p. 277 ff. — Chavannes p. 130 u. 284 ff.

[112] Die französische Kolonie in Bern. 1845. Relation de M. le pasteur Bernus à Bâle. 1876.

[113] Archiv des Stadtrathes in Zürich: Bericht an den Stadtrath über die Verhältnisse des französischen Kirchenfonds, den 26. Jan. 1848, von H. E. Moussou, Stadtpräsidenten; und Bericht an den Regierungsrath von J. B. Spyri, Stadtschreiber.

Der erste Bericht enthält nach dem „Politischen Handbuch der Stadt und Landschaft Zürich von 1796" folgende Angaben in Betreff der Unterstützungen, welche den evangelischen Flüchtlingen von Zürich zu Stadt und Land zu Theil wurden: „Von 1685 bis 1692 wurden zu ihren Gunsten in den Stadtkirchen über 68,000 Gulden, in den Landkirchen über 22,000 fl. gesteuert, wozu nahe an 60,000 fl. von Seite des Staates hinzukamen. Ueberdem wurden den durchreisenden Exulanten 2959 Mütt Korn und 14,771 fl. an Geld ausgetheilt."

Zur nähern Begründung und Ergänzung dieser Angaben mögen folgende Verzeichnisse dienen, welche im Zürcherischen Staatsarchiv enthalten sind, und mit den Fehlern und Lücken angeführt werden, wie sie sich in den Originalien vorfinden.

Extract aus 24 Rechnungen, was an Kernen, Wein und Geld Proselyten verwendet worden, vom 20. Xbr. 1686 bis ult.

Jahr.	Kernen.				Wein.				Geld.		
	Mutt.	Btl.	Vlg.	Immi.	Eim.	Btl.	Kopf.	Maß.	fl.	Sch.	H.
1687	179	1	1	1½	161	1	1	1	31215	24	9
1688 u. 89	251	1	3	—	199	1	7	—	28003	2	6
1690	447	2	2	1½	182	3	1	1	23684	2	2
1691	202	—	—	—	51	1	—	—	8384	19	4
1692	195	1	—	—	48	3	4	1	7486	13	—
1693	150	2	—	—	34	1	4	1	8012	26	6
1694	135	1	—	—	28	—	6	—	7907	9	4
1695	123	1	2	—	26	—	6	—	6205	17	—
1696	120	3	—	—	29	1	1	—	6486	2	10
1697	116	1	—	—	29	—	6	—	6011	1	—
1698	130	1	—	—	36	—	6	—	5852	39	—
1699	125	—	—	3	31	3	5	1	5637	35	6
1698 u. 99	Piemonteser:								23328	2	7
1700	101	—	—	—	19	3	6	—	4139	13	—
1701	94	—	—	—	18	—	6	—	3892	23	10
1702	93	2	—	—	20	—	4	—	3563	22	6
1703	103	2	—	—	22	—	6	—	3704	29	2
1704	103	3	—	—	29	—	6	—	3668	37	—
1703 u. 4	Oranier:								13333	6	8
1705	117	2	—	—	41	2	6	—	3810	17	—
1706	116	3	—	—	38	2	—	—	3455	18	—
1707	107	2	—	—	34	2	7	—	3697	39	4
1708	156	—	—	—	35	—	2	—	3689	39	10
1709	193	—	—	—	36	—	6	—	3563	7	—
	3363	2	1	1½	1153	2	5	1	218773	8	10

an die Refugierten aus Frankreich und Piemont, auch an die
Xbr. 1709. Ausgestellt vom Sihlherrn Hs. Heinr. Scheuchzer.

Hindurchgereist.	Proselyten.	Pensionarii u. die sonst assistiert worden.	Liste aller Refugierten auf 1 mo Jenner.
8118	—	424	1272
6055	—	300	1046
4040	—	262	627
1293	—	220	626
1106	—	186	434
1775	—	225	433
684	24	195	354
251	51	189	338
661	50	199	360
657	60	186	355
970	108	188	366
801	65	185	294
685	—	—	—
451	81	108	169
401	69	99	178
379	60	116	188
217	43	124	192
180	60	128	204
253	—	—	—
363	60	109	215
183	63	103	195
195	63	98	185
210	78	95	182
514	80		190
30445	1050		8403

28*

Auszug aus den folgenden Rechnungen.

Jahr.	Kernen.	Wein.	Geld.	Gesammtzahl.	Selbständig.	Gale-rieus.
1710	102	37 1 4½	955	168	76	
1711				170	77	
1712				199	68	
1713				170	77	20
1714				204	78	19
1715				203	68	17
1716	270	30 — 12	3627 32	226	76	
1717	297	28 '	3716	224	74	36
1718	283	22	3539	218	67	41
1719	258	22	3404	264	105	50
1720	252	20	3230	233	100	41
1721	227	18	3013	214	79	33
1722	216	18	2863	216	102	35
1723	213	21	2940	196	86	23
1724	193	21	2815	172	74	27
1726	162½	20	2484	150	57	25
1727	156	20	2532	149	61	24
1728	141	22	2353	145	50	22
1729	144	22	2295	139	47	17
1730	120	23	2106	140	59	16
1731	136	25	2055	137	42	15
1732	124	25	1978	138	45	12
1733	129	31	2041	145	47	12
1735	142	30	1969	142	45	12
1736	130	27	1750	137	51	9
1738	136	32	1766	115	30	8
1739	136	33	1697	109	28	8
1740	130	31	1633	115	33	8
1741	127	32	1598	110	29	7
1742	135	32	1655	106	27	7
1743	125	28	1459	103	29	6
1744	123	28	1416	91	21	6
1745	119	31	1473	94	26	6
1748	116	28	1289	81	16	4
1749	88	22	1033	73	15	2
1750	71	18	834	73	18	2

Fortsetzung.

Jahr.	Kernen.	Wein.	Geld.	Gesammtzahl.	Selbständig.	Gale-riens.
1751	71	20	781	76	20	2
1754	80	14	752	75	19	—
1755	78	14	795	74	17	
1756	91	14	818	66	5	
1758	76	14	743	61	10	
1759	76	14	763	60	9	
1760	76	14	740	59	9	
1761	73	14	715	58	9	
1762	71	12	597	58	8	
1763	66	11	625	51	8	
1764	62	10	600	51	8	
1765	62	10	589	45	4	
1766	62	10	589	45	4	
1767				42	4	
1768				42	4	
1769				41	4	
1770				36	4	
1772				30	4	

Wenn man im Allgemeinen in runden Zahlen sich ausdrücken will, so ist anzunehmen, daß von der Aufhebung des Ediktes von Nantes an bis in die Mitte des 18. Jahrhunderts 40—50,000 Flüchtlinge durch Zürich passierten und kürzere oder längere Zeit sich daselbst aufhielten, für welche etwa 300,000 Gulden, 10,000 Mutt Korn und 2000 Eimer Wein verwendet wurden, ohne der unentgeltlichen Jahre langen Wohlthaten der Privaten zu gedenken.

Druckfehler.

S. 26, o. Z. 6, statt huwirten lies furchirten.
S. 40, o. Z. 2, statt Hoak lies Haab.
S. 173, u. Z. 7, statt criames lies Nismes.
S. 174, u. Z. 17, statt crice lies Nice.